한 국 어 능 력 시 험

TOPIK II
기출 유형 문제집

시대에듀

머리말

한국과 한국어를 사랑하는 여러분께

많은 학생이 한국어 공부를 열심히 했는데 시험은 잘 보지 못했다는 이야기를 했습니다. 처음에는 '공부하는 내용과 시험을 보는 내용이 다른 것인가?' 하는 생각이 들었습니다. 하지만 같은 내용을 가르치는 한 교실 안에서도 단기간에 성과를 보인 학생이 있는 반면, 소기의 성과를 얻지 못한 학생도 있었습니다.

그런 학생들을 보면서 저희가 교육 현장에서 얻은 경험과 이론 탐구의 지식을 모아서 책을 낸다면 다양한 학습자에게 도움을 줄 수 있을 것이란 생각에 〈한국어능력시험 TOPIK Ⅱ 기출 유형 문제집〉을 출간하게 되었습니다.

이 책은 한국어능력시험 출제 유형을 제대로 이해하고 습득할 수 있도록 집필되었습니다. 그렇기 때문에 한국어능력시험을 준비하는 학생들에게, 특히 한국어 실력이 중급 이상인 학생들에게 매우 유용할 것이라 생각합니다. 그동안 출제되었던 기출문제와 깊이 연관되도록 기출 유형별로 연습 문제를 정리하였고, 앞으로 새롭게 나올 만한 내용은 최신 경향을 반영하여 실전 모의고사의 형식으로 제시하였다는 점에서 지도하시는 선생님들께도 좋은 교재로 활용될 것입니다.

이 모든 내용을 학습자의 입장에서, 교수자의 입장에서 꼼꼼하게 기획·검토해 주신 시대에듀 정석환 부장님과 한국어팀 편집자분들께 깊은 감사의 말씀을 드립니다. 더불어 이 책을 보시는 한국어능력시험 학습자 여러분과 지도하시는 선생님들께도 감사의 마음을 전합니다.

집필진 일동

시험 안내

TOPIK은 누구에게, 왜 필요한가요?

한국어를 모국어로 하지 않는 재외동포 및 외국인으로서

❶ 한국어 학습자 및 국내 대학 유학 희망자

❷ 국내외 한국 기업체 및 공공 기관 취업 희망자

❸ 외국 학교에 재학 중이거나 졸업한 재외국민

학업 ▶
- 정부 초청 외국인 장학생 프로그램 진학 및 학사관리
- 외국인 및 재외동포의 국내 대학(원) 입학 및 졸업
- 국외 대학의 한국어 관련 학과 학점 및 졸업요건

취업 ▶
- 국내외 기업체 및 공공기관 취업
- 외국인의 한국어교원 자격 심사(국립국어원) 지원 서류

이민 ▶
- 영주권, 취업 등 체류비자 획득
- 사회통합프로그램 이수 인정(TOPIK 취득 등급에 따라 해당 단계에 배정)

⬡ 2024년도 시험 일정

❶ 해외는 한국과 시험 일정이 다를 수 있으니, 반드시 현지 접수 기관으로 문의 바랍니다.

❷ 시험 일정이 변경될 수도 있으니, 반드시 시행처 홈페이지(topik.go.kr)를 확인하시기 바랍니다.

❸ 인터넷 환경이 구축된 고사장에서 PC를 이용하여 온라인으로 실시하는 IBT가 신설되었습니다. 시험 일정 이외의 더 자세한 내용은 9쪽 'IBT 안내'를 확인하시기 바랍니다.

회차	접수 기간	시험일	성적 발표일	시행 지역
PBT 제94회	24.03.12.(화)~03.18.(월)	24.05.12.(일)	24.06.27.(목)	한국
PBT 제95회	24.05.21.(화)~05.27.(월)	24.07.14.(일)	24.08.22.(목)	한국 · 해외
PBT 제96회	24.08.06.(화)~08.12.(월)	24.10.13.(일)	24.11.28.(목)	한국 · 해외
PBT 제97회	24.09.03.(화)~09.09.(월)	24.11.10.(일)	24.12.19.(목)	한국
IBT 제2회	24.01.16.(화)~02.02.(금)	24.03.23.(토)	24.04.16.(화)	한국 · 해외
IBT 제3회	24.04.09.(화)~04.26.(금)	24.06.08.(토)	24.07.02.(화)	한국 · 해외
IBT 제4회	24.07.23.(화)~08.09.(금)	24.09.28.(토)	24.10.22.(화)	한국 · 해외
말하기 제4회	24.01.16.(화)~02.02.(금)	24.03.23.(토)	24.04.18.(목)	한국
말하기 제5회	24.04.09.(화)~04.26.(금)	24.06.08.(토)	24.07.04.(목)	한국
말하기 제6회	24.07.23.(화)~08.09.(금)	24.09.28.(토)	24.10.24.(목)	한국

시험 안내

TOPIK, 어떻게 진행되나요?

⬡ 준비물

❶ 필수: 수험표, 신분증(규정된 신분증 이외의 의료보험증, 주민등록등본, 각종 자격증과 학생증은 인정하지 않음. 세부 사항은 시행처 홈페이지 확인)

❷ 선택: 수정테이프(그 외의 필기구는 시험 당일 배부되는 컴퓨터용 검은색 사인펜만 사용 가능), 아날로그 손목시계(휴대폰, 스마트 워치 등 모든 전자기기는 사용 불가)

⬡ 일정

※ 일정은 시행 국가 및 시험 당일 고사장 사정에 따라 아래 내용과 다를 수 있습니다.

TOPIK Ⅰ - 오전 09:20까지 반드시 입실 완료

시간	영역		고사장 진행 상황
09:20~09:50(30분)	–		답안지 작성 안내, 본인 확인, 휴대폰 및 전자기기 제출
09:50~10:00(10분)	–		문제지 배부, 듣기 시험 방송
10:00~10:40(40분)	듣기		–
10:40~11:40(60분)	읽기		–

TOPIK Ⅱ - 오후 12:20까지 반드시 입실 완료

시간	영역		고사장 진행 상황
12:20~12:50(30분)	–		답안지 작성 안내, 1차 본인 확인, 휴대폰 및 전자기기 제출
12:50~13:00(10분)	–		문제지 배부, 듣기 시험 방송
13:00~14:00(60분)	1교시	듣기	(듣기 시험 정상 종료 시) 듣기 답안지 회수
14:00~14:50(50분)		쓰기	–
14:50~15:10(20분)	–		쉬는 시간(고사장 건물 밖으로는 나갈 수 없음)
15:10~15:20(10분)	–		답안지 작성 안내, 2차 본인 확인
15:20~16:30(70분)	2교시	읽기	–

⬡ 주의 사항

❶ 입실 시간이 지나면 고사장 건물 안으로 절대 들어갈 수 없습니다.

❷ 시험 중, 책상 위에는 신분증 외에 어떠한 물품도 놓을 수 없습니다. 반입 금지 물품(휴대폰, 이어폰, 전자사전, 스마트 워치, MP3 등 모든 전자기기)을 소지한 경우 반드시 감독관에게 제출해야 합니다.

❸ 듣기 평가 시 문제를 들으며 마킹을 해야 하고, 듣기 평가 종료 후 별도의 마킹 시간은 없습니다. 특히 TOPIK Ⅱ 1교시 듣기 평가 시에는 듣기만, 쓰기 평가 시에는 쓰기만 풀어야 합니다. 이를 어길 경우 부정행위로 처리됩니다.

TOPIK, 어떻게 구성되나요?

◇ 시험 구성

구분	영역 및 시간	유형	문항 수	배점	총점
TOPIK Ⅰ	듣기 40분	선다형	30문항	100점	200점
	읽기 60분	선다형	40문항	100점	
TOPIK Ⅱ	듣기 60분	선다형	50문항	100점	300점
	쓰기 50분	서답형	4문항	100점	
	읽기 70분	선다형	50문항	100점	

◇ 듣기

문항 번호		배점	지문	유형
01~03번	01번	2점	대화	담화 상황과 추론하여 일치하는 그림 고르기
	02번	2점		
	03번	2점	뉴스	세부 내용 파악하여 일치하는 도표 고르기
04~08번	04번	2점	대화	이어질 말 파악하기
	05번	2점		
	06번	2점		
	07번	2점		
	08번	2점		
09~12번	09번	2점	대화	대화 참여자의 이어질 행동 추론하기
	10번	2점		
	11번	2점		
	12번	2점		
13~16번	13번	2점	대화	세부 내용 파악하여 일치하는 내용 고르기
	14번	2점	안내/공지	
	15번	2점	뉴스/보도	
	16번	2점	인터뷰	
17~20번	17번	2점	대화	중심 생각 추론하기
	18번	2점		
	19번	2점		
	20번	2점	인터뷰	
21~22번	21번	2점	대화	중심 생각 추론하기
	22번	2점		세부 내용 파악하여 일치하는 내용 고르기
23~24번	23번	2점	대화	담화 상황 추론하기
	24번	2점		세부 내용 파악하여 일치하는 내용 고르기
25~26번	25번	2점	인터뷰	중심 생각 추론하기
	26번	2점		세부 내용 파악하여 일치하는 내용 고르기
27~28번	27번	2점	대화	화자의 의도나 목적 추론하기
	28번	2점		세부 내용 파악하여 일치하는 내용 고르기
29~30번	29번	2점	인터뷰	참여자에 대해 추론하기
	30번	2점		세부 내용 파악하여 일치하는 내용 고르기

시험 안내

31~32번	31번	2점	토론	중심 생각 추론하기
	32번	2점		화자의 태도나 말하는 방식 추론하기
33~34번	33번	2점	강연	화제 파악하기
	34번	2점		세부 내용 파악하여 일치하는 내용 고르기
35~36번	35번	2점	공식적인 인사말	담화 상황 추론하기
	36번	2점		세부 내용 파악하여 일치하는 내용 고르기
37~38번	37번	2점	교양 프로그램	중심 생각 추론하기
	38번	2점		세부 내용 파악하여 일치하는 내용 고르기
39~40번	39번	2점	대담	담화 전후의 내용 추론하기
	40번	2점		세부 내용 파악하여 일치하는 내용 고르기
41~42번	41번	2점	강연	중심 내용 추론하기
	42번	2점		세부 내용 파악하여 일치하는 내용 고르기
43~44번	43번	2점	다큐멘터리	화제 파악하기
	44번	2점		세부 내용 파악하여 일치하는 내용 고르기
45~46번	45번	2점	강연	세부 내용 파악하여 일치하는 내용 고르기
	46번	2점		화자의 태도나 말하는 방식 추론하기
47~48번	47번	2점	대담	세부 내용 파악하여 일치하는 내용 고르기
	48번	2점		화자의 태도나 말하는 방식 추론하기
49~50번	49번	2점	강연	세부 내용 파악하여 일치하는 내용 고르기
	50번	2점		화자의 태도나 말하는 방식 추론하기

⬢ 쓰기

문항 번호		배점	지문	유형
51~52번	51번	10점	실용문	빈칸에 알맞은 말 써서 문장 완성하기
	52번	10점	설명문	
53번	53번	30점	도표, 그래프 등	자료를 설명하는 200~300자의 글 쓰기
54번	54번	50점	사회적 이슈	주제에 대해 600~700자의 글 쓰기

⬢ 읽기

문항 번호		배점	지문	유형
01~02번	01번	2점	짧은 서술문	문맥 파악하여 빈칸에 알맞은 말 고르기
	02번	2점		
03~04번	03번	2점	짧은 서술문	문맥 파악하여 의미가 비슷한 말 고르기
	04번	2점		
05~08번	05번	2점	광고	화제 고르기
	06번	2점		
	07번	2점		
	08번	2점	안내문	

09~12번	09번	2점	안내문	세부 내용 파악하여 일치하는 내용 고르기
	10번	2점	도표	
	11번	2점	기사문	
	12번	2점		
13~15번	13번	2점	간단한 글	알맞은 순서로 배열한 것 고르기
	14번	2점		
	15번	2점		
16~18번	16번	2점	글	문맥 파악하여 빈칸에 알맞은 말 고르기
	17번	2점		
	18번	2점		
19~20번	19번	2점	글	문맥 파악하여 빈칸에 알맞은 말 고르기
	20번	2점		중심 내용 추론하기
21~22번	21번	2점	글	문맥 파악하여 빈칸에 알맞은 말 고르기
	22번	2점		세부 내용 파악하여 일치하는 내용 고르기
23~24번	23번	2점	수필	인물의 태도나 심정 추론하기
	24번	2점		세부 내용 파악하여 일치하는 내용 고르기
25~27번	25번	2점	신문 기사의 제목	중심 내용 추론하기
	26번	2점		
	27번	2점		
28~31번	28번	2점	글	문맥 파악하여 빈칸에 알맞은 말 고르기
	29번	2점		
	30번	2점		
	31번	2점		
32~34번	32번	2점	글	세부 내용 파악하여 일치하는 내용 고르기
	33번	2점		
	34번	2점		
35~38번	35번	2점	글	중심 내용 추론하기
	36번	2점		
	37번	2점		
	38번	2점		
39~41번	39번	2점	글	문장이 들어갈 위치 고르기
	40번	2점		
	41번	2점	서평/감상문	
42~43번	42번	2점	소설	인물의 태도나 심정 추론하기
	43번	2점		세부 내용 파악하여 일치하는 내용 고르기
44~45번	44번	2점	글	문맥 파악하여 빈칸에 알맞은 말 고르기
	45번	2점		중심 내용 추론하기
46~47번	46번	2점	논설문	필자의 태도 추론하기
	47번	2점		세부 내용 파악하여 일치하는 내용 고르기
48~50번	48번	2점	논설문	필자의 의도나 목적 추론하기
	49번	2점		문맥 파악하여 빈칸에 알맞은 말 고르기
	50번	2점		세부 내용 파악하여 일치하는 내용 고르기

※ 평가틀은 시행처와 출제자의 의도에 따라 조금씩 달라질 수 있습니다.

시험 안내

TOPIK, 어떻게 평가하나요?

등급 결정			평가 기준
TOPIK I (200점 만점)	1급	80점 이상	• '자기 소개하기, 물건 사기, 음식 주문하기' 등 생존에 필요한 기초적인 언어 기능을 수행할 수 있으며 '자기 자신, 가족, 취미, 날씨' 등 매우 사적이고 친숙한 화제에 관련된 내용을 이해하고 표현할 수 있다. • 약 800개의 기초 어휘와 기본 문법에 대한 이해를 바탕으로 간단한 문장을 생성할 수 있다. • 간단한 생활문과 실용문을 이해하고, 구성할 수 있다.
	2급	140점 이상	• '전화하기, 부탁하기' 등의 일상생활에 필요한 기능과 '우체국, 은행' 등의 공공시설 이용에 필요한 기능을 수행할 수 있다. • 약 1,500 ~ 2,000개의 어휘를 이용하여 사적이고 친숙한 화제에 관해 문단 단위로 이해하고 사용할 수 있다. • 공식적 상황과 비공식적 상황에서의 언어를 구분해 사용할 수 있다.
TOPIK II (300점 만점)	3급	120점 이상	• 일상생활을 영위하는 데 별 어려움을 느끼지 않으며, 다양한 공공시설의 이용과 사회적 관계 유지에 필요한 기초적 언어 기능을 수행할 수 있다. • 친숙하고 구체적인 소재는 물론, 자신에게 익숙한 사회적 소재를 문단 단위로 표현하거나 이해할 수 있다. • 문어와 구어의 기본적인 특성을 구분해서 이해하고 사용할 수 있다.
	4급	150점 이상	• 공공시설 이용과 사회적 관계 유지에 필요한 언어 기능을 수행할 수 있으며, 일반적인 업무 수행에 필요한 기능을 어느 정도 수행할 수 있다. • '뉴스, 신문 기사' 중 비교적 평이한 내용을 이해할 수 있다. 일반적인 사회적 · 추상적 소재를 비교적 정확하고 유창하게 이해하고, 사용할 수 있다. • 자주 사용되는 관용적 표현과 대표적인 한국 문화에 대한 이해를 바탕으로 사회적 · 문화적인 내용을 이해하고 사용할 수 있다.
	5급	190점 이상	• 전문 분야에서의 연구나 업무 수행에 필요한 언어 기능을 어느 정도 수행할 수 있다. • '정치, 경제, 사회, 문화' 전반에 걸쳐 친숙하지 않은 소재에 관해서도 이해하고 사용할 수 있다. • 공식적 · 비공식적 맥락과 구어적 · 문어적 맥락에 따라 언어를 적절히 구분해 사용할 수 있다.
	6급	230점 이상	• 전문 분야에서의 연구나 업무 수행에 필요한 언어 기능을 비교적 정확하고 유창하게 수행할 수 있다. • '정치, 경제, 사회, 문화' 전반에 걸쳐 친숙하지 않은 주제에 관해서도 이해하고 사용할 수 있다. • 원어민 화자의 수준에는 이르지 못하나 기능 수행이나 의미 표현에는 어려움을 겪지 않는다.

IBT 안내

시험 구성

❶ IBT는 시험 중간에 쉬는 시간이 없습니다.

❷ 시험 시작 30분 전까지 수험표에 적힌 고사장에 도착해서 지정된 컴퓨터에 로그인을 해야 합니다.

구분	영역 및 시간	유형	문항 수	배점	총점
TOPIK I	듣기 40분	선다형	30문항	200점	400점
	읽기 45분	선다형	30문항	200점	
TOPIK II	듣기 45분	선다형	40문항	200점	600점
	읽기 55분	선다형	40문항	200점	
	쓰기 50분	서답형	3문항	200점	

시험 등급

구분	TOPIK I		TOPIK II			
등급	1급	2급	3급	4급	5급	6급
점수	132~207점	208~400점	204~261점	262~330점	331~411점	412~600점

문항 구성

❶ 선택형(radio button): 4개의 선택지 중 1개의 답을 선택

❷ 단어 삽입형(word insertion): 지문의 빈칸에 끼워 넣을 알맞은 단어를 선택

❸ 문장 삽입형(sentence insertion): 지문에 제시문이 들어갈 알맞은 위치를 선택

❹ 끌어 놓기형(drag and drop): 제시된 문장을 마우스로 이동하여 순서대로 배열

❺ 문장 완성형(short answer): 빈칸에 알맞은 답을 입력하여 문장을 완성

❻ 서술형(essay writing): 주어진 주제와 분량에 맞게 서술형 답안을 입력

주의 사항

❶ 듣기: 화면에 '대기 시간'과 '풀이 시간'이 나옵니다. 풀이 시간이 종료되면 다음 문제로 화면이 자동 변경됩니다. 화면이 바뀌면 지나간 문제는 다시 풀 수 없으며, 반드시 풀이 시간 내에 답을 선택해야 합니다.

❷ 읽기: 이전 문제, 다음 문제로 이동하면서 문제를 다시 풀 수 있습니다. 시험이 끝나기 10분 전, 5분 전 알림이 제공됩니다. 시험 시간이 다 되면 표시해 두었던 모든 답이 자동으로 제출됩니다.

❸ 쓰기: PBT와 달리 원고지 쓰기가 아닌, 일반 줄글 쓰기로 문제가 나옵니다. 한글 자판의 위치를 익히고 타자 연습을 해 두어야 합니다.

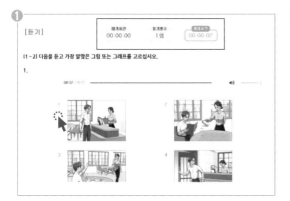

이 책의 구성과 특징

PART 01

❶ 대표 문제 + 문제 속 표현 + 문제 속 표현 확인

▸ 대표 문제를 풀면서 빈출 유형을 빠짐없이 점검할 수 있습니다. 문제에 나온 중요 어휘는 짧은 퀴즈를 풀면서 의미를 빠르게 확인해 보세요.

❷ 어떤 문제? 이런 문제!

▸ 대표 문제의 정답을 찾아가는 2단계 전략으로 문제 해결력을 높일 수 있습니다. 유형별 출제 경향과 학습 방법도 제시하였으니 놓치지 마세요.

❸ 기출 Point

▸ 기출 경향을 분석한 필수 표현과 빈출 주제를 중심으로, 유형 학습을 효과적으로 할 수 있는 다양한 포인트를 정리하였습니다. 특히 '통암기'는 시험에 자주 나오는 표현을 정리해 둔 것이니 꼭 통째로 암기해 두세요.

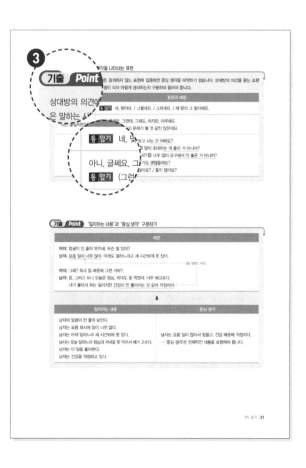

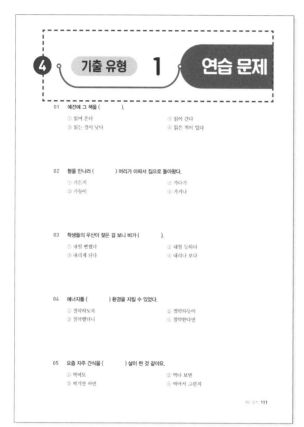

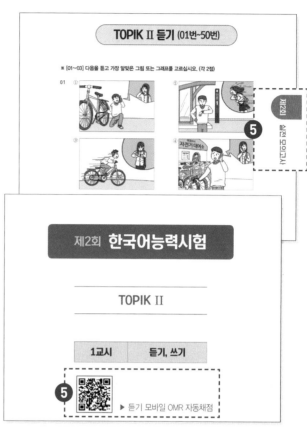

❹ 기출 유형 연습 문제

▶ 각 유형에 자주 나오는 주제와 다양한 난이도로 구성된 연습 문제입니다. 앞에서 익힌 문제 풀이 2단계 전략을 바탕으로 유형별 집중 훈련을 할 수 있어요.

PART 02

❺ 실전 모의고사 2회분

▶ 실제 기출문제와 최근 출제 경향을 반영한 모의고사입니다. '모바일 OMR 자동채점 서비스'를 이용하면 더욱 빠르고 쉽게 점수와 정답을 확인할 수 있어요.

PART 03

❻ 정답 및 해설

▶ 2단계 전략에 따른 문항 해설로 문제 풀이 과정을 차근차근 확인할 수 있습니다. 출제자의 의도를 바르게 이해하고 풀었는지 하나하나 꼼꼼히 점검해 보세요.

이 책의 목차

PART

01

유형 알아보기

CHAPTER

01

듣기

전략 미리 보기

전체 파트에서 녹음은 문제마다 한 번씩 들려줍니다. 일단 시험이 시작되면 내가 원하는 대로 녹음 파일을 중간에 멈추거나 다시 들을 수 없습니다. 또한 문제의 녹음을 들려준 후 정해진 시간이 지나면, 바로 다음 문제의 녹음을 이어서 들려줍니다. 그렇기 때문에 녹음을 놓치지 않고 잘 따라 가기 위해서는 들려주는 녹음을 최대한 주의 깊게 듣고 여러분이 할 수 있는 최선의 답을 고른 후 다음 문제로 넘어가는 것이 중요합니다. 이전 문제에 대해 고민하느라 다음 문제를 놓치지 마세요. 답을 확실히 알지 못하더라도 최대한 추측해서 정해진 시간 안에 문제를 풀고 넘어가는 것이 좋습니다. 녹음이 나오기 전에 문제를 먼저 보고 무슨 내용일지 추측하며 듣는 것도 큰 도움이 됩니다.

기출 유형 미리 보기

1 일치하는 그림 고르기

2 일치하는 도표 고르기

3 이어지는 말 고르기

4 알맞은 행동 고르기

5 일치하는 내용 고르기

6-1 중심 생각 고르기

6-2 중심 내용 고르기

7 담화 상황 고르기

8 화자의 의도나 목적 고르기

9 담화 참여자 고르기

10 화자의 태도나 말하는 방식 고르기

11 화제 고르기

12 담화 전후의 내용 고르기

합격의 공식 ▶
시대에듀

혼자 공부하기 힘들다면?
www.youtube.com ➔ 시대에듀 구독 ➔ TOPIK 한국어능력시험 학습 특강
www.sdedu.co.kr ➔ 학습자료실 ➔ 무료특강 ➔ 자격증/면허증 ➔ 언어/어학

일치하는 그림 고르기

대표 문제

다음을 듣고 가장 알맞은 그림을 고르십시오.

①

②

③

④

🔵 문제 속 표현

찾다: 현재 주변에 없는 것을 얻거나 사람을 만나려고 여기저기를 뒤지거나 살피다. 또는 그것을 얻거나 그 사람을 만나다.

-(으)러: 가거나 오거나 하는 동작의 목적을 나타내는 표현.

유행(하다): ❶ 전염병이 널리 퍼져 돌아다니다. ❷ 특정한 행동 양식이나 사상 따위가 일시적으로 많은 사람의 추종을 받아서 널리 퍼지다.

스타일: 복식이나 머리 따위의 모양.

-아/어 보다: 앞의 말이 뜻하는 행동을 시험 삼아 함을 나타내는 표현.

🔍 문제 속 표현 확인

★ 배운 내용을 생각하며 문제를 풀어 봅시다.

1. 저 옷은 내가 좋아하는 _____이다.   📋 스타일

2. 잃어버린 지갑을 가방에서 _____.   📋 찾았어요

3. 한국에 한국어를 _____ 왔어요. (공부하다)   📋 공부하러

4. 이번 여름에는 짧은 머리가 _____이에요.   📋 유행

5. 한국에 왔으면 제주도에 꼭 _____. (가다)   📋 가 보세요

- **유형:** 짧은 대화를 듣고 대화의 상황과 어울리는 그림을 찾는 유형
- **경향 분석**

  3급 1번, 2번

- 대화를 듣기 전에 그림을 보며 상황을 추측해 본 후 대화를 들으면 내용을 더 쉽게 이해할 수 있습니다. 대화하는 장소, 대화하는 두 사람의 관계, 앞으로의 행동 등을 추측하며 들으면 좋습니다.
- 모든 문제는 선택지의 내용을 미리 살펴보는 것이 좋습니다. 무슨 이야기를 할지 미리 짐작할 수 있기 때문입니다. 듣기 전 키워드 (keyword; 핵심어)에 표시를 하고, 표시한 것을 중심으로 들으면 중요한 내용을 놓치지 않을 수 있습니다.

이런 문제

★ 단계에 따라 전략적으로 문제를 풀어 봅시다.

다음을 듣고 가장 알맞은 그림을 고르십시오.

❶  ②

③  ④

1단계 선택지의 그림 보고 상황 파악하기

① 옷가게에서 직원이 치마를 추천합니다.
② 옷가게에서 손님이 코트를 입어 봅니다.
③ 백화점에서 친구와 쇼핑을 합니다.
④ 옷가게에서 쇼핑한 옷을 계산합니다.

2단계 들려주는 내용과 어울리는 상황 찾기

① '치마'를 사러 온 '손님'과 치마를 추천하며 '입어 보라'는 '직원'의 대화입니다.

남자: 손님, 어떤 옷을 찾으세요?
여자: 치마 좀 보러 왔어요. (✓손님)
남자: 이건 어떠세요? 요즘 유행하는 스타일이에요. 한번 입어 보세요. (✓직원)

실제 시험에 나온 표현입니다. 모르는 말이 있다면, 예문을 통해 뜻을 익혀 두세요.
'통 암기'는 활용도가 높은 표현이니, 문장을 통째로 외워두는 것이 좋습니다.

장소	상황	표현과 예문
공항	이용	비행기, 기다리다, 타다
길거리	길 묻기	**통 암기** 실례지만, ~에 가려고 하는데 어디로 가야 해요?
	길 안내	**통 암기** 쭉 가세요. 오른쪽(↔ 왼쪽)으로 돌아가세요. 길을 건너세요.
병원·약국	이용	약, 병, 처방전 ~이/가 아프다 **예** 배가 아파서 왔어요.
서비스 센터 ·고객 센터	답변	고객님, -(으)세요? **예** 고객님, 어떤 문제가 있으세요? ~을/를 도와드릴까요? **예** 무엇을 도와드릴까요?
세탁소	요청	세탁하다, 깨끗하다 ~까지 해 주다(/드리다) **예** 가: 언제까지 해 드릴까요? / 나: 내일까지 해 주세요.
옷 가게	쇼핑	~을/를 보러 오다 **예** 바지를 보러 왔어요. ~을/를 사려고 하다 **예** 치마를 사려고 하는데요.
	추천	~이/가 어떠세요? **예** 이렇게 파마를 해 보시는 건 어떠세요? ~이/가 유행이다 **예** 요즘은 이런 스타일이 유행이에요. 한번 -아/어 보다 **예** 한번 입어 보세요. 잘 어울리실 것 같아요.
	계산	**통 암기** 그럼 이거 주세요. / 이걸로 할게요. 카드(/현금)로 계산할게요.
집	정원 가꾸기	물(을) 주다, 씨(앗) ~을/를 심다 **예** 여기에 나무를 심을 거예요?
	집안일	청소, 설거지
카페	주문	차, 커피, 마시다, 따뜻하다(↔ 차갑다), 주문(하다), 자리(를) 잡다
호텔	예약	전망, 객실, 요금, 결제(하다) ~에 예약하다 **예** 다음 주 월요일에 예약하려고 하는데요.
	체크인	엘리베이터, 조식, 체크인(↔ 체크아웃), 키 방은 ~호이다 **예** 방은 1004호입니다.
회사	지원	신입 사원, 서류

※ 다음을 듣고 가장 알맞은 그림 또는 그래프를 고르십시오. (각 2점)

01 ①  ②

③  ④

02 ①  ②

③  ④

03 ①  ②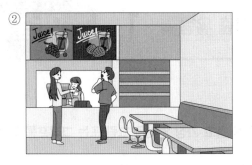

③  ④

04 ①  ②

③  ④

대표 문제

다음을 듣고 가장 알맞은 그림 또는 그래프를 고르십시오.

① 스마트폰 사용 현황

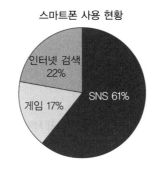

② 스마트폰 사용 현황

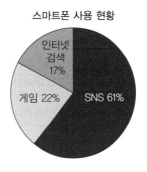

③ 청소년 사용자

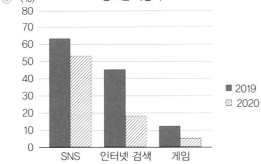

④ 청소년 사용자

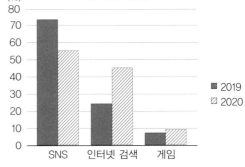

문제 속 표현

대상: 어떤 일이나 행동의 상대나 목표가 되는 사람이나 물건.

현황: 현재의 상황.

절반: 하나를 반으로 나눔. 또는 그렇게 나눈 반.

차지(하다): ❶ 사물, 공간, 지위 등을 자기 몫으로 가지다. ❷ 일정한 공간, 비율을 이루다.

~(으)로 나타나다: 어떤 일이 일어날 것 같은 낌새나 일의 결과가 겉으로 드러날 때 쓰는 표현.

문제 속 표현 확인

★ 배운 내용을 생각하며 문제를 풀어 봅시다.

1. 예방접종 ＿＿＿＿＿＿＿＿을/를 확인하세요. ⟮답⟯ 현황을

2. 매달 월급의 ＿＿＿＿＿＿＿＿을/를 저축하다. ⟮답⟯ 절반을

3. 우리 반은 남학생이 60%를 ＿＿＿＿＿＿＿. ⟮답⟯ 차지한다

4. 연예인은 관심의 ＿＿＿＿＿＿＿이/가 될 때가 많다. ⟮답⟯ 대상이

5. 노력의 결과는 시험 성적으로 ＿＿＿＿＿＿＿. ⟮답⟯ 나타났다

- **유형:** 뉴스를 듣고 들은 정보와 일치하는 도표(그림이나 그래프)를 찾는 유형

- **경향 분석**

    3급 3번

- 뉴스의 내용은 주로 일상생활과 관련이 있는 설문 조사의 결과로 구성됩니다. 순위 간 '비교', 조사 시간에 따른 '변화' 등에 주목해야 합니다.

- 오답이라고 생각하는 선택지를 하나씩 지우며 정답을 찾으면 더 좋습니다.

이런 문제

★ 단계에 따라 전략적으로 문제를 풀어 봅시다.

☑ **Tip** 같은 모양의 그래프끼리 비교하며 공통점과 차이점을 중심으로 살펴보면 좋습니다.

다음을 듣고 가장 알맞은 그림 또는 그래프를 고르십시오.

❶ 　②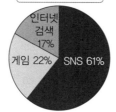

- 공통점: SNS 사용이 절반 이상을 차지했습니다.

- 차이점: ❶은 인터넷 검색이 2위, 게임이 3위입니다. ②는 게임이 2위, 인터넷 검색이 3위입니다.

- 공통점: SNS 사용은 감소했습니다.

- 차이점: ③은 인터넷 검색이 두 배 이상 감소했고, ④는 증가했습니다.

> **남자:** 청소년을 대상으로 스마트폰 사용 현황을 조사한 결과 인스타그램, 페이스북 등
> 　　　　　(✓ 제목 확인 → ③, ④ 탈락!)
> SNS 사용이 61%로 전체 사용의 절반 이상을 차지하였습니다.
> 　　　　　(✓ ❶, ② 공통점)
> 그다음으로는 인터넷 검색과 게임이 차례대로 뒤를 이었습니다.
> 　　　　　(✓ ❶, ② 차이점 → ② 탈락!)
> 게임을 하는 청소년 사용자는 작년보다 두 배 증가한 것으로 나타났습니다.

1단계 도표 제목 확인하기

도표의 제목을 보고, 알아내야 하는 정보가 무엇인지 확인합니다.
→ '스마트폰 사용 현황'과 스마트폰의 '청소년 사용자'에 대한 내용입니다.

2단계 들려주는 내용과 도표 비교하기

도표의 '제목'에 따라 먼저 나오는 정보부터 비교하며 듣는 것이 좋습니다.
→ ❶ '스마트폰 사용 현황'이 'SNS, 인터넷 검색, 게임'순으로 나타납니다.

중요 어휘

비율 / ~별(연도별, 운동별, 분야별) ○○율(참여율, 구매율, 판매율) / ~(으)로 나타나다 / 가장 많은 비중을 차지하다 / 급격히 (증가하다 ↔ 감소하다)(높아지다 ↔ 낮아지다) / 변하고 있다.

그래프

상황	표현
변화	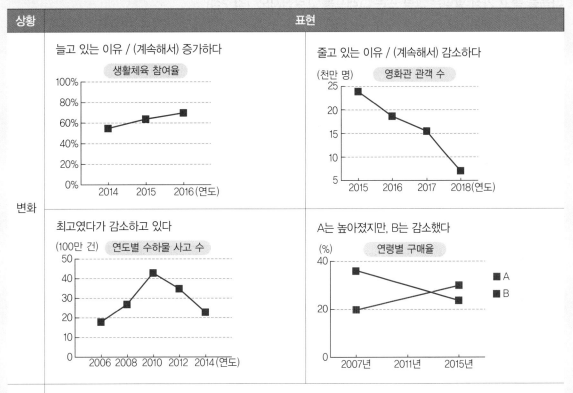

가장 많이 하는 ○○은/는 A였으며, 그 다음은 B, C이/가 (그) 뒤를 이었다

○○은/는 A이/가 가장 많았고/많았으며, B, C이/가 (각각) (그) 뒤를 이었다

A이/가 가장 많이 ○○하는 것으로 나타났으며, B, C이/가 그 뒤를 이었다

가장 많은/큰 비중을 차지하는 것은 ~

비중		
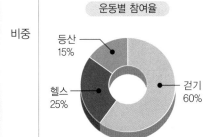	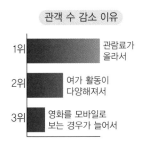	

소재

상황	표현
소비	출판, 연령, 구매, 20대, 도서, 판매, 소비층
관람	관객, 관객 수, 여가 활동, 다양하다, 모바일, 관람료
운동	생활체육, 참여, 걷기, 등산, 헬스, 조깅, 요가
시간 활용	여가 시간, 점심시간, (식사 후) 활동, 산책, 낮잠

※ 다음을 듣고 가장 알맞은 그림 또는 그래프를 고르십시오. (각 2점)

01 ①

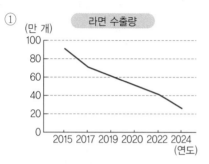

②

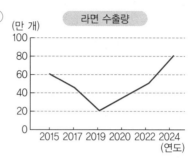

③

④

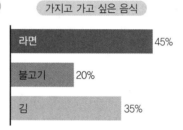

02 ①

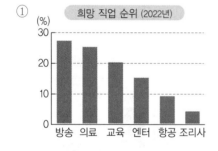

②

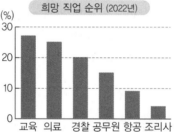

③

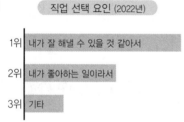

④

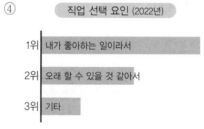

03

①
출퇴근 시 이용하는 교통수단

②
출퇴근 시 이용하는 교통수단

③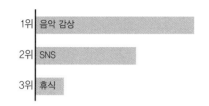
출퇴근 시간을 보내는 방법

④
출퇴근 시간을 보내는 방법

04

①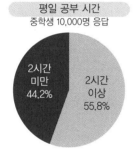
평일 공부 시간
중학생 10,000명 응답

②
평일 공부 시간
고등학생 10,000명 응답

③
평일 여가 시간 2시간 미만

④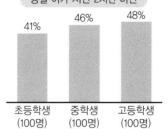
평일 여가 시간 2시간 미만

이어지는 말 고르기

대표 문제

다음을 듣고 이어질 수 있는 말로 가장 알맞은 것을 고르십시오.

① 네, 신청하셔도 됩니다.

② 신청 요일을 변경할 수 없습니다.

③ 신청은 이번 주 금요일까지입니다.

④ 전화나 인터넷으로 하시면 됩니다.

문제 속 **표현**

신청(하다): 단체나 기관에 어떠한 일이나 물건을 알려 청구하다.

−아/어도 되다: 어떤 일 또는 상황에 대해 허락할 때 사용하는 표현.

변경(하다): 다르게 바꾸어 새롭게 고치다.

−(으)ㄹ 수 없다: 어떤 일을 못할 때 사용하는 표현.

−(으)면 되다: 조건이 되는 어떤 행동을 하거나 어떤 상태만 갖추어지면 문제가 없거나 충분함을 나타내는 표현.

문제 속 **표현 확인**

★ 배운 내용을 생각하며 문제를 풀어 봅시다.

1. 회의 중이라서 전화를 ＿＿＿＿＿＿. (받다)   답 받을 수 없습니다

2. 날씨 때문에 출발 날짜를 내일로 ＿＿＿＿＿ 했다.   답 변경

3. 쉬는 시간이니까 화장실에 ＿＿＿＿＿ 돼요. (가다)   답 가도

4. 도서관 카드를 ＿＿＿＿＿ 하려면 신분증이 필요합니다.   답 신청

5. 다른 것은 필요 없어요. 여권만 ＿＿＿＿＿ 돼요. (있다)   답 있으면

- **유형:** 짧은 대화를 듣고 뒤에 이어질 말을 찾는 유형
- **경향 분석**

  3급 4번, 5번, 6번, 7번, 8번

- 대화 상황은 주로 일상생활에서 자주 쓰이는 질문하기, 부탁하기, 권유하기 등입니다. 상황에 따라 자연스럽게 이어질 대답(동의/수용/허락하기, 거절하기, 안내하기 등)을 찾으면 됩니다.
- 마지막 사람이 한 말이 정답의 근거가 되는 경우가 많으므로 주의 깊게 듣는 것이 좋습니다.

이런 문제

★ 단계에 따라 전략적으로 문제를 풀어 봅시다.

다음을 듣고 이어질 수 있는 말로 가장 알맞은 것을 고르십시오.

① 네, 신청하셔도 됩니다. ← 질문: 신청해도 되나요?

② 신청 요일을 변경할 수 없습니다. ← 질문: 변경할 수 있나요?

③ 신청은 이번 주 금요일까지입니다. ← 질문: 언제까지?

❹ 전화나 인터넷으로 하시면 됩니다. ← 질문: 어떻게?

> 남자: 한국 요리 수업은 토요일에 있습니다.
>
> 여자: 어떻게 신청할 수 있나요?
>
> (✓ 어떻게 → 방법)
>
> 남자: _____

1단계 선택지의 키워드로 상황 추측하기

선택지에 '신청'이 반복됩니다. 신청에 관한 내용일 것입니다.

각 선택지가 무슨 질문에 대한 대답인지 추측해 보면 더 좋습니다.

2단계 마지막 말 다음에 이어질 내용을 떠올린 후, 선택지에서 해당 내용 찾기

'어떻게'는 방법을 의미합니다. 신청 방법에 대한 안내가 이어져야 합니다.

→ ❹ '신청 방법'으로는 '전화, 인터넷, 직접 방문' 등이 있습니다.

상황	표현과 예문
질문	-나요? 예 발표 준비는 다 하셨나요? -아/어요? 예 그 사람은 어디에 살아요? -(으)ㄴ가요? 예 밥을 다 드신 건가요? / 그 친구가 그렇게 똑똑한가요? -(으)ㄹ까요? 예 일요일에 같이 테니스 칠까요?
부탁	-아/어 줄 수 있어요? 예 볼펜을 빌려줄 수 있어요? -아/어 주(시)면 안 될까요? 예 깎아 주시면 안 될까요? 통 암기 부탁드려요.
권유	-(으)세요. 예 이쪽으로 와서 앉으세요. -(으)ㄴ/는 게 어때요? 예 머리가 아프면 조금 쉬는 게 어때요? -아/어 보세요. 예 손님, 그 원피스가 마음에 드시면 한번 입어 보세요.
걱정	-(으)ㄹ까 봐 걱정이다 예 시험에 불합격할까 봐 걱정이에요. -(으)면 어떡하지요? 예 내일이 소풍 가는 날인데 계속 비가 오면 어떡하지요? 통 암기 큰일이에요.
허용	-아/어도 괜찮다 예 네, 거기에 앉아도 괜찮아요. -(으)면 되다 예 은행에서 출금하려면 통장하고 신분증만 있으면 돼요.
수용	-아/어야겠다 예 올해는 정말 담배를 끊어야겠어요. 통 암기 알겠습니다. 　　　 네, 좋은 생각이에요.
위로	통 암기 잘 될 거예요. 　　　 괜찮아질 거예요.

※ 다음을 듣고 이어질 수 있는 말로 가장 알맞은 것을 고르십시오. (각 2점)

01 ① 네, 가능합니다.
    ② 네, 예약하려고 해요.
    ③ 아니요, 제가 전화 드렸어요.
    ④ 아니요, 예약 날짜는 바꿀 수 없습니다.

02 ① 문제를 잘 해결해서 괜찮아.
    ② 인터넷이 조금 저렴한 것 같아.
    ③ 인터넷으로 옷을 산 적이 있어.
    ④ 결제를 어떻게 하는 건지 모르겠어.

03 ① 친구가 빨리 나았으면 좋겠어요.
    ② 친구가 한국어 시험에 합격했어요.
    ③ 친구가 다쳐서 병원에 입원했어요.
    ④ 저는 열심히 공부했지만 불합격했어요.

04 ① 주말까지 기다려 주세요.
    ② 다음부터는 늦지 않게 준비하세요.
    ③ 오늘 퇴근하기 전까지 완성할게요.
    ④ 발표 자료 준비하느라 고생 많았어요.

05　① 비행기는 아침에 출발했어요.

　　② 저는 내일 고향 친구를 만나요.

　　③ 저도 공항에 가 본 적이 있어요.

　　④ 차가 막힐 테니까 지하철을 타세요.

06　① 뭐라고? 많이 다쳤어?

　　② 늦을까 봐 빨리 출발했구나.

　　③ 늦을 것 같으면 미리 전화해 줘.

　　④ 미안하다고? 그래, 다음에는 일찍 와.

07　① 맞아, 공부를 해도 재미가 없지.

　　② 아니, 머리가 아프면 공부를 쉬어야지.

　　③ 맞아, 3일 동안 집에서 공부만 했거든.

　　④ 아니, 머리가 아파서 약을 먹고 공부했어.

알맞은 행동 고르기

대표 문제

다음을 듣고 여자가 이어서 할 행동으로 가장 알맞은 것을 고르십시오.

① 택시를 타러 간다.

② 사고 원인을 확인한다.

③ 다음 지하철을 기다린다.

④ 회사에 전화해서 사정을 말한다.

문제 속 **표현**

늦다: 정해진 때보다 지나다.

—(으)ㄹ 것 같다: 추측을 나타내는 표현.

미리: 어떤 일이 있기 전에 먼저.

이해(하다): 무엇을 알고 받아들이거나 남의 형편을 알고 받아들이다.

연락(하다): 어떤 사실을 전하여 알리다.

문제 속 **표현 확인**

★ 배운 내용을 생각하며 문제를 풀어 봅시다.

1. 너만 내 처지를 _____ 주는구나.　　　　　🔖 이해해

2. 추석이 지나야 날씨가 좀 _____. (시원하다)　　🔖 시원해질 것 같다

3. 나는 수업 시간에 _____ 학교까지 뛰어갔다.　🔖 늦어서

4. 의사는 형이 다쳤다고 아버지에게 _____ 주었다.　🔖 연락해

5. 손님이 오시기 전에 _____ 음식 준비를 다 해 두었어요.　🔖 미리

- **유형**: 대화를 듣고 남자나 여자가 이어서 할 행동을 찾는 유형 (A–B–A′–B′로 구성)
- **경향 분석**
  - `3급` 9번, 10번, 11번(일상생활에서의 대화)
  - `3급` 12번(공식적인 상황에서의 대화)
- '여자'의 행동을 물으면 여자의 말이, '남자'의 행동을 물으면 남자의 말이 중요합니다. 하지만 상대방이 시키거나 제안하는 행동을 이어서 하는 경우도 많으므로 끝까지 주의해서 들어야 합니다.
- '남자'가 할 행동과 '여자'가 할 행동을 구별하여 선택지에 메모하며 들으면, 헷갈리지 않고 정답을 찾을 수 있습니다.

이런 문제   ★ 단계에 따라 전략적으로 문제를 풀어 봅시다.

☑**Tip** 주로 '여자'의 행동을 묻지만, '남자'의 행동을 물어볼 수도 있습니다. 대화를 듣기 전, 누구의 행동을 묻는지 확인하고 듣는 것이 좋습니다.

다음을 듣고 여자가 이어서 할 행동으로 가장 알맞은 것을 고르십시오.

❶ 택시를 타러 간다.
② 사고 원인을 확인한다.
③ 다음 지하철을 기다린다.
④ 회사에 전화해서 사정을 말한다. → 함정!

> **여자:** 지하철이 안 오네. 앞에서 사고가 났나 봐.
> 면접에 늦을 것 같은데 어쩌지? (✓문제 상황 파악)
> **남자:** 그럼 회사에 전화해 봐. (✓해결 방법 '제안')
> 늦을 것 같다고 미리 말하면 이해해 주지 않을까?
> **여자:** 아니야. 안될 것 같아. (✓동의하지 않음 → ④ 탈락!)
> 밖으로 나가서 택시를 타고 가야겠어. (✓여자가 할 행동)
> **남자:** 그래. 그럼 면접 끝나고 연락해.

1단계 대화를 들으며, 상황 파악하기

대화에서 들리는 키워드(지하철, 안 오다, 면접, 늦다)를 통해 상황을 파악합니다.
→ '지하철이 오지 않아서 여자가 면접에 늦을 것 같은 상황'입니다.

2단계 대화가 끝난 후 할 행동 찾기

자신이 앞으로 할 행동을 스스로 밝히거나 상대방의 말에 따라 행동하게 됩니다.
→ ④ 남자가 회사에 전화해 보라고 제안했지만, 여자는 거절을 하고 ① 택시를 타겠다고 했습니다.

실제 시험에 나온 표현으로 만들어진 예문입니다. 모르는 말이 있다면, 예문을 통해 뜻을 익혀 두세요.

장소	표현과 예문
대학교	전공 (필수), 재수강, 교양 수업, 학사 경고, 개강, 공강, 휴강, 동아리, 조교, 선배, 후배 **예** 가: 안녕하세요, 선배님. 신입생 성기훈입니다. 나: 아까 학과 사무실에서 본 것 같은데 저도 신입생이에요. 반갑습니다. 가: 그렇군요. 그런데 수강 신청했나요? 저는 뭐가 뭔지 잘 모르겠더라고요. 나: 어렵지 않아요. 꼭 들어야 하는 과목은 '전공 필수' 과목이라고 안내문에 적혀 있고요. 교양을 쌓는 과목은 교양 수업이에요. 가: 그렇군요. 고맙습니다. 아, 그런데 다음 주 월요일이 개강이지요? 나: 다음 주 월요일은 3월 1일로 공휴일이에요. 그래서 휴강이에요.
도서관	가입, 대출, 반납, 연체, 열람, 검색, 사서, 목록, 서가, 백과사전, 종교 서적, 예술 서적, 문학 서적, 대출증, 회원증, 발급, 신분증, 신청서 **예** 가: 안녕하세요. 책을 빌리고 싶은데 어떻게 하면 되나요? 나: 처음 오셨으면 회원 가입을 먼저 하고 대출증이 있어야 대출을 받을 수 있습니다. 가: 네, 회원 가입을 하면 오늘 바로 빌릴 수 있나요? 나: 네, 저기 컴퓨터에서 책 제목을 검색한 후에 서가에 가서 찾아 오시면 됩니다. 가: 대출 기간은 어떻게 되나요? 그리고 백과사전도 빌릴 수 있나요? 나: 대출 기간은 2주일이고 연체가 되면 1주일은 책을 빌릴 수 없습니다. 백과사전은 열람만 가능하고 빌릴 수는 없습니다.
병원	진료, 예약, 검사, 탈의실, 두통약, 처방전, 갈아입다 **예** 가: 토요일에도 진료를 하시나요? 나: 네, 그런데 예약을 미리 하셔야 검사를 받으실 수 있어요. **예** 가: 선생님, 두통약을 먹었는데 머리가 더 아파요. 뭐가 문제일까요? 나: 약이 잘 맞지 않을 수도 있어요. 엑스레이부터 찍어보는 게 좋겠네요. 탈의실에서 옷을 갈아입고 오시겠어요?
실내	※ 실내(집, 생일 파티 장소, 전시장, 카드 작성 장소 등) 그릇, 코트, 세탁소, 화분, 배달, 우편물, 베란다, (벽)시계, 건전지, 서랍 **예** 가: 이번에 이사를 할 때 어머니께서 좋아하시는 화분이 깨졌어요. 나: 그래요? 어머니께서 많이 속상하셨겠네요. 가: 그래서 인터넷으로 저 화분을 배달시켰어요. 그리고 화분이 깨지면서 코트도 조금 찢어져서 세탁소에 맡겼고요. 나: 아, 저기 베란다에 있는 화분이 새로 산 화분이군요. 시계도 고장난 거예요? 지금 12시가 아니잖아요. 가: 아니요, 시계는 건전지를 바꾸지 않아서 그래요. 아직 이삿짐 정리를 못 해서 정신이 없네요.
회사	거래처, 직원, 연수, 특강, 파견, 현황, 추가, 지원자, 인사과, 서두르다, 출력하다(= 뽑다) **예** 가: 부장님, 이번 직원 연수에서는 거래처 사장님께 특강을 요청드리려 합니다. 나: 아, 네. 연수 지원자 명단도 볼 수 있을까요? 인사과에 명단을 전달하기 전에 먼저 보고 싶은데요. 가: 지금 정리 중입니다. 정리가 끝나는 대로 출력해 드릴까요? 나: 네, 혹시 인원이 부족하면 추가로 지원자를 더 받아야 하니 서둘러 주세요.

※ 다음을 듣고 여자가 이어서 할 행동으로 가장 알맞은 것을 고르십시오. (각 2점)

01
① 사진을 찍어 준다.
② 회원 가입을 한다.
③ 빌릴 책을 찾는다.
④ 신청서를 발급한다.

02
① 친구를 만나러 나간다.
② 김치를 친구에게 준다.
③ 남자와 요리를 배운다.
④ 김치 만들 준비를 한다.

03
① 수강 신청을 한다.
② 컴퓨터를 주문한다.
③ 수강 신청 날짜를 확인한다.
④ 컴퓨터로 도자기를 검색한다.

04
① 먼저 퇴근한다.
② 회의 자료를 복사한다.
③ 회의할 장소를 정리한다.
④ 남자가 끝날 때까지 기다린다.

05 ① 약을 먹는다.

② 화장실에 가서 토한다.

③ 병원에 갈 준비를 한다.

④ 학교 선생님께 전화한다.

※ 다음을 듣고 남자가 이어서 할 행동으로 가장 알맞은 것을 고르십시오. (각 2점)

06 ① 냉면을 주문한다.

② 약속 시간을 확인한다.

③ 식당 전화번호를 찾는다.

④ 친구들에게 전화를 한다.

07 ① 명함에 이름을 적는다.

② 커피와 음료를 구매한다.

③ 주문한 커피와 음료를 취소한다.

④ 자신의 명함을 경품 박스에 넣는다.

일치하는 내용 고르기

대표 문제

다음을 듣고 들은 내용과 같은 것을 고르십시오.

① 점검 중에는 단수가 될 예정이다.

② 점검하는 동안 온수는 사용할 수 있다.

③ 수도 시설 점검은 두 시간 동안 진행된다.

④ 문제가 있으면 관리 사무소에 연락해야 한다.

문제 속 **표현**

안내(하다): 어떤 내용을 소개하여 알려 주다.

점검(하다): 낱낱이 검사하다.

─(으)ㄹ 예정이다: 앞으로 일어날 일이나 해야 할 일을 미리 정하거나 생각함을 나타내는 표현.

─기(를) 바라다: 생각이나 바람대로 어떤 일이 생기거나 되었으면 하고 원하는 표현.

양해(하다): 남의 사정을 잘 헤아려 너그러이 받아들이다.

문제 속 **표현 확인**

★ 배운 내용을 생각하며 문제를 풀어 봅시다.

1. 미리 _____ 을/를 구하지 못한 점 사과드립니다.　　　🔲 양해를

2. 이번 여름방학에는 바다로 여행을 _____ . (가다)　　　🔲 갈 예정이다

3. 우리는 인원 _____ 이/가 끝나자마자 바로 출발했다.　　　🔲 점검이

4. 새해에는 건강하시고 즐거운 일이 _____ . (가득하다)　　　🔲 가득하시기 바랍니다

5. 백화점을 이용하시는 손님 여러분께 _____ 말씀드립니다.　　　🔲 안내

● **유형:** 대화, 인터뷰, 강연 등을 듣고 일치하는 내용을 찾는 유형

● **경향 분석**

3급 13번(대화), 14번(안내 방송), 15번(뉴스/보도), 16번(인터뷰)

4급 21-22번, 23-24번, 27-28번(대화), 25-26번, 29-30번(인터뷰)에서 각 1문제

5급 33-34번(강연), 35-36번(공식적 인사말), 37-38번(교양 프로그램), 39-40번(대담)에서 각 1문제

6급 47-48번(대담), 43-44번(다큐멘터리), 41-42번, 45-46번, 49-50번(강연)에서 각 1문제

● 한 개의 지문을 듣고, 두 문제를 풀어야 하는 '묶음형 문제'가 출제됩니다. 각 문제의 유형을 확인하여, 알아내야 하는 것이 무엇인지 생각하고 선택지에 표시하거나 키워드를 메모하며 듣는 것이 좋습니다.

● 상황에 따라 문제 풀이 전략을 세우는 것이 좋습니다.

　　－ **대화:** 말하거나 행동한 사람이 여자인지, 남자인지를 확인하며 세부 내용을 파악해야 합니다. 개인적인 이야기를 주제로 할 때가 많으므로 일상생활에서 자주 쓰는 단어나 표현을 중심으로 들으면 이해하기 쉽습니다.

　　－ **안내 방송:** '어디'에서, '무엇'에 대하여 안내하는 방송인지를 먼저 파악하는 것이 좋습니다. 선택지에 나온 정보를 중심으로 처음부터 끝까지 집중해서 들어야 합니다.

　　－ **뉴스/보도:** 방송에서 새로운 소식을 알리는 상황이므로 일상생활에서 자주 쓰지 않는 단어들이 나오기도 합니다. 앞뒤 내용을 듣고 모르는 단어의 뜻을 추측해 낼 수 있어야 합니다.

　　－ **인터뷰, 교양 프로그램:** 특정한 정보에 대하여 묻고 답하는 상황입니다. 먼저 진행자의 말에서 질문하려는 것이나 말하려는 것이 무엇인지 파악하고, 그에 대한 대답을 이해하며 듣는 것이 중요합니다.

　　－ **대담:** 전문가와 대화하는 상황입니다. 전문가의 입장이 해당 내용에 대하여 긍정적인지 부정적인지를 파악한 후, 논리적 흐름을 따라가면 사실 관계를 파악하기 쉽습니다.

　　－ **강연, 공식적 인사말, 다큐멘터리:** 처음부터 끝까지 한 사람이 혼자 길게 말을 합니다. 끝까지 집중력을 유지하여 키워드를 듣고 내용 파악을 하는 것이 중요합니다. 특히, 다큐멘터리는 특정 현상이 발생하는 이유, 동물이 특정 행동을 하는 원인 등을 물어볼 때가 많습니다.

이런 문제　　　　　　　　　　　　　　★ 단계에 따라 전략적으로 문제를 풀어 봅시다.

☑ **Tip** 들려주는 내용과 일부만 같은 선택지도 있습니다. 함정을 피하고 세부 정보를 놓치지 않으려면, 듣는 즉시 선택지와 비교하여 O X 표시를 하거나 키워드를 메모하며 오답을 지워 나가는 것이 좋습니다.

다음을 듣고 들은 내용과 같은 것을 고르십시오.

❶ 점검 중에는 단수가 될 예정이다. → 단수 = 물 사용 ✗

② 점검하는 동안 온수는 사용할 수 있다. → 따뜻한 물 사용 ✗

③ 수도 시설 점검은 두 시간 동안 진행된다. → 11시~2시

④ 문제가 있으면 관리 사무소에 연락해야 한다. → 나오지 ✗

> **남자:** 관리 사무소에서 안내 말씀드리겠습니다.
> 　　내일 오전 11시부터 오후 2시까지 아파트 수도 시설 점검을 할 예정입니다.
> 　　　　(✓세 시간 동안 → ③ 탈락!)
> 　　점검 중에는 차가운 물과 따뜻한 물을 모두 사용하실 수 없으니
> 　　　　(✓냉수와 온수 모두 단수 → ② 탈락!, ① 정답!)
> 　　사용하실 물은 미리 받아 두시기 바랍니다.
> 　　조금 불편하시겠지만, 주민 여러분께 양해를 부탁드립니다.

1단계 선택지의 키워드로 내용 추측하기

'관리 사무소'에서 '수도 시설 점검'에 대하여 안내할 것입니다.

2단계 내용을 들으며, 선택지와 비교하기

①·② 점검 중에는 단수가 됩니다. 물을 사용할 수 없습니다.

③ 수도 시설 점검은 세 시간 동안 진행됩니다.

④ 문제 대처 방안은 제시하지 않았습니다.

실제 시험에 나온 대화 상황과 주제입니다. 잘 모르는 주제가 있다면, 관련 어휘를 찾아보고 다양한 대화 상황을 익혀 두는 것이 좋습니다.

상황		주제
안내 방송	공연장	관람 일정 안내, 미아 발생 안내, 셔틀버스 운행 안내
	기차역	열차 지연 사과 및 안내
	도서관	개방 시간 및 주의 사항 안내, 자료실 이용 규칙 안내
	백화점	문화 센터 강연 안내, 분실물 안내, 사은 행사 안내
	수영장	개장 행사 홍보 및 안내
	아파트	바자회 개최 안내, 소방 시설 점검, 엘리베이터 고장 안내, 정기 소독 안내, 지하 주차장 청소 안내
	지역 행사	축제 안내
	학교	방문 일정 안내
	회사	에너지 절약 협조 요청
뉴스/보도	사건 · 사고	교통사고, 물놀이 사고, 정전 사고, 화재 사고
	일기 예보	날씨 소식, 계절 변화(눈, 비, 태풍, 따뜻하다, 맑다, 춥다 등)
	기타	각종 제도 도입

※ 다음을 듣고 들은 내용과 같은 것을 고르십시오. (각 2점)

01　① 여자는 가수가 꿈이다.
　　　② 여자는 콘서트 표를 취소했다.
　　　③ 남자는 콘서트에서 갈 마음이 없다.
　　　④ 남자는 금요일 저녁에 여자와 있을 것이다.

02　① 뮤지컬이 곧 시작될 예정이다.
　　　② 통화는 작은 목소리로 하면 된다.
　　　③ 신발을 신고 극장에 들어오면 안 된다.
　　　④ 사진은 소리가 나지 않게 주의하며 찍는다.

03　① 전국적으로 흐리고 비가 올 것이다.
　　　② 제주도는 오후 한때 소나기가 내릴 것이다.
　　　③ 충청과 남부는 저녁부터 장맛비가 시작될 예정이다.
　　　④ 오후부터 비가 많이 내릴 예정이니 외출 시 조심해야 한다.

04　① 남자는 즐거워서 무료 급식 봉사를 시작했다.
　　　② 남자와 같이 일하는 사람들이 점점 줄고 있다.
　　　③ 남자는 여러 사람과 함께 무료 급식 봉사를 하고 있다.
　　　④ 남자는 혼자 사는 어른들에게 4년 동안 식사비를 지급했다.

05 ① 여자는 요리에 관심이 많다.

② 남자는 다큐멘터리를 좋아한다.

③ 지난 주말에 다큐멘터리를 방영했다.

④ TV에서 다큐멘터리를 다시 볼 수 있다.

06 ① 시 쓰기 강의는 오늘이 처음이다.

② 시를 쓰는 것이 오늘의 숙제이다.

③ 쉽고 재미있는 시를 책으로 읽는다.

④ 시 쓰기와 관련된 영화와 만화를 본다.

07 ① 정전으로 사상자가 발생했다.

② 승강기 사고는 두 차례 접수가 되었다.

③ 소방관이 오고 나서야 전원이 들어왔다.

④ 퇴근 시간의 정전이라 큰 피해를 입었다.

08 ① 음주는 각종 성인병을 불러온다.

② 음주 습관이 생기면 바꾸기가 어렵다.

③ 알코올의 종류에 따라 위험 비율이 다르다.

④ 건강한 성인의 음주는 별로 문제가 되지 않는다.

중심 생각이나 중심 내용 고르기:
중심 생각 고르기

대표 문제

다음을 듣고 남자의 중심 생각으로 가장 알맞은 것을 고르십시오.

① 비가 오면 살이 찌기 쉽다.

② 비가 와도 실내에서 운동할 수 있다.

③ 새로 생긴 곳에서 운동하는 것이 좋다.

④ 시간이 많은 방학 때 운동을 해야 한다.

문제 속 **표현**

-(으)ㄴ/는다고 하다: 다른 사람의 말을 인용할 때 사용하는 표현.

-아/어 보다: ❶ 앞의 말이 나타내는 행동을 시험 삼아 함을 나타내는 표현. ❷ 앞의 말이 나타내는 행동을 이전에 경험했음을 나타내는 표현.

-더라: 직접 경험하여 새롭게 알게 된 사실을 전달할 때 사용하는 표현.

실내: 방이나 건물 등의 안.

문제 속 **표현 확인**

★ 배운 내용을 생각하며 문제를 풀어 봅시다.

1. 너, 새로 나온 라면 _____? (먹다) 　📖 먹어 봤어

2. 야, 이 화장품을 한번 _____! (쓰다) 　📖 써 봐

3. 형은 매일 3시간 동안 _____. (공부하다) 　📖 공부한다고 해요

4. 날씨도 추운데 우리 _____로/으로 들어갈까요? 　📖 실내로

5. 제주도에 갔는데 사람이 정말 _____. (많다) 　📖 많더라

● 유형: 대화, 인터뷰, 교양 프로그램을 듣고 화자(= 말하는 사람)의 중심 생각을 찾는 유형

● 경향 분석

　　3급 17번, 18번, 19번(대화), 20번(인터뷰)

　　4급 21-22번(대화), 25-26번(인터뷰)에서 각 1문제

　　5급 31-32번(토론), 37-38번(교양 프로그램)에서 각 1문제

● 한 개의 지문을 듣고, 두 문제를 풀어야 하는 '묶음형 문제'가 출제됩니다. 각 문제의 유형을 확인하여, 알아내야 하는 것이 무엇인지 생각하고 선택지에 표시하거나 메모하며 듣는 것이 좋습니다.

● 들은 것과 '일치하는 내용 고르기' 문제와 혼동해서는 안 됩니다. 중심 생각은 전체 내용 중 핵심 내용을 의미합니다. 즉, 단순히 들은 내용과 같은 것을 찾지 말고, 말한 사람의 의도를 파악하는 것이 중요합니다.

● 상황에 따라 문제 풀이 전략을 세우는 것이 좋습니다.

> – 대화, 토론: 여자와 남자의 생각이 반대되는 경우가 많습니다. 누구의 생각인지 혼동하지 않도록, 선택지와 관련된 내용이 들리면 남자의 생각인지 여자의 생각인지 메모하며 들어야 합니다.
>
> – 인터뷰, 교양 프로그램: '무엇에 대하여' 묻고 답하는지 찾아야 합니다. 특히 대답하는 첫 문장이나 '그래서, 그러므로, 따라서' 다음에 중심 생각이 나오는 경우가 많으니 주의해서 들어야 합니다.

이런 문제 　　　　　　　　　　　　　★ 단계에 따라 전략적으로 문제를 풀어 봅시다.

☑**Tip** 주로 '남자'의 중심 생각을 묻지만, '여자'의 중심 생각을 물어볼 수도 있습니다. 대화를 듣기 전, 누구의 생각을 묻는지 확인하고 듣는 것이 좋습니다.

다음을 듣고 남자의 중심 생각으로 가장 알맞은 것을 고르십시오.

① 비가 오면 살이 찌기 쉽다. → 남자의 생각 ×

❷ 비가 와도 실내에서 운동할 수 있다.

③ 새로 생긴 곳에서 운동하는 것이 좋다. → 함정!

④ 시간이 많은 방학 때 운동을 해야 한다. → 남자의 생각 ×

> **남자:** 방학하면 시간이 많아지니까 운동 시작한다고 하지 않았어? 잘 하고 있지?
> 　　　　　　　(✓여자가 했던 말 → ④ 탈락!)
>
> **여자:** 응, 그럴 계획이었는데 비가 오니까 나갈 수가 없네. 계속 살만 찌고 우울해.
> 　　　　　　　　　(✓여자의 생각 → ① 탈락!)
>
> **남자:** 비가 올 때는 체육관을 이용하면 되잖아. (✓체육관 → 실내)
> 　　　　얼마 전, 집 근처에 체육관이 새로 생겨서 가 봤는데 시설이 아주 좋더라.
> 　　　　　　　　　　　　　　(✓③ 탈락!)
>
> 　　　　거기 한번 가 봐.

1단계 하지 않은 말 골라내기

① 남자는 살이 찐다는 말을 하지 않았습니다. 여자가 살이 찌고 우울하다고 했습니다.

④ 남자는 '방학하면 시간이 많아지니까 운동을 시작'할 거라고 여자가 말했던 것에 대해 물어보기만 했습니다.

2단계 '일치하는 내용'과 '중심 생각' 구분하기

② 남자는 비가 올 때는 체육관에서 운동하면 된다고 했습니다.

③ 남자는 집 근처에 새로 생긴 체육관이 좋았다고만 했습니다. 새로 생긴 곳이 '모두' 좋다고는 하지 않았습니다.

상대방의 의견에 동의하는 표현, 동의하지 않는 표현에 집중하면 중심 생각을 파악하기 쉽습니다. 상대방의 의견을 묻는 표현은 말하는 사람과 대답하는 사람이 각자 어떻게 생각하는지 구분하며 들어야 합니다.

상황	표현과 예문
의견 일치(동의)	**통 암기** 네, 맞아요. / 그렇네요. / 그러게요. / 제 말이 그 말이에요.
의견 불일치(반대)	아니, 글쎄요, 그런데, 그래도, 하지만, 아무래도 **통 암기** (그런다고) 문제가 될 것 같진 않은데요.
의견 묻기	-는 건 어때요? **예** 들어보고 사는 건 어때요? -는 게 좋은 거 아니야? **예** 많이 초대하는 게 좋은 거 아니야? -아/어서 안 좋은 거 아니야? **예** 너무 많이 요구해서 안 좋은 거 아니야? -도 괜찮을까요? **예** 그냥 가도 괜찮을까요? -지 않아요? **예** 편하지 않아요? / 좋지 않아요?

예문

여자: 얼굴이 안 좋아 보이네. 무슨 일 있어?

남자: 요즘 일이 너무 많아. 어제도 일하느라고 세 시간밖에 못 잤어.

중심 생각의 키워드

여자: 그래? 회사 일 때문에 그런 거야?

남자: 응. 그러고 보니 오늘은 점심, 저녁도 못 먹었네. 너무 배고프다.
　　　내가 좋아서 하는 일이지만 건강이 안 좋아지는 것 같아 걱정이야.

↓

일치하는 내용	중심 생각
남자의 얼굴이 안 좋아 보인다. 남자는 요즘 회사에 일이 너무 많다. 남자는 어제 일하느라 세 시간밖에 못 잤다. 남자는 오늘 일하느라 점심과 저녁을 못 먹어서 배가 고프다. 남자는 이 일을 좋아한다. 남자는 건강을 걱정하고 있다.	남자는 요즘 일이 많아서 힘들고, 건강 때문에 걱정이다. → '중심 생각'은 전체적인 내용을 포함해야 합니다.

※ 다음을 듣고 남자의 중심 생각으로 가장 알맞은 것을 고르십시오. (각 2점)

01 ① 휴가 때는 바쁘게 보내는 것이 좋다.

② 휴가 때는 멀리 여행을 가는 것이 좋다.

③ 휴가 때는 책을 읽으면서 쉴 필요가 있다.

④ 휴가 때는 그동안 하지 못한 일을 하는 게 좋다.

02 ① 이면지를 활용할 방법을 찾아야 한다.

② 프린터 사용을 많이 하면 환경이 오염된다.

③ 이면지를 사용하는 것은 자원을 낭비하는 것이다.

④ 이면지로 인쇄하면 프린터가 고장이 날 수도 있다.

03 ① 종이책 작가가 많이 줄어들었다.

② 종이책에 비해 전자책은 장점이 많다.

③ 출퇴근길에 책을 읽으면 몸에 병이 난다.

④ 요즘 전자책은 예전보다 가격이 많이 올랐다.

04 ① 한국어 말하기 능력의 관건은 어휘력이다.

② 한국어 문법은 정확하게 사용하기 어렵다.

③ 문법을 잘 사용하기 위해 어휘 공부를 해야 한다.

④ 말하기 연습은 문법을 지키는 것이 가장 중요하다.

※ **[05～06] 다음을 듣고 물음에 답하십시오. (각 2점)**

05 남자의 중심 생각으로 가장 알맞은 것을 고르십시오.

① 베트남 4박 5일 여행을 갈 예정이다.
② 단체 여행은 편하고 가격도 저렴하다.
③ 자유 여행은 마음대로 돌아다닐 수 있다.
④ 단체 여행은 사람들이 많아서 더 재미있다.

06 들은 내용과 같은 것을 고르십시오.

① 두 사람은 함께 여행을 한 적이 있다.
② 남자는 여행 일정을 세우는 것을 즐긴다.
③ 여자는 해외여행을 별로 좋아하지 않는다.
④ 여자는 단체 여행은 장점이 없다고 생각한다.

▶ 기출 유형 5 참고

※ **[07～08] 다음을 듣고 물음에 답하십시오. (각 2점)**

07 여자의 중심 생각으로 알맞은 것을 고르십시오.

① 고마운 마음을 편지로 표현할 수 있다.
② 공동체에서 발표하는 능력을 길러야 한다.
③ 본인의 생각을 정리해야 토론을 잘 할 수 있다.
④ 회사 생활에서는 소통하는 능력이 매우 중요하다.

08 들은 내용과 같은 것을 고르십시오.

① 다양한 주제를 가지고 토론한다.
② 이 프로그램은 주 2회 운영된다.
③ 토론 활동을 통해 소통하는 능력을 기른다.
④ 발표를 잘한 직원과 팀에게는 상금을 수여한다.

▶ 기출 유형 5 참고

※ [09~10] 다음을 듣고 물음에 답하십시오. (각 2점)

09 남자의 중심 생각으로 가장 알맞은 것을 고르십시오.

① 축제를 알리기 위해 홍보를 많이 해야 한다.

② 축제는 사람들이 많이 오게 하는 것이 중요하다.

③ 지역의 색깔에 맞는 지역 축제인지 고민해 보아야 한다.

④ 축제 준비를 할 때 예산을 너무 많이 사용할 필요는 없다.

10 들은 내용과 같은 것을 고르십시오.   ▶ 기출 유형 5 참고

① 축제에 문제가 있다고 생각하는 사람은 거의 없다.

② 축제의 종류가 너무 많아서 사람들이 참여하기가 어렵다.

③ 다른 지역의 축제를 그대로 따라 하는 것이 좋은 방법이다.

④ 비슷한 축제에 국가의 돈이 자꾸 사용된다는 것은 문제가 있다.

중심 생각이나 중심 내용 고르기:
중심 내용 고르기

대표 문제

이 강연의 중심 내용으로 가장 알맞은 것을 고르십시오.

① 학생들은 암기만 잘하면 좋은 성적을 받을 수 있다.

② 배운 내용을 배운 날에 복습해야 암기를 잘할 수 있다.

③ 암기에 좋은 방법을 사용하면 내용을 오래 기억할 수 있다.

④ 암기는 특별한 방법이 없고 무한 반복하는 것이 중요하다.

문제 속 표현

암기(하다): 잊지 않고 머릿속으로 외우다.

–(으)ㄹ 뿐만 아니라: 앞의 말에 더해 뒤의 말이 나타내는 내용까지 작용함을 나타내는 표현.

–(으)ㄴ 후에: 앞에 오는 말이 나타내는 행동을 하고 시간적으로 뒤에 다른 행동을 함을 나타내는 표현.

핵심: 가장 중심이 되거나 중요한 부분.

떠오르다: ❶ 위를 향하여 떠서 올라가다. ❷ 기억이 되살아나거나 생각이 나다.

이어지다: 끊기지 않고 연결되다.

문제 속 표현 확인

★ 배운 내용을 생각하며 문제를 풀어 봅시다.

1. 나한테 방금 좋은 생각이 _____. 답 떠올랐어

2. 치아 건강을 위해서 밥을 _____ 이를 닦아야 한다. (먹다) 답 먹은 후에

3. 비가 _____ 바람도 많이 불어서 소풍이 취소되었다. (오다) 답 올 뿐만 아니라

4. 해변에서 소나무 숲으로 _____ 이 등산로는 정말 아름답다. 답 이어지는

5. 지수는 내 질문의 _____ 을/를 이해하지 못하고 엉뚱한 대답만 했다. 답 핵심을

6. 나는 배운 내용을 모두 _____ 시험에서 좋은 점수를 받았다. 답 암기해서

- **유형:** 강연을 듣고 중심 내용을 추론하는 유형
- **경향 분석**

  6급 41~42번에서 1문제
- '유형 5. 일치하는 내용 고르기'와 함께 묶음형 문제로만 출제됩니다. 한 개의 지문을 듣고 두 문제를 푸는 연습을 해 두는 것이 좋습니다.
- 전문가가 특정 분야에 대해 설명합니다. 표현의 수준이 높기 때문에 선택지의 반복된 말을 통해 주제를 추측하며 듣는 것이 좋습니다. 반복되는 말에 집중하여 메모를 하거나 선택지와 비교하며 듣는 것도 좋습니다.
- 일반적이고 상식에 맞는 말이라도 나오지 않은 내용은 답이 될 수 없습니다.

이런 문제

★ 단계에 따라 전략적으로 문제를 풀어 봅시다.

이 강연의 중심 내용으로 가장 알맞은 것을 고르십시오.

① 학생들은 암기만 잘하면 좋은 성적을 받을 수 있다.

② 배운 내용을 배운 날에 복습해야 암기를 잘 할 수 있다.

❸ 암기에 좋은 방법을 사용하면 내용을 오래 기억할 수 있다.

④ 암기는 특별한 방법이 없고 무한 반복하는 것이 중요하다.

> **1단계** 선택지의 키워드로 내용 추측하기
>
> 선택지에 '암기'가 반복됩니다. '암기'에 대한 내용일 것입니다.

> **2단계** 내용을 들으며, 주제나 목적 파악하기
>
> 강연의 주제(중심이 되는 문제)는 주로 처음이나 끝에 제시됩니다.
> → ③ '암기를 잘 할 수 있는 방법'으로 '핵심어 학습법'을 소개하면서, 이것이 '장기 기억'을 하는 데 도움을 줄 것이라고 했습니다.

여자: 내용 이해를 했더라도 암기하지 않았다면 시험을 볼 때 답을 정확히 적기 어렵습니다. (✓이해와 암기 모두 중요 → ① 탈락!)

암기는 학생뿐만 아니라 직장인들에게도 중요한데요. 그렇다면 암기를 잘 할 수 있는 방법은 무엇일까요? (✓주제)

사람마다 자기에게 맞는 방법이 다르겠지만 저는 여러분에게 '핵심어 학습법'을 소개하고자 합니다. (✓목적)

'핵심어 학습법'은 수업이 끝난 후에 핵심 단어를 큰 소리로 다섯 번 말하고 그 핵심어와 관련이 있는 내용을 정리해 나가는 방법입니다. 암기할 내용이 많다면 암기할 부분이 책의 어디에 있는지 위치를 기억하도록 연습합니다. 반복하다 보면 그 페이지가 머릿속에 떠오르게 될 것입니다.

(✓'핵심어 학습법 = 특별한 방법' = 반복 → ④ 탈락!)

효율적인 암기 방법으로 핵심 내용을 정리한다면 장기 기억으로 이어질 수 있을 것입니다. (✓효율적인 방법 = 좋은 방법)

주장이나 주제를 제시하는 말의 앞뒤 키워드를 파악하면 중심 생각이나 중심 내용을 쉽게 찾을 수 있습니다. 화자의 주장을 뒷받침하는 이유나 근거의 흐름을 파악하면 더욱 도움이 됩니다.

상황	표현과 예문
주장 제시	그러므로(= 따라서) **예** 이 문제는 매우 중요하다. <u>그러므로</u> 모든 사람이 함께 문제를 해결해야 한다. –기를 추천하다 **예** 이 영화는 가족들과 함께 보길 <u>추천해</u> 드립니다. –아/어야 할 필요가 있다 **예** 우리는 환경오염 문제에 대해 조금 더 신경을 <u>써야 할 필요가 있습니다.</u> 〜이/가 가장 중요하다(고 볼 수 있다) **예** 학습자에게는 학습 동기가 <u>가장 중요하다고 볼 수 있습니다.</u>
주제 제시	〜에 대해 살펴보다 **예** 그럼 이제부터는 언어 학습의 <u>의미에 대해 살펴보겠습니다.</u> 〜에 대해 말하(고자 하)다 **예** 다음으로 스트레스란 무엇인가에 <u>대해 말하고자 합니다.</u> 〜에 대해 알아보(도록 하)다 **예** 먼저 진로란 무엇인가에 <u>대해 알아보도록</u> 하겠습니다.
이유나 근거 제시	–느라고 **예** 숙제를 <u>하느라고</u> 점심을 못 먹었다. –(으)므로 **예** 전기 제품에 물이 닿으면 위험할 수 <u>있으므로</u> 조심해야 한다. –기 때문에 **예** 모든 사람들의 생각이 똑같을 수는 <u>없기 때문에</u> 갈등이 생긴다. –기 위해서 **예** 책을 <u>빌리기 위해서</u> 일주일에 한 번 도서관에 간다. 때문으로 밝혀지다 **예** 연구진에 의해 불치병의 원인은 세포의 노화 <u>때문으로 밝혀졌다.</u> 연구 조사 결과에 따르면 –다고 하다 **예** <u>연구 조사 결과에 따르면</u> 배달 음식 이용자 수가 5년 사이에 40% <u>증가했다고 합니다.</u> 원인은 〜에 있다 **예** 부분 비만의 <u>원인은</u> 자세에 <u>있다.</u>

※ [01~02] 다음을 듣고 물음에 답하십시오. (각 2점)

01 이 강연의 중심 내용으로 가장 알맞은 것을 고르십시오.

① '방관자 효과'를 추구해야 한다.

② 위험한 상황에 처한 사람을 도와야 한다.

③ 지금보다 도덕적 기준을 강화할 필요가 있다.

④ 도움을 주지 않는 사람에 대한 처벌을 강화해야 한다.

02 들은 내용과 같은 것을 고르십시오. ▶ 기출 유형 5 참고

① 방관자 효과는 사회에서 발견하기 어렵다.

② 방관자 효과는 어떤 상황에서도 결코 깨질 수 없다.

③ 방관자 효과는 다수가 있는 위기의 상황에서 발생한다.

④ 방관자 효과는 범죄 상황에서 피해자가 보이는 현상이다.

※ [03~04] 다음을 듣고 물음에 답하십시오. (각 2점)

03 이 강연의 중심 내용으로 가장 알맞은 것을 고르십시오.

① 양치질만으로 치아 건강을 지킬 수 있다.

② 칫솔과 치실을 함께 이용하여 치아를 관리해야 한다.

③ 이쑤시개 사용은 잇몸 건강에 해로우니 지양해야 한다.

④ 얇은 실의 치실을 사용해야 잇몸과 치아 건강을 지킬 수 있다.

04 들은 내용과 같은 것을 고르십시오. ▶ 기출 유형 5 참고

① 치실은 치아 표면을 닦기에 유용하다.

② 양치질을 할 때 칫솔이 닿지 않는 부분이 있다.

③ 이쑤시개를 사용하여 치아를 관리하는 사람은 없다.

④ 치아 사이의 음식물을 제거하기 위해 회전법을 사용한다.

※ [05~06] 다음을 듣고 물음에 답하십시오. (각 2점)

05 이 강연의 중심 내용으로 가장 알맞은 것을 고르십시오.

① 직장인에게 이직은 필수적인 일이다.

② 이직은 여러 상황을 고려하여 결정해야 한다.

③ 자신의 감정대로 이직을 결정하면 후회하기 마련이다.

④ 이직을 결심한 후에는 업무의 특성을 파악하는 것이 중요하다.

06 들은 내용과 같은 것을 고르십시오.　　　　　　　　　　　▶ 기출 유형 5 참고

① 직장은 자아실현을 우선시하는 곳이다.

② 직장인들은 생계를 유지하기 위해 이직을 결심한다.

③ 기분에 따라 이직을 결정하는 직장인이 많아지고 있다.

④ 동료와의 갈등, 업무 과중 등이 이직을 고민하게 만든다.

대표 문제

남자가 무엇을 하고 있는지 고르십시오.

① 환불 방법을 문의하고 있다.
② 홈페이지 주소를 물어보고 있다.
③ 바지를 다시 구매하려고 알아보고 있다.
④ 환불 신청서 작성 방법을 확인하고 있다.

🔵 문제 속 **표현**

홈쇼핑: 집에서 텔레비전, 인터넷 등을 보고 상품을 골라 전화나 인터넷을 통해 사는 것.

기장: 옷의 길이.

환불(하다): 이미 낸 돈을 되돌려주다.

작성(하다): 원고나 서류 등을 만들다.

–아/어 주다: 남을 위해 앞의 말이 나타내는 행동을 함을 나타내는 표현.

문의(하다): 궁금한 것을 물어서 의논하다.

🔍 문제 속 **표현 확인**

★ 배운 내용을 생각하며 문제를 풀어 봅시다.

1. 유민아, 엄마가 동화책을 _____? (읽다)   📖 읽어 줄까

2. 아버지는 부동산에 투자할 땅을 전문가에게 _____.   📖 문의했다

3. 계획이 변경되어 우리는 기차 요금을 _____ 받아야 한다.   📖 환불

4. 형에게 물려받은 외투는 _____ 이/가 너무 길어서 줄여야 했다.   📖 기장이

5. _____ 방송을 보던 어머니는 물건을 사기 위해 전화기를 들었다.   📖 홈쇼핑

6. 계약서는 지난 회의 결과대로 _____ 읽어 보고 서명하시면 됩니다.   📖 작성했으니

● **유형:** 대화, 공식적 인사말을 듣고 화자가 무엇을, 어떻게, 왜 하고 있는지 찾는 유형

● **경향 분석**

  4급 23~24번(공공시설에서의 용무*와 관련된 대화)에서 1문제   *용무: 볼일. 해야 할 일.

  5급 35~36번(공식적인 자리에서의 인사말)에서 1문제

● '유형 5. 일치하는 내용 고르기'와 함께 묶음형 문제로만 출제됩니다. 한 개의 지문을 듣고 두 문제를 푸는 연습을 해 두는 것이 좋습니다.

● 선택지에 나오는 '서술어'를 보고 화자가 '무엇을, 어떻게, 왜' 하고 있는지 파악해야 합니다. 그동안 출제되었던 서술어는 다음과 같습니다.

> **– 공공시설에서의 대화:** 소개하다, 설명하다, 묻다, 문의하다, 확인하다, 알아보다, 요청하다, 변경하다, 안내하다, 추천하다, 점검하다, 제안하다, 지적하다, 예약(을) 하다
>
> **– 공식적인 자리에서의 인사말:** 소개하다, 설명하다, 홍보하다, 부탁하다, 발표하다, 강조하다, 당부하다, 진단하다, 조사하다, 다짐하다, 평가하다, 역설하다, 주장하다, 분석하다, 보고하다, 평가하다, 요청하다, 밝히다, 사과의 말을 전하다, 양해를 구하다

이런 문제   ★ 단계에 따라 전략적으로 문제를 풀어 봅시다.

남자가 무엇을 하고 있는지 고르십시오.

❶ 환불 방법을 문의하고 있다.

② 홈페이지 주소를 물어보고 있다.

③ 바지를 다시 구매하려고 알아보고 있다.

④ 환불 신청서 작성 방법을 확인하고 있다.

> **1단계** 선택지의 키워드로 상황 추측하기
>
> 선택지에 '환불'이 반복됩니다. '구매'했던 물건의 '환불'에 대한 내용일 것입니다.

> **여자:** 네, 한국 홈쇼핑입니다. 뭘 도와드릴까요?
>
> **남자:** 지난주에 바지를 하나 주문했는데요. 오늘 받아 보니까 색깔도 너무 밝고 기장도 길어서 환불하려고요. 어떻게 환불해야 하나요? (✔어떻게 하나요 = 방법 문의)
>
> **여자:** 고객님, 전화로는 환불이 어렵고요. 저희 홈페이지에 들어오셔서 환불 신청서를 작성하신 후 물건을 보내 주셔야 합니다. 환불은 1주일 정도 걸립니다.
>
> **남자:** 네, 알겠습니다. 그렇게 할게요.

> **2단계** 내용을 들으며, 선택지의 서술어 확인하기
>
> ① (환불 방법) 문의하다
> ② (홈페이지) 물어보다
> ③ (바지) 다시 구매하다, 알아보다
> ④ (환불 신청서 작성 방법) 확인하다
> → 이 중 남자가 하고 있는 행동을 찾아야 합니다. '어떻게'는 방법을 나타내는 말입니다.

실제 시험에 나온 대화 상황과 표현입니다. 활용도 높은 어휘와 문형을 익혀두는 것이 좋습니다.

공공시설에서의 대화: 관공서, 업체, 회사, 호텔, 박물관, 학교 등

상황		핵심 표현
어린이박물관	박물관 이용 문의	표, 예매, 관람(권), 환불
운전면허시험장	면허증 재발급 문의	발급, 신청, 신분증
청년희망센터	정장 대여 방법 문의	빌리다, 신청, 신분증, 예약(하다), 이용, 무료
호텔	체험 교육 프로그램 문의	예약(하다), 단체, 이용
	회의장 예약 문의	예약(하다), 마련, 준비, 무료

공식적인 자리에서의 인사말: 행사장, 기념식, 시상식 등

상황		핵심 표현
간담회	사업 참여 요청	사업, 관심, 성원, 참석(하다), 참여(하다) 예 사업에 대한 많은 관심과 성원 부탁드리며, 참석해 주신 여러분의 적극적인 참여를 기대하겠습니다.
당선 감사 인사	시민을 위한 정책을 펼칠 것을 다짐함	임기, 공약, 정책, 감사(하다), 약속(하다) 예 존경과 감사의 인사를 드립니다. 지난 임기 동안 공약을 잘 실천하고, 정책으로 만든 것처럼 저도 최선을 다할 것을 약속드립니다.
도서관/ 전시실 개관	전시 의의 안내	개관, 전시(하다), 의의, 운영(하다) 예 국내에서 처음으로 전시된다는 점에서 큰 의의가 있다고 생각합니다. 개관을 축하드리며 잘 운영될 수 있길 바라겠습니다.
시상식	업적 소개	~을/를 시작해서 ~까지, ~(으)로서, 작품, 발표(하다), 남기다, 수상하다 예 영화 인생을 시작해서 눈을 감기까지 첫 작품을 발표한 후, 3편의 영화를 남겼습니다. 감독상을 수상하기도 했지요. 박물관의 대표로서 영화의 역사를 기록하기도 했습니다. **통 암기** 마지막으로, 뿐만 아니라
신입생 입학 축하	인격 함양의 중요성을 당부함	환영하다, 중요하다, 역량, 키우다, 전문가, 성장하다 예 입학을 환영합니다. 저는 인격을 갖추는 것이 중요하다는 말씀을 드리고 싶습니다. 전문가로서의 역량을 키운다면 성장할 수 있을 겁니다.
졸업생 졸업 축하	도전을 강조함	축하하다, 응원하다, 바라다 예 졸업을 축하하며 여러분의 미래를 응원합니다. 졸업 후에도 배움과 도전을 실천하길 바랍니다.
행사장	제품 결함에 대한 사과	사죄, 불편, 죄송하다 예 사죄의 말씀을 드립니다. 불편을 드려 죄송합니다.

※ [01~02] 다음을 듣고 물음에 답하십시오. (각 2점)

01 남자가 무엇을 하고 있는지 고르십시오.

① 여권 발급 자격에 대해 알아보고 있다.

② 해외여행 중 주의 사항에 대해 토의하고 있다.

③ 여권 만기 이후 재발급 기간을 확인하고 있다.

④ 해외여행 중 여권 분실 시 재발급 방법을 문의하고 있다.

02 들은 내용과 같은 것을 고르십시오. ▶ 기출 유형 5 참고

① 여권을 분실하면 벌금을 내야 한다.

② 여권을 재발급 받으려면 사진이 필요하다.

③ 여행증명서와 여권이 모두 있어야 여행이 가능하다.

④ 영사관이나 대사관에 가면 잃어버린 여권을 찾을 수 있다.

※ [03~04] 다음을 듣고 물음에 답하십시오. (각 2점)

03 남자가 무엇을 하고 있는지 고르십시오.

① 신규 회원 모집을 위해 홍보를 하고 있다.

② 최근에 출시된 회사 상품을 소개하고 있다.

③ 창사 20주년 기념 이벤트를 설명하고 있다.

④ 회사의 매출이 증가한 이유를 발표하고 있다.

04 들은 내용과 같은 것을 고르십시오. ▶ 기출 유형 5 참고

① 2주 동안 이벤트를 진행할 예정이다.

② 이 회사는 연 매출 1조 원의 국내 식품 기업이다.

③ 이벤트 기간에 신규 회원 가입을 하면 현금을 준다.

④ 머그잔을 받으려면 이 회사 제품을 십만 원 이상 사야 한다.

화자의 의도나 목적 고르기

대표 문제

남자가 말하는 의도로 알맞은 것을 고르십시오.

① 광고의 장점을 설명하기 위해

② 광고의 단점을 보완하기 위해

③ 광고의 필요성을 언급하기 위해

④ 광고의 문제점을 지적하기 위해

문제 속 표현

광고: 매체를 통해 어떤 정보를 사람들에게 널리 알리는 것.

실물: 사진이나 그림이 아닌 실제로 있는 물건이나 사람.

판매(하다): 상품을 팔다. (↔ 구매(하다))

과장(되다): 사실에 비해 지나치게 크거나 좋게 부풀려 나타나다.

지양(하다): 더 발전된 단계로 나아가기 위해 어떤 것을 하지 않다.

차이: 서로 같지 않고 다르거나 서로 다른 정도.

문제 속 표현 확인

★ 배운 내용을 생각하며 문제를 풀어 봅시다.

1. 나는 할부로 _____ 냉장고를 구입했다.　　　　　　🗒 판매하는

2. _____ 이/가 잘 되었는지 사는 사람들이 많아졌다.　　🗒 광고가

3. 남녀 간의 차별을 _____ 국가가 발전할 수 있다.　　🗒 지양해야

4. 어제 소개팅에 나온 사람은 사진과 _____ 이/가 많이 달랐다.　🗒 실물이

5. 그 사람은 예의가 있게 보이려고 자주 _____ 웃음을 지었다.　🗒 과장된

6. 문화 _____ 때문에 외국에 처음 나간 사람들은 종종 실수를 한다.　🗒 차이

어떤 문제

- **유형**: 대화를 듣고 화자의 의도나 목적을 추론하는 유형
- **경향 분석**

  4급 27-28번에서 1문제
- '유형 5. 일치하는 내용 고르기'와 함께 묶음형 문제로만 출제됩니다. 한 개의 지문을 듣고 두 문제를 푸는 연습을 해 두는 것이 좋습니다.
- 사회 문제에 대한 두 사람의 생각을 듣고 푸는 문제입니다. 한 사람이 사회 현상을 문제로 제기하거나 특정 주제에 관해 질문하면, 다른 사람이 답변을 합니다. 그동안 출제되었던 내용은 다음과 같습니다.

  > 남성 육아에 대한 인식, 사내 단합 대회의 의의, 임시 공휴일의 출근 여부, 제품 구매의 의미, 기증 참여 권유, 대안학교 입학 권유, 운동 경기 재심에 대한 동조 요청 등

이런 문제

★ 단계에 따라 전략적으로 문제를 풀어 봅시다.

☑ **Tip** 주로 '남자'의 의도를 묻지만, '여자'의 의도를 물어볼 수도 있습니다. 대화를 듣기 전, 누구의 의도를 묻는지 확인하고 듣는 것이 좋습니다.

남자가 말하는 의도로 알맞은 것을 고르십시오.

① 광고의 <u>장점</u>을 설명하기 위해
② 광고의 <u>단점</u>을 보완하기 위해
③ 광고의 <u>필요성</u>을 언급하기 위해
❹ <u>광고의 문제점</u>을 지적하기 위해

> **여자**: 우와! 광고의 힘이 크긴 큰가 봐. 요즘 광고를 많이 하더니 전에 왔을 때보다 사람이 정말 많아졌네.
> **남자**: 그러게. 그런데 피자의 실물과 광고가 너무 다른 거 아니야? (✓문제점 제시)
> 광고보다 피자 크기도 작고 치즈의 양도 너무 적은 것 같아. (✓불만)
> **여자**: 기업은 제품을 판매하기 위해 약간의 과장을 하잖아. 어쩔 수 없지 뭐.
> **남자**: 소비자는 광고를 보고 제품을 구매하는 건데 (✓근거)
> 너무 <u>과장된 광고</u>는 지양해야 한다고 봐. (✓주장 → 의도)
> 이것 봐, 너무 차이가 심하잖아.

1단계 선택지에서 의도를 나타내는 말에 표시하기

선택지를 보고 화자의 의도나 목적을 먼저 추측해 보는 것이 좋습니다. 주로 '-기 위해', '-(으)려고' 앞에 온 말이 의도나 목적을 드러냅니다.

2단계 표시한 부분과 비교하며 듣기

전체의 흐름을 파악하면서, 화자의 생각이나 주장이 나타난 단어를 메모하거나 선택지와 비교하며 듣습니다.
→ 남자는 '실물과 광고가 너무 다른 것'을 보고, '너무 과장된 광고는 지양해야 한다.'고 했습니다. 즉, 남자는 ❹ 과장 광고의 문제점을 지적했습니다.

화자의 생각이나 주장이 나타난 단어 한두 개만으로는 화자의 의도를 잘못 파악할 수도 있습니다. 의도를 표현하는 말의 앞뒤 흐름을 이해하고, 청자(= 듣는 사람)와 화자(= 말하는 사람)의 의견을 각각 정리하며 선택지와 비교하여 답을 찾는 것이 좋습니다.

의도나 목적을 나타내는 말

표현	예문
−(으)ㄴ/는 것 같다	이 책은 저한테 조금 어려운 것 같아요.
−다고/라고 생각하다	저는 출석도 잘했고 시험도 잘 봤다고 생각합니다.
−(으)ㄴ/는 거 아니에요?	적은 수의 의견도 존중을 받아야 하는 거 아니에요?
−지 않아요?	작은 친절이 누군가의 인생을 바꿀 수도 있어요. 멋지지 않아요?
−기는 해도 ～	이 물건이 오래되었기는 해도 아직 고장난 곳이 없어요.
−기도 하다	그 문제는 제 생각과는 비슷하지만 조금 다르기도 해요.
−지는 못하다	돈으로 모든 것을 사지는 못하지요.
−게 되는 것이다	포기하지 않아야 성공할 수 있게 되는 거지요.

상대방의 의견에 반응하는 말

상대방 의견에 동의하는 말	예문
맞아. 그래. 그렇지. 그러게. 정말이네요. 글쎄 말이에요. 제 말이 그 말이에요.	**여자:** 요즘 뉴스를 보면, 아동 학대와 관련된 법이 더욱 강화되어야 할 것 같아요. **남자:** 글쎄 말이에요. 과거에 비해 의식도 높아지고, 제도도 강화되기는 했지만, 큰 사건이 있을 때마다 일시적인 대응책만 마련한 것이 대부분인 것 같아요. → 남자가 여자의 말에 동의하고 있습니다.

상대방 의견에 반대하는 말 또는 일부만 동의하는 말	예문
글쎄요. 물론 ～ 그런데 ～ 제 생각에는 ～ 그렇기는 한데 ～ 소용이 없어요. −기야 −지요. −(으)니까 문제지요.	**남자:** 단합 대회를 하니 부서원들과 친해질 수 있어서 좋네요. **여자:** 글쎄요. 저는 좀 피곤했어요. → 여자가 남자의 말에 반대하고 있습니다.
	남자: 단합 대회를 하니 부서원들과 친해질 수 있어서 좋네요. **여자:** 물론 그렇기는 한데 저는 좀 피곤했어요. → 여자가 남자의 말에 일부만 동의하고 있습니다.

※ [01~02] 다음을 듣고 물음에 답하십시오. (각 2점)

01 남자가 말하는 의도로 알맞은 것을 고르십시오.

　① 이직의 필요성을 일깨우기 위해

　② 고용 보험료의 인하를 지지하기 위해

　③ 정부의 정책과 제도 개편을 지적하기 위해

　④ 실업 급여 대상 확대의 의미를 말하기 위해

02 들은 내용과 같은 것을 고르십시오.　　▶ 기출 유형 5 참고

　① 실업 급여 수급자가 늘어날 전망이다.

　② 직장을 그만두는 사람들이 줄어들 것이다.

　③ 아르바이트를 찾는 사람들이 많아질 것이다.

　④ 정부에서는 새로 바뀐 제도를 다시 바꾸려고 한다.

※ [03~04] 다음을 듣고 물음에 답하십시오. (각 2점)

03 남자가 말하는 의도로 알맞은 것을 고르십시오.

　① 봉사 활동의 필요성을 일깨우기 위해

　② 전공 선택의 중요성을 설명하기 위해

　③ 전공과 취업은 관계가 있음을 강조하기 위해

　④ 봉사 활동은 나중에 하면 좋겠다는 조언을 하기 위해

04 들은 내용과 같은 것을 고르십시오.　　▶ 기출 유형 5 참고

　① 여자는 일주일 내내 봉사 활동을 한다.

　② 여자는 올해만 다니면 졸업을 할 것이다.

　③ 남자는 봉사 활동도 취업 준비의 하나라고 생각한다.

　④ 남자는 전공이 아니라도 봉사 활동을 할 수 있다고 생각한다.

※ [05~06] 다음을 듣고 물음에 답하십시오. (각 2점)

05 남자가 말하는 의도로 알맞은 것을 고르십시오.

① 법 규정의 관리를 촉구하기 위해

② 상품 구매 시 신중함을 말하기 위해

③ 상품 하자의 문제점을 지적하기 위해

④ 교환과 환불의 다른 점을 설명하기 위해

06 들은 내용과 같은 것을 고르십시오.　　　　　　　　　　▶ 기출 유형 5 참고

① 여자는 전자상거래법을 찾아보았다.

② 온라인 쇼핑몰은 가격이 싸다는 장점이 있다.

③ 여자는 실수로 물건을 훼손해서 교환을 요청했다.

④ 온라인 쇼핑몰에서는 교환이나 환불을 해 주지 않아도 된다.

대표 문제

남자가 누구인지 고르십시오.

① 자격증을 취득하려는 사람

② 자격증을 발급해 주는 사람

③ 자격증 발급의 실태를 조사하는 사람

④ 자격증 발급 업체의 허위광고를 규제하는 사람

문제 속 표현

고용(하다): 돈을 주고 사람에게 일을 시키다.

증가(하다): 수나 양이 더 늘어나거나 많아지다.

간소화(되다): 간단하고 소박하게 되다.

자격증: 일정한 자격을 인정하는 증명하는 문서.

우후죽순: (비유적으로) 어떤 일이 한때에 많이 생겨나는 것.

규제(하다): 규칙이나 법에 의하여 개인이나 단체의 활동을 제한하다.

실태: 있는 그대로의 상태.

문제 속 표현 확인

★ 배운 내용을 생각하며 문제를 풀어 봅시다.

1. 대도시 발전에 따라 인구가 _____.   📋 증가했다

2. 복잡하던 절차가 생활에 맞게 _____.   📋 간소화되었다

3. 청소년들의 게임 중독 _____ 이/가 심각하다.   📋 실태가

4. 환경보호를 위해 정부는 일회용품 사용을 _____ 있다.   📋 규제하고

5. _____ 이/가 많이 있으면 취업하기가 어렵지 않아요.   📋 자격증이

6. 회사에서는 건물 청소를 위해 10명의 사람을 _____.   📋 고용했다

7. 이 근처 카페가 한 곳밖에 없었는데 최근 _____ 로/으로 늘어나서 많아졌어.   📋 우후죽순으로

● **유형:** 인터뷰를 듣고 인터뷰 대상자의 직업을 추론하는 유형

● **경향 분석**

　　4급　29~30번에서 1문제

● '유형 5. 일치하는 내용 고르기'와 함께 묶음형 문제로만 출제됩니다. 한 개의 지문을 듣고 두 문제를 푸는 연습을 해 두는 것이 좋습니다.

● 인터뷰 내용을 전체적으로 종합하여 이해해야 합니다. 구체적인 직업명이 아닌 '무엇'을 '어떻게' 하는지 풀어서 설명한 것이 선택지로 나오기 때문입니다. 예 식물을 활용해 사람들을 치료하는 사람

● 다른 사람이나 다른 기관의 업무를 인터뷰 대상자의 업무로 착각하지 말아야 합니다. 또 인터뷰 대상자가 하는 일을 인터뷰 앞부분에서 간단히 소개해 주는 경우도 있으니 처음부터 집중하여 듣는 것이 좋습니다.

이런 문제　　　　　　　　　　　　　　★ 단계에 따라 전략적으로 문제를 풀어 봅시다.

남자가 누구인지 고르십시오.

① 자격증을 취득하려는 사람

② 자격증을 발급해 주는 사람 → 자격증 발급 업체

❸ 자격증 발급의 실태를 조사하는 사람

④ 자격증 발급 업체의 허위광고를 규제하는 사람 → 정부

> **여자:** 최근 고용불안 문제로 자신의 능력을 증명할 수 있는 자격증에 대한 관심이 증가하고 있는데 이에 대해 어떻게 생각하시나요? (✔최근 상황에 대한 질문)
>
> **남자:** 2008년에 민간자격 등록이 간소화되면서 자격증의 종류가 폭발적으로 늘어나 자격증 발급을 하는 업체도 우후죽순으로 생기게 되었습니다.
>
> 　　　　　　　　　　　　　　　　(✔최근 상황에 대한 답변: 문제 1)
>
> 이러한 업체 중에서 취업에 도움이 되는 자격증을 쉽게 딸 수 있다고 과대광고나 허위광고를 하는 업체가 증가하여 (✔최근 상황에 대한 답변: 문제 2)
>
> 정부가 규제에 나서고 있다고 합니다. (✔문제 해결을 위해 '정부'가 하는 일 → ④ 탈락!)
>
> **여자:** 그렇군요. 최근 경찰에 접수된 내용을 보면 가짜 자격증도 있다고 하던데요.
>
> **남자:** 네, 그래서 저희 취업전문연구소에서도 자격증 발급 기관을 찾아다니며 피해자가 없는지 파악해 나가고 있습니다. (✔문제 해결을 위해 '자신'이 하는 일)

1단계 선택지에 반복된 어휘 확인 후, 하는 일에 표시하기

'자격증'과 관련된 여러 업무가 나옵니다. 각 일들의 차이점을 기억하며 대화를 듣습니다.

2단계 내용을 들으며, 표시한 일과 비교하기

선택지에 표시한 업무와 대화를 비교합니다. 그 업무를 하는 사람이 대화 참여자인지, 다른 사람이나 다른 기관인지 선택지에 메모하며 들으면 좋습니다.

인터뷰는 공식적인 상황에서의 대화이므로 '–요' 또는 '–ㅂ니다'와 같이 서로 존댓말을 씁니다.
밑줄 친 부분을 활용하여 다양한 표현이 나올 수 있으니 밑줄을 중심으로 기억해 두세요.

참여자	표현
질문자	직업, 전망, 인기, 성공, 비결, 종사하다, ~이/가 되다 –는 일을 해 오셨는데요. / –는 일을 하고 계신데요. / –는 일을 하신다고 들었습니다. –한 입장에서 어떻게 생각하십니까? –한 비결이 뭐라고 생각하십니까? ~이/가 되신 이유나 특별한 계기가 있으신가요? 그 일을 하기 위해서는 ~이/가 필요합니까? **통 암기** 어떻게 이 길로 들어서게 되셨습니까? 　　　　하시는 일의 전망에 대해 한 말씀 부탁드립니다. 　　　　이 직업에 종사하게 된다면 어떤 충고를 하고 싶으십니까? 　　　　일하시면서 어려웠던 점은 무엇이고 어떻게 극복하셨는지 궁금합니다.
답변자	~을/를 대상으로 하므로 –는 일을 해 나가고 있습니다. ~의 길을 선택하게 되었습니다. 제가 주로 하는 일은 ○○○입니다. –하거나 –할 때가 가장 힘들었습니다. 제가 일하는 곳은 ◇◇◇, ◆◆◆ 등으로 나뉘어 업무를 수행하고 있습니다. 지금도 행복하지만 앞으로 조금 더 노력해서 –게 되는 것이 제 꿈입니다. **통 암기** 이 직업뿐만 아니라 다른 직업도 마찬가지라고 생각합니다.

※ [01~02] 다음을 듣고 물음에 답하십시오. (각 2점)

01 여자가 누구인지 고르십시오.

① 장난감을 개발하는 사람
② 장난감을 판매하는 사람
③ 장난감 대여 서비스를 이용하는 사람
④ 장난감 대여 서비스를 운영하는 사람

02 들은 내용과 같은 것을 고르십시오. ▶ 기출 유형 5 참고

① 장난감을 깨끗하게 관리하고 있다.
② 이 서비스를 이용하는 사람이 많지 않다.
③ 아동 놀이 체험실을 추가 운영할 계획이다.
④ 연회비를 내면 정해진 장난감을 대여할 수 있다.

※ [03~04] 다음을 듣고 물음에 답하십시오. (각 2점)

03 남자가 누구인지 고르십시오.

① 복지 정책을 개발하는 사람
② 복지 교육을 전문적으로 하는 사람
③ 복지 혜택이 필요한 이들을 직접 돕는 사람
④ 복지 센터를 만들고 기관을 관리하는 사람

04 들은 내용과 같은 것을 고르십시오. ▶ 기출 유형 5 참고

① 일을 할 때 심리적으로 힘들지 않다.
② 도움이 필요한 사람들이 증가하고 있다.
③ 사회적 약자에 대한 관심이 줄어들어 속상하다.
④ 어려운 계층을 도울 수 있는 사회가 오길 희망한다.

05   남자가 누구인지 고르십시오.

① 학생들에게 알레르기에 대해 가르치는 사람
② 학교에서 식단 관리와 영양 지도를 하는 사람
③ 병원에 입원한 학생들의 식단을 관리하는 사람
④ 알레르기에 걸린 학생들의 체질을 분석하는 사람

06   들은 내용과 같은 것을 고르십시오.   ▶ 기출 유형 5 참고

① 알레르기 정보는 식단표에 표시하여 알려 준다.
② 매달 학생들의 체질과 알레르기 조사를 하고 있다.
③ 급식에 알레르기를 유발하는 음식은 나오지 않는다.
④ 병원에서 땅콩을 먹은 학생이 알레르기를 일으켰다.

화자의 태도나 말하는 방식 고르기

대표 문제

여자의 태도로 가장 알맞은 것을 고르십시오.

① 새로운 예술 형태를 소개하고 있다.

② 기존의 예술 기법을 요약하고 있다

③ 다양한 예술 소재를 나열하고 있다.

④ 유명한 예술 작가를 분석하고 있다.

문제 속 **표현**

소재: ❶ 어떤 것을 만드는 데 바탕이 되는 재료. ❷ 예술 작품을 만드는 데 바탕이 되는 대상. ❸ 글의 내용을 이루는 재료.

흔히: 보통보다 더 자주.

캔버스: 유화를 그릴 때 쓰는 천.

-곤 하다: 같은 상황이 반복됨을 나타내는 표현.

매체: 어떤 사실을 널리 전달하는 물체나 수단.

형식: ❶ 겉으로 나타나 보이는 모양. 일을 할 때의 일정한 절차나 양식. ❷ 또는 여러 사물이 공통적으로 갖춘 모양.

구축: 시설물을 지음. 어떤 일을 하기 위한 기초 또는 체계를 만듦.

-았/었던: 과거의 사건, 상태를 다시 떠올리거나 그 사건, 상태가 완료되지 않고 중단되었다는 의미를 나타내는 표현.

문제 속 **표현 확인**

★ 배운 내용을 생각하며 문제를 풀어 봅시다.

1. 라면은 _____ 먹는 음식이다.   🔖 흔히

2. 예전에는 만화책을 많이 _____. (읽다)   🔖 읽곤 했다

3. 눈에 보이는 _____에만 신경을 쓰는 것이 싫었다.   🔖 형식

4. 화가는 _____을/를 들여다보며 행복한 표정을 지었다.   🔖 캔버스를

5. 요새 사람들에게는 인터넷이 가장 영향력이 있는 _____이다.   🔖 매체

6. 이 동네는 예전에 내가 _____ 때랑 별로 변한 게 없다. (살다)   🔖 살았던

7. 이 옷의 _____은/는 방수가 되어서 비가 와도 옷이 젖지 않는다.   🔖 소재는

8. 태양열 발전소 _____ 공사의 시작을 알리는 기념식을 거행했다.   🔖 구축

어떤 문제

- 유형: 화자가 말하는 태도나 방식을 파악하는 유형
- 경향 분석
    - **5급** 31~32번(토론)에서 1문제
    - **6급** 45~46번(강연), 47~48번(대담), 49~50번(강연)에서 각 1문제
- '유형 5. 일치하는 내용 고르기' 또는 '유형 6-1. 중심 생각 고르기'와 함께 묶음형 문제로만 출제됩니다. 한 개의 지문을 듣고 두 문제를 푸는 연습을 해 두는 것이 좋습니다.
- 들려주는 대화(토론, 강연, 대담)나 강연의 길이가 길기 때문에 메모를 하며 듣는 것이 좋습니다.

이런 문제

★ 단계에 따라 전략적으로 문제를 풀어 봅시다.

여자의 태도로 가장 알맞은 것을 고르십시오.

❶ 새로운 예술 형태를 소개하고 있다.

② 기존의 예술 기법을 요약하고 있다. → 요약 ×

③ 다양한 예술 소재를 나열하고 있다. → 다양 ×, 나열 ×

④ 유명한 예술 작가를 분석하고 있다. → 유명 작가 ×, 분석 ×

> **여자:** 여러분 앞에 있는 이 텔레비전으로 쌓아 올린 탑은 고장이 난 것을 수리하기
> 위해 모아 놓은 것이 아닙니다. 텔레비전 모니터를 미술 소재로 활용한 한 예
> 술가의 작품인데요. (✓ 앞에 있는 이 탑 = 예술가의 작품)
> 우리는 흔히 캔버스 위에 물감으로 그린 것만을 작품으로 이해하곤 하지만
>   (✓ 기존의 예술 → ② 탈락!)
> 비디오, 즉 텔레비전을 표현 매체로 사용하기도 합니다. 이를 '비디오 아트'라
> 고 하는데 비디오 아트는 아직 확실한 형식을 갖추고 있지 않습니다. 텔레비전
> 모니터에 나오는 영상을 영화의 연장으로 볼 수도 있으며, 설치 공간과 결합하
> 는 지점에서 새로운 예술 표현이 가능하기 때문이지요. (✓ 비디오 아트 → 새로운 예술)
> 하지만 분명한 것은 그동안 예술 소재로 활용되지 않았던 비디오를 예술의 소
> 재로 사용하며 하나의 예술 장르가 새롭게 구축되었다는 점입니다. (✓ 새롭게 구축)

[1단계] 선택지에서 말하는 방식을 나타내는 말에 표시하기

'소개, 요약, 나열, 분석'과 같이 설명하는 방식에 해당하는 표현을 잘 들어야 합니다.

[2단계] 전체 맥락을 바탕으로 말하기 방식 파악하기

한 예술가의 작품(텔레비전 탑)을 보면서, 비디오 아트라는 ① 새로운 예술 장르를 '소개'하고 싶어 합니다.

기출 **Point** 화자의 말하기 태도와 방식을 나타내는 표현

- 걱정하다 / 동의하다 / 묘사하다 / 반대하다 / 반박하다 / 분석하다 / 옹호하다 / 요구하다 / 요약하다 / 우려하다
- 개념을 정의하다 / 개선을 촉구하다 / 문제를 제기하다 / 방법을 제안하다 / 부분적으로 비판하다 / 비유를 통해 주장하다 / 실효성을 의심하다 / 어려움을 토로하다 / 예를 들어 설명하다 / 유사점을 설명하다 / 유의점을 설명하다 / 적극적으로 제안하다 / 주장을 피력하다 / 필요성을 강조하다 / 한계점을 지적하다 / 효과를 의심하다 / 흐름을 전망하다

※ [01~02] 다음을 듣고 물음에 답하십시오. (각 2점)

01 남자의 중심 생각으로 가장 알맞은 것을 고르십시오.   ▶ 기출 유형 6-1 참고

① 인터넷 신조어를 사용하지 않는 것이 좋다.
② 인터넷 신조어의 긍정적인 표현만 사용해야 한다.
③ 인터넷 신조어를 사용하면 대화 시간을 절약할 수 있다.
④ 소외감을 느끼지 않도록 인터넷 신조어를 설명해 줘야 한다.

02 남자의 태도로 가장 알맞은 것을 고르십시오.

① 상대의 주장 중 일부 내용은 지지하고 있다.
② 상대의 의견을 반박하며 반대 의견을 내고 있다.
③ 상대가 제기한 의견에 적극적으로 동조하고 있다.
④ 설문 조사 결과를 근거로 상대의 주장을 지적하고 있다.

※ [03~04] 다음을 듣고 물음에 답하십시오. (각 2점)

03 들은 내용과 같은 것을 고르십시오.   ▶ 기출 유형 5 참고

① 날씨와 별자리를 알 수 있는 물건이다.
② 세 개의 구성 요소가 각기 맡은 역할이 있다.
③ 장영실은 앙부일구를 혼자의 힘으로 만들어 냈다.
④ 가마솥을 이용해 만든 해시계로 시각을 알 수 있다.

04 여자의 말하는 방식으로 알맞은 것을 고르십시오.

① 앙부일구의 세부 형태를 묘사하고 있다.
② 앙부일구의 발명 이유를 요약하고 있다.
③ 앙부일구의 사용 대상을 설명하고 있다.
④ 앙부일구의 주의 사항을 안내하고 있다.

※ [05~06] 다음을 듣고 물음에 답하십시오. (각 2점)

05 들은 내용과 같은 것을 고르십시오.

▶ 기출 유형 5 참고

① 방송사가 다양해질수록 언론의 자유는 확대된다.
② 언론이 재벌의 눈치를 보면 진실한 보도가 어렵다.
③ 시청자들은 미디어 매체가 다양해지면 혼란을 겪는다.
④ 방송사가 많아지면 현재의 방송사의 위상은 더 떨어진다.

06 남자의 태도로 알맞은 것을 고르십시오.

① 예를 통해 자신의 의견을 말하고 있다.
② 상대방의 의견을 전적으로 비판하고 있다.
③ 상대방의 질문에 대해 이의를 제기하고 있다.
④ 새 법안에 대해 시청자들의 협조를 당부하고 있다.

※ [07~08] 다음을 듣고 물음에 답하십시오. (각 2점)

07 들은 내용과 같은 것을 고르십시오.

▶ 기출 유형 5 참고

① 화가는 실제 풍경을 그대로 묘사하였다.
② 화가는 한적하고 고요한 낮의 정경을 그렸다.
③ 화가는 자신의 마음 상태를 작품에 반영하였다.
④ 화가는 사이프러스를 가운데 배치하여 작품을 완성하였다.

08 남자의 태도로 알맞은 것을 고르십시오.

① 작품의 작업 과정을 순서대로 설명하고 있다.
② 현시대의 흐름에 맞게 작품을 재해석하고 있다.
③ 다른 작품과 차별화된 작품의 특징을 언급하고 있다.
④ 작가의 당시 상황을 고려하여 작품을 해석하고 있다.

화제 고르기

대표 문제

무엇에 대한 내용인지 알맞은 것을 고르십시오.

① 근력 운동의 효과와 근거
② 근력 운동의 종류와 방법
③ 게임 시간을 제한해야 하는 이유
④ 운동 시간을 제한해야 할 필요성

문제 속 표현

근력: 근육의 힘. 일을 할 수 있는 육체적인 힘.

제한(하다): 일정한 정도나 범위를 정하거나, 그 정도나 범위를 넘지 못하게 막다.

−게 되다: 앞의 말이 나타내는 상태나 상황이 됨을 나타내는 표현.

자극: 어떠한 작용을 주어 감각이나 마음에 반응을 일으키게 함.

가하다: 어떤 행위나 작용을 통해 영향을 주다.

−기 위해서: 어떤 일을 하는 목적인 의도를 나타내는 표현.

몰입감: 어떤 한 가지 일에 깊이 파고들거나 빠지는 느낌.

문제 속 표현 확인

★ 배운 내용을 생각하며 문제를 풀어 봅시다.

1. 얼음에 열을 _____ 녹아서 물이 된다. 　📋 가하면

2. 친구를 _____ 친구네 집 근처로 갔다. (만나다) 　📋 만나기 위해서

3. 그 회사는 응시 자격을 대학 졸업생으로 _____. 　📋 제한했다

4. 나는 팔의 _____ 이/가 약해서 무거운 물건을 들 수 없다. 　📋 근력이

5. 아버지가 직장을 옮기시면서 우리 가족은 _____. (이사 가다) 　📋 이사 가게 되었다.

6. 이 소설책은 _____ 이/가 뛰어나 한 시간이면 다 읽을 수 있다. 　📋 몰입감이

7. 후배의 성공을 보고 큰 _____ 을/를 받아 열심히 하기로 마음먹었다. 　📋 자극을

어떤 문제

- **유형:** 강연, 다큐멘터리를 듣고 화제를 파악하는 유형
- **경향 분석**
    - 5급 33–34번(강연)에서 1문제
    - 6급 43–44번(다큐멘터리)에서 1문제
- '유형 5. 일치하는 내용 고르기'와 함께 묶음형 문제로만 출제됩니다. 한 개의 지문을 듣고 두 문제를 푸는 연습을 해 두는 것이 좋습니다.
- 일상생활, 정치, 경제, 과학, 사회 문화 등 다양한 분야의 주제가 출제됩니다. 평소 여러 분야의 뉴스를 들어 두면 문제를 풀 때 큰 도움이 될 것입니다.
- 화제는 이야기의 제목을 의미합니다. 따라서 화자의 중심 생각을 기사나 책 제목으로 쓴다면, 뭐라고 쓸 수 있을지 생각하며 들으면 답을 찾을 수 있습니다.

이런 문제

★ 단계에 따라 전략적으로 문제를 풀어 봅시다.

무엇에 대한 내용인지 알맞은 것을 고르십시오.

① 근력 운동의 효과와 근거
② 근력 운동의 종류와 방법
③ 게임 시간을 제한해야 하는 이유
❹ 운동 시간을 제한해야 할 필요성

> **여자:** 근력 운동을 할 때는 운동 시간을 미리 정하고 시작해야 합니다.
>
> (✓ –해야 합니다 → 중심 생각)
>
> 제한 시간을 두지 않고 운동을 하게 되면 운동 효과를 보기 어렵습니다. 근육은 제한된 시간 내에 자극이 가해져야 발달하기 때문입니다. (✓ 이유 → 필요성) 그런데 운동 시간이 너무 짧을 경우, 운동량을 채우지 못할 수도 있고, 반대로 운동 시간이 너무 길어지면 적절한 자극이 전달되지 않아 운동 효과가 떨어질 수도 있습니다. 따라서 근력 운동의 최대 효과를 내기 위해서는 운동량에 따른 적당한 시간을 정하는 것이 매우 중요합니다. '목표한 운동을 시간 내에 끝내기' 등 시간을 이용한 게임을 만들어서 운동을 하면 몰입감을 키워 제한 시간 내에 효과적으로 운동할 수 있을 것입니다.

1단계 선택지의 키워드로 내용 추측하기

'근력 운동'과 '시간 제한'에 대한 내용일 것입니다.

2단계 전체 맥락 파악한 후, 요약하기

근력 운동을 할 때 ④ '시간을 정해서 해야 한다'고 주장하고 있습니다.

'다큐멘터리'를 듣고 푸는 묶음형 문제는 '일치하는 내용 고르기' 문제를 먼저 확인해 보는 것이 좋습니다. 듣기 전에 어떤 내용이 나올지 추측할 수 있고, 화제를 파악하는 데도 도움이 되기 때문입니다. 주로 묻는 것은 특정 현상이 발생하는 '이유'나 동물이 어떤 행동을 하는 '이유'인데, 이 경우 인과 관계를 잘 파악해야 합니다. 다음 실제 기출문제를 참고하세요.

> 나방에 대한 설명으로 맞는 것을 고르십시오.
>
> 유리구슬에 대한 설명으로 맞는 것을 고르십시오.
>
> 겨울철 둠벙에 물이 없는 이유로 맞는 것을 고르십시오.
>
> 수컷 해마가 배를 부풀리는 이유로 맞는 것을 고르십시오.
>
> 이 나뭇잎을 일반 동물들이 꺼리는 이유로 맞는 것을 고르십시오.
>
> 많은 주요 도시가 관의 경계에 있는 이유로 맞는 것을 고르십시오.
>
> 새끼 상어가 자궁 속에서 무정란을 먹는 이유로 맞는 것을 고르십시오.

예 [64회 43번] 새끼 상어가 자궁 속에서 무정란을 먹는 이유로 맞는 것을 고르십시오.

→ '일치하는 내용 고르기' 유형으로, '질문'의 키워드로 내용을 추측해 보아야 합니다. 질문의 키워드는 '새끼 상어'가 '무정란'을 '먹는 이유'입니다. 그러므로 다큐멘터리는 '새끼 상어'가 태어나는 과정에 대한 이야기를 할 것입니다.

> 새끼 상어가 꼬물꼬물 헤엄을 치는 이 작은 공간은 어미 황갈색수염상어의 자궁 속이다. 새끼 황갈색수염상어는 인간과 마찬가지로 이곳에서 약 10개월을 보낸다. 그런데 영양분을 공급받아야 할 탯줄이 보이지 않는다. 어떻게 영양분을 섭취하는 걸까. 어미 상어는 수정이 되지 않은 수십 개의 무정란을 자궁 속에 가지고 있다. 탯줄이 없어 움직임이 자유로운 새끼 상어는 이 알들을 찾아다니며 먹는다.

※ [01~02] 다음을 듣고 물음에 답하십시오. (각 2점)

01 무엇에 대한 내용인지 알맞은 것을 고르십시오.

① 은퇴하는 소감
② 건강에 좋은 취미
③ 스트레스 극복 방안
④ 프로 농구 선수 입단 홍보

02 들은 내용과 같은 것을 고르십시오. ▶ 기출 유형 5 참고

① 늦은 나이에 농구를 시작했다.
② 초등학교 때부터 농구가 취미였다.
③ 공을 무서워해서 농구를 포기했다.
④ 대학을 졸업하며 다른 꿈이 생겼다.

※ [03~04] 다음을 듣고 물음에 답하십시오. (각 2점)

03 무엇에 대한 내용인지 알맞은 것을 고르십시오.

① 착시 발생의 이유
② 시력 차이의 원인
③ 착시와 무의식의 관계
④ 시력 교정 방법의 종류

04 들은 내용과 같은 것을 고르십시오. ▶ 기출 유형 5 참고

① 뇌를 다치면 착시가 일어난다.
② 빛의 밝음과 어두움은 착시의 원인이 아니다.
③ 애니메이션은 착시가 없는 사람들을 위해 만들어졌다.
④ 눈앞에 있는 것과 뇌가 인지하는 것이 다를 수도 있다.

※ [05~06] 다음을 듣고 물음에 답하십시오. (각 2점)

05 무엇에 대한 내용인지 알맞은 것을 고르십시오.

① 돌고래의 언어 체계

② 유아의 지능 발달 과정

③ 인간의 능력 계산 기준점

④ 동물 지능 연구의 필요성

06 돌고래들 사이에서도 의사소통을 하지 못하는 이유로 맞는 것을 고르십시오.   ▶ 기출 유형 5 참고

① 들을 수 있는 귀가 인간만큼 발달하지 못해서

② 서식지에 따라 다른 사투리를 사용하기 때문에

③ 지능이 낮아 의사소통을 할 때 실수를 많이 해서

④ 의사소통 방법이 고등 동물 정도로 정교하지 않아서

※ [07~08] 다음을 듣고 물음에 답하십시오. (각 2점)

07 무엇에 대한 내용인지 알맞은 것을 고르십시오.

① 초식동물의 식성

② 초식동물의 소화 능력

③ 토끼의 필수 영양 성분

④ 토끼의 영양분 섭취 전략

08 토끼가 자신의 배설물을 먹는 이유로 맞는 것을 고르십시오.   ▶ 기출 유형 5 참고

① 위의 길이를 늘이기 위해

② 단백질 섭취량을 줄이기 위해

③ 섭취한 먹이를 소화하기 위해

④ 비타민 섭취를 억제하기 위해

대표 문제

이 대화 전의 내용으로 가장 알맞은 것을 고르십시오.

① 교육에 대한 학생들의 인식이 달라졌다.

② 사교육으로 많은 어려움이 생겨나고 있다.

③ 사교육의 영향으로 교육 수준이 향상되었다.

④ 사교육의 문제점에 대한 해결책을 마련하였다.

문제 속 표현

불거지다: ❶ 물체의 겉으로 두드러지게 내밀어 나옴. ❷ 어떤 일이나 현상이 갑자기 생겨나거나 두드러지게 커짐.

인식: 무엇을 분명히 알고 이해함.

오로지: 다른 것이 없이 오직.

등급: 높고 낮음이나 좋고 나쁨의 정도를 여러 층으로 나누어 놓은 단계.

-고자: 말하는 사람이 어떤 목적이나 의도, 희망 등을 가지고 있음을 나타내는 표현.

사교육: 학원과 같이 개인이 만든 기관에서 개인이 내는 돈으로 하는 교육.

전인 교육: 지식이나 기술 등의 교육에만 치우치지 않고 인간이 지닌 모든 소질과 성품을 조화롭게 발달시키는 것을 목적으로 하는 교육.

문제 속 표현 확인

★ 배운 내용을 생각하며 문제를 풀어 봅시다.

1. _____ 을/를 위해 예체능 수업의 비중을 높였다.   🗨 전인 교육을

2. 그 가게의 메뉴는 _____ 김치찌개 하나뿐이었다.   🗨 오로지

3. 표절 의혹이 _____ 그 가수는 활동을 멈췄다.   🗨 불거지면서

4. 남에게 존중을 _____ 한다면 먼저 상대방을 존중해야 한다. (받다)   🗨 받고자

5. 재산, 학벌, 외모 같은 기준으로 _____ 을/를 나누는 것은 좋지 않다.   🗨 등급을

6. 유행을 창조하려면 기존의 사고방식에서 벗어난 _____ 이/가 필요하다.   🗨 인식이

7. 학부모들은 공교육의 질을 높이면 _____ 이/가 감소할 것이라고 주장했다.   🗨 사교육이

- **유형:** 대담을 듣고 앞이나 뒤에 올 내용을 추론하는 유형
- **경향 분석**

  5급 39–40번(대담)에서 1문제

- '유형 5. 일치하는 내용 고르기'와 함께 묶음형 문제로만 출제됩니다. 한 개의 지문을 듣고 두 문제를 푸는 연습을 해 두는 것이 좋습니다.
- 사회자와 전문가가 특정 주제에 대해 주고받는 대화입니다. 들려주는 대화 전에 전문가가 했던 말을 사회자가 요약한 후 새로운 질문을 하는 방식으로 대화가 진행됩니다.

  > – **앞의 내용을 물어볼 때:** 시작 부분을 주의 깊게 들어야 합니다. 보통 사회자가 앞에서 이야기한 내용을 정리하고 새로운 것에 대해 질문을 하며 대화를 시작하기 때문입니다.
  > – **뒤에 이어질 내용을 물어볼 때:** 끝 부분을 주의 깊게 들어야 합니다. 전문가가 자신이 하고 싶은 이야기를 계속하기 위해 이어질 내용에 대해 언급할 수도 있기 때문입니다.

- 평소 방송에 나오는 인터뷰나 기자 회견을 보면서 논리적인 흐름을 파악하는 연습을 하고, 앞뒤 내용을 추측할 수 있는 표현은 따로 정리해 두는 것이 좋습니다. 주로 최신 화제나 정책에 대해 이야기하므로, 관련 기사를 인터넷에서 찾아서 읽어 보거나 방송을 들어 보면서 배경지식을 쌓아 두면 좋습니다.

이런 문제

★ 단계에 따라 전략적으로 문제를 풀어 봅시다.

☑**Tip** 이 대화 '전의 내용'인지, '뒤의 내용'인지 확인하고 듣는 것이 좋습니다.

이 대화 전의 내용으로 가장 알맞은 것을 고르십시오.

① 교육에 대한 학생들의 인식이 달라졌다.

❷ 사교육으로 많은 어려움이 생겨나고 있다. → 어려움 = 문제

③ 사교육의 영향으로 교육 수준이 향상되었다.

④ 사교육의 문제점에 대한 해결책을 마련하였다.

> **여자:** 이처럼 사교육으로 인한 여러 문제가 불거지고 있습니다.
>   (✓이처럼 ~고 있습니다: 지금까지 한 말 요약)
>   사교육 문제를 해결하기 위한 방안에는 무엇이 있을까요?
>   (✓~에는 무엇이 있을까요?: 앞으로 할 말 제시 → ④ 탈락!)
> **남자:** 제도와 인식의 개선이 필요합니다. (✓개선 필요 → ① 탈락!) 현재 학교에서는 학생을 오로지 학업 성적으로만 평가하고 있습니다. 학업 성적만으로 등급을 나눠 학생을 평가하는 구조이지요. 따라서 학생들은 좋은 평가를 받고자 사교육에 발을 들이는 실정입니다. 이제는 성적 위주의 평가를 지양하고 전인적인 평가 방식의 도입이 필요합니다. 인격이나 체력을 중시하는 전인 교육을 중심으로 하는 제도의 개선이 있다면, 인식의 변화가 따를 것이라고 봅니다. 시험을 잘 보면 성공, 그렇지 않으면 실패라는 잘못된 생각에서 벗어났으면 좋겠습니다.

1단계 선택지의 키워드 보고 내용 추측하기

선택지에 '(사)교육'이 반복됩니다. '(사)교육'에 대한 내용일 것입니다.

2단계 요약하거나 지시하는 표현 찾기

'이처럼'은 '앞에서 한 말을 요약'하는 표현입니다. '사교육으로 인한 여러 문제'가 앞에 나온 내용일 것입니다.

표현	예문
앞서 ~ 좀 전에 ~ 이처럼 ~ 이와 같이 ~ 아까 말한 것처럼 ~ 이 같은 의미에서 ~ 그런데 이처럼 ~와/과는 달리 ~ –고 있는데 ~ 이와는 달리 이제부터는 ~ 앞에서 말씀드린 것과 같이 ~ 이런 ~은/는 –(으)면서 시작되다 지금까지 ~에 대해 살펴봤는데 ~	→ 앞에서 이야기한 내용 앞에서 말씀드린 것과 같이 [서울시는 2차선이었던 차도를 1차선으로 줄이고 차들이 한 방향으로만 통행하도록 바꿨습니다.] → 앞에서 이야기한 내용 이런 갈등은 [개인 사업자가 태양광 발전소를 주거 지역 근처에 세우면서 시작]되었는데요. → 앞에서 이야기한 내용 지금까지 [현대인들이 겪고 있는 스트레스성 질병]에 대해 살펴봤는데요. → 앞에서 이야기한 내용 ← [국외로 유출된 문화재가] 이렇게 [많은데] 어떤 방법으로 이런 문화재들을 다시 본국으로 가져올 수 있을까요? → 앞에서 이야기한 내용 이처럼 [사교육으로 인한 여러 문제]가 불거지고 있습니다.

※ [01~02] 다음을 듣고 물음에 답하십시오. (각 2점)

01 이 대화 전의 내용으로 가장 알맞은 것을 고르십시오.

① 대학 성적은 개인의 노력에 의해 결정된다.
② 협력의 문제는 조직 생활에서 많이 발생한다.
③ 집단 구성원의 수와 주인 의식은 관계가 있다.
④ 주인 의식을 키우려면 강력한 제도가 필요하다.

02 들은 내용과 같은 것을 고르십시오. ▶ 기출 유형 5 참고

① 혼자 일하는 직종에 있는 사람들은 주인 의식이 강하다.
② 조장은 대부분 책임감이 강하지만 모두 그런 것은 아니다.
③ 조원이 2명이 될 때까지는 대체로 자신의 힘의 100%를 쏟는다.
④ 공동의 목표를 향해 일할 때 노력을 덜 하는 이를 '무임승차자'라고 한다.

※ [03~04] 다음을 듣고 물음에 답하십시오. (각 2점)

03 이 대화 전의 내용으로 가장 알맞은 것을 고르십시오.

① 정부는 산사태에 대한 대책을 준비하고 있다.
② 장마로 인해 여름철에 산사태가 많이 발생한다.
③ 여름철에는 고온 다습한 날씨로 인해 장마가 발생한다.
④ 재해 위험 지도는 피해 예방 센터 홈페이지에서 볼 수 있다.

04 들은 내용과 같은 것을 고르십시오. ▶ 기출 유형 5 참고

① 정부는 산사태 예방 대책을 마련하였다.
② 재해 위험 지도는 사후 복원 사업에 사용될 예정이다.
③ 가속화된 기후 변화로 산사태 발생 빈도가 감소할 것이다.
④ 피해 발생 지역은 붉은 선으로 표시되어 사람들의 출입이 통제된다.

05 이 대화 뒤에 이어질 내용으로 가장 알맞은 것을 고르십시오.

① 수면 습관 또한 월요병의 원인이 된다.

② 월요병의 증상은 크게 보면 두 가지가 있다.

③ 과식을 해도 운동을 많이 하면 건강을 지킬 수 있다.

④ 월요병에 걸리지 않기 위해서는 영양소가 풍부한 음식을 섭취해야 한다.

06 들은 내용과 같은 것을 고르십시오.

▶ 기출 유형 5 참고

① 평일에는 시간이 많아서 사람들이 과식을 한다.

② 월요일에 음식을 많이 먹으면 월요병에 걸린다.

③ 영양소를 풍부하게 섭취해야 운동을 잘할 수 있다.

④ 운동을 하지 않고 과식을 하면 에너지 소비가 어렵다.

02

쓰기

전략 미리 보기

'문장 완성하기' 문제를 최대한 빨리 풀어야 '긴 글 쓰기' 문제를 풀 때 시간이 부족하지 않습니다. 먼저, 빈칸을 채워 문장을 완성하는 문제는 주어진 글에서 빈칸에 들어갈 내용과 관련된 말을 찾은 후 자신이 정확히 알고 있는 문법을 적용하면 됩니다. 표나 그래프를 보고 설명하는 문제는 주어진 내용을 빠짐없이 써야 하며, 주어지지 않은 내용이나 자신의 생각은 쓰면 안 됩니다. 다양한 주제에 대한 여러분의 생각을 묻는 문제는 평소 많은 글을 읽고, 그것에 대한 자신의 생각을 정리해 두는 것이 좋습니다.

기출 유형 미리 보기

1-1 실용문의 맥락에 맞게 문장 완성하기

1-2 설명문의 맥락에 맞게 문장 완성하기

2 표 또는 그래프 분석하기

3 주제에 대해 글 쓰기

빈칸에 알맞은 말 쓰기:
실용문의 맥락에 맞게 문장 완성하기

대표 문제

다음 글의 ㉠과 ㉡에 알맞은 말을 각각 쓰시오.

> ### 언어 교환 동아리를 소개합니다!
> 여러분, 이 세상에 몇 개의 언어가 있는지 아십니까?
> 언어는 문화를 담는 그릇이라고 합니다.
> 어떤 나라의 (㉠   ) 그 나라의 언어부터 배워야 합니다.
> 그래서 한국 문화에 관심이 많은 저는 한국어를 배우고 있습니다.
> 동아리에는 (㉡   )
> 가입하고 싶은 신입생은 아래 전화번호로 연락하시면 됩니다.
> 문의처: 언어 교환 동아리 ☎ 02-123-4567

실제 시험장에서는 시험지와 함께 나누어 주는 OMR 카드에 답을 써야 합니다. 정해진 답란을 벗어나거나 답란을 바꿔서 쓸 경우 점수를 받을 수 없으니 주의하세요.

㉠: ....

㉡: ....

🔍 문제 속 **표현**

교환(하다): 무엇을 다른 것으로 바꾸다.

동아리: 취미나 뜻이 같은 사람들의 모임.

언어: 생각이나 느낌 등을 나타내거나 전달하는 음성이나 문자 등의 수단. 또는 그 체계.

관심: 어떤 것을 향하여 끌리는 감정과 생각.

-고 있다: 앞의 말이 나타내는 행동이 계속 진행됨을 나타내는 표현.

-고 싶다: 앞의 말이 나타내는 행동을 하기를 원함을 나타내는 표현.

🔍 문제 속 **표현 확인**

★ 배운 내용을 생각하며 문제를 풀어 봅시다.

1. 지금 _____ 십 분쯤 뒤에 도착할 거야. (가다)   🔳 가고 있으니까

2. 나는 영화가 _____ 혼자 영화관에 갔다. (보다)   🔳 보고 싶어서

3. 만 원짜리 지폐를 잔돈으로 _____ 수 있을까요?   🔳 교환할

4. 한 나라의 _____ 은/는 그 나라의 문화를 반영한다.   🔳 언어는

5. 최근 건강이나 미용에 대한 사람들의 _____ 이/가 뜨겁다.   🔳 관심이

6. 새 학기를 맞아 대학 내의 여러 _____ 에서 신입생을 회원으로 모집하고 있다.   🔳 동아리

● **유형:** 맥락에 맞게 빈칸을 채워 문장을 완성하는 유형

● **경향 분석**

　3급 51번(실용문) / 점수: 10점

● 다양한 형태(이메일, 문자, 초대장, 인터넷 게시글 등)와 다양한 목적(모집, 문의, 부탁, 초대, 안부인사, 공지사항 안내 등)의 실용문이 출제됩니다. 일상에서 접하는 여러 글을 읽어 보면서 글의 종류와 목적에 따라 표현을 익혀 두면 문제를 풀 때 큰 도움이 될 것입니다.

● 전체 맥락을 파악한 후, 앞뒤 내용과 어울리는 말로 빈칸을 채워야 합니다. 전체 맥락에 자연스럽고 격식에 맞는 표현이라면 어려운 어휘나 문법을 사용하지 않아도 좋은 점수를 받을 수 있습니다.

이런 문제

★ 단계에 따라 전략적으로 문제를 풀어 봅시다.

☑**Tip** 제목은 주제나 목적과 관련이 있으므로 내용을 추측하고 맥락을 파악하는 데 도움이 됩니다. 제목이 있다면, 본문을 읽기 전 제목을 먼저 확인해 보는 것이 좋습니다.

다음 글의 ㉠과 ㉡에 알맞은 말을 각각 쓰시오.

> ### 언어 교환 동아리를 소개합니다!
>
> 여러분, 이 세상에 몇 개의 언어가 있는지 아십니까?
> 언어는 문화를 담는 그릇이라고 합니다.
>
> 어떤 나라의 (㉠ 문화를 알기 위해서는) 그 나라의 언어부터 배워야 합니다.
>
> 그래서 한국 문화에 관심이 많은 저는 한국어를 배우고 있습니다. (✔주요 활동)
> 동아리에는 (㉡ 신입생만 가입할 수 있습니다.) (✔가입 자격)
>
> 가입하고 싶은 신입생은 아래 전화번호로 연락하시면 됩니다.
>
> 문의처: 언어 교환 동아리 ☎ 02-123-4567 (✔가입 방법)

1단계 글의 목적과 키워드로 내용 추측하며 읽기

'동아리'를 '소개'하는 글입니다. '주요 활동, 모임 일시, 가입 자격, 가입 방법, 회비' 등의 내용이 나올 것입니다.

2단계 빈칸의 앞뒤 내용 확인 후, 어울리는 말 떠올리기

㉠: '문화를 담는', '문화에 관심이 많은'과 대응되는 말이 들어가면 됩니다. ㉠ 뒤의 '그래서'는 앞말이 뒷말의 원인, 근거, 조건이 됨을 나타냅니다.
㉡: '가입하고 싶은 신입생'을 활용한 말이 들어가면 됩니다.

주관식 모범 답안

㉠: 문화를 알기 위해서는 / 문화를 이해하려면
....

㉡: 신입생만 가입이 가능합니다 / 신입생만 들어올 수 있습니다
....

채점 기준 예시

㉠ 어휘: '문화, 알다/이해하다' 등을 활용

　문법: '-기 위해서는, -(으)려면' 등을 활용

㉡ 어휘: '신입생, 가입(하다)/들어오다' 등을 활용

　문법: '-(으)ㄹ 수 있다, ~이/가 가능하다' 등을 활용

종류	목적	표현
개인적인 글 (이메일, 편지, 문자 등)	안부, 감사, 부탁 등	덕분에 ─(으)ㄹ 수 있었습니다 예 덕분에 과제를 잘 할 수 있었습니다. 저 대신 ─(으)ㄹ 수 있으십니까? 예 혹시 저 대신에 카메라를 받아주실 수 있으십니까? ─아/어 주시면 ─겠습니다 예 말씀해 주시면 찾아가겠습니다. ─아/어 주셔서 고맙습니다(= 감사합니다) 예 초대해 주셔서 감사합니다. **통 암기** 그동안 고마웠습니다. 어려운 부탁을 드려 죄송합니다.
공개적인 글 (인터넷 게시문: 분실물 습득, 상품 교환 문의, 반품 문의 등)	문의, 답변 등	─(으)려면 어떻게 해야 합니까? 예 출입증을 만들려면 어떻게 해야 합니까? 〜을/를 알려 주면 감사하겠습니다 예 방법을 알려 주시면 감사하겠습니다. ─(으)셔야 합니다 예 신분증을 가지고 직접 방문하셔야 합니다. ─는 것이 좋습니다 예 국제 면허증을 발급받는 것이 좋습니다.
	공지, 요청 등	─(으)ㄹ 생각/계획/예정입니다 예 아파트 수도 시설 점검을 할 예정입니다. ─(으)려고 합니다 예 제가 사용하던 물건을 드리려고 합니다. ─아/어 주십시오 예 연락해 주십시오. ─아/어 주시기 바랍니다 예 연락해 주시기 바랍니다. ─지 마시기 바랍니다 예 공연 중 휴대전화는 사용하지 마시기 바랍니다.

※ 다음 글의 ㉠과 ㉡에 알맞은 말을 각각 쓰시오. (㉠, ㉡ 각 5점)

01

➡ 보내기	답장	삭제

✉ 받는 사람 ː jisu@korean.com

제목 ː 지수야, 안녕?

지수에게

지수야, 나 링링이야. 잘 지내? 나는 요즘 진로 때문에 고민이 많아.

부모님은 나하고 (㉠   ).

나는 대학교를 졸업한 후에 한국에 있는 대학원에 진학하고 싶은데 부모님은 내가 빨리 귀국해서 고향에서 취직도 하고 결혼도 했으면 좋겠다고 해서.

어떻게 해야 할까? (㉡   )? 아니면 내가 하고 싶은 대로 해도 될까?

바쁘지 않을 때 답장 줘.

기다릴게.

링링

㉠: ....

㉡: ....

02

〈 지갑을 찾습니다! 〉

4월 25일 오후 2시쯤 3층 교실에 (㉠   ).

3시쯤 교실에 다시 가 봤는데 지갑이 없었습니다.

빨간색 지갑이고 지갑 안에는 가족사진과 현금카드

그리고 현금 25,000원 정도가 들어 있습니다.

저에게는 아주 소중한 지갑입니다.

제 지갑을 보신 분은 (㉡   ).

☎ 연락처: 010-1234-5678

㉠: ....

㉡: ....

Q&A

게시판

제목: 한국어능력시험 담당자님께   **작성자:** 김동동

안녕하세요? 이번 시험에 접수한 '김동동'이라고 합니다.
고향 집에 일이 생겨서 갑자기 귀국을 하게 되었습니다.
그래서 (㉠   ).
혹시 시험 접수 비용을 돌려받을 수 있는지 궁금합니다.
가능하다면 (㉡   )?
응시료 환불액에 대해 답장 주시기를 기다리고 있겠습니다. 감사합니다.

㉠:

㉡:

빈칸에 알맞은 말 쓰기:
설명문의 맥락에 맞게 문장 완성하기

대표 문제

다음을 읽고 ㉠과 ㉡에 알맞은 말을 각각 쓰시오.

> 말의 근본은 즐거움에 있다. 대화를 하는 것은 어떤 목적이 꼭 있어서가 아니다. 단지 대화 자체가 (㉠). 그런 즐거움이 말하는 행동을 지속하게 하는 것이다. 우리는 무엇이든지 하고 싶거나 하는 것 자체가 즐거우면 자꾸 하려고 한다. 그 결과로 잘할 수 있게 되는 것이다. 마찬가지로 말도 자꾸 하다 보면 실력이 (㉡)이다. 이것이 바로 말을 잘할 수 있는 비결이다.

실제 시험장에서는 시험지와 함께 나누어 주는 OMR 카드에 답을 써야 합니다. 정해진 답란을 벗어나거나 답란을 바꿔서 쓸 경우 점수를 받을 수 없으니 주의하세요.

㉠: ....

㉡: ....

문제 속 표현

근본: 어떤 것의 본질이나 바탕.

즐거움: 마음에 들어 흐뭇하고 기쁜 마음.

목적: 이루려고 하는 일이나 나아가고자 하는 방향.

단지: 앞에 말한 내용과 다른 조건이나 예외가 있을 때 뒤 문장의 시작 부분에 쓰는 말.

자체: 다른 것이 아닌 바로 그것.

지속(하다): 어떤 일이나 상태를 오래 계속하다.

문제 속 표현 확인

★ 배운 내용을 생각하며 문제를 풀어 봅시다.

1. 나는 순전히 _____ 때문에 화가라는 직업을 선택했다. 　🔲 즐거움

2. 이번 평가의 _____ 은/는 학생들의 이해도를 알아보는 것이다. 　🔲 목적은

3. 우리 가족의 _____ 적인 문제는 서로 대화하지 않는 것에 있다. 　🔲 근본

4. 시험을 잘 봤든 못 봤든 끝났다는 사실 _____ 만으로도 즐거웠다. 　🔲 자체

5. 서로 좋아하지 않는 상태로 관계를 _____ 건 무의미하다. 　🔲 지속하는

6. 나도 시작하려고 했어. _____ 아직은 이르다는 생각이 들어서 그래. 　🔲 단지

- **유형:** 맥락에 맞게 빈칸을 채워 문장을 완성하는 유형

- **경향 분석**

  3급 52번(설명문) / 점수: 10점

- 5~6개의 문장으로 구성된 설명문이 출제됩니다. 빈칸의 내용과 빈칸 앞뒤의 내용은 서로 '대응'되거나 '원인과 결과', '설명과 예시' 등 논리적으로 이어지는 경우가 많습니다. 그러므로 빈칸의 내용을 유추할 수 있는 말에 표시를 하고 그것을 활용하여 답을 적는 연습을 해 두는 것이 좋습니다.

- 답안은 51번과 같은 3급 수준으로 써도 되지만, 제시된 글의 어휘나 문법이 조금 더 어렵기 때문에 우선 내용을 정확히 파악하는 것이 중요합니다. 또 다른 문장들과 동일하게 '–ㄴ다(한다)' 또는 '–ㅂ니다(합니다)'의 형식으로 문장을 마무리해야 좋은 점수를 받을 수 있습니다.

■ 이런 문제   ★ 단계에 따라 전략적으로 문제를 풀어 봅시다.

다음을 읽고 ㉠과 ㉡에 들어갈 말을 한 문장씩 쓰십시오.

> 말의 근본은 즐거움에 있다. 대화를 하는 것은 어떤 목적이 꼭 있어서가 아니다.
>
> (✔주제 파악)
>
> 단지 대화 자체가 (㉠ 즐거워서이다).
>
> 그런 즐거움이 말하는 행동을 지속하게 하는 것이다.
>
> 우리는 무엇이든지 하고 싶거나 하는 것 자체가 즐거우면 자꾸 하려고 한다. 그 결과로 잘할 수 있게 되는 것이다.
>
> 마찬가지로 말도 자꾸 하다 보면 실력이 (㉡ 느는 것)이다. 이것이 바로 말을 잘할 수 있는 비결이다.

1단계 키워드로 주제와 내용 추측하며 읽기

'말'하기의 '즐거움', '대화'의 '목적'에 대한 내용이 나올 것입니다.

2단계 빈칸의 앞뒤 내용 확인 후, 어울리는 말 떠올리기

㉠: '즐거움'을 활용한 말이 들어가면 됩니다. ㉠ 뒤의 '그런'은 뒤에 오는 말이 앞의 내용을 그대로 이어 받음을 나타냅니다.

㉡: '잘할 수 있게 되는 것'을 활용한 말이 들어가면 됩니다.

▤ 주관식 모범 답안

㉠: 즐거워서이다 / 즐거워서 하기도 한다 / 즐겁기 때문이다

㉡: 느는 것 / 늘어나는 것 / 늘어나게 되는 것 / 좋아지는 것

▦ 채점 기준 예시

㉠ 어휘: '즐겁다'를 활용

    문법: '–아/어서', '–기 때문이다' 등을 활용

㉡ 어휘: '늘다', '좋아지다' 등을 활용

    문법: '–(으)ㄴ/는 것, –게 되다' 등을 활용

종류	표현
나열	첫째, ~. 둘째, ~. 셋째, ~. **예** 첫째, 세련된 문장을 쓰려면 중복을 피해야 한다. 둘째, 단문과 장문의 조화가 필요하다. -기도 하고 -기도 하다 **예** 평범한 사람이 유명해지기도 하고, 돈을 많이 벌기도 한다.
대조	-(으)ㄴ/는 데 반해 **예** 민수는 성격이 소극적인 데 반해 영희는 적극적이다. -(으)ㄴ/는 반면에 **예** 놀이공원은 평일에는 사람이 적은 반면에 주말에는 많다. ~와/과 다르게(/달리) **예** 고양이는 독립심이 강해서 강아지와 다르게 혼자서도 잘 지낸다.
유추	~와/과 마찬가지이다 **예** 이런 점으로 볼 때 인간은 다른 동물과 마찬가지이다. 이처럼 **예** 이처럼 별빛은 오랜 시간이 지나야 지구에 도달한다.
요약	즉 / 요약하면 / 바꾸어 말하면 / 다시 말하면 / 그 결과(로) **예** 교육은 사람을 사람답게 하는 것, 즉 인간성을 키우는 것에 목적이 있다. **예** 무리한 식단 조절과 체중 감량을 했다. 그 결과 폭식, 탈모 등의 부작용이 생겼다.
가정	만일(/만약에) -(으)면 -(으)ㄴ/는 것이다 **예** 지구와 가장 가까운 별의 빛도 지구까지 오는 데 4억 년이 걸린다. 　만약 우리가 이 별을 본다면 우리는 그것의 현재 모습이 아니라 4억 년 전의 모습을 보는 것이다.
부분 부정	그렇지만(/그러나/하지만) (-다고/라고 해서) -(으)ㄴ/는 것은 아니다 **예** 그러나 환자에게 항상 밝은 분위기의 음악을 들려주는 것은 아니다.
이유	왜냐하면(/그래야) -기 때문이다 **예** 왜냐하면 감정은 표정에 영향을 주기 때문이다. 　그런데 이와 반대로 표정이 우리의 감정에 영향을 주기도 한다.
판단 기준	~은/는 ~에 따라 다르다 **예** 물건의 값은 업체에 따라 다르다. -느냐에 따라 다르다 **예** 커피의 맛은 커피콩을 얼마나 오래 볶느냐에 따라 다르다.

※ 다음을 읽고 ㉠과 ㉡에 알맞은 말을 각각 쓰시오. (㉠, ㉡ 각 5점)

01

'가는 말이 고와야 오는 말이 곱다.'라는 속담이 있다. 내가 먼저 다른 사람에게 좋은 말을 해야 (㉠   )는 뜻이다. 상대방에게 보낸 말은 언젠가 반드시 나에게 되돌아오기 마련이다. 따라서 다른 사람에게 말을 할 때는 충분히 (㉡   ). 생각하기 전에 말부터 시작하면 실수를 할 수 있기 때문이다. 평소 서로에 대한 존중과 이해심을 갖고, 깊이 생각하고 나서 말하는 연습이 필요하다.

㉠: ....

㉡: ....

02

새해가 되면 누구나 목표를 세우지만, 꾸준히 지키기는 어렵다. 많은 사람이 목표를 지키지 못하는 원인을 '의지'에서만 찾지만, '감정'도 중요한 원인이 된다. 의지와 감정은 서로 연결되어 있기 때문이다. 감정이 안 좋으면 의지도 무너져서 (㉠   ). 예를 들어 연초에 '운동하기'라는 계획을 세웠으나 안 좋은 일이 생겨 감정이 상하면 운동을 하고자 하는 의지가 무너져서 포기하게 된다. 목표를 오랫동안 지키기 위해서는 의지만큼 (㉡   ).

㉠: ....

㉡: ....

03

　기계적 에너지나 열에너지는 발전소에서 전기 에너지로 변환된다. 발전소는 사용하는 자원의 종류에 따라 분류되며, 이에 따라 전기 에너지를 만들어 내는 발전소 또한 화력 발전소, 원자력 발전소 등 (　　　　㉠　　　　). 그런데 앞서 말한 여러 종류의 발전소들은 전기를 만드는 과정에서 환경을 오염시킨다는 문제점을 가지고 있다. 그래서 대체 에너지라고 부르는 태양 에너지, 풍력 에너지, 조력 에너지 등 새로운 자원 개발이 이루어지고 있다. 이 대체 에너지는 (　　　　㉡　　　　)는 장점이 있다.

㉠: ....

㉡: ....

대표 문제

다음은 '성인과 초중고 학생의 연간 독서 실태'에 대한 자료이다. 이 내용을 200~300자의 글로 쓰시오. 단, 글의 제목은 쓰지 마시오.

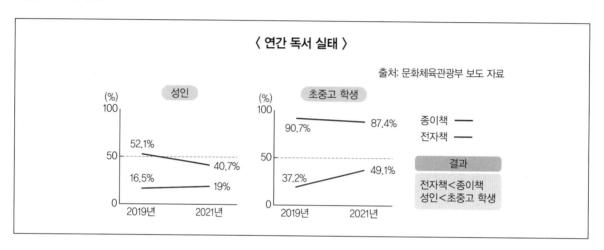

문제 속 **표현**

연간: 일 년 동안.

실태: 있는 그대로의 상태.

성인: 어른이 된 사람.

※ 다음 어휘는 답안 작성에 참고하세요.

폭: 어떤 일의 범위. 그래프에서는 '변화의 차이'를 의미함.

양쪽: 두 쪽.

~(으)로 나타나다: 조사나 설문을 통해 어떤 양상(결과값)을 알 수 있을 때 쓰는 표현.

~에 따르면: 어떤 것에 의하면. 예 뉴스에 따르면, 조사에 따르면

문제 속 **표현 확인**

★ 배운 내용을 생각하며 문제를 풀어 봅시다.

1. 부러진 안경다리의 _____ 을/를 접착제로 붙였다.   답 양쪽을

2. 지난해에 비해 올해는 _____ 매출이 많이 떨어졌다.   답 연간

3. 일기 예보_____ 내일부터 날씨가 더워진다고 합니다.   답 에 따르면

4. TOPIK 응시 목적은 '한국 유학에 활용'이 27.1%로 _____.   답 나타났다

5. _____ 이/가 되면 권리가 생길 뿐만 아니라 책임도 함께 주어진다.   답 성인이

6. 다양한 휴대폰들이 출시되면서 소비자들의 선택의 _____ 이/가 넓어졌다.   답 폭이

7. 선생님은 숙제로 청소년의 언어 사용 _____ 에 대해 조사해 오라고 하셨다.   답 실태

아래 빈칸에 200자에서 300자 이내로 작문하십시오. (띄어쓰기 포함)

																			100
																			200
																			300

☑ **Tip** 교정 부호, 이렇게 써야 해요!

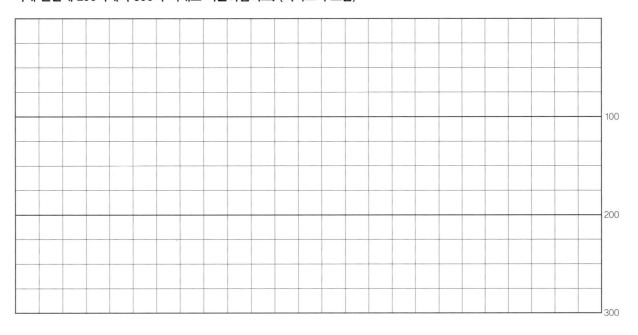

부 호	교정 내용	보 기
♂	글자를 바꿀 때	물건이 가득 싸(쌀)였다.
♂	글자를 뺄 때	엉터리(이)였다.
⌒	붙여 쓸 때	9년 전 부터 시작되었다.
∨	띄어 쓸 때	아름다운 파도소리
∨	글자를 넣을 때	우리는 실천해야 한다. (사랑을)
⌣	여러 글자를 고칠 때	아버지께서 밥을 잡수신다. (진지를)
⌐	줄을 바꿀 때	"누구세요?" 철수가 문을 열면서 말했다.
⌐	왼쪽으로 한 칸 옮길 때	서로 돕자.
⌐	오른쪽으로 한 칸 옮길 때	푸른 하늘 은하수
S	앞과 뒤의 순서를 바꿀 때	일찍 집을 나섰다.
⌒	줄을 이을 때	이 풀은 씀바귀다. 쓴 맛이 나서 씀바귀라고 부른다.

〈참고문헌: 학습용어 개념사전, 2010.08.05, (주)북이십일 아울북〉

- **유형:** 제시된 자료를 사용하여 설명문을 쓰는 유형

- **경향 분석**

  3급 53번(표, 그래프) / 점수: 30점 / 분량: 200~300자

- 주로 설문조사 결과를 성별, 세대별, 연령별, 지역별, 시대별로 비교하거나 변화를 보여주는 표나 그래프가 자료로 제시됩니다. 따라서 다양한 모양의 그래프를 읽을 줄 알아야 하며, 제시된 키워드를 가지고 문장을 만드는 연습을 해 두는 것이 좋습니다.

- 문장의 끝은 '–ㄴ 다(한다)' 형태로 통일해야 하며, 원고지 형식의 답안지에 글을 써야 하므로 원고지 맞춤법을 알아 두어야 합니다.

- 전체 내용을 요약 정리하는 문장으로 글을 마무리하면 좋은 점수를 받을 수 있습니다. 단, 객관적인 사실만을 전달해야 하며, 문제에서 요구하지 않은 주관적인 생각을 쓰면 오히려 감점을 당할 수 있으니 주의해야 합니다.

이런 문제   ★ 단계에 따라 전략적으로 문제를 풀어 봅시다.

(① 조사 대상)   (① 조사 주제)

다음은 '성인과 초중고 학생의 연간 독서 실태'에 대한 자료이다. 이 내용을 200~300자의 글로 쓰시오. 단, 글의 제목을 쓰지 마시오.

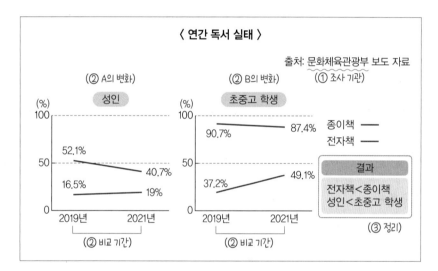

1단계 내용과 분량 정하기

'조사 기관, 대상, 주제' 등을 먼저 제시(①)하고 그래프의 정보(②, ③)를 차례대로 쓰면 됩니다.

① 기관 + 대상 + 주제 → 1문장
② 기간 + A의 변화 + B의 변화 → 2~3문장
③ 정리 → 1문장

2단계 내용에 어울리는 표현 생각하기

① [기관]이/가 [대상]의 [주제]을/를 조사한 결과에 따르면 ~
   [기관]에서 조사한 [대상]의 [주제]에 따르면 ~
   [기관]에서 [대상]을 대상으로 조사한 [주제]에 따르면 ~
② [기간1]과 [기간2] 사이 [A/B]이/가 ([수치1]에서 [수치2](으)로) 감소하였다/증가하였다.
③ –(으)ㅁ을 알 수 있다.

☑**Tip** 자료에 적을 순서와 내용을 메모하면 답안을 쉽게 작성할 수 있습니다.

| 문 | 화 | 체 | 육 | 관 | 광 | 부 | 에 | 서 | | 성 | 인 | 과 | | 초 | 중 | 고 | | 학 | 생 | 의 | | 연 | 간 |

→ ① 조사 기관   → ① 조사 대상

| 독 | 서 | | 실 | 태 | 를 | | 조 | 사 | 한 | | 결 | 과 | 에 | | 따 | 르 | 면 | , | 성 | 인 | 의 | | 전 | 자 |

→ ① 조사 주제   → ② A

| 책 | | 독 | 서 | 율 | 은 | | 20 | 19 | 년 | | 16 | .5 | % | 에 | 서 | | 20 | 21 | 년 | | 19 | % | 로 | |

→ ② 비교 기간

| 증 | 가 | 하 | 였 | 으 | 나 | , | 종 | 이 | 책 | | 독 | 서 | 율 | 은 | | 52 | .1 | % | 에 | 서 | | 40 | .7 | % | 100

| 로 | | 감 | 소 | 하 | 였 | 다 | . | 초 | 중 | 고 | | 학 | 생 | 의 | | 경 | 우 | , | 전 | 자 | 책 | | 독 | 서 |

→ ② B

| 율 | 은 | | 37 | .2 | % | 에 | 서 | | 49 | .1 | % | 로 | | 늘 | 어 | 난 | | 반 | 면 | | 종 | 이 | 책 | 은 |

→ 연결 포인트

| 90 | .7 | % | 에 | 서 | | 87 | .4 | % | 로 | | 줄 | 어 | 들 | 었 | 다 | . | 이 | 를 | | 통 | 해 | | 첫 | 째 |

→ 연결 포인트

| 성 | 인 | 과 | | 초 | 중 | 고 | | 학 | 생 | | 모 | 두 | | 전 | 자 | 책 | 보 | 다 | | 종 | 이 | 책 | 을 | 200

→ ③ 정리

| 더 | | 많 | 이 | | 읽 | 으 | 며 | , | 둘 | 째 | | 성 | 인 | 보 | 다 | | 초 | 중 | 고 | | 학 | 생 | 이 | |

| 독 | 서 | 를 | | 더 | | 많 | 이 | | 한 | 다 | 는 | | 것 | 을 | | 알 | | 수 | | 있 | 다 | . | | | |

| | | | | | | | | | | | | | | | | | | | | | | | |

| | | | | | | | | | | | | | | | | | | | | | | | | 300

☑ **Tip** 이렇게 써야 해요!

• 제일 앞의 한 칸은 비우고 글쓰기를 시작합니다.

• 원고지에 글자나 문장 부호는 한 칸에 한 자 쓰기를 원칙으로 합니다.

• 로마자의 대문자는 한 칸에 한 자를 쓰고, 소문자는 한 칸에 두 자를 씁니다.

• 아라비아 숫자는 한 칸에 두 자를 씁니다.

실제 수험생이 쓴 답안을 고친 것입니다. 나도 같은 실수를 하지 않는지 비교해 보세요.

| 지 | 난 | | 몇 | | 년 | | 동 | 안 | 에 | | 성 | 인 | 과 | | 초 | 중 | 고 | | 학 | 생 | 은 | | 독 |

| 서 | | 상 | 대 | 가 | | 매 | 우 | | 달 | 라 | 요 | . | | 20 | 19 | 년 | 부 | 터 | | 20 | 21 | 년 | 까 | 지 | |

→ ① 상대가 → 방법이   → ② 달라요 → 다르다

| 성 | 인 | 의 | | 종 | 이 | 책 | | 독 | 서 | 율 | 은 | | 52 | .1 | % | 에 | 서 | | 40 | .7 | % | 로 | | 떨 |

| 어 | 졌 | 고 | , | | 전 | 자 | 책 | | 독 | 서 | 율 | 은 | | 16 | .5 | % | 에 | 서 | | 19 | % | 로 | | 오 | 히 |

| 려 | | 높 | 아 | 졌 | 어 | 요 | . | | 초 | 중 | 고 | | 학 | 생 | 의 | | 종 | 이 | 책 | | 읽 | 기 | 비 | 율 | 은 |

→ ② 높아졌다   → ③ 읽기ᵛ비율

| 90 | .7 | % | 에 | 서 | | 87 | .4 | % | 로 | | 떨 | 어 | 졌 | 고 | | 전 | 자 | 책 | | 읽 | 기 | | 비 | 율 |

| 은 | | 37 | .2 | % | 에 | 서 | | 49 | .1 | % | 로 | | 오 | 히 | 려 | | 높 | 아 | 졌 | 어 | 요 | . | | 전 | 자 |

→ ② 높아졌다

| 책 | 보 | 다 | | 종 | 이 | 책 | 을 | | 읽 | 는 | | 비 | 율 | 이 | | 여 | 전 | 히 | | 높 | 은 | | 것 | 으 |

→ ④ '결과' 추가

| 로 | | 나 | 타 | 났 | 어 | 요 | . | | | | | | | | | | | | | | | | | |

→ ② 나타났다

☑Plus 숨어 있는 1점 찾기!

① 자료를 정확히 이해한 후 적절한 어휘를 사용해야 합니다.

② 구어체 '-아/어요' 종결형이 아닌, 격식에 맞는 문어체 '-ㄴ다'로 문장을 마무리해야 합니다.

③ 하나의 글 안에서는 띄어쓰기를 통일하여 쓰는 것이 좋습니다.

④ 자료에 제시된 글은 모두 써야 합니다. '결과'에 있는 '성인보다 초중고 학생의 독서율이 높다'는 내용을 추가해야 합니다.

⑤ 문장과 문장을 연결하는 말을 잘 활용하면 더 좋은 점수를 받을 수 있습니다.

| 종이책 | 독서량은 | 성인 | 평균 40권으로 | 2019년 52권에 |

→ ① '조사 기관, 조사 대상, 조사 주제' 추가
→ ② 평균∨40권으로
→ ③ | 20 | 19 | 년 | ∨ |

| 비해 | 08권 | 줄어든 | 반면, | 전자책만 | 대상으로 | 하면 |

→ ③ | 08 | 권 | → | 8 | 권 |

| 평균 19권으로 | 지난 2019년 16권과 비슷한 | 수준인 | 것으로 |

→ ② 평균∨19권으로
→ ② 지난∨2019년∨16권과∨비슷한 → ③ | 20 | 19 | 년 | ∨ | 16 | 권 |

| 조사됐다. | ④이러한 | 결과는 | 전체 | 독서 | 인구는 | 줄 | 100

→ ⑤ 「이러한~보여준다.」

| 었지만 | 독서자의 | 독서량은 | 큰 변화 | 없이 | 꾸준함을 |

→ ② 큰∨변화

| 보여준다. | ④하지만 | 학생의 | 연평균 | 종이책 | 독서량 |

| 은 | 87권으로 | 지난 | 2019년 | 90권에 | 비해 | 감소했다. |

→ ③ | 20 | 19 | 년 |

| ④연간 전자책 | 독서율은 | 37권에서 | 49권으로 | 증가했 | 200

→ ② 연간∨전자책

| 다. | ④성인과 | 학생 | 모두증가 | 추세이다. | ④최근 | 웹 |

→ ② 모두∨증가하는

| 소설의 | 대중적 | 확산 | 등이 | 영향을 | 미친 | 것으로 |

→ ⑥ 「최근~분석된다.」

| 분석된다. |

| | 300

☑**Plus 숨어 있는 1점 찾기!**

① 자료에 '조사 기관, 조사 대상, 조사 주제'가 제시되어 있다면 빠짐없이 써야 합니다.

② 맞춤법과 의미 단위에 맞추어 띄어쓰기를 해야 합니다.

③ 아라비아 숫자는 한 칸에 두 자를 쓰지만, 1~9까지는 한 칸에 한 자만 씁니다. 이때 앞에 0을 따로 붙이지는 않습니다.

④ 단락 안에서는 새로운 문장이 시작되어도 첫 칸을 비우지 않습니다.

⑤ 자료를 정확히 읽고 분석해야 합니다.

  − 종이책을 읽는 사람들의 '비율'이 줄었다는 것만으로 전체 독서 인구 '수'가 줄었다는 것을 알 수는 없으므로 삭제해야 합니다.

  − 자료의 단위는 '%(퍼센트)'입니다. '40권, 52권' 등은 모두 잘못 쓴 것이므로 자료에 맞게 고쳐 써야 합니다.

⑥ 사실 근거라 할지라도 자료에 제시되지 않은 내용이나 주관적인 생각은 쓰면 안 됩니다. '결과'에 있는 '전자책보다 종이책의 독서율이 높다'는 내용과 '성인보다 초중고 학생의 독서율이 높다'는 내용으로 바꾸어야 합니다.

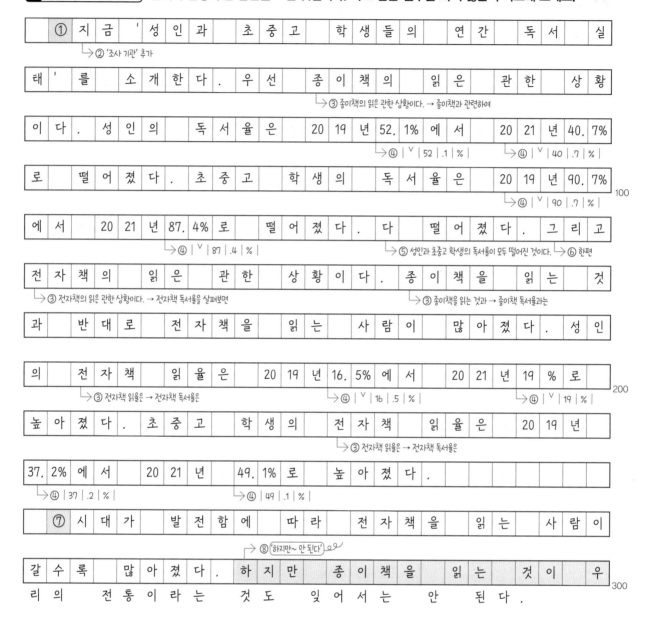

원고지 내용:

① 지금 '성인과 초중고 학생들의 연간 독서 실
→ ② '조사 기관' 추가

태'를 소개한다. 우선 종이책의 읽은 관한 상황
→ ③ 종이책의 읽은 관한 상황이다. → 종이책과 관련하여

이다. 성인의 독서율은 2019년 52.1%에서 2021년 40.7%
→ ④ ∨ 52 . 1 %   → ④ ∨ 40 . 7 %

로 떨어졌다. 초중고 학생의 독서율은 2019년 90.7%
→ ④ ∨ 90 . 7 %

에서 2021년 87.4%로 떨어졌다. 다 떨어졌다. 그리고
→ ④ ∨ 87 . 4 %   → ⑤ 성인과 초중고 학생의 독서율이 모두 떨어진 것이다. → ⑥ 한편

전자책의 읽은 관한 상황이다. 종이책을 읽는 것
→ ③ 전자책의 읽은 관한 상황이다. → 전자책 독서율을 살펴보면   → ③ 종이책을 읽는 것과 → 종이책 독서율과는

과 반대로 전자책을 읽는 사람이 많아졌다. 성인

의 전자책 읽율은 2019년 16.5%에서 2021년 19%로
→ ③ 전자책 읽율은 → 전자책 독서율은   → ④ ∨ 16 . 5 %   → ④ ∨ 19 %

높아졌다. 초중고 학생의 전자책 읽율은 2019년
→ ③ 전자책 읽율은 → 전자책 독서율은

37.2%에서 2021년 49.1%로 높아졌다.
→ ④ 37 . 2 %   → ④ 49 . 1 %

⑦ 시대가 발전함에 따라 전자책을 읽는 사람이
→ ⑧ 하지만~ 안 된다

갈수록 많아졌다. 하지만 종이책을 읽는 것이 우
리의 전통이라는 것도 잊어서는 안 된다.

☑Plus 숨어 있는 1점 찾기!

① 단락을 시작할 때는 한 칸만 비우고 씁니다.

② '지금 ~ 소개한다'와 같은 말은 쓸 필요가 없습니다. 자료에 제시된 '조사 기관'을 쓰는 것이 더 중요합니다.

③ 어법에 어긋난 문장을 쓰면 감점이 됩니다. 자료에 제시된 표현을 최대한 인용하여 쓰면 틀리지 않을 수 있습니다.

④ 문장 부호는 한 칸에 하나씩 쓰지만, 아라비아 숫자 1~9가 마침표나 쉼표와 함께 쓰일 때는 한 칸에 같이 씁니다.

⑤ 격식을 갖춘 문어체로 써야 합니다.

⑥ 내용이 바뀌는 부분입니다. '그리고'보다 '다음으로'나 '한편'이 더 적절합니다.

⑦ 53번 유형은 단락을 나누어 쓸 필요가 없습니다. 윗줄의 '높아졌다.' 뒤에 빈칸 없이 이어서 써야 합니다.

⑧ 정해진 분량에 맞추어 써야 합니다. 특히 마지막 문장은 자료에 없는 '주관적인 생각'이므로 쓰면 안 됩니다.

1. 시작

(조사 기관)에서 (조사 대상)을 대상으로 (조사 주제)에 대하여 조사를 하였다.

예 **출처**: 한국 시청 **대상**: 성인 남녀 1,000명	→ 한국 시청에서 성인 남녀 1,000명을 대상으로 취미에 대하여 조사를 하였다.
예 **기관**: 문화체육관광부 **응답**: 학부모 10,000명	→ 문화체육관광부에서 학부모 10,000명을 대상으로 좋아하는 드라마에 대하여 조사를 하였다.
예 직장인 500명 대상, 통계청 자료	→ 통계청에서 직장인 500명을 대상으로 음료 선호도에 대하여 조사를 하였다.

2. 자료(그래프, 표) 설명

① 순위 비교 그래프

그 결과 (1순위)이/가 (수치)로 가장 많았으며, 그다음으로(는) (2순위)이/가 (수치), (3순위)이/가 (수치)(으)로 뒤를 이었다.

그 결과 (1순위)이/가 (수치)로 가장 많았으며, 그다음으로(는) (2순위)와/과 (3순위)이/가 각각 (수치), (수치)(으)로 뒤를 이었다.

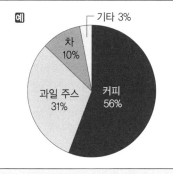

예

→ 그 결과 커피가 56%로 가장 많았으며, 그다음으로는 과일 주스가 31%, 차 10%가 뒤를 이었다.

→ 그 결과 커피가 56%로 가장 많았으며, 그다음으로 과일 주스와 차가 각각 31%, 10%로 뒤를 이었다.

조사한 결과 (비교 대상 A)은/는 (1순위)이/가 (수치)(으)로 가장 많았다. 그다음으로(는) (2순위)와/과 (3순위)이/가 뒤를 이었다. 반면 (비교 대상 B)은/는 (1순위)이/가 (수치)(으)로 가장 높게 나타났다. 그다음은 (2순위), (3순위)순 이었다.

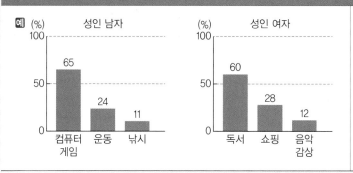

예

→ 조사한 결과 성인 남자는 컴퓨터 게임이 65%로 가장 많았다. 그다음으로는 운동과 낚시가 뒤를 이었다. 반면 성인 여자는 독서가 60%로 가장 높게 나타났다. 그다음은 쇼핑, 음악 감상순이었다.

② 변화 비교 그래프

(시기 A)에는 (항목)이 (수치)이었는데, (시기 B)까지 계속 (증가/감소)하다가 (시기 C)에는 (수치)(으)로 크게 (감소/증가)하였다.

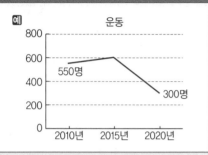

예   운동

→ 2010년에는 운동이 550명이였는데, 2015년까지 계속 증가하다가 2020년에는 300명으로 크게 감소하였다.

(주제)을/를 보면 (항목 A)은/는 (시기 A) (수치)에서 (시기 B) (수치)(으)로 (증가/감소)했고, (항목 B)은/는 (수치)에서 (수치)(으)로 (감소/증가)하였다.

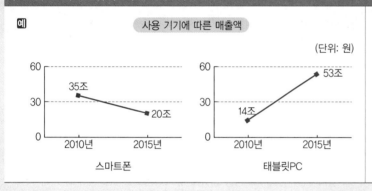

예   사용 기기에 따른 매출액

→ 사용 기기에 따른 매출액을 보면 스마트폰은 2010년 35조에서 2015년 20조로 감소했고, 태블릿PC는 14조에서 53조로 증가하였다.

(주제)을/를 살펴보면 (항목 A)은/는 (시기 A) (수치)에서 (시기 B)에는 (수치)(으)로 약 (숫자)배 증가하였다. (항목 B)은/는 (수치)에서 (수치)(으)로 (감소/증가)하였다.

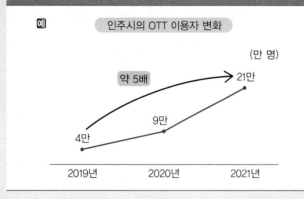

예   인주시의 OTT 이용자 변화

→ 인주시의 OTT 이용자 변화를 살펴보면, OTT 이용자 수는 2019년 4만 명에서 2020년에는 9만 명, 2021년에는 21만 명으로, 지난 2년간 약 5배 증가하였다.

(주제)에 대하여 (항목 A)은/는 (수치), (항목 B)은/는 (수치)을/를 차지하였다.
(주제)에 대하여 (항목 A)와/과 (항목 B)이/가 각각 (수치 A), (수치 B)을/를 차지하였다.

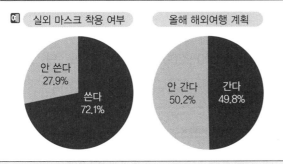

예 실외 마스크 착용 여부   올해 해외여행 계획

→ 실외 마스크 착용 여부에 대하여 '쓴다'는 응답이 72.1%, '안 쓴다'는 응답이 27.9%를 차지하였다. 올해 해외여행 계획에 대해서는 '간다'와 '안 간다'가 각각 49.8%와 50.2%로 거의 반반을 차지하였다.

표현

-(으)ㄴ/는 것으로 나타났으며, -는 결과가 나왔다.

예 서울의 커피 값이 다른 지역에 비해 20% 높은 것으로 나타났으며, 그중에서도 강남구가 제일 높다는 결과가 나왔다.

~의 원인이 ~인 것으로 나타났다.

예 소아 비만의 원인이 고열량 식품인 것으로 나타났다.

~의 비중이 가장 높았다. 그다음으로 ~의 비중이 2위를 차지했다.

예 월평균 사교육비로 50만 원 이상 지출한 학생의 비중이 18.4%로 가장 높았고, 그다음으로 10~20만 원 지출의 비중이 2위를 차지했다.

~은/는 ~을 선호하는 것으로 나타났다.

예 응답자 중 절반 이상은 소포장 형태로 구입하는 것을 선호하는 것으로 나타났다.

(그 결과가) ~의 경우에는 -고 ~의 경우에는 ~(으)로 나타났다.

예 30대의 경우에는 공연 관람이 40%로 가장 높게 나타났고 40대의 경우에는 낚시가 50%로 가장 높게 나타났다.

○○○○년에 ○○%였던 ○○○○은/는 ○○○○년 ○○%로 (○○년 동안 ○○%) 증가/감소했다.

예 2000년에 전체 가구의 16%였던 1인 가구는 2022년 36%로 20년 동안 20% 증가했다.

~은/는 ○배 증가하였으나 ~은/는 ○배 감소하였다.

예 초고령 노인은 2배 증가하였으나 신생아는 1.5배 감소하였다.

~(이)라는 질문에 크게 ○가지의 대답이 나타났다.

예 옷을 구입할 때 어떤 것을 가장 중요하게 생각하느냐는 질문에 크게 5가지로 대답이 나타났다.

이러한 변화의 원인은 ~(으)로 인해 ~이/가 감소하였기 때문이다.

예 이러한 변화의 원인은 식습관의 변화로 인해 쌀 소비량이 감소했기 때문이다.

끝으로 ~에 대해서는 ~(이라)고/-ㄴ다고 응답하였다.

예 끝으로 '무기력증 극복 방안'에 대해서는 꾸준한 자기 계발, 취미 생활 갖기가 좋다고 응답하였다.

01 다음은 '신혼여행 선호도'에 대한 자료이다. 이 내용을 200~300자의 글로 쓰시오. 단, 글의 제목은
쓰지 마시오. (30점)

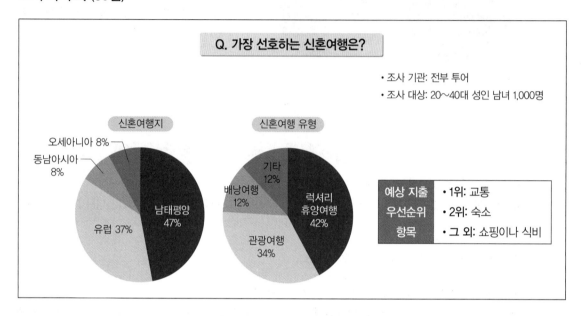

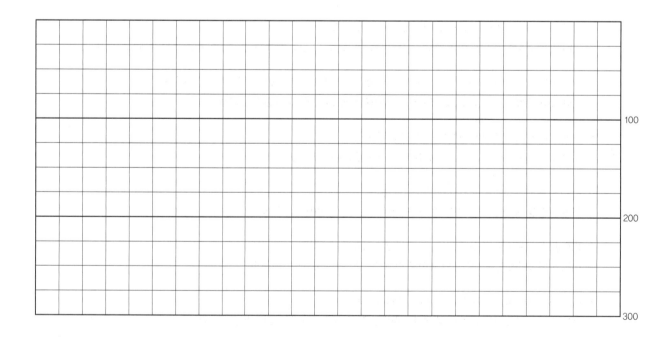

02 다음은 '직장인과 고용주의 이직 선택 이유'에 대한 자료이다. 이 내용을 200~300자의 글로 쓰시오. 단, 글의 제목은 쓰지 마시오. (30점)

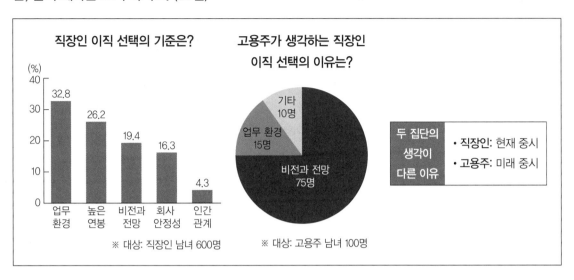

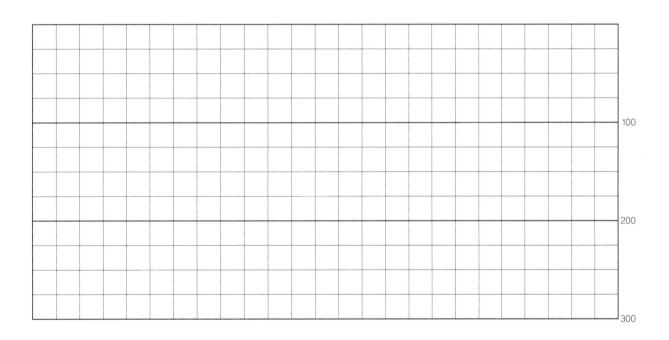

03 다음은 '초등학생이 선호하는 장래희망'에 대한 자료이다. 이 내용을 200~300자의 글로 쓰시오. 단, 글의 제목은 쓰지 마시오. (30점)

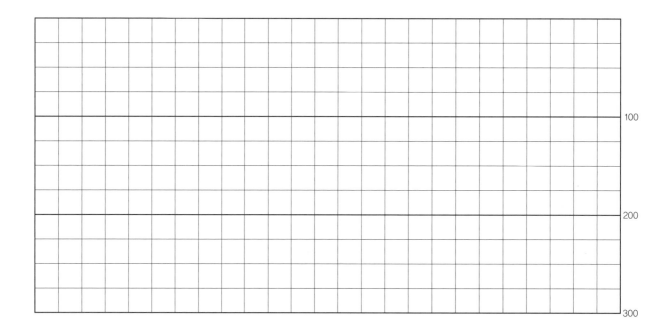

	2018년	2022년
1위	운동선수	의사
2위	교사	크리에이터
3위	경찰관	간호사
4위	의사	–
순위권 밖	크리에이터, 간호사	–

조사 기관	한국직업개발원
조사 대상	초등학생 2만 2천 명
변화 원인	1. 전염병 확산 이후 의료진에 대한 긍정적 인식 증가 2. 모바일 기기 사용 급증에 따라 디지털 노마드에 대한 관심 증가

Q. 초등학생이 가장 선호하는 장래 희망은?

100

200

300

04 다음은 '부산시 수산물 수출량'에 대한 자료이다. 이 내용을 200~300자의 글로 쓰시오. 단, 글의 제목은 쓰지 마시오. (30점)

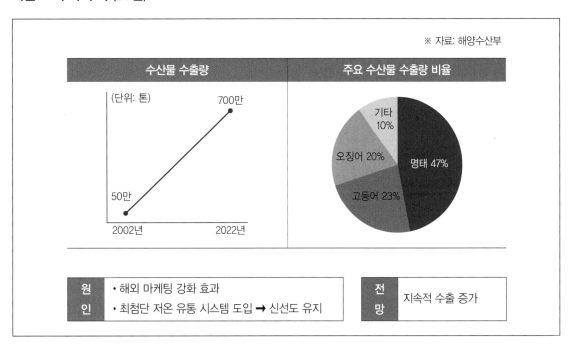

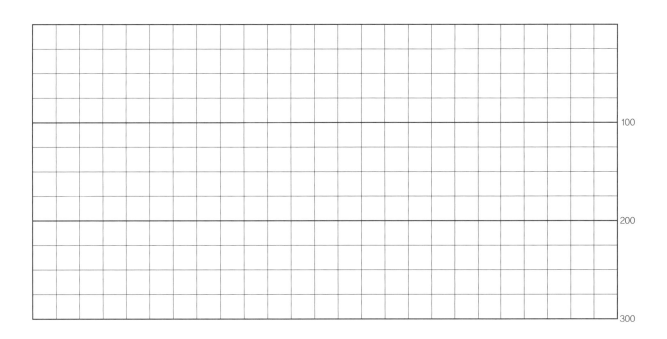

대표 문제

다음을 참고하여 600~700자로 글을 쓰시오. 단, 문제를 그대로 옮겨 쓰지 마시오.

> 　　신약 개발, 질병의 발생 과정, 제품의 안전성 등을 확인하기 위해 다양한 형태의 동물실험이 진행되어 왔다. 동물실험은 현대 의학이 발전하는 데 기여한 부분이 있으나 최근 윤리적 차원에서 정당성 문제가 제기되고 있다. 아래의 내용을 중심으로 '동물실험'에 대한 자신의 생각을 쓰라.

- 동물실험의 유용성은 무엇인가?
- 동물실험에는 어떤 문제점이 있는가?
- 동물실험의 문제점을 해결할 방안은 무엇인가?

🔍 문제 속 표현

기여(하다): 도움이 되다.

정당성: 이치에 맞아 올바른 성질.

유용성: 쓸모가 있는 성질.

※ 다음 어휘는 답안 작성에 참고하세요.

침해(하다): 남의 땅이나 권리, 재산 등을 범하여 해를 끼치다.

경시(하다): 어떤 대상을 중요하게 보지 않고 하찮게 여기다.

근절(되다): 나쁜 것이 완전히 없어지다.

🔍 문제 속 표현 확인

★ 배운 내용을 생각하며 문제를 풀어 봅시다.

1. 컴퓨터는 여러모로 ＿＿＿＿＿＿＿＿ 이/가 크다. 　　　　🔑 유용성이

2. 대중교통이 교통 체증을 줄이는 데 ＿＿＿＿＿＿ 있다. 　🔑 기여하고

3. 부정 선거로 당선된 국회 의원에게는 ＿＿＿＿＿＿ 이/가 없다. 　🔑 정당성이

4. 근본적인 대책이 없는 한 범죄는 ＿＿＿＿＿＿ 수 없을 것이다. 　🔑 근절될

5. 과학 기술의 발전은 인간의 마음을 ＿＿＿＿＿＿ 풍조를 낳았다. 　🔑 경시하는

6. 네티즌은 실명제의 강요가 표현의 자유를 ＿＿＿＿＿＿ 비난했다. 　🔑 침해한다고

아래 빈칸에 600자에서 700자 이내로 작문하십시오. (띄어쓰기 포함)

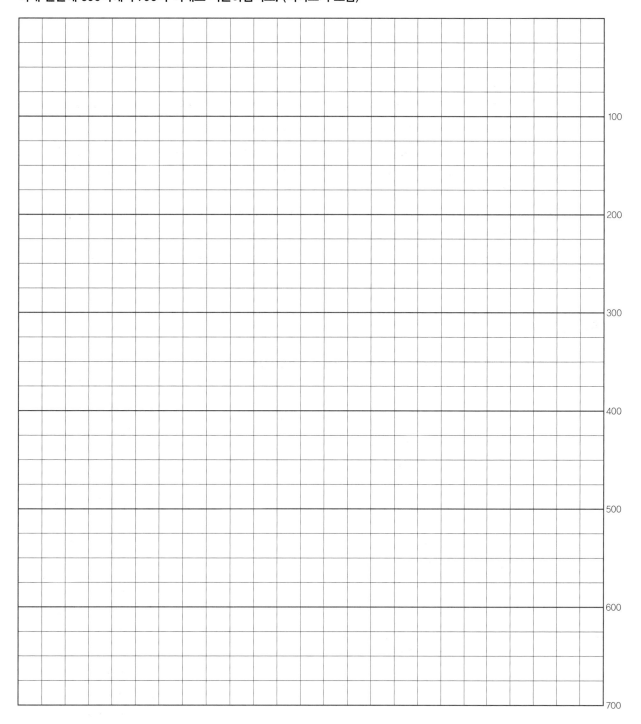

100

200

300

400

500

600

700

- **유형:** 제시된 주제에 대해 논설문을 쓰는 유형

- **경향 분석**

    6급 54번 / 점수: 50점 / 분량: 600~700자

- 최근 이슈가 되는 사회문제의 원인이나 해결 방안이 주제로 출제됩니다. 시험장에서 낯선 주제에 당황하지 않으려면 평소 사회문 제에 관심을 가지고 무엇이 이슈가 되고 있는지를 파악해 두는 것이 좋습니다.

- 논설문은 논리적인 근거를 제시하는 것이 중요합니다. 평소 신문, 영화, 책, 뉴스 등을 두루 접하며 근거로 제시할 배경지식을 쌓아 두는 것이 좋습니다. 또 좋은 글을 보고 어떻게 내용을 전개하고 있는지, 문장과 문장 또는 문단과 문단을 어떻게 연결하고 있는지 등을 분석해 보는 것도 도움이 됩니다.

- 격식에 맞게 문어체를 사용해야 하며 문장의 끝은 '-ㄴ다(한다)' 형태로 통일해야 합니다. 중고급 이상의 어휘와 문법을 사용해야 하며, 53번과 같이 원고지 사용법을 알아 두어야 합니다.

- 주어진 과제는 한 개의 단락에서 한 개의 내용만 다루는 것이 좋고, 단락과 단락은 자연스럽게 연결해야 좋은 점수를 받을 수 있습 니다.

★ 단계에 따라 전략적으로 문제를 풀어 봅시다.

다음을 참고하여 600~700자로 글을 쓰시오. 단, 문제를 그대로 옮겨 쓰지 마시오.

> 신약 개발, 질병의 발생 과정, 제품의 안전성 등을 확인하기 위해 다양한 형 태의 동물실험이 진행되어 왔다. 동물실험은 현대 의학이 발전하는 데 기여한 부분이 있으나 최근 윤리적 차원에서 정당성 문제가 제기되고 있다. 아래의 내용을 중심으로 '동물실험'에 대한 자신의 생각을 쓰라.
>
> - 동물실험의 유용성은 무엇인가? → 과제 1
> - 동물실험에는 어떤 문제점이 있는가? → 과제 2
> - 동물실험의 문제점을 해결할 방안은 무엇인가? → 과제 3

☑ **Tip** 2단계는 '개요 쓰기'에 해당합니다. 즉, 중심 내용을 먼저 생각한 후 세부 내용을 덧붙 이는 방식으로 글을 쓰면 과제를 빠뜨리지 않고 글을 쓸 수 있습니다.

1단계 과제에 따라 단락 구성 하기

과제별로 단락을 구성하는 것이 좋습니 다. 예를 들어 세 개의 과제가 주어지 면, 세 개의 단락으로 구성하면 됩니다.

2단계 단락별로 중심 내용 작 성하기

[과제 1] 동물실험의 유용성: 백 신, 제품 개발
[과제 2] 동물실험의 문제점: 동물권 침해, 신뢰성
[과제 3] 해결 방안: 불필요한 실험 줄이기, 실험 방법 개선하기

3단계 단락과 단락을 자연스 럽게 연결하기

과제의 핵심 단어(유용성, 문제점, 해 결 방안)로 단락의 시작 문장을 만들면 매끄럽게 연결됩니다. 또한 기능에 맞 게 접속사를 사용하는 것도 좋은 방법이 될 수 있습니다.

우리가 복용하는 약부터 화장품까지 많은 제품의 개발 과정에서 동물실험이 시행된다. 그 결과 백신은 수억 명의 생명을 살려냈으며 보다 안전한 제품 개발이 가능해졌다. 동물실험이 없었다면 과연 우리가 오늘날 건강하게 살아갈 수 있었을까? 이처럼 의학 분야를 넘어 우리의 삶에서 동물실험의 유용성은 두 말할 것도 없을 정도다.

동물실험이 아무리 유용하다고 해도 동물실험의 잔혹성을 더 이상 모른 척할 수는 없다. 우리의 생명이 소중하듯 동물의 생명도 소중하기 때문이다. 단지 인간의 이익을 위해 동물을 희생시키는 것은 동물권 침해에 해당한다. 또한 동물실험의 결과를 언제나 완전하게 신뢰할 수는 없다. 인간과 동물은 신체 구조가 다르므로 동물실험에서 안전성이 확인된 내용이라고 해서 인간에게도 안전하다는 보장은 없다.

그렇다면 동물실험으로 인한 문제점은 어떻게 해결할 수 있을까? 먼저 불필요한 실험을 자제해야 한다. 이제는 꼭 필요한 실험만 해도 충분할 만큼 이미 많은 자료가 축적되어 있기 때문이다. 다음으로 실험 방법을 개선할 필요가 있다. 너무 큰 고통이 따르는 동물실험은 중단하고 동물을 사용하지 않는 대체법을 개발하도록 노력해야 한다. 동물실험이 의학 발전에 기여한다는 이유로 동물의 생명을 경시하는 태도는 근절되어야 한다.

동물실험의 의미는 사람을 대체하여 동물을 대
→ 대신하여

상으로 약을 먹이거나 제품을 사용해 본다. 동물
→ 사용해 보는 것이다.

실험은 여러 분야에서 진행되어 왔다. 특히 의학

분야에서 유용적으로 사용되었다. 동물에게 수술을 [100]
→ 유용하게 → 동물을 대상으로

하거나 약을 먹이 후 안전성을 확인해 본다. 실
→ 먹인 후

험 결과 안전하면 그 약을 사람에게 사용합니다.
→ 사용해도 되지만

하지만 안전하지 않으면 사용해서는 안 된다.
→ 하지만

그런데 좋은 점만 있는 것은 아니다. 문제점도 [200]
→ ① 단락 바뀜 → 첫 칸 비우기

있다. 아무리 동물이 괜찮았지만 사람은 문제가
→ 괜찮아도

일어날 수 있다. 동물실험을 보고 일어날 문제를

예상할 수 있는 것은 맞지만, 원래 동물과 사람

은 다르기 때문이다. 그리고 다른 문제가 또 있 [300]

다. 정당성의 문제이다. 사람에게 안전을 주기 위
→ 사람의 안전을 위해

해서 동물이 죽어도 됩니까? 그러면 안 됩니다.
→ ② 되는 것일까? → ② 안 된다.

사람의 안전은 당연히 중요하지만 동물도 생각해
→ 동물의 안전도

야 한다. 동물도 고통하며 생명이 매우 중요하다. [400]
→ 고통을 느끼며 동물의 생명도

동물과 사람의 생명이 똑같이 소중하다고 생각
→ ③ '이 문제를 해결하기 위해서' 추가

해야 한다. 사람만이 중요하지 않을뿐만 아니라
→ 사람의 생명 ∨뿐만 아니라

동물도 중요하다. 사람만 중요하다고 생각하면 잔
→ 동물의 생명도

인하게 동물실험을 계속할 수 있다. 동물도 중 [500]
→ 계속할 수 있다.

요하다고 생각하면 계속 할 수 없다. 동물실험이
→ 계속할 수 없다.

필요할 때는 해도 되지만 많이 생각해 보고 해

야 한다.

[600]

[700]

☑**Plus** 숨어 있는 1점 찾기!

① 단락을 바꾼 후 첫 문장을 시작할 때는 첫 칸을 비우고 둘째 칸부터 씁니다.

② 문장의 종결어미는 '-(으)ㄴ/는다'로 통일해야 합니다.

③ 과제와 관련된 말로 문단을 시작하면, 더 자연스러운 글을 쓸 수 있습니다. 주어진 지시문의 문장 구조나 표현을 살짝 바꾸어 쓰는 연습을 해 보세요.

④ 문장에서 중요한 뜻을 지닌 어휘는 생략하지 않고 쓰도록 합니다. 주어와 서술어가 어울리는지도 확인해 보아야 합니다. 중고급 단계의 쓰기에서는 어법과 어휘의 수준에 따라 점수가 달라질 수도 있기 때문에 더욱 주의해야 합니다.

⑤ 문제에서 요구한 글자 수(600~700자)보다 분량이 적습니다. 원고지에 바로 글을 쓰지 말고, 개요를 짜면서 각 단락을 몇 글자 정도로 쓸지 먼저 생각한 후 계획에 맞추어 글을 쓰는 것이 좋습니다.

⑥ 해결 방안은 구체적으로 제시해야 합니다. 상투적인 표현을 많이 쓰거나, 말을 늘어놓기만 할 뿐 구체적인 설명이 부족하면 좋은 점수를 받을 수 없습니다.

기출 Point 논설문에서 자주 사용하는 기능과 표현

기능	표현
입장 표명	나는 ~에 찬성/반대한다. 나는 ~에 찬성/반대하는 입장이다.
주장	-아/어야 한다. -아/어서는 안 된다. ~(이라)고/-ㄴ다고 생각한다.
근거	이는 -기 때문이다. 왜냐하면 -는 데에 원인이 있다. 그 이유로는 첫째 ~, 둘째 ~.
현상	최근 들어 -고 있다 ~에 따라 점점 -아/어지고 있다
정의	~(이)란 -는 것을 말한다. ~(이)라고 정의할 수 있다.
정리/마무리	앞으로 -아/어야 할 것이다. 지금까지 살펴본 것처럼 -(ㄴ/는)다는 점에서 ~은/는 ~이다.

※ 다음을 참고하여 600~700자로 글을 쓰시오. 단, 문제를 그대로 옮겨 쓰지 마시오. (각 문항 50점)

01

> 예전과 요즘의 성형에 대한 관점이 바뀌었다. 신체의 불편한 부분을 수술을 통해 고치는 것만이 성형 수술이었는데 최근에는 외모 콤플렉스를 이유로 수술하는 사람도 많아졌다. 아래 내용을 중심으로 '진정한 아름다움'에 대한 자신의 생각을 쓰라.

- 성형 수술에 대한 생각의 변화는 무엇인가?
- 성형 수술을 찬성하는 쪽과 반대하는 쪽의 의견은 무엇인가?
- 진정한 아름다움은 무엇이라고 생각하는가?

'2단계 단락별로 중심 내용 작성하기'를 통해 개요를 먼저 잡고 OMR 카드에 답을 쓰는 것이 좋습니다. 정해진 답란을 벗어나거나 답란을 바꿔서 쓸 경우 점수를 받을 수 없으니 주의하세요.

과제 1

과제 2

과제 3

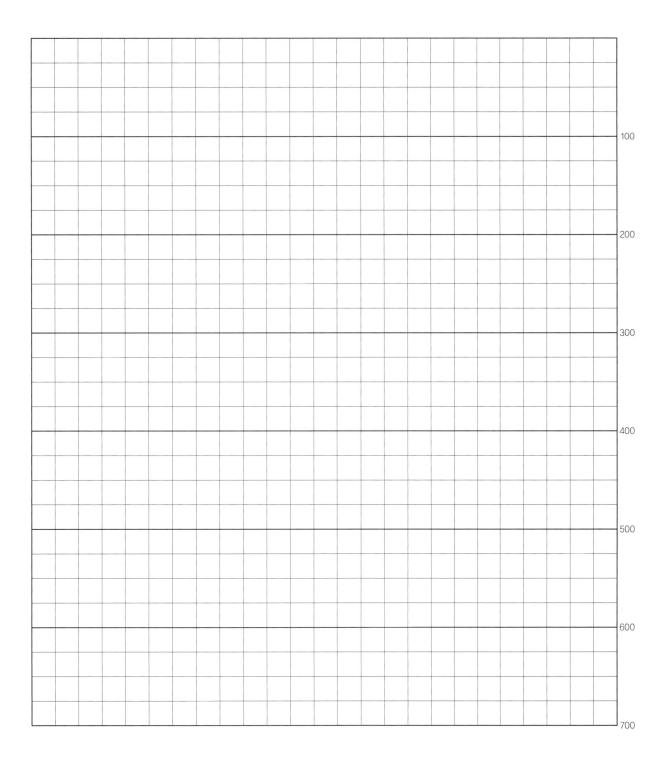

02

우리는 운동을 직접 배우거나 선수들의 시합을 보면서 즐긴다. 이기면 선수들과 함께 기뻐하고 지면 같이 슬퍼한다. 아래의 내용을 중심으로 '운동 경기를 통해 얻을 수 있는 가치 있는 것'에 대한 자신의 생각을 쓰라.

- 운동 경기의 목적은 무엇인가?
- 운동 경기의 목표는 무엇인가?
- 운동 경기를 통해 얻을 수 있는 가치 있는 것은 무엇인가?

'2단계 단락별로 중심 내용 작성하기'를 통해 개요를 먼저 잡고 OMR 카드에 답을 쓰는 것이 좋습니다. 정해진 답란을 벗어나거나 답란을 바꿔서 쓸 경우 점수를 받을 수 없으니 주의하세요.

과제 1

과제 2

과제 3

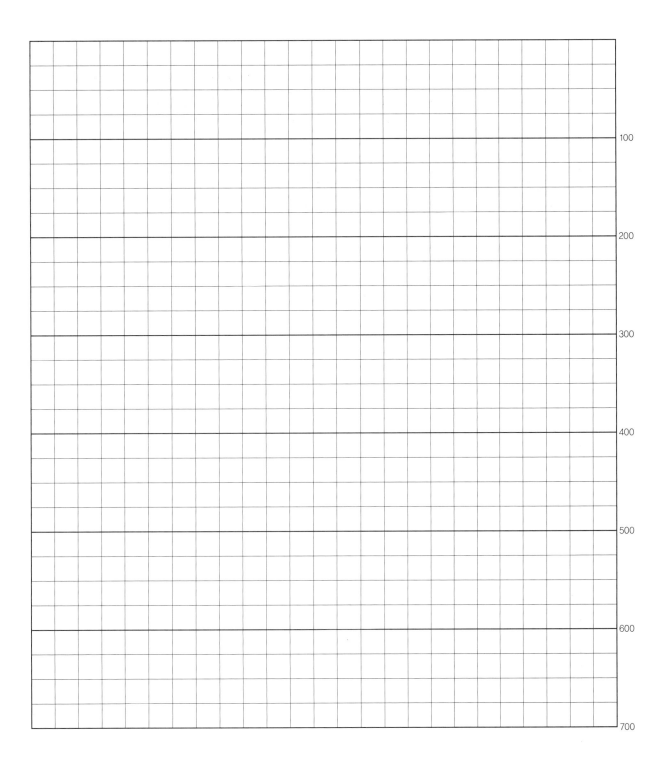

소셜네트워크 서비스를 이용하는 사람들이 많아지고 있다. 초기에는 친목 도모, 엔터테인먼트 용도로 활용되었으나 이후 비즈니스, 각종 정보 공유 등 생산적 용도로 활용 범위가 넓어졌다. 아래의 내용을 중심으로 '소셜네트워크 서비스'에 대한 자신의 생각을 쓰라.

- 소셜네트워크란 무엇인가?
- 소셜네트워크 서비스의 장점과 단점은 무엇인가?
- 소셜네트워크 서비스의 문제점 해결 방안은 무엇인가?

'2단계 단락별로 중심 내용 작성하기'를 통해 개요를 먼저 잡고 OMR 카드에 답을 쓰는 것이 좋습니다. 정해진 답란을 벗어나거나 답란을 바꿔서 쓸 경우 점수를 받을 수 없으니 주의하세요.

과제 1

과제 2

과제 3

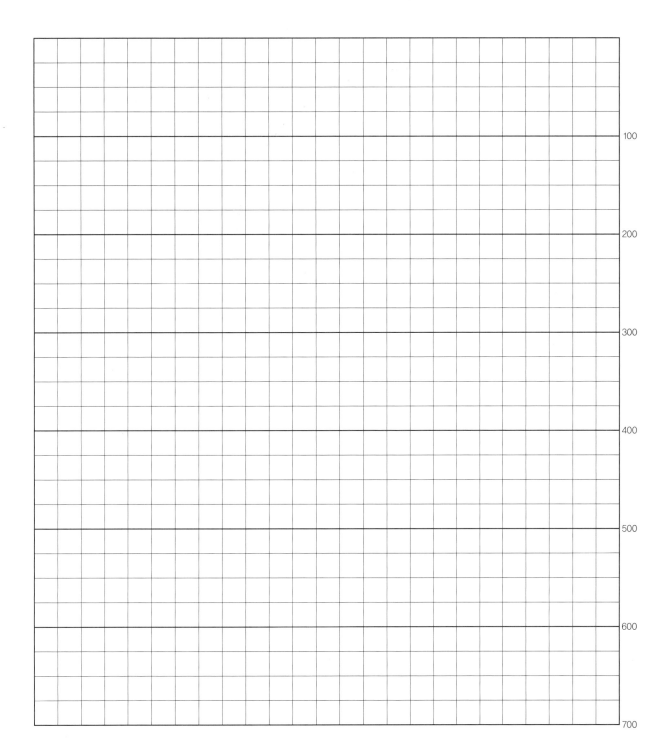

CHAPTER

03

읽기

전략 미리 보기

아무런 계획 없이 무작정 지문을 처음부터 끝까지 다 읽은 후에 문제를 풀지 말고, 문제의 유형에 맞추어 전략적으로 지문을 읽는 것이 좋습니다. 예를 들어, '중심 내용 고르기, 필자의 태도ㆍ의도ㆍ목적 고르기, 인물의 태도나 심정 고르기' 등의 유형은 글의 흐름을 파악하며 빠르게 훑어 읽으면 시간을 절약할 수 있습니다. '일치하는 내용 고르기, 알맞은 순서로 배열한 것 고르기' 등의 유형은 키워드를 중심으로 특정 정보를 찾으며 꼼꼼히 읽어야 실수를 줄일 수 있습니다. '빈칸에 알맞은 말 고르기' 같은 유형에서는 빈칸과 빈칸 앞뒤에 서로 비슷한 말, 반대되는 말 등이 있다면 흐름을 파악하는 데 도움을 받을 수 있습니다.

기출 유형 미리 보기

1 빈칸에 알맞은 말 고르기(문법)

2 의미가 비슷한 말 고르기

3 화제 고르기

4-1 안내문 또는 도표와 일치하는 내용 고르기

4-2 글과 일치하는 내용 고르기

5 알맞은 순서로 배열한 것 고르기

6 빈칸에 알맞은 말 고르기(맥락)

7-1 긴 글 읽고 주제 찾기

7-2 신문 기사 읽고 주제 설명하기

8 인물의 태도나 심정 고르기

9 문장이 들어갈 위치 고르기

10 필자의 태도 고르기

11 필자의 의도나 목적 고르기

합격의 공식 ▶ 시대에듀

혼자 공부하기 힘들다면?
www.youtube.com ➜ 시대에듀 구독 ➜ TOPIK 한국어능력시험 학습 특강
www.sdedu.co.kr ➜ 학습자료실 ➜ 무료특강 ➜ 자격증/면허증 ➜ 언어/어학

빈칸에 알맞은 말 고르기(문법)

대표 문제

( )에 들어갈 말로 가장 알맞은 것을 고르십시오.

숙제를 ( ) 늦게 잤어요.

---

① 하려면 ② 하도록

③ 하자마자 ④ 하느라고

문제 속 **표현**

—(으)려면: 어떤 행동을 할 의도나 의향이 있는 경우를 가정할 때 쓰는 표현.

—도록: 앞에 오는 말이 뒤에 오는 말에 대한 목적이나 결과, 방식, 정도임을 나타내는 표현.

—자마자: 앞의 말이 나타내는 사건이나 상황이 일어나고 곧바로 뒤의 말이 나타내는 사건이나 상황이 일어남을 나타내는 표현.

—느라고: 앞에 오는 말이 나타내는 행동이 뒤에 오는 말의 목적이나 원인이 됨을 나타내는 표현.

문제 속 **표현 확인**

★ 배운 내용을 생각하며 문제를 풀어 봅시다.

1. 만수는 오래 _____ 지쳤다. (기다리다) 📄 기다리느라

2. 길이 미끄러우니까 넘어지지 _____ 조심하세요. (않다) 📄 않도록

3. 나는 너무 피곤해서 침대에 _____ 잠이 들었다. (눕다) 📄 눕자마자

4. 운동 중에 다치지 _____ 준비 운동을 충분히 해. (않다) 📄 않으려면

- **유형**: 문장을 읽고 빈칸에 알맞은 문법이 적용된 표현을 찾는 유형

- **경향 분석**

  3급 1번, 2번

- 빈칸 문제는 빈칸의 앞뒤 내용을 파악하고 그에 어울리는 문법을 적용할 수 있어야 합니다.

- 문법을 단순하게 암기하는 것만으로는 문제를 풀기 어렵습니다. 평소 사용하는 말과 글이 앞뒤의 내용과 문법적으로도 잘 어울리는지 확인하는 습관을 가져야 합니다.

이런 문제   ★ 단계에 따라 전략적으로 문제를 풀어 봅시다.

☑ **Tip** 선택지에서 반복된 말을 찾아서 (   ) 안에 넣어 보면 문맥을 파악하기 쉽습니다.

(   )에 들어갈 말로 가장 알맞은 것을 고르십시오.

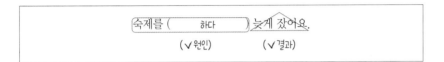

숙제를 (하다) 늦게 잤어요.
(✓원인)   (✓결과)

① 하려면 → 의도, 의향

② 하도록 → 목적

③ 하자마자 → 이어지는 행동

❹ 하느라고 → 원인, 이유

> **1단계** 선택지의 공통 어휘로 맥락 파악하기
>
> ①~④의 공통 어휘는 '하다'입니다. 문장의 흐름이 '원인(숙제를 하다)'과 '결과(늦게 자다)'로 이어져야 합니다.

> **2단계** 선택지의 문법 의미 파악하기
>
> ① 늦게 자려는 '의도'나 '의향'이 있어서 숙제를 한 것은 아닙니다.
> ② 늦게 잠을 자기 위한 '목적'으로 숙제를 한 것은 아닙니다.
> ③ 앞의 행동(숙제를 했다) 후에 '곧바로' 뒤의 행동(늦게 잤다)이 이어지는 내용이 아닙니다.
> ④ 앞의 행동이 뒤의 행동에 영향을 주는 것 즉, '원인'이 됩니다.

의미	문법 표현과 예문
가정/양보	-아/어도 **예** 좋은 책은 여러 번 읽어도 항상 새로운 감동을 준다. -(으)ㄹ지라도 **예** 죽음이 우리 사이를 갈라놓을지라도 이 마음은 변함없을 거예요. -더라도 **예** 부모들은 아이들 물건이라면 조금 비싸더라도 좋은 것을 사려고 한다.
계획/결심	-(으)려던 참이다 **예** 그 영화를 보려던 참이었는데 정전이 되었다. -(으)려고 하다 **예** 오늘부터는 일찍 일어나려고 했는데 또 늦잠을 잤다. -(으)ㄹ까 하다 **예** 어제 수지 씨랑 쇼핑하러 갈까 했는데 못 갔다. -기로 하다 **예** 한국어 공부를 위해 한국 노래만 듣기로 했어요.
나열	-고 **예** 비가 몹시 내리고 바람도 심하게 분다. -(으)며 **예** 선생님께서는 검소하시며 점잖으신 분이셨다.
대조/대립	-(으)나 **예** 어제 고등학교 동창을 만났으나 반갑지가 않았다. -지만 **예** 기숙사는 작지만 아주 깨끗해요. -(으)ㄴ/는데 **예** 읽기 시험은 100점을 받았는데 쓰기 시험은 60점을 받았어요. -아/어도 **예** 어제는 추웠어도 오늘은 날이 많이 풀렸다.
목적	-(으)러 **예** 어머니는 과일을 사러 잠깐 시장에 가셨다. -(으)려고 **예** 할머니는 책을 읽으려고 안경을 찾고 계신다. -도록 **예** 길이 미끄러우니까 넘어지지 않도록 조심해. -게 **예** 자신이 할 일은 스스로 하게 지켜보자.
방법/수단	-아/어서 **예** 우리는 다음 장소까지 걸어서 이동하기로 했다. -고 **예** 비행기를 타고 왔어요.
배경	-(으)ㄴ/는데 **예** 식사 시간이 되었는데 괜찮다면 같이 밥 먹을래? -(으)니 **예** 아침에 눈을 떠 보니 이미 한낮이더라고.
상태 전환	-다가 **예** 아침에는 춥다가 오후에는 날씨가 많이 풀렸어요.
선택	-거나 **예** 약을 먹거나 병원에 가세요. -든지 **예** 제주도를 가든지 아니면 해외로 여행을 가려고요.
순차 나열/ 짧은 시간	-(으)면서 **예** 나는 거리를 걸어 다니면서 이곳저곳 구경을 했다. -자 **예** 문을 열자 그 사람이 보였다. -자마자 **예** 학생들은 수업이 끝나자마자 편의점으로 달려갑니다.
원인/이유	-아/어서 **예** 날씨가 추워서 나는 어제 하루 종일 집에 있었다. -(으)니 **예** 오래 서 있으니 허리와 다리가 아프다. -(으)니까 **예** 너는 학생이니까 공부를 열심히 해야 한다. -(으)므로 **예** 지금은 공연 중이므로 입장하실 수 없습니다. -느라고 **예** 나는 수업 시간에 웃음을 참느라고 많이 힘들었다.
조건	-(으)면 **예** 시간이 나면 집에 들르거라. -(으)려면 **예** 약속을 지키려면 서둘러야겠다. -아/어야 **예** 스트레스가 적어야 건강하다.

※ 다음을 읽고 물음에 답하십시오. (각 2점)

01   예전에 그 책을 (   ).

    ① 읽어 온다   ② 읽어 간다

    ③ 읽는 것이 낫다   ④ 읽은 적이 있다

02   형을 만나러 (   ) 머리가 아파서 집으로 돌아왔다.

    ① 가든지   ② 가다가

    ③ 가듯이   ④ 가거나

03   학생들의 우산이 젖은 걸 보니 비가 (   ).

    ① 내릴 뻔했다   ② 내릴 듯하다

    ③ 내리게 된다   ④ 내리나 보다

04   에너지를 (   ) 환경을 지킬 수 있었다.

    ① 절약하도록   ② 절약하듯이

    ③ 절약했더니   ④ 절약한다면

05   요즘 자주 간식을 (   ) 살이 찐 것 같아요.

    ① 먹어도   ② 먹다 보면

    ③ 먹기만 하면   ④ 먹어서 그런지

의미가 비슷한 말 고르기

대표 문제

밑줄 친 부분과 의미가 가장 비슷한 것을 고르십시오.

> 주말에 비가 <u>온다고 해도</u> 등산을 할 거예요.

① 오더니   ② 올수록

③ 오더라도   ④ 오는 대신에

문제 속 **표현**

-더니: 과거의 사실이나 상황에 뒤이어 어떤 사실이나 상황이 일어남을 나타내는 표현.

-(으)ㄹ수록: 앞의 말이 나타내는 정도가 심해지면 뒤의 말이 나타내는 내용의 정도도 그에 따라 변함을 나타내는 표현.

-더라도: 앞에 오는 말을 가정하거나 인정하지만 뒤에 오는 말에는 관계가 없거나 영향을 끼치지 않음을 나타내는 표현.

-(으)ㄴ/는 대신에: 앞에 오는 말과 뒤에 오는 말이 나타내는 상태나 행동 등이 서로 다르거나 반대임을 나타내는 표현.

문제 속 **표현 확인**

★ 배운 내용을 생각하며 문제를 풀어 봅시다.

1. 그 사람은 보면 _____ 멋있는 것 같아요. (보다)   🔒 볼수록

2. 저는 일요일에 _____ 월요일에는 쉬어요. (일하다)   🔒 일하는 대신에

3. 무슨 일이 _____ 올해는 시험에 합격해야 합니다. (있다)   🔒 있더라도

4. 지수가 지난달부터 열심히 _____ 시험에 합격했다. (공부하다)   🔒 공부하더니

- **유형**: 밑줄 친 부분의 문법 표현과 의미가 비슷한 것을 찾는 유형

- **경향 분석**

  3급 3번: 비슷한 '연결 표현'을 찾는 문제

  3급 4번: 비슷한 '종결 표현'을 찾는 문제

- 문장 전체 내용을 이해할 필요는 없습니다. 먼저 밑줄 친 부분을 보고 의미가 비슷한 선택지를 고르면 됩니다. 밑줄 친 부분의 의미를 모를 때는 앞뒤 내용을 살펴 의미를 유추할 수 있습니다.

- 비슷한 의미를 가진 문법 표현들을 모아서 평소에 많이 익혀 두면 도움이 됩니다.

이런 문제   ★ 단계에 따라 전략적으로 문제를 풀어 봅시다.

밑줄 친 부분과 의미가 가장 비슷한 것을 고르십시오.

> 주말에 비가 온다고 해도 등산을 할 거예요.
> (✓앞말)   (✓뒷말)

① 비가 오더니

② 비가 올수록

❸ 비가 오더라도

④ 비가 오는 대신에

1단계 맥락을 통해 밑줄 친 부분의 문법 파악하기

앞말(비가 온다)과 뒷말(등산을 하다)이 서로 관계가 없습니다.
→ '-(으)ㄴ/는다고 해도'는 앞말이 뒷말에 영향을 끼치지 않을 때 사용하는 표현입니다.

2단계 선택지의 문법 의미 파악하기

① 비가 온 뒤 나타난 '결과'가 밑줄 뒤로 이어져야 합니다.

② 비 오는 정도가 심해짐에 따라 나타날 '변화'가 밑줄 뒤로 이어져야 합니다.

③ 비가 온 것과 '관계가 없거나' 비가 온 것이 '영향을 끼치지 않는 상황'이 밑줄 뒤로 이어져야 합니다.

④ 비가 온 것과 '반대'되는 표현이나 비가 온 것을 '대신'할 수 있는 말이 밑줄 뒤로 이어져야 합니다.

의미	문법 표현과 예문
계획	−(으)려던 참이다 **예** 그렇지 않아도 막 일어나려던 참이었다. −(으)려고 하다 **예** 한국에 유학 가서 한국어를 제대로 배우려고 한다. −(으)ㄹ까 하다 **예** 먹을까 하다가 그만두다. −기로 하다 **예** 오랜 시간 고민한 결과, 졸업 후 미국에 가기로 했다.
대조	−는 반면(에) **예** 승규는 수학을 잘하는 반면에 외국어는 못하는 편이다. −(으)면서도 **예** 삼촌은 가진 것은 없으면서도 계획하고 있는 사업은 여럿이다. −건만 **예** 어머니가 그렇게 말렸건만 동생은 기어코 회사를 그만두고 말았다.
목적 /의도	−도록 **예** 자료를 준비할 수 있도록 일찍 가겠습니다. −(으)ㄹ 겸 **예** 한국어 공부도 할 겸 한국 드라마를 열심히 보고 있다. −기 위해(서) **예** 나는 싼 가격에 더 좋은 물건을 사기 위해 하루 종일 돌아다녔다. −고자 **예** 사람들은 누구나 맛있고 몸에 좋은 음식을 먹고자 한다.
상태 /지속	−아/어 놓다 **예** 창문을 열어 놓았더니 시원한 바람이 방 안으로 들어왔다. −(으)ㄴ 채(로) **예** 갑자기 비가 와서 비에 젖은 채로 집에 돌아왔다. −아/어 가다(↔오다) **예** 벌써 아침이 되었는지 창밖이 밝아 오고 있었다. −아/어 두다 **예** 지수는 자신의 일기장을 아무도 모르는 곳에 숨겨 두었다. −아/어 있다 **예** 어제 새로 산 옷에는 아직 가격표가 붙어 있었다.
선택 /비교	−느니 **예** 아무것도 안 하고 시간을 보내느니 뭐라도 할 일을 찾자. −든지 **예** 졸리면 들어가서 자든지 세수를 하든지 해. −거나 **예** 사춘기인 딸은 작은 일에도 곧잘 기뻐하거나 슬퍼한다. −(으)ㄴ/는 대신(에) **예** 나는 밥을 조금 먹는 대신 중간에 간식을 자주 먹는 편이다. −(으)ㄹ 게 아니라 **예** 여기서 이러고 있을 게 아니라 어서 가자.
순서	−고 나서 **예** 대학을 졸업하고 나서 무엇을 할지 고민이다. −기(가) 무섭게 **예** 지수는 선생님의 질문이 끝나기가 무섭게 대답을 했다. −다가 **예** 공부를 하다가 잠이 들었다. −더니 **예** 하늘이 흐려지더니 비가 온다. −았/었다가 **예** 보통 빨래를 모았다가 주말마다 한꺼번에 빤다. −았/었더니 **예** 집에 왔더니 소포가 하나 와 있었다. −자마자 **예** 너무 피곤해서 침대에 눕자마자 잠이 들었다.
이유	−기에 **예** 오늘은 바람이 심하기에 창문을 꼭 닫아 두었다. −길래 **예** 아침부터 날씨가 흐리길래 우산을 챙겨 나왔다. −느라고 **예** 나는 팀원들의 각기 다른 생각을 조율하느라고 고생했다. −(으)ㄴ/는 탓에 **예** 간식을 많이 먹는 탓에 살이 계속 찐다. −(으)ㄴ/는 바람에 **예** 생각보다 일이 꼬이는 바람에 실패하고 말았어요. −기 때문에 **예** 나는 공부를 열심히 했기 때문에 자신 있게 시험장에 들어갔다. −(으)ㄴ/는 덕분에 **예** 매일 한 시간씩 연습하는 덕분에 피아노 연주 실력이 향상되고 있다.

조건	-기만 하면 **예** 아이들이 건강하게 자라기만 하면 그만이고 공부는 못해도 상관없다. -다 보면 **예** 고민하지 말고 꾸준히 노력하다 보면 언젠가 꿈을 이룰 수 있을 거야. -았/었더라면 **예** 하루만 시간이 더 있었더라면 마무리를 잘했을 텐데 아쉽다. -거든 **예** 문제가 생기거든 바로 연락해. -ㄴ/는/다면 **예** 만약 동물의 마음을 읽는다면 재미있는 일이 생길 것 같다. -다가는 **예** 이렇게 가다가는 환경오염으로 지구가 망할 거야. -는 한 **예** 가족들이 함께 있는 한 아무리 큰 어려움도 극복할 수 있다.
추측	-나 보다 **예** 열이 나고 추운 걸 보니 감기에 걸렸나 보다. -(으)ㄴ/는 것 같다 **예** 지하에 사람 소리가 들리는 걸 보니 누군가 있는 것 같아요. -(으)ㄴ/는 모양이다 **예** 식당에 사람이 많은 걸 보니 음식이 맛있는 모양이다. -(으)ㄴ/는 듯하다 **예** 지수의 표정이 어두운 걸 보니 안 좋은 일이 있는 듯하다. -(으)ㄹ 테니(까) **예** 지수는 지금쯤 집에 도착했을 테니까 전화해 보세요. -(으)ㄹ까 봐 **예** 약속 시간에 늦을까 봐 서둘러 집에서 나왔다. -(으)ㄹ 텐데 **예** 오시느라 힘드셨을 텐데 여기 좀 앉아서 쉬세요.

※ 밑줄 친 부분과 의미가 가장 비슷한 것을 고르십시오. (각 2점)

01 어제 먹은 음식이 오늘 다시 <u>생각날 만큼</u> 맛있었다.

① 생각나서   ② 생각나는 대로

③ 생각날 정도로   ④ 생각났기 때문에

02 갑자기 손님이 <u>오는 바람에</u> 점심도 못 먹고 일했다.

① 온 탓에   ② 온 김에

③ 온 사이에   ④ 오는 길에

03 어떤 일이든 계속 연습을 하면 <u>쉬워지기 마련이다</u>.

① 쉬워지곤 한다   ② 쉬워지도록 한다

③ 쉬워지는 법이다   ④ 쉬울지도 모른다

04 사람들이 우산을 들고 있는 걸 보니 밖에 비가 <u>오나 보다</u>.

① 오는 셈이다   ② 오는 듯하다

③ 오기도 하다   ④ 오도록 하다

05 요즘 시간이 많지만, 그 사람과 만나고 싶지 않아서 <u>바쁜 척했다</u>.

① 바쁜 듯했다   ② 바쁜 편이다

③ 바쁜 셈이다   ④ 바쁜 체했다

대표 문제

다음은 무엇에 대한 글인지 고르십시오.

바닥부터 천장까지 깨끗하게!
강력한 흡입력과 무선의 편리함을 경험해 보세요.

① 에어컨   ② 청소기

③ 세탁기   ④ 가습기

문제 속 표현

바닥: 어떤 공간에서 아래쪽의 평평하고 넓은 부분.

천장: 건축물의 내부 공간의 위쪽 면.

강력(하다): 힘이나 영향이 강하다.

무선: 전선을 연결하지 않고 전파를 통해 통신이나 방송을 보내거나 받음.

편리(하다): 이용하기 쉽고 편하다.

경험(하다): 자신이 실제로 해 보거나 겪어 보다.

–아/어 보다: 앞의 말이 나타내는 행동을 시험 삼아 함을 나타내는 표현.

문제 속 표현 확인

★ 배운 내용을 생각하며 문제를 풀어 봅시다.

1. 우리 집 _____에는 화려한 전등이 달려 있다.   🔲 천장

2. 사람은 다양한 사건을 _____ 성장한다.   🔲 경험하며

3. 오늘 학교에서 큰 행사가 있으니 한번 _____. (오다)   🔲 와 보세요

4. 어머니는 그릇을 모두 _____에 꺼내 놓고 정리하셨다.   🔲 바닥

5. 이 가방은 가벼워서 여행할 때 가지고 다니기에 _____.   🔲 편리하다

6. 선이 없는 _____ 기기들이 많이 개발되어 생활이 편리해졌다.   🔲 무선

7. 주민들의 _____ 반대로 마을에 공장이 들어서지 못했다.   🔲 강력한

● **유형:** 광고나 안내문을 읽고 화제를 파악하는 유형

● **경향 분석**

　3급　5번, 6번, 7번, 8번(광고)

● 주로 제품 설명, 장소 안내, 공익 광고 등과 관련된 어휘를 찾는 문제가 출제됩니다. 핵심 표현을 찾는 것이 중요합니다. 다른 글씨보다 굵거나 크게 쓴 부분이 핵심 표현이 될 확률이 높습니다.

● 제시된 문장의 핵심 표현들이 선택지의 어떤 어휘에 어울리는지 파악할 수 있어야 합니다. 문제를 빨리 풀기 위해, 선택지를 먼저 보는 것도 도움이 됩니다.

이런 문제　　　　　　　　　　　　　　　★ 단계에 따라 전략적으로 문제를 풀어 봅시다.

다음은 무엇에 대한 글인지 고르십시오.

(✔핵심 표현 '깨끗' → ②, ③)   # 바닥부터 천장까지 깨끗하게!   ### 강력한 흡입력과 무선의 편리함을 경험해 보세요.   (✔핵심 표현 '흡입' → ②)

① 에어컨

❷ 청소기

③ 세탁기

④ 가습기

> **1단계** 핵심 표현 찾기
>
> 강조하기 위해 굵거나 크게 쓴 부분을 위주로 확인합니다.

> **2단계** 선택지에서 어울리는 어휘 찾기
>
> '깨끗함'과 관련 있는 어휘는 '청소기'와 '세탁기'입니다. 이 중 '흡입력'을 가지고 바닥과 천장을 깨끗하게 하는 것은 ② 청소기입니다.

실제 시험에 나온 화제별 핵심 표현입니다. 선택지에 나온 단어 중 모르는 말이 있다면, 사전을 찾아보고 핵심 표현을 함께 정리해 두는 것이 좋습니다.

주제		화제별 핵심 표현	함께 나온 선택지
제품	식품	**주스**: 비타민, 야채, 한 병	콜라, 커피, 우유
		우유: 영양소, 신선하다, 마시다	과자, 안경, 신발
	일상 용품	**신문**: 세상(을) 읽다/보다, 눈	사전, 시계, 연필
		침대: 눕다, 잠, 편안하다	수건, 시계, 신발
	전자 제품	**에어컨**: 더위, 바람, 시원하다	냉장고, 청소기, 세탁기
		선풍기: 바람, 시원하다	전화기, 청소기, 세탁기
		냉장고: 신선도, 온도, 조절	컴퓨터, 선풍기, 세탁기
장소		**병원**: 아프다, 상담, 수술, 진료	학원, 박물관, 대사관
		마트: 용품, 세일, 배달 가능	학원, 사진관, 세탁소
		식당: 재료, 가격, 모임 · 단체 환영	은행, 세탁소, 편의점(24시간 영업)
		은행: 지갑, (돈을) 모으다, 안정된 내일, 행복한 미래, 입금(↔ 출금),	병원, 가게, 학원, 체육관, 여행사(떠나다)
		빨래방: 이불, 깨끗하다, 세탁, 건조	우체국(택배, 소포), 편의점, 여행사
		안경점: 글씨, 흐리다	치과, 서점, 미술관
공익 광고		**교통 안전**: 지켜 주다, 천천히 가다	환경 보호, 예절 교육, 전기 절약(에너지, 아끼다)
		화재 예방: 불씨, 꺼지다	날씨 정보, 건강 관리, 전기 절약
		화재 예방: 담배, 라이터, 실천	교통 안전, 건강 관리, 전기 절약
		환경 보호: 숲, 바람, 동물, 쓰레기, 건강한 산	화재 예방, 건강 관리, 이웃 사랑, 공원 소개, 날씨 정보, 여행 계획
		자연 보호: 숲, 강, 지키다	자리 양보, 안전 관리, 시간 절약
		전화 예절: 목소리, 공공장소, 소음	식사 예절, 건강 관리, 안전 관리
안내		**주의 사항**: 금지, 피하십시오, −(으)면 안 됩니다, −지 마십시오	상품 안내, 사용 순서(우선 → 다음으로 → 마지막으로), 장소 문의
		이용 방법: 사용 가능, 환불, 쿠폰	교환 안내, 판매 장소, 제품 설명
		문의 방법: 궁금하다, 게시판, (글을) 남기다, 상담(원), 통화, 답변	상품 안내, 모집 안내, 사용 방법
		이용 안내: 자료실, 문을 열다/닫다, 책(을 빌리다)	구입 문의, 사용 순서, 교환 방법
		접수 방법: 기한, 서류, 원서, 파일, 이메일	구입 안내, 등록 문의, 주의 사항
		사원 모집: 함께 성장하다, 기다리다	여행 소개, 제품 설명, 판매 안내
		배달 안내: 구매, 가져다 드리다, 주문, 마트	사용 설명, 이용 순서, 교환 방법

※ 다음은 무엇에 대한 글인지 고르십시오. (각 2점)

01

노약자에게 자리를 양보하세요.
지하철 안에서는 큰 소리로 이야기하지 마세요.

① 생활 예절   ② 공연 관람
③ 환경 보호   ④ 상품 광고

02

잠시 멈춤이 필요한 지금!
지금 바로 떠나세요. 머뭇거리지 마세요.
영화 같은 시간이 당신을 기다리고 있습니다.

① 영화관   ② 여행사
③ 박물관   ④ 백화점

03

예술 작가와 작품을 한 곳에서!
공개되지 않은 100점을 포함한 국내 최대 규모!

① 뮤지컬   ② 콘서트
③ 전시회   ④ 영화제

04

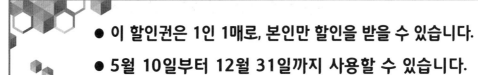

● 이 할인권은 1인 1매로, 본인만 할인을 받을 수 있습니다.

● 5월 10일부터 12월 31일까지 사용할 수 있습니다.

① 이용 방법

② 교환 안내

③ 배송 방법

④ 반품 설명

05

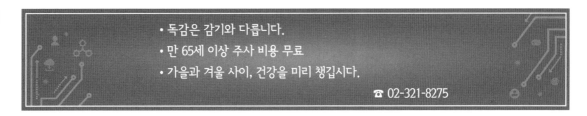

• 독감은 감기와 다릅니다.

• 만 65세 이상 주사 비용 무료

• 가을과 겨울 사이, 건강을 미리 챙깁시다.

☎ 02-321-8275

① 근무 시간

② 감기 증상

③ 예방 접종

④ 병원 예절

일치하는 내용 고르기:
안내문 또는 도표와 일치하는 내용 고르기

대표 문제

다음 글 또는 그래프의 내용과 같은 것을 고르십시오.

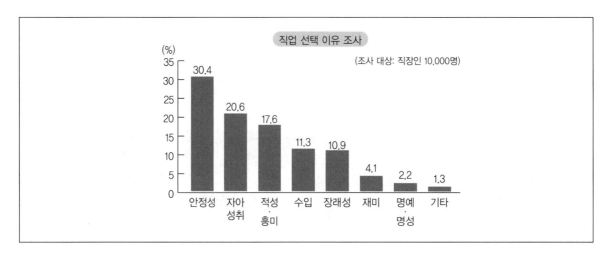

① 자아성취와 안정성은 똑같이 중요하다. 　② 적성과 흥미보다는 수입이 더 중요하다.

③ 안정성이 자아성취나 장래성보다 중요하다. 　④ 수입보다 명예나 명성이 직업선택에 중요하다.

문제 속 **표현**

자아: 자기 자신에 대한 인식이나 생각.

성취: 목적한 것을 이룸.

안정: 변하거나 흔들리지 않고 일정한 상태를 유지함.

적성: 어떤 일에 알맞은 사람의 성격이나 능력.

~보다: 서로 차이가 있는 것을 비교할 때, 비교의 대상이 되는 것을 나타내는 표현.

~(이)나: 둘 이상의 사물을 같은 자격으로 이어 주거나 그중에 하나만이 선택됨을 나타내는 표현.

명예: 세상으로부터 훌륭하다고 평가되고 인정되는 이름.

문제 속 **표현 확인**

★ 배운 내용을 생각하며 문제를 풀어 봅시다.

1. 승규는 일에 대한 ＿＿＿＿＿＿＿ 욕구가 매우 강하다.　　　　　🈁 성취

2. 날씨가 더우니 산＿＿＿＿＿＿ 바다로 여행을 가고 싶다.　　　🈁 이나

3. 사회의 ＿＿＿＿＿＿＿을/를 유지하기 위해서 법이 필요하다.　　🈁 안정을

4. 지수가 너＿＿＿＿＿＿ 두 살이 많으니까 언니라고 불러라.　　🈁 보다

5. 김 작가는 문학상을 받으며 문인으로서의 ＿＿＿＿＿＿＿을/를 회복했다.　🈁 명예를

6. ＿＿＿＿＿＿＿이/가 강한 민준이는 다른 사람들의 의견을 잘 받아들이지 않았다.　🈁 자아가

7. 어려서부터 글쓰기를 좋아했던 그는 ＿＿＿＿＿＿＿을/를 살려 작가가 되기로 결심했다.　🈁 적성을

● **유형**: 안내문 또는 도표를 보고 선택지에서 같은 내용을 찾는 유형

● **경향 분석**

  3급 9번(안내문): 세부 내용(대상, 기간, 방법, 금액, 특이 사항 등)에 주목해야 합니다.

  3급 10번(도표): 설문조사 결과 내용(순위 간 비교, 조사 시간에 따른 변화 등)에 주목해야 합니다.

● 제목을 보고 전체적인 내용을 파악한 후, 선택지의 세부 내용과 비교해 보는 것이 좋습니다.

이런 문제 ★ 단계에 따라 전략적으로 문제를 풀어 봅시다.

다음 글 또는 그래프의 내용과 같은 것을 고르십시오.

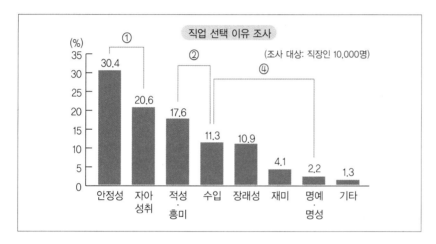

1단계 제목을 보고 전체 내용 파악하기

직장인들이 직업을 선택할 때 무엇을 중요하게 여기는지 조사한 것입니다.

2단계 선택지의 세부 내용 확인하기

① '자아성취(20.6%)'는 '안정성(30.4%)'보다 덜 중요합니다.

② '적성과 흥미(17.6%)'가 '수입(11.3%)'보다 중요합니다.

③ '안정성(30.4%)'은 '자아성취(20.6%)'나 '장래성(10.9%)'보다 중요합니다.

④ '수입(11.3%)'이 '명예와 명성(2.2%)'보다 중요합니다.

① 자아성취와 안정성은 똑같이 중요하다.

② 적성과 흥미보다는 수입이 더 중요하다.

❸ 안정성이 자아성취나 장래성보다 중요하다.

④ 수입보다 명예나 명성이 직업선택에 중요하다.

실제 시험에 나온 주제와 세부 내용입니다. 선택지 내용 중 모르는 말이 있다면, 사전을 찾아보고 뜻을 익혀 두는 것이 좋습니다.

제시문	주제	선택지 내용
안내문	걷기 대회 안내	일시, 참가 대상, 출발 장소, 도착 장소, 참가비
	캠핑장 이용 안내	요금, 기간, 예약 방법, 주차장 이용 방법
	도서 신청 안내	책 종류, 신청 기간, 신청 방법, 수령 방법
	음식 문화 축제 안내	기간, 참여 방법, 행사 내용, 장소
	청소년 과학 동아리 지원 사업 안내	사업 기간, 신청 대상, 지원 금액, 특이 사항
도표	고등학생의 희망 직업	순위, 교사, 회사, 공무원, 간호사, 건축가, 공무원, 개인 사업, 군인
	노후에 가장 하고 싶은 일	경제 활동, 종교 활동, 봉사 활동, 취미 활동
	직업 선택의 기준	개인의 발전, 월급, 적성, 직업의 안정성, 근무 조건, 기타
	세대별 매체 이용 현황	20대, 40대, 60대의 TV와 신문 이용 비교
	면세점에서 많이 팔리는 상품	2013년, 2014년의 화장품, 의류, 식료품, 가방류 판매율 비교

※ 다음 글 또는 그래프의 내용과 같은 것을 고르십시오. (각 2점)

01

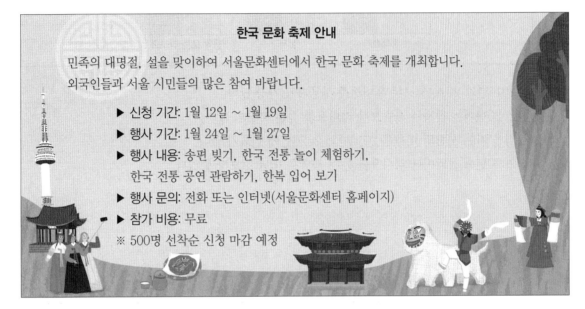

① 이 축제는 인터넷으로 알아볼 수 있다.
② 이 축제는 인원 제한 없이 신청할 수 있다.
③ 이 축제는 1월 12일부터 1월 19일까지 열린다.
④ 이 축제는 서울에 사는 외국인들만 참가할 수 있다.

02

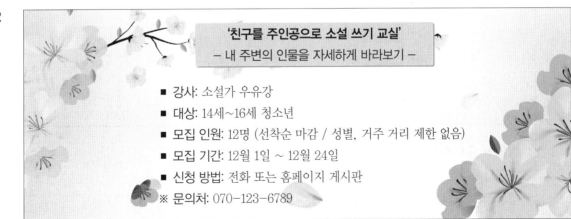

① 이메일 접수는 받지 않는다.
② 친구는 유명한 소설가가 되었다.
③ 대학생도 이 수업에 신청하여 참가할 수 있다.
④ 나이가 어릴수록 참가 대상으로 선정될 확률이 높다.

03

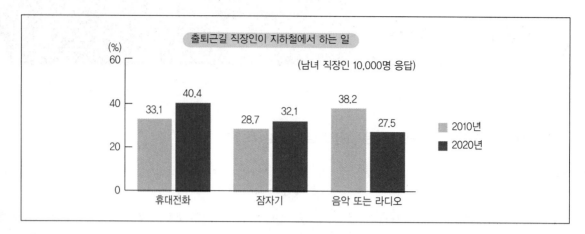

① 2010년과 2020년 모두 휴대전화 사용자가 가장 많다.

② 2020년에는 잠자는 사람보다 라디오를 듣는 사람이 많다.

③ 잠을 자는 사람의 비율은 2010년과 2020년에 변화가 없다.

④ 2020년에 음악이나 라디오를 듣는 사람은 10년 전보다 줄었다.

04

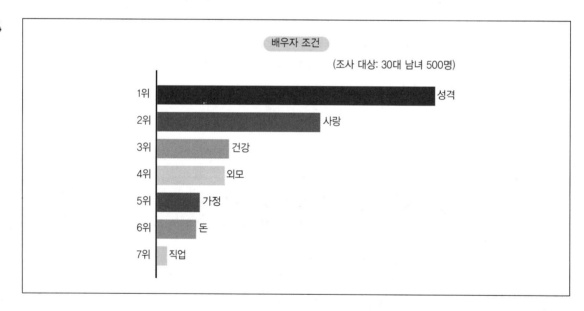

① 직업이 중요하다고 응답한 사람이 가장 많다.

② 아름답거나 잘생긴 사람과 결혼하겠다는 생각이 1위이다.

③ 결혼할 사람의 건강이 중요하다는 의견은 5위 안에 든다.

④ 경제적인 능력이 사랑보다 중요하다고 생각하는 사람이 더 많다.

일치하는 내용 고르기:
글과 일치하는 내용 고르기

대표 문제

다음을 읽고 글의 내용과 같은 것을 고르십시오.

> 국제학술지《네이처》가 발표한 '올해를 빛낸 과학계 인물' 10인 중 가장 눈에 띄는 인물은 '그레타 툰베리'이다. 스웨덴의 10대 환경운동가인 툰베리는 지구온난화의 심각성을 알리고 기후변화 대책 마련을 촉구하는 시위를 벌여 왔다. 또한, 그녀는 UN 본부에서 현대 사회는 기후변화 대응에 실패했다고 연설했다.《네이처》는 툰베리가 다른 선정자들과 달리 과학적 배경이 없는 인물이지만 기후변화의 심각성을 일깨웠다는 점에서 '올해를 빛낸 과학계 인물'로 선정되었다고 밝혔다.

① 그레타 툰베리는 기후변화 대책을 마련했다.
② 과학적 배경은《네이처》인물 선정에 필수 조건이다.
③ 그레타 툰베리는 기후변화 문제를 해결해야 한다며 투쟁했다.
④《네이처》가 발표한 '올해를 빛낸 과학계 인물'은 그레타 툰베리 한 사람이다.

🔍 문제 속 **표현**

학술지: 학문, 기술, 예술 분야에 관한 전문적인 글을 싣는 잡지.

운동가: 사회적 또는 정치적인 목적을 이루기 위해 활동하는 사람.

지구온난화: 지구의 기온이 높아지는 현상.

대책: 어려운 상황을 이겨낼 수 있는 계획.

촉구(하다): 어떤 일을 급하게 빨리하도록 청하다.

대응(하다): 어떤 일이나 상황에 알맞게 행동을 하다.

~와/과 달리: ~와/과 같지 않게.

🔍 문제 속 **표현 확인**

★ 배운 내용을 생각하며 문제를 풀어 봅시다.

1. 복지 문제에 대한 장기적인 ＿＿＿＿＿＿＿ 이/가 필요하다.　　　📑 대책이

2. 지난 시험과 ＿＿＿＿＿＿ 이번 시험은 잘 봐서 기분이 좋다.　　　📑 달리

3. 지수는 여성의 인권을 위해 활동하는 여성 ＿＿＿＿＿＿이다.　　　📑 운동가

4. 전 세계 곳곳에서 ＿＿＿＿＿＿ 로/으로 이상 기후가 나타나고 있다.　　　📑 지구온난화로

5. 회사 예산이 부족해지자 사장님께서 예산 내역 검토를 ＿＿＿＿＿＿.　　　📑 촉구하셨다

6. 소방대원들이 화재에 신속히 ＿＿＿＿＿＿ 불이 번지지 않았다.　　　📑 대응해서

7. 김 교수는 유명한 ＿＿＿＿＿＿ 에 논문을 실어 학자들의 큰 관심을 받았다.　　　📑 학술지

- **유형**: 제시된 글을 읽고 선택지에서 일치하는 내용을 찾는 유형
- **경향 분석**
  - **3급** 11번, 12번(기사문)
  - **5급** 32번, 33번, 34번
  - **4급** 21-22번, 23-24번(수필)에서 각 1문제
  - **6급** 42-43번(소설), 46-47번(논설문), 48-49-50번(논설문)에서 각 1문제
- 한 개의 지문을 읽고, 두 문제를 풀어야 하는 '묶음형 문제'가 출제됩니다. 각 문제의 유형을 확인하여, 알아내야 하는 것이 무엇인지 생각하고 지문과 선택지에 표시하며 읽는 것이 좋습니다.
- 글의 주제는 개인적인 내용부터 사회적인 이슈까지 다양하게 나옵니다.
- 중요하다고 생각하는 부분을 표시하며 읽으면, 필요한 정보를 찾기 위해 글을 여러 번 읽지 않아도 됩니다.

이런 문제   ★ 단계에 따라 전략적으로 문제를 풀어 봅시다.

☑ **Tip** 시간을 절약하기 위해 선택지부터 읽는 것도 좋은 방법입니다. 선택지의 키워드를 기억해 두고 글을 읽으면 글을 읽는 동시에 선택지의 옳고 그름을 판단할 수 있기 때문입니다.

다음을 읽고 글의 내용과 같은 것을 고르십시오.

> 국제학술지 《네이처》가 발표한 '올해를 빛낸 과학계 인물' 10인 중 가장 눈에 띄는
> 인물은 그레타 툰베리이다.   (✓열 사람 → ④ 탈락!)
> 스웨덴의 10대 환경운동가인 툰베리는 지구온난화의 심각성을 알리고
> 기후변화 대책 마련을 촉구하는 시위를 벌여 왔다. (✓대책 마련 '촉구' → ① 탈락!)
> 또한, 그녀는 UN 본부에서 현대 사회는 기후변화 대응에 실패했다고 연설했다.
> 《네이처》는 툰베리가 다른 선정자들과 달리 과학적 배경이 없는 인물이지만
>   (✓조건 없이 → ② 탈락!)
> 기후변화의 심각성을 일깨웠다는 점에서 '올해를 빛낸 과학계 인물'로 선정되었다고
> 밝혔다.

① 그레타 툰베리는 기후변화 대책을 마련했다. →마련×, 촉구○
② 과학적 배경은 《네이처》 인물 선정에 필수 조건이다. →필수×
❸ 그레타 툰베리는 기후변화 문제를 해결해야 한다며 투쟁했다.
④ 《네이처》가 발표한 올해의 인물은 그레타 툰베리 한 사람이다. →한 사람×, 10인

1단계 선택지의 키워드 중심으로 글 이해하기

중심 소재에 표시하며 관련된 내용을 머릿속에 정리합니다.
→ '그레타 툰베리'가 '기후변화'와 관련해 무슨 일을 했는지 표시하며 읽습니다.

2단계 선택지의 세부 내용 확인하기

①·③ 그레타 툰베리는 기후변화 대책 마련을 촉구하고, 문제 해결을 위해 투쟁했습니다.
② 그레타 툰베리는 과학적 배경 같은 조건 없이 선정되었습니다.
④ 《네이처》가 발표한 '올해의 과학계 인물'은 10인입니다.

※ 다음을 읽고 글의 내용과 같은 것을 고르십시오. (각 2점)

01

일부 어머니들은 아이들에게 위인전을 읽게 하지 않는다고 한다. 아이가 태몽을 물어봤을 때, 솔직하게 대답을 하면 실망을 많이 한다는 이유에서이다. 옛날 위인들은 태몽과 함께 비범한 탄생을 하는데 현실은 그렇지 않다. 현실에 거창한 태몽은 있지 않을뿐더러 불가능한 역경과 고통을 이겨내는 일 또한 비현실적이라 볼 수 있다. 위인전은 객관적인 사실에 바탕을 두고 현실에서 극복하기에는 조금 어려운 일을 해결한 후에 성장하는 방향으로 쓰여야 아이들에게 진정한 꿈과 희망을 줄 수 있을 것이다.

① 객관적인 이야기만을 쓰는 것이 위인전이다.
② 위인들의 태몽과 탄생 이야기는 믿을 수 있는 것들이 많다.
③ 위인전의 내용은 다소 현실적이지 못한 것들이 포함되어 있다.
④ 대부분의 어머니는 위인전이 아이들에게 유해하다고 생각한다.

02

벌이나 벌레에 쏘이면 대부분 물린 부위 주변이 붓기 시작하면서 통증이 나타난다. 이외에 피부가 창백해지고 식은땀이 나거나 호흡 곤란이 일어나기도 한다. 혹시라도 벌이나 벌레에 독이 있을 경우를 대비하여 독이 전신에 퍼지는 것을 막으려면 빨리 지혈대를 감아야 한다. 혹시 침이 보인다면 손으로 직접 제거하지 말고 학생증 카드와 같은 단단하고 얇은 물건을 이용해 피부를 쓸어내듯이 침을 제거해야 한다.

① 벌에 쏘이면 주위에 침을 바르고 기다린다.
② 벌이나 벌레에 쏘이면 빨리 피를 빼야 한다.
③ 벌에 쏘이면 빨리 손으로 침을 빼내야 한다.
④ 벌이나 벌레에 물리면 응급처치를 해야 한다.

03

　　우리나라의 복권 기원은 조선 후기 유행한 '산통계'에서 찾을 수 있다. 이름이나 숫자 등을 적은 알을 통에 넣어 흔든 후에 빠져나온 알에 따라 당첨을 결정하는 방식으로 지금과는 상이하다. 1947년에는 올림픽 참가 경비를 마련하기 위해 '올림픽 후원권'이라는 이름의 복권을 판매했다. 이후 1969년부터는 '주택복권'이라는 이름의 복권을 정기적으로 발행하였는데 이 복권으로 '내 집 마련'의 꿈을 이룬 사람들이 있다.

① 복권은 조선 시대 전에도 있었다.
② 복권 추첨 방식은 예전과 지금이 같다.
③ 올림픽을 개최하기 위해 복권을 만든 적이 있다.
④ 1940년 이후 목적에 따라 발행된 복권이 등장했다.

04

　　'일찍 일어나는 새가 벌레를 잡는다.'라는 속담처럼 사람들은 부지런함을 미덕으로 여긴다. 이로 인해 일찍 자고 일찍 일어나는 사람은 정직하고 부지런한 사람, 늦게 자고 늦게 일어나는 사람은 건강하지 못하고 게으른 사람이라는 오해가 생겨났다. 그러나 아침형 인간과 올빼미형 인간 둘 중 어느 하나만 옳은 것은 아니다. 사람마다 고유한 수면 패턴이 있고 각자의 생활 방식에는 장단점이 있다. 자신의 생체 리듬을 파악하여 효율적으로 생활하는 것이 중요하다.

① 일찍 일어나면 벌레를 많이 잡을 수 있다.
② 각자의 신체 리듬에 맞게 생활하는 것이 바람직하다.
③ 아침형 인간이 올빼미형 인간보다 성공할 가능성이 크다.
④ 정직하고 부지런해지기 위해서는 일찍 자고 일찍 일어나야 한다.

05

　　'신문고'는 억울한 일을 호소하고 싶은 사람들을 위해 만든 조선 시대의 북이다. 조선의 셋째 임금인 태종은 고통스러운 일을 당한 백성의 문제 해결을 위한 소통의 목적으로 대궐 밖에 이것을 설치했다. 하지만 세종 때는 사소한 다툼뿐 아니라 무고한 일에 사용하는 등 북을 치는 사람이 너무 많아서 곤란을 겪기도 했다. 그럼에도 불구하고 세종은 누구에게나 북을 치는 것을 허용했다.

① 신문고는 조선 시대 전부터 있었다.
② 세종은 다툼을 야기한 신문고를 폐지했다.
③ 신문고는 북이 사용된 한국의 전통 음악이다.
④ 백성의 어려움을 해결하기 위해 신문고를 만들었다.

06

눈물은 약 98%가 물로 이루어져 있다. 나머지 성분은 눈물을 흘리는 상황에 따라 달라진다. 먼지 같은 외부의 물리적 자극 때문에 흘리는 눈물에는 세균에 저항할 수 있는 단백질이 포함되어 있다. 슬플 때 흘리는 눈물에는 항균 물질뿐만 아니라 스트레스로 인해 체내에 쌓인 물질도 들어 있다. 그래서 슬플 때 울고 나면 신체에 해로운 물질이 몸 밖으로 나가 기분이 나아진 것 같은 느낌을 받는다.

① 눈물은 전 성분이 물로만 구성된 물질이다.

② 외부 자극에 저항하기 위해 단백질을 섭취해야 한다.

③ 슬플 때 나는 눈물에는 신체에 유해한 물질이 들어 있다.

④ 슬플 때는 외부로 나가 기분을 전환해야 할 필요가 있다.

07

휴대폰을 사용하다 보면 떨어뜨리는 경우가 있는데 왜 떨어뜨릴 때마다 화면이 있는 쪽으로 떨어지게 될까? 단지 운이 나빠서 그런 걸까? 로버트 매튜스 교수는 이 속에 숨겨진 과학의 원리를 발견했다. 사람들은 흔히 휴대폰의 아랫부분을 쥐고 사용하는데 이때 휴대폰을 떨어뜨리면 중력을 더 받는 위쪽을 중심으로 회전하게 된다. 휴대폰이 떨어지는 위치가 높지 않고 속도가 빠르지 않아 화면이 있는 쪽으로 떨어질 가능성이 큰 것이다.

① 운이 나쁘면 휴대폰이 화면이 있는 쪽으로 떨어진다.

② 위쪽을 중심으로 회전할 때 화면이 없는 쪽으로 떨어진다.

③ 휴대폰이 떨어지는 속도는 휴대폰이 떨어지는 위치에 영향을 끼친다.

④ 화면이 있는 쪽으로 휴대폰이 떨어지는 이유에 과학적 원리가 들어 있다.

대표 문제

다음을 순서에 맞게 배열한 것을 고르십시오.

> (가) 대기업이 중소기업보다 연봉이 높기 때문이다.
> (나) 하지만 대기업은 중소기업보다 승진의 기회가 많지 않다.
> (다) 사람들은 대체로 중소기업보다 대기업에 취직하고 싶어 한다.
> (라) 따라서 대기업에 취직하는 것을 좋은 것으로만 볼 수 없다.

① (다)-(나)-(가)-(라) ② (다)-(가)-(나)-(라)

③ (가)-(다)-(나)-(라) ④ (가)-(나)-(다)-(라)

문제 속 **표현**

-기 때문에: 앞말이 뒷말의 이유나 원인이 됨을 나타내는 표현.

승진(하다): 직장에서 지금보다 더 높은 자리에 오르다.

기회: 어떤 일을 하기에 알맞은 시기나 경우.

대체로: ❶ 요점만 말해서. ❷ 전체적으로. 또는 일반적으로.

문제 속 **표현 확인**

★ 배운 내용을 생각하며 문제를 풀어 봅시다.

1. 매운 걸 잘 못 _____ 떡볶이를 못 먹어요. (먹다)   📑 먹기 때문에

2. 그 채소는 _____ 끓는 물에 살짝 데쳐서 먹습니다.   📑 대체로

3. 과장으로 _____ 을/를 한 후로 매일 야근을 하게 되었다.   📑 승진을

4. 신차가 싸게 나왔는데 이번 _____ 에 구입해 보는 건 어때?   📑 기회

어떤 문제

- **유형:** 네 개의 문장을 순서에 맞게 배열하는 유형

- **경향 분석**

  3급 13번, 14번, 15번

- 선택지를 보고 제일 앞에 위치할 문장을 둘로 골라낼 수 있습니다. 다음과 같은 단어로 시작하는 문장은 제일 앞에 위치할 수 없습니다.

그러면, 그러나, 따라서, 또한, 이, 그, 저

- 일반적이고 포괄적인 내용(배경이 되는, 큰 이야기)이 먼저 나오고, 세부 내용은 뒤에 나옵니다.

- 각 문장의 제일 앞에 오는 단어나 표현이 중요한 단서가 될 때가 많습니다.

이런 문제

★ 단계에 따라 전략적으로 문제를 풀어 봅시다.

다음을 순서에 맞게 배열한 것을 고르십시오.

> (다) 사람들은 대체로 ~ 대기업에 취직하고 싶어 한다.
>   (✓대체로 → 시작하는 말로 적합 → ①, ②)
>
> (가) 대기업이 중소기업보다 연봉이 높기 때문이다. (✓장점)
>   (✓-기 때문 → 시작하는 말로 적합 ×)
>
> (나) 하지만 대기업은 ~ 승진의 기회가 많지 않다.
>   (✓하지만 → 대조 → 단점)
>
> (라) 따라서 대기업에 취직하는 것을 좋은 것으로만 볼 수 없다. (✓결론 → ②)

① (다) – (나) – (가) – (라)
❷ (다) – (가) – (나) – (라)
③ (가) – (다) – (나) – (라)
④ (가) – (나) – (다) – (라)

1단계 첫 번째 문장이 같은 선택지 찾기

①·②는 (다)로 시작하고, ③·④는 (가)로 시작합니다. (가)와 (다)를 비교해 보아야 합니다. (다)의 '사람들은 대체로'와 같은 표현이 시작하는 말로 알맞습니다.

2단계 각 문장의 키워드로 맥락 파악하기

사람들이 대기업에 취직하고 싶어 하는 이유는 (가)와 같은 '대기업의 장점' 때문입니다. (나)는 '대기업의 단점'이므로 대기업에 취직하고 싶은 이유가 될 수 없습니다.
문법적으로도 (다)의 '-고 싶어 한다'의 이유를 설명할 수 있는 (가)의 '-기 때문이다'가 바로 뒤에 오는 것이 자연스럽습니다.

실제 기출문제로 내용의 흐름을 파악하는 방법을 연습해 봅시다.

예 [64회 15번 변형]

> (가) 물건 선택에 부담을 느껴 구매를 고민하다가 포기하기도 한다.
>
> (나) 선택을 하는 소비자의 부담을 줄여 구매를 하게 하려는 것이다.
>
> (다) 그래서 슈퍼에서는 제품의 품목별로 소량의 제품만 매장에 진열해 놓는다.
>
> (라) 고객은 선택할 수 있는 폭이 넓으면 넓을수록 제품을 고를 때 곤란을 겪는다.

[1단계] 첫 번째 문장이 같은 선택지 찾기

선택지가 모두 (나) 또는 (라)로 시작하는 문제였으므로 (나), (라)를 우선 비교해야 합니다.

• (나) −게 하려는 것이다: 앞 내용에 대한 의도, 목적을 설명하는 표현 (✔첫 번째에 올 수 없음. → (라)가 제일 앞에 옴.)

[2단계] 각 문장의 키워드로 맥락 파악하기

첫 번째 문장인 (라)의 뒤에 올 순서로 적합한 문장을 찾아야 합니다.

> (라) 고객은 선택할 수 있는 폭이 넓으면 넓을수록 [제품을 고를 때 곤란을 겪는다.(✔현상)]
>
> (가) [물건 선택에 부담을 느껴(✔현상의 이유)] [구매를 고민하다가 포기하기도 한다.(✔문제 발생)]
>
>   (= 제품을 고를 때에)
>
> (다) 그래서 슈퍼에서는 제품의 품목별로 소량의 제품만 매장에 진열해 놓는다.(✔문제 해결 방법)
>
>   (= 포기하지 않게 하기 위해서)
>
> (나) 선택을 하는 소비자의 부담을 줄여 구매를 하게 하려는 것이다.(✔해결 방법의 근거, 목적, 의도)

연습 문제

※ 다음을 순서에 맞게 배열한 것을 고르십시오. (각 2점)

01

> (가) 그래서 비만 관련 방송과 다이어트 서적이 꾸준히 인기를 끌고 있다.
> (나) 현대인들은 운동 부족과 불규칙한 식습관 등으로 비만인 경우가 많다.
> (다) 해친 건강은 회복하기 어려우니 평소 건강 관리를 하는 것이 중요하다.
> (라) 올바른 다이어트는 건강에 도움이 되지만 무리하면 건강을 해칠 수도 있다.

① (다)-(나)-(라)-(가)   ② (다)-(가)-(라)-(나)
③ (나)-(다)-(가)-(라)   ④ (나)-(가)-(라)-(다)

02

> (가) 그 음식의 이름은 바로 삼계탕이다.
> (나) 무더운 여름에 한국 사람들은 뜨거운 음식을 먹는다고 한다.
> (다) 그런데 왜 그렇게 더운 날에 뜨거운 삼계탕을 먹는 것일까?
> (라) 땀이 많이 나면 몸이 차가워지는데 삼계탕은 몸 안을 따뜻하게 만들기 때문이다.

① (가)-(나)-(라)-(다)   ② (나)-(가)-(다)-(라)
③ (가)-(다)-(라)-(나)   ④ (나)-(다)-(가)-(라)

03

> (가) 왜 추운 겨울에 하는 운동의 효과가 큰 것일까?
> (나) 사람들은 보통 겨울보다는 여름에 운동을 많이 한다.
> (다) 그런데 실상은 여름보다 겨울에 운동하는 것이 건강에 도움이 된다고 한다.
> (라) 동계에는 활동하는 데 에너지를 더 많이 필요로 해서 칼로리 소모가 크기 때문이다.

① (가)-(나)-(라)-(다)   ② (나)-(다)-(가)-(라)
③ (나)-(가)-(다)-(라)   ④ (가)-(다)-(나)-(라)

04

(가) 자전거를 고를 때는 자신의 키를 고려하는 것이 매우 중요하다.

(나) 너무 작거나 큰 자전거를 타게 되면 허리나 무릎에 안 좋기 때문이다.

(다) 자전거 타는 사람들이 많아지며 자전거 선택에 대한 문의가 늘고 있다.

(라) 자전거에 앉았을 때 발이 살짝 땅에 닿을 정도의 것으로 선택하는 것이 좋다.

① (다)-(나)-(가)-(라) ② (다)-(가)-(나)-(라)

③ (가)-(다)-(나)-(라) ④ (가)-(나)-(다)-(라)

05

(가) 또한, 실내를 장식하는 것에도 도움이 된다는 장점이 있다.

(나) 실내 공기를 관리하기 위해 전문가들은 식물을 키울 것을 추천한다.

(다) 환기를 자주 시키지 않는 추운 겨울에는 실내 공기가 탁해지기 쉽다.

(라) 식물은 각종 유해 물질을 흡수하여 공기를 깨끗하게 한다는 게 추천의 이유다.

① (가)-(다)-(라)-(나) ② (가)-(나)-(라)-(다)

③ (다)-(가)-(나)-(라) ④ (다)-(나)-(라)-(가)

빈칸에 알맞은 말 고르기(맥락)

대표 문제

(   )에 들어갈 말로 가장 알맞은 것을 고르십시오.

> 중앙도서관은 '세계 책의 날'을 맞아 16일부터 '후기 작성 이벤트'를 운영할 예정이다. (   ) 진행하는 이벤트로 도서관을 방문하여 책을 읽고 후기를 작성하면 된다. 이벤트 참여자 중 추첨을 통해 모바일 상품권을 증정할 예정이다. 도서관 관계자는 도서관을 방문하여 좋은 책을 권하는 문화가 형성되길 기대한다고 밝혔다.

① 후기를 많이 작성하기 위해
② 도서관 이용을 활성화하기 위해
③ 좋은 책을 사는 문화를 형성하기 위해
④ 참여자에게 모바일 상품권을 증정하기 위해

🔍 문제 속 **표현**

맞다: ❶ 시간이 지나서 오는 때를 대하다. ❷ 내리는 눈이나 비 등이 닿는 것을 그대로 받다.

후기: 본문 끝에 덧붙여 기록함. 또는 경험을 한 이후의 경험 내용을 기록한 글.

—(으)면 되다: 조건이 되는 어떤 행동을 하거나 어떤 상태만 갖추어지면 문제가 없거나 충분함을 나타내는 표현.

추첨: 여럿 가운데 어느 하나를 골라잡게 해 승부, 차례를 결정하는 방법.

통하다: ❶ 어떤 과정이나 경험을 바탕으로 하다. ❷ 다른 사람들에게 어떤 존재로 알려지다.

🔍 문제 속 **표현 확인**

★ 배운 내용을 생각하며 문제를 풀어 봅시다.

1. 이 서류에 이름과 주소만 _____. (적다)　　　🔖 적으면 됩니다

2. 아이들은 놀이를 _____ 많은 것을 배운다.　　🔖 통해서

3. _____만 읽어도 책의 내용을 조금은 알 수 있다.　🔖 후기

4. 경품 행사에 참여하면 _____ 이후에 상품을 준다.　🔖 추첨

5. 할머니 생신을 _____ 우리는 모처럼 외식을 했다.　🔖 맞아서

- 유형: 전체 글의 내용을 파악하고 괄호 안에 들어갈 내용을 찾는 유형
- 경향 분석
  - **3급** 16번, 17번, 18번 **4급** 28번, 29번, 30번, 31번
  - **3급** 19~20번에서 1문제
  - **4급** 21~22번에서 1문제
  - **6급** 44~45번에서 1문제
  - **6급** 48~49~50번(논설문)에서 1문제

- 한 개의 지문을 읽고, 두 문제를 풀어야 하는 '묶음형 문제'가 출제됩니다. 각 문제의 유형을 확인하여, 알아내야 하는 것이 무엇인지 생각하고 지문과 선택지에 표시하며 읽는 것이 좋습니다.

- 빈칸의 위치나 앞뒤 내용과의 관계에 따라 문제 풀이 전략을 세우는 것이 중요합니다.

  - **빈칸이 앞쪽에 있을 때:** 전체 내용을 포괄하는 '주제문'이 빈칸에 들어가는 경우가 많습니다.
  - **빈칸이 중간에 있을 때:** 빈칸 앞뒤의 내용에 대한 '원인'이나 '결과'가 빈칸에 들어가는 경우가 많습니다. 또는 앞에 나온 내용을 가리키거나 반대되는 내용이 들어가기도 합니다.
  - **빈칸이 끝에 올 때:** 위 두 가지 상황에 모두 해당됩니다.

- 6급은 지문이 길기 때문에 지문을 짧은 시간 내에 효과적으로 읽는 연습을 해야 합니다. 선택지나 문제를 먼저 훑어보고 지문이 어떤 내용일지 추측하며 읽으면 도움이 됩니다. 중고급 수준의 단어나 표현이 들어간 읽기 자료를 평소에 많이 읽고 배경지식을 쌓아 놓으면, 지문을 쉽고 빠르게 이해할 수 있습니다.

★ 단계에 따라 전략적으로 문제를 풀어 봅시다.

( )에 들어갈 말로 가장 알맞은 것을 고르십시오.

> 중앙도서관은 '세계 책의 날'을 맞아 16일부터 '후기 작성 이벤트'를 운영할 예정이다. (목적 + -기 위해) 진행하는 이벤트로 도서관을 방문하여 책을 읽고 후기를 작성하면 된다. (✓참여 방법)
> 이벤트 참여자 중 추첨을 통해 모바일 상품권을 증정할 예정이다. (✓참여 혜택)
> 도서관 관계자는 도서관을 방문하여 좋은 책을 권하는 문화가 형성되길 기대한다고 밝혔다. (✓기대 효과 → 목적)

① 후기를 많이 작성하기 위해
❷ 도서관 이용을 활성화하기 위해
③ 좋은 책을 사는 문화를 형성하기 위해
④ 참여자에게 모바일 상품권을 증정하기 위해

1단계 선택지의 키워드와 빈칸 앞뒤 내용 파악하기

'-기 위해'는 어떤 행동을 한 '목적'이나 '이유'를 나타냅니다. 이벤트의 목적이나 이유를 찾아야 합니다.

2단계 전체 맥락 파악하여 키워드와 어울리는 내용 찾기

이 이벤트는 사람들이 '도서관을 방문'하기를 '기대'하면서 즉, 도서관 이용 활성화를 목적으로 진행한 것입니다.

지문의 내용을 이해해도 선택지의 단어를 모르면 문제를 풀기 어렵습니다. 평소 사전을 자주 찾아보며 비슷한 의미의 말들(유의어)을 함께 공부하거나, 다양한 뜻을 가진 단어(다의어)를 따로 공부해 두는 것이 좋습니다.

유의어

단어	예문
갈다 – 바꾸다	전구를 갈아 끼우다. – 전구를 바꿔 끼우다.
고치다 – 수리하다/수선하다	차를 고치다. – 차를 수리하다./옷을 수선하다.
미루다 – 연기하다	약속을 미루다. – 약속을 연기하다.
지키다 – 보호하다	나라를 지키다. – 나라를 보호하다.
뽑다 – 고르다 – 추첨하다	당선작을 뽑다. – 당선작을 고르다. – 당선작을 추첨하다.
방문하다 – 이용하다	도서관에 방문하다. – 도서관을 이용하다.
아끼다 – 절약하다	물을 아끼다. – 물을 절약하다.
치우다 – 정리하다	집 안을 치우다. – 집 안을 정리하다.
많다 – 흔하다	많이 볼 수 있다. – 흔하게 볼 수 있다.

다의어

단어	예문
가리다	1. 수단을 가리지 않다. 2. 낯을 가리다. 3. 음식을 가려 먹다.
걸다	1. 옷을 걸다. 2. 조건을 걸다. 3. 차에 시동을 걸다.
걸리다	1. 그림이 걸리다. 2. 조건이 걸리다. 3. 시동이 걸리다.
고치다	1. 컴퓨터를 고치다. 2. 위장병을 고치다. 3. 자세를 고치다.
깎다	1. 사과를 깎다. 2. 수염을 깎다. 3. 물건 값을 깎다.
끌다	1. 의자를 끌다. 2. 손수레를 끌다. 3. 시선을 끌다.
나누다	1. 빵을 나누다. 2. 두 편으로 나누다. 3. 백을 십으로 나눈 몫은 십이다.
내다	1. 길을 내다. 2. 상처를 내다. 3. 식당을 내다.
달리다	1. 빨리 달리다. 2. 기차가 달리다. 3. 정상을 달리다.
당기다	1. 마음이 당기다. 2. 입맛이 당기다. 3. 일정을 당기다.
들이다	1. 손님을 들이다. 2. 볕을 들이다. 3. 시간을 들이다.
맞추다	1. 퍼즐을 맞추다. 2. 일정을 맞추다. 3. 노래에 맞추어 춤을 추다.
먹다	1. 아침(밥)을 먹다. 2. 마음을 먹다. 3. (운동 경기에서) 골을 먹다.
비다	1. 자리가 비다. 2. 손이 비다. 3. 마음이 텅 빈 것 같다.
뽑다	1. 이(/피)를 뽑다. 2. 당선작(/대통령)을 뽑다. 3. 돈을 뽑다.
생기다	1. 아이가 생기다. 2. 돈이 생기다. 3. 이국적으로 생기다.
세우다	1. 일으켜 세우다. 2. 칼라를 세우다. 3. 계획을(/목표를) 세우다.
상하다	1. 이(/뼈/다리)가 상하다. 2. 속(/자존심)이 상하다. 3. 음식이 상하다.
타다	1. 장작이 타다. 2. 피부가 타다. 3. 밥 타는 냄새가 나다.
피다	1. 꽃이 피다. 2. 얼굴이 피다. 3. 사업(/살림/형편)이 피다.
피우다	1. 꽃을 피우다. 2. 모닥불을(/담배를) 피우다. 3. 게으름을 피우다.
풀리다	1. 구두끈이 풀리다. 2. 마음이(/스트레스가) 풀리다. 3. 문제가 풀리다.

※ (   )에 들어갈 말로 가장 알맞은 것을 고르십시오. (각 2점)

01

> 지난달 어린이보호구역 내 교통 단속 카메라 설치를 의무화하고 사고가 발생할 경우, 운전자 처벌을 강화하는 법안이 통과되었다. 이 법안에 따라 교육부는 초등학교 주변부터 교통 단속 카메라를 설치하고 있다. 또한, 2025년까지 어린이집과 유치원 주변 등 (   ) 조사해 설치를 확대할 예정이다.

① 초등학교 주변 지역을

② 어린이보호구역 법안을

③ 교통사고를 발생시킨 운전자를

④ 교통 단속 카메라가 필요한 곳을

02

> 미술품에 대한 감상은 각자 주관적인 측면에서 이루어지기 때문에 사람마다 다를 수 있다. 그러므로 미술 관람을 할 때는 혼자 가는 것보다 (   ). 함께 간 사람들과 같이 미술 작품에 관하여 서로 의견을 나누다 보면 혼자서 볼 때보다는 작품을 좀 더 깊게 이해할 수 있을 것이다.

① 누군가와 함께 가는 것이 낫다

② 미술 해설사와 함께 가야만 한다

③ 누군가와 반드시 함께 가야만 한다

④ 객관적인 사람과 함께 가는 것이 낫다

03

> 여름철 우유가 상한지 모르고 마셨다가 배탈이 나는 경우가 있다. 우유를 마시지 않고도 우유가 상했는지 알아낼 방법은 없을까? (   ) 이를 쉽게 알 수 있다. 부피와 질량을 계산한 값을 밀도라고 하는데 물을 계산한 값과 우유를 계산한 값이 다르기 때문에 이 차이를 이용하면 된다. 먼저 컵에 차가운 생수를 준비한 후 우유를 한두 방울 떨어뜨린다. 떨어뜨린 우유가 퍼지면서 가라앉지 않고 탁한 색을 띠면 상한 우유라고 보면 된다.

① 우유의 맛을 이용하면

② 우유의 색깔을 이용하면

③ 물의 부피 차이를 이용하면

④ 물질의 밀도 차이를 이용하면

집이 아닌 대형 버스에서 생활하는 부부가 있다고 한다. 외부에서 볼 때는 보통 버스와 똑같지만, 내부에는 침실, 조리실, 화장실 그리고 보통 집에서 보는 살림에 필요한 것들이 다 있다. 중고 버스를 산 후 내부를 새롭게 꾸민 그들은 아이가 뛰어놀 공간이 부족한 점 외에는 전혀 불편한 점이 없다고 했다. (   ) 원할 때 원하는 풍경이 있는 곳에서 원하는 만큼 살 수 있는 점이 가장 큰 매력이라고 전했다.

04 (   )에 들어갈 말로 가장 알맞은 것을 고르십시오.

① 그러므로
② 결국에는
③ 무엇보다
④ 왜냐하면

05 윗글의 내용과 같은 것을 고르십시오.

▶ 기출 유형 4-2 참고

① 부부는 불편한 생활을 한다.
② 부부는 차를 집처럼 꾸몄다.
③ 부부는 아이를 위해 버스에 산다.
④ 부부는 새 캠핑용 차를 장만했다.

"(   )"라는 말이 있다. 지금보다 높은 곳으로 가려면 낮은 곳에서부터 부족한 것은 없는지 살펴보고 일의 순서를 생각하며 사소한 것에서부터 차근차근 진행을 해야 함을 나타내는 표현이다. 세상을 빛낸 위인들도 하루아침에 훌륭한 업적을 남기게 된 것이 아니다. 여러 날을 거쳐 이룬 작은 일들이 마침내 위대한 업적이 된 것이다. 일뿐만 아니라 공부도 마찬가지인데 기초부터 실력을 탄탄하게 다져야 어려운 문제를 만나도 당황하지 않고 풀 수 있다.

06 (   )에 들어갈 말로 가장 알맞은 것을 고르십시오.

① 세 살 버릇 여든 간다
② 소 잃고 외양간 고친다
③ 천 리 길도 한 걸음부터
④ 발 없는 말이 천 리 간다

07 윗글의 내용과 같은 것을 고르십시오.　　　　　　　　　▶ 기출 유형 4-2 참고

① 무엇이든지 빨리 하는 것이 좋다.
② 위인들은 하루아침에 훌륭한 업적을 이룬다.
③ 일은 시작이 중요하지만 공부는 결과가 중요하다.
④ 아무리 큰일이라도 작은 것에서부터 시작해야 한다.

사람들은 보통 잘 쓰지 않는 물건을 저렴하게 사고 싶을 때 벼룩시장을 방문한다. 그런데 막상 벼룩시장에 실제로 가 보니 불쾌하거나 실망스러웠다는 경우가 가끔 있다. 수리하지 않으면 사용할 수 없는 제품들이 대부분이거나 좋은 제품들은 판매자들이 새 제품이라며 정가를 요구하는 것을 경험했기 때문이다. (   ) 우리의 상식과는 다르게 상인들이 본인의 물품을 가지고 와서 판매하는 곳으로 전락한 것이다.

08 (   )에 들어갈 말로 가장 알맞은 것을 고르십시오.

① 시민과 시민의 직거래 장터라는
② 시민들이 무상으로 나누어 준다는
③ 중고 물품과 새 제품을 교환한다는
④ 새 제품을 가져와야만 판매권을 준다는

09 윗글의 내용과 같은 것을 고르십시오.

▶ 기출 유형 4-2 참고

① 벼룩시장은 대부분 비싼 물건이 많다.
② 벼룩시장은 고장난 물품을 사고파는 곳이다.
③ 벼룩시장에서는 사용이 불가능한 제품을 팔아도 된다.
④ 벼룩시장에서는 새 제품을 원래 가격으로 팔면 안 된다.

중심 내용 고르기:
긴 글 읽고 주제 찾기

대표 문제

다음을 읽고 글의 주제로 가장 알맞은 것을 고르십시오.

> 초콜릿의 주원료인 카카오는 아프리카 아이들의 저임금과 카카오 농장의 적은 이윤을 전제로 생산된다. 즉, 카카오를 싸게 사들여 초콜릿을 만드는 대기업만 이익을 취하는 구조인데 이 문제를 개선하기 위해 공정무역이 시작됐다. 공정무역은 생산자에게 정당한 대가를 지불하고 소비자에게 좋은 제품을 공급하기 위해 협력한다. 생산자와 소비자 모두 행복해질 수 있는 거래 형태라는 점에서 '착한 소비'라고 불리기도 한다.

① '착한 소비'는 소비자의 입장에서만 이루어진다.
② 공정무역은 아프리카 카카오 농장에서 발견할 수 있다.
③ 카카오 농장은 초콜릿 사업으로 큰 이익을 취하고 있다.
④ 공정무역은 생산자와 소비자가 서로 돕는 거래 형태이다.

문제 속 표현

주원료: 어떤 것을 만드는 데 가장 중심이 되는 재료.

저임금: 낮은 임금.

이윤: 장사를 해서 번 돈. 총수익에서 제품 생산에 들어간 비용 등을 빼고 남는 순이익.

취하다: 자기 것으로 만들어 가지다.

생산자: 생산하는 사람.

소비자: 생산자가 만든 물건이나 서비스 등을 돈을 주고 사는 사람.

문제 속 표현 확인

★ 배운 내용을 생각하며 문제를 풀어 봅시다.

1. 두부의 ＿＿＿＿＿＿＿＿ 은/는 콩이다.   🗒 주원료는

2. 그는 5,000원도 안 되는 ＿＿＿＿＿＿＿＿ 을/를 받고 있다.   🗒 저임금을

3. 이 채소는 ＿＿＿＿＿＿＿＿ 이/가 직접 판매해서 값이 싸다.   🗒 생산자가

4. 숙면을 ＿＿＿＿＿＿＿＿ 우선 소음이 없어야 한다.   🗒 취하려면

5. 생산자와 ＿＿＿＿＿＿＿＿ 이/가 직접 만날 수 있는 직거래 장터가 열린다.   🗒 소비자가

6. 나는 물건을 직접 도매 시장에서 사 옴으로써 ＿＿＿＿＿＿＿＿ 을/를 높였다.   🗒 이윤을

● **유형:** 글을 읽고 주제를 찾는 유형

● **경향 분석**

　　5급 35번, 36번, 37번, 38번

　　3급 19–20번에서 1문제

　　6급 44–45번에서 1문제

● 한 개의 지문을 읽고, 두 문제를 풀어야 하는 '묶음형 문제'가 출제됩니다. 각 문제의 유형을 확인하여, 알아내야 하는 것이 무엇인지 생각하고 지문과 선택지에 표시하며 읽는 것이 좋습니다.

● 제시되는 글은 대부분 설명문이고 논설문도 조금 나옵니다.

● 글의 주요 내용이나 글쓴이가 주장하는 중심 생각을 찾아야 합니다. 여러 문장 중에서 하나의 문장에 주제가 집중되어 있는 경우도 있지만 골고루 퍼져 있는 경우도 많습니다.

● 평소 글을 읽거나 쓸 때, 말하고자 하는 것이 무엇인지 한 줄로 요약해 보는 연습을 하면 도움이 됩니다. 자주 반복되는 단어나 표현이 주제와 관련된 내용일 가능성이 높으므로 글을 읽으며 표시를 해 두는 것도 좋습니다.

이런 문제

★ 단계에 따라 전략적으로 문제를 풀어 봅시다.

다음을 읽고 글의 주제로 가장 알맞은 것을 고르십시오.

> 초콜릿의 주원료인 카카오는 아프리카 아이들의 저임금과 카카오 농장의 적은 이윤을 전제로 생산된다. (✓ '적은↔큰' → ③ 탈락!)
> 즉, (✓ 뒷 부분이 중요) 카카오를 싸게 사들여 초콜릿을 만드는 대기업만 이익을 취하는 구조인데 이 문제를 개선하기 위해 공정무역이 시작됐다. 공정무역은 생산자에게 정당한 대가를 지불하고 소비자에게 좋은 제품을 공급하기 위해 (✓ 서로) 협력한다.
> 생산자와 소비자 모두 행복해질 수 있는 거래 형태라는 점에서 '착한 소비'라고 불리기도 한다. (✓ '모두 행복 = 모두의 입장' → ① 탈락!)

① '착한 소비'는 소비자의 입장에서만 이루어진다. → 일치 ✕

② 공정무역은 아프리카 카카오 농장에서 발견할 수 있다. → 예시 ○, 주제 ✕

③ 카카오 농장은 초콜릿 사업으로 큰 이익을 취하고 있다. → 일치 ✕

❹ 공정무역은 생산자와 소비자가 서로 돕는 거래 형태이다.

☑ **Tip** 중심 생각과 예시 내용을 구분할 수 있어야 합니다. '일치하는 내용 고르기'와 '중심 생각 고르기' 문제를 혼동해서도 안 됩니다.

1단계 키워드 표시하며 읽기

선택지에 반복된 '공정무역'과 '카카오 농장'에 대한 내용에 표시하며 읽습니다.

2단계 표시한 부분과 선택지 내용 비교하기

① 생산자와 소비자 모두의 입장에서 이루어지기 때문에 '착한 소비'라고 불립니다.

② 제시된 글에 나오는 내용이지만, 중심 생각은 아닙니다.

③ 대기업만 초콜릿 사업으로 이익을 취하고 있습니다. 카카오 농장은 이윤이 적습니다.

④ 생산자에게는 정당한 대가를, 소비자에게는 좋은 제품을 제공하기 때문에 공정무역은 서로 협력하고 돕는 거래 형태입니다. 공정 무역이 무엇인지 설명하는 내용이므로, 주제로 알맞습니다.

※ 다음을 읽고 글의 주제로 가장 알맞은 것을 고르십시오. (각 2점)

01

> 탄산수는 위장관계의 운동을 향상시킴으로써 포만감을 감소시킨다고 알려져 있다. 또한, 첨가물이 없는 탄산수를 마실 경우 물을 마실 때와 동일하게 신진대사를 원활하게 해 주며 탈수 방지 및 탄력 있는 피부 유지에도 도움이 된다고 하여 많은 사람이 찾고 있다. 그러나 아무리 좋은 식품이라도 필요 이상으로 섭취할 경우 건강을 해칠 수 있으니 적당량을 섭취해야 한다. 역류성 식도염 등 소화기 계통에 이상이 있는 사람들은 탄산수의 탄산가스가 위벽을 자극해 염증을 유발하니 피해야 한다.

① 탄산수는 포만감을 주니 피해야 한다.
② 물보다 탄산수를 마시는 것이 건강에 좋다.
③ 탄산수의 과도한 섭취는 건강을 위협할 수 있다.
④ 물과 함께 탄산수를 먹으면 소화기 계통 질병이 없어진다.

02

> 우리는 다니는 직장을 그만두면 매일 스트레스 없이 생활하게 되어서 하고 싶은 일만 할 수 있기에 행복할 것이라고 생각한다. 그런데 실직 상태가 길어지면 부정적인 영향을 준다는 연구 결과가 나와 이목이 집중되고 있다. 연구 결과에 따르면, 오랫동안 실직 상태에 머무는 사람들의 '친화력'이 이전보다 크게 떨어진 것으로 나타났다. 그리고 그런 상태가 길어짐에 따라 부정적인 감정에 휩싸이게 되면 재취업하기 어려운 악순환의 늪에 빠지게 되는 것으로 나타났다.

① 회사 다니는 것을 싫어하는 사람들이 많다.
② 쉬는 기간이 길어지면 좋지 않은 결과가 발생한다.
③ 친한 사람들이 주변에 없어야 좋은 영향을 받을 수 있다.
④ 기간에 상관없이 실직은 모든 사람에게 부정적인 영향을 끼친다.

03

그림을 복원하는 작업은 우선 자연스러워야 하고 그 과정에서 그림이 추가로 손상을 입지 않아야 한다. 그래서 정확한 기본 작업 후에 복원할 부분을 최대한 원래 모습처럼 만들어 내는 것이 복원에서 제일 중요한 과제라고 할 수 있다. 최근에는 3D 스캐너와 AI 프로그램이 등장하여 이러한 과제를 해결할 수 있게 되면서 보다 수월하고 안전하고 정확한 복원이 가능해졌다.

① 최첨단 장비 덕분에 그림 복원이 쉽고 정확해졌다.
② 그림 복원은 손상을 방지하기 위한 관리가 필요하다.
③ 복원 기술자에게 지금보다 양질의 첨단 장비 교육이 필요하다.
④ 복원의 어려움으로 인해 원본이 손상되고 변형되는 일이 자주 발생한다.

04

전문가들은 1인 가구 수가 해마다 늘고 있는 것에 대해 이혼율 상승, 평균 수명의 연장 등 다양한 요인이 영향을 미친 것으로 분석하고 있다. 이밖에도 1인 가구가 많아지게 된 것에는 여러 요인이 있겠으나 가장 큰 원인으로는 미혼과 만혼의 증가가 꼽히고 있다. 이러한 사회 변화에 따라 부동산 시장에서도 1인 가구에게 적합한 소형 면적의 아파트를 공급하는 단지가 늘어나고 있다. 따라서 정부의 부동산 정책도 현 세태를 잘 반영할 필요가 있을 것으로 보인다.

① 이혼율 상승과 평균 수명 연장은 사회적 문제이다.
② 부동산 시장에서 소규모 아파트가 인기를 끌고 있다.
③ 시대의 변화에 따른 주거 지원 정책이 마련돼야 한다.
④ 1인 가구의 수가 늘어난 주된 원인은 이혼율 상승이다.

성장기 아이들은 우유가 좋다거나 생선이 두뇌 발달에 좋다는 이야기를 귀가 따갑도록 듣고 자란다. 하지만 부모가 자녀에게 하는 이러한 말은 부정적인 영향을 끼친다는 연구 결과도 있다. 한 연구팀은 '특정 음식을 권유하는 것은 오히려 그것이 맛없는 식품이라는 인식과 오해를 낳아 결국 섭취량이 감소한다.'라고 설명하였다. (   ) 식품의 효용성을 강조할 것이 아니라 먹는 즐거움을 일깨우는 것이 더 효과적인 방법이라고 제시했다.

05　(   )에 들어갈 말로 가장 알맞은 것을 고르십시오.　　　　▶ 기출 유형 6 참고

　① 덧붙여

　② 하지만

　③ 마침내

　④ 그렇지만

06　윗글의 주제로 가장 알맞은 것을 고르십시오.

　① 부모는 자녀에게 식품 권유를 하지 말아야 한다.

　② 성장기 아이들은 우유와 생선을 충분히 섭취해야 한다.

　③ 아이들에게 식품의 좋은 점을 보다 구체적으로 설명해야 한다.

　④ 아이들은 식품에 대한 정보보다 먹는 즐거움에 반응하여 섭취한다.

　　또래 친구와 잘 지내는 아이와 그렇지 않은 아이를 살펴보면 아이들의 교우 관계는 부모와의 애착 관계와 상관이 있는 것을 알 수 있다. 안정형 애착 관계를 유지하고 있는 아이들은 부모와의 신뢰 경험을 바탕으로 친구들을 믿고 관계를 형성해 나가기 때문에 모임에서 교우 관계도 좋다. 그런데 이러한 관계는 아주 작은 것에서 형성된다. 아동심리 연구자들은 안정 애착을 가지고 있는 부모는 아이의 조그마한 소리나 신호를 바로 알아차리고 즉각적으로 반응을 한다고 말한다. 배가 고프거나 기저귀가 젖었을 때 일어나는 심리적 불안 상황을 오래 지속시키지 않게 처치해 주는 부모에게 (　　　　　) 되는 것이다. 이러한 믿음이 습관처럼 반복되면 애착 관계가 안정적으로 유지될 수 있지만, 부모가 둔감하거나 아이의 요청을 주기적으로 거절할 경우 애착 관계가 형성될 수 없다.

07　　윗글의 주제로 가장 알맞은 것을 고르십시오.

① 아이의 애착 관계 형성에 따라 체형이 달라진다.
② 아이들은 불안한 문제 상황을 만드는 사람을 따른다.
③ 부모는 아이의 조그마한 신호도 빨리 알아차리는 경향이 있다.
④ 아이에게 반응하는 부모의 태도에 따라 아이의 애착 관계가 달라진다.

08　　(　　　　)에 들어갈 말로 가장 알맞은 것을 고르십시오.　　▶ 기출 유형 6 참고

① 주기적 요구를 하게
② 감정적으로 종속하게
③ 무한한 기쁨의 대상이
④ 끝없는 신뢰를 느끼게

중심 내용 고르기:
신문 기사 읽고 주제 설명하기

대표 문제

다음 신문 기사의 제목을 가장 잘 설명한 것을 고르십시오.

국립국악원, '국악 한마당' 온라인 중계로 대중화

① 국립국악원은 앞마당에서 국악 공연을 선보인다.

② 국립국악원의 '국악 한마당'을 인터넷으로 관람할 수 있다.

③ 국립국악원의 '국악 한마당'은 대중들과 현장에서 즐길 수 있다.

④ 국립국악원은 국악과 대중음악을 결합하여 국악 대중화에 힘쓰고 있다.

문제 속 **표현**

중계: 방송국 밖의 상황을 방송국에 연결해 방송함.

대중화: 사람들에게 널리 퍼져 친숙해짐.

선보이다: 물건이나 사람 등이 처음 모습을 드러내다.

관람(하다): 유물, 그림, 조각과 같은 전시품이나 공연, 영화, 운동 경기 등을 구경하다.

문제 속 **표현 확인**

★ 배운 내용을 생각하며 문제를 풀어 봅시다.

1. 그 지휘자는 클래식의 ＿＿＿＿＿＿＿에 힘쓰고 있다. 　　🔤 대중화

2. 올림픽 개막식은 어느 채널에서 ＿＿＿＿＿＿＿을/를 한대요? 　　🔤 중계를

3. 축구 경기의 결승전을 ＿＿＿＿＿＿＿ -기 위해 많은 사람들이 모였다. 　　🔤 관람하기

4. 방탄소년단은 멋진 춤을 ＿＿＿＿＿＿＿ 많은 이를 놀라게 했다. 　　🔤 선보여서

- **유형**: 주제가 함축된 신문 기사의 제목(headline)을 보고 주제를 설명하는 유형
- **경향 분석**

  4급 25번, 26번, 27번(기사 제목)

- 신문 기사의 제목을 보고 그 안에 숨겨진 의미를 파악해야 합니다. 몇 개의 단어로 짧게 요약된 형태로 제시되기 때문에, 그러한 표현 방식에 먼저 익숙해져야 합니다. 대표적인 특징은 다음과 같습니다.

  – 기사의 본문 내용 중 핵심만 짧게 압축해서 씁니다.
  – 긴 단어를 사용하지 않고 짧은 단어, 함축적인 단어를 사용합니다.
  – 현장감을 살리기 위해서 '과거형'이 아닌 '현재형'의 표현을 많이 씁니다.

- 신문 기사의 제목에는 한자어나 순 한글 부사가 자주 사용되는데, 특정 단어의 뜻을 잘 모르더라도 전체적으로 문장의 내용이 긍정적인 의미인지, 부정적인 의미인지 추측해 보면 문제를 푸는 데 도움이 됩니다.

- 사람들의 관심을 받고 있는 최신 기사를 인터넷에서 찾아서 읽어 보거나, 모국어로 된 뉴스나 기사를 읽어 보며 중심 내용을 핵심어(keyword)로 바꾸는 연습을 하면 더욱 좋습니다.

이런 문제

★ 단계에 따라 전략적으로 문제를 풀어 봅시다.

다음 신문 기사의 제목을 가장 잘 설명한 것을 고르십시오.

> 국립국악원, '국악 한마당' 온라인 중계로 대중화
> (✓ 인터넷 관람)

① 국립국악원은 앞마당에서 국악 공연을 선보인다.

❷ 국립국악원의 '국악 한마당'을 인터넷으로 관람할 수 있다.

③ 국립국악원의 '국악 한마당'은 대중들과 현장에서 즐길 수 있다.

④ 국립국악원은 국악과 대중음악을 결합하여 국악 대중화에 힘쓰고 있다.

1단계 기사 제목을 의미 단위로 끊어 보기

'국립국악원'이 '국악 한마당'을 '온라인 중계'해서 국악을 '대중에게 퍼뜨리려고' 합니다.

2단계 기사 제목의 단어를 선택지의 단어와 비교하기

'온라인'으로 '중계'하면 대중들이 '인터넷으로 볼' 수 있습니다. 즉, '온라인 중계'를 '인터넷 관람'으로 바꾸어 쓸 수 있습니다.

※ 다음 신문 기사의 제목을 가장 잘 설명한 것을 고르십시오. (각 2점)

01

> 저가항공사, 취소 수수료 '제각각'··· 고객 '울상' 날로 심각

① 낮은 가격의 표를 구매하고 싶어도 수수료가 모두 달라 구매를 하지 않는다.
② 낮은 가격으로 인해 기내 서비스가 좋지 않아 고객의 만족도가 떨어지고 있다.
③ 낮은 가격으로 인해 취소 수수료가 모두 다를 수밖에 없어서 고객들이 울고 있다.
④ 낮은 가격의 표를 판매하는 항공사의 취소 수수료가 모두 달라 고객 불만족이 높다.

02

> 가짜 뉴스 퇴치법은 '좋은' 뉴스가 답

① 뉴스를 거짓말로 생각하는 사람들을 위한 법의 이름은 '좋은 뉴스'이다.
② 뉴스에는 사실인 것과 거짓인 것이 있는데 보는 사람들이 구별을 잘해야 한다.
③ 거짓된 정보의 뉴스를 없애는 방법은 진실한 정보의 뉴스를 많이 만드는 것이다.
④ 진짜가 아닌 뉴스를 만드는 사람을 처벌하는 방법은 뉴스를 못 만들게 하는 것이다.

03

> 농수산물 가격 들썩··· 밥상 물가 '비상'

① 과일, 야채, 해산물의 가격이 하락하여 물가가 내려가고 있다.
② 채소의 가격을 내리자 물가가 오르고 있어서 소비자들의 부담이 없어지고 있다.
③ 채소, 과일, 해산물의 가격이 올라서 장을 보는 소비자들에게 부담을 주고 있다.
④ 과일과 야채의 가격이 올라 사람들이 고기와 해산물만으로 음식을 해 먹고 있다.

04

남자 스키점프, 2023년 올림픽 최종 예선 날짜 미지수

① 남자 스키점프 최종 예선은 언제 진행될지 모른다.
② 남자 스키점프는 최종 예선 경기에서 좋은 성과를 거두었다.
③ 2023년 올림픽은 예년보다 날짜를 앞당겨서 진행하기로 했다.
④ 남자 스키점프 최종 예선 날짜가 변경되어 선수들이 혼란을 겪고 있다.

05

미세먼지 차츰 해소, 밤부터 강원 19cm 대설

① 미세먼지는 다소 증가하고 밤부터 강원 지역에 비가 많이 올 것이다.
② 미세먼지는 점차 감소하고 밤부터 강원 지역에 눈이 많이 올 것이다.
③ 미세먼지는 거의 사라지고 밤부터 강원 지역에 안개가 많이 낄 것이다.
④ 미세먼지는 점점 심각해지고 밤부터 강원 지역에 눈이 많이 내릴 것이다.

대표 문제

밑줄 친 부분에 나타난 '나'의 심정으로 가장 알맞은 것을 고르십시오.

> 십 대가 끝나고 스무 살의 봄이었다. 나는 막 대학 신입생으로 입학하여 설레는 마음으로 하루하루를 보내고 있었다. 아직은 어색하고 서먹한 동기들을 만나러 가는 길이었지만 항상 들뜬 마음으로 등교를 했다. 오후에 수업이 있던 나는 오전에 캠퍼스 구경도 할 겸해서 일찍 갔다가 그만 길을 잃어버리고 말았다. 고등학교와 다르게 대학교는 너무 넓어서 도무지 어디가 어딘지 알 수가 없었던 것이었다. 당황한 나는 같은 길을 계속 걷고 있었다. 그냥 눈 딱 감고 주변 사람들에게 물어보면 되는데 입을 뗄 용기가 나지 않았다. 그러다가 나처럼 길을 잃고 헤매는 것 같은 사람을 발견했다. 그 사람도 나를 보고 걸음을 멈췄다. 자세히 보니까 그 사람은 중학교 동창이었다. 마주 본 우리는 동시에 <u>눈동자가 커졌다.</u>

① 반갑고 신기했다.
② 힘이 들어 눈물이 났다.
③ 교실을 못 찾을까 봐 무서웠다.
④ 동기들과 친해지지 못해서 슬펐다.

문제 속 표현

설레다: 마음이 차분하지 않고 들떠서 두근거리다.

서먹하다: 익숙하거나 친하지 아니하여 어색하다.

-(으)ㄹ 겸: 앞의 일을 하면서 뒤의 일도 함을 나타내는 말.

-았/었다가: 어떤 행동이나 상태 등이 중단되고 다른 행동이나 상태로 바뀜을 나타내는 표현.

도무지: 아무리 해도.

눈동자: 눈알 한가운데에 있는 검은 부분.

-어/어지다: 앞에 오는 말이 나타내는 상태로 점점 되어 감을 나타내는 표현.

문제 속 표현 확인

★ 배운 내용을 생각하며 문제를 풀어 봅시다.

1. 산 위로 올라갈수록 길은 점점 _____. (좁다) 　答 좁아졌다

2. 걔는 나를 어떻게 생각하는지 _____ 모르겠어. 　答 도무지

3. 나는 의사 선생님의 손끝을 따라 _____ 을/를 움직였다. 　答 눈동자를

4. 유민이가 중국으로 여행을 _____ 집으로 돌아왔다. (가다) 　答 갔다가

5. 나는 책도 _____ 연구 자료를 찾으려고 도서관에 왔다. (보다) 　答 볼 겸

6. 새 학기가 되어 처음 만난 아이들은 아직 _____ 분위기이다. 　答 서먹한

7. 그가 청혼을 하는 순간 가슴이 _____ 심장이 터질 것만 같았다. 　答 설레서

- **유형:** 글 안에 나오는 등장인물의 심정이나 태도를 파악하는 유형
- **경향 분석**
  - **4급** 23–24번(수필)에서 1문제
  - **6급** 42–43번(소설)에서 1문제
- '유형 4–2. 글과 일치하는 내용 고르기'와 함께 묶음형 문제로만 출제됩니다. 한 개의 지문을 읽고 두 문제를 푸는 연습을 해 두는 것이 좋습니다.
- 인물의 태도나 심정은 겉으로 드러나지 않을 때가 많습니다. 따라서 먼저 전체적인 상황이나 맥락(글의 흐름)을 파악한 후 인물의 태도나 심정을 추론해야 합니다. 필자(글쓴이) 또는 주인공을 중심으로 사건이 구성되기 때문에 등장인물 간의 관계, 등장인물의 감정, 사건의 배경 등을 살펴보는 것이 도움이 됩니다.

이런 문제

★ 단계에 따라 전략적으로 문제를 풀어 봅시다.

밑줄 친 부분에 나타난 '나'의 심정으로 가장 알맞은 것을 고르십시오.

십 대가 끝나고 스무 살의 봄이었다. 나는 막 대학 신입생으로 입학하여 설레는 마음으로 하루하루를 보내고 있었다. 아직은 어색하고 서먹한 동기들을 만나러 가는 길이었지만 항상 들뜬 마음으로 등교를 했다. 오후에 수업이 있던 나는 오전에 캠퍼스 구경도 할 겸해서 일찍 갔다가 그만 길을 잃어버리고 말았다. (✓상황 확인 1: 길을 잃어버림) 고등학교와 다르게 대학교는 너무 넓어서 도무지 어디가 어딘지 알 수가 없었던 것이었다. 당황한 나는 같은 길을 계속 걷고 있었다. 그냥 눈 딱 감고 주변 사람들에게 물어보면 되는데 입을 뗄 용기가 나지 않았다. 그러다가 나처럼 길을 잃고 헤매는 것 같은 사람을 발견했다. 그 사람도 나를 보고 걸음을 멈췄다. 자세히 보니까 그 사람은 중학교 동창이었다. (✓상황 확인 2: 아는 사람을 만남)
마주 본 우리는 동시에 눈동자가 커졌다.
(✓맥락 파악: 밑줄 친 부분의 '이유' 찾기 → 아는 사람을 만나서)

1단계 전체 상황과 맥락 파악하기

어떤 상황이나 사건이 일어났는지를 확인하며 맥락을 파악합니다.
→ 길을 잃은 상황에서 아는 사람(동창)을 만났습니다.

2단계 나타난 행동과 어울리는 감정 찾기

감정을 나타낸 단어에 밑줄을 치면서 상황이나 행동에 어울리는지 비교해 봅니다.
→ '눈동자가 커진' 이유는 길을 잃은 상황에서 아는 사람을 만난 것이 ① '반갑고 신기'했기 때문입니다.

❶ 반갑고 신기했다.
② 힘이 들어 눈물이 났다.
③ 교실을 못 찾을까 봐 무서웠다.
④ 동기들과 친해지지 못해서 슬펐다.

☑**Tip** 선택지에는 필자의 감정을 제시하기 위한 상황 설명이 나오기도 합니다. 그러나 세부 상황은 중요하지 않습니다. 지문의 전체 맥락을 생각하면서, 지문의 밑줄 친 부분에서 느꼈을 필자의 감정이 무엇인지 추리해 보아야 합니다.

단어	의미와 예문
감격스럽다	마음에 느끼는 감동이 크다. 예 아내는 힘들게 낳은 아기를 감격스러운 표정으로 바라보았다.
걱정스럽다	좋지 않은 일이 있을까 봐 두렵고 불안하다. 예 어머니는 혼자 미국으로 유학을 가 있는 아들이 걱정스러웠다.
괘씸하다	기대나 믿음에 어긋나는 못마땅한 행동을 하여 밉살스럽다. 예 나는 어린 후배의 당돌한 말투가 괘씸하게 생각되었다.
난처하다	어떻게 행동해야 할지 결정하기 어려운 불편한 상황에 있다. 예 그녀는 동료의 결혼식과 가족 행사가 같은 날이라 난처한 입장에 처했다.
담담하다	차분하고 편안하다. 예 경기에 진 그는 담담한 마음으로 자신의 패배를 깨끗하게 인정했다.
당황스럽다	놀라거나 매우 급하여 어떻게 해야 할지를 모르는 데가 있다. 예 나는 회사의 갑작스러운 해고 통보에 매우 당황스러웠다.
부담스럽다	어떤 일이나 상황이 감당하기 어려운 느낌이 있다. 예 서민들은 날로 치솟는 물가가 부담스러웠다.
불만스럽다	마음에 차지 않아 좋지 않은 느낌이 있다. 예 선수들이 실력을 발휘하지 못하자 김 감독은 불만스러운 표정을 지었다.
불안하다	마음이 편하지 않고 조마조마하다. 예 나는 내 애인이 나를 금방 떠날 것 같은 불안한 생각이 들었다.
서운하다	생각처럼 되지 않아 만족스럽지 못하다. 예 내 말을 믿어 주지 않는 것이 너무 서운했다.
실망스럽다	기대하던 대로 되지 않아 희망을 잃거나 마음이 몹시 상한 데가 있다. 예 동생은 원하던 학교에 불합격했다는 소식을 듣고 실망스러운 표정을 지었다.
억울하다	잘못한 것도 없이 피해를 입어 속이 상하고 답답하다. 예 그는 억울하게 남의 돈을 훔쳤다는 의심을 받았다.
의심스럽다	불확실하여 믿지 못할 만한 데가 있다. 예 경찰은 의심스러운 눈빛으로 그의 증언을 들었다.
조급하다	참을성 없이 몹시 급하다. 예 나는 조급한 마음에 일을 서두르다 실수를 했다.
죄송스럽다	죄를 지은 것처럼 미안한 마음이 들다. 예 나는 그동안 고생을 하신 부모님께 죄송스러웠다.
짜증스럽다	귀찮고 성가셔서 싫다. 예 벨 소리에 단잠을 깬 그녀는 짜증스러운 얼굴을 하고 현관으로 나갔다.
허전하다	주변에 아무것도 없어서 텅 빈 느낌이 있다. 예 부모님께서 여행을 가시니까 집이 허전했다.
혼란스럽다	뒤죽박죽이 되어 어지럽고 질서가 없는 데가 있다. 예 민준은 갑작스러운 부모님의 이혼을 혼란스러워했다.
후회스럽다	이전에 자신이 한 일이 잘못임을 깨닫고 스스로 자신의 잘못을 꾸짖는 데가 있다. 예 나는 아이가 어렸을 때 옆에 같이 있어 주지 못한 것이 평생 후회스러웠다.
흡족하다	조금도 모자람이 없을 정도로 넉넉하여 만족하다. 예 김 선생님은 학생들의 실력을 흡족하게 여겼다.

※ [01~02] 다음을 읽고 물음에 답하십시오. (각 2점)

> "사람은 변할 수 있어. 그걸 믿지 못했다면 심리학을 공부할 생각은 못 했을 거야. 자기 자신을 포기하지 않는
> 한 사람은 변할 수 있어. 남은 변하게 할 수는 없더라도 적어도 자기 자신은."
> 1학년 말, 전공 선택을 하면서 공무는 그렇게 말했다. 사람이 궁금하고, 사람의 마음이 어떻게 작동하는지 알
> 고 싶다면서. 타고난 부분이 바뀌지는 않겠지만 같은 일을 경험하더라도 해석하고 반응하고 회복하는 방법은
> 달라질 수 있다고 믿는다고 했다. 나는 공무가 인간에게 품는 낙관이 신기했고, 때로는 그런 말들이 진심이 아
> 닐 거라고 의심했다. 네가 어떻게 커 왔는지 뻔히 아는데, 그런 거짓말로 스스로를 속이는 거냐고 묻고 싶었다.
> 가해자들도 변할 수 있어? 달라질 수 있어? 그 인간들이 변하고 달라진다고 해서 그들이 학대한 사람들의 상처
> 가 없어져? 죽은 사람이 다시 살아서 돌아와?
> 그러면서도 한편으로는 공무의 말에 순간이나마 마음을 걸치고 싶었다. 타고난 것은 변하지 않지만 같은 일을
> 겪어도 극복할 힘이 길러질 수 있다는 믿음 같은 것에.

01 밑줄 친 부분에 나타난 '나'의 심정으로 가장 알맞은 것을 고르십시오.

① 의지하고 싶다.

② 무시하고 싶다.

③ 동정하고 싶다.

④ 설득하고 싶다.

02 윗글의 내용과 같은 것을 고르십시오.　　　　　　　　　　　▶ 기출 유형 4-2 참고

① 공무는 나에게 진실이 아닌 거짓을 말하곤 했다.

② 나는 공무의 말을 모두 믿지 않았기에 그의 말에 기댈 수 없었다.

③ 나는 심리학을 공부하면서 가해자들도 달라질 수 있다고 믿게 되었다.

④ 공무는 남은 변하게 할 수 없을지라도 자기 자신은 변할 수 있다고 생각한다.

아이가 5살 때였던 것으로 기억한다. 아이가 기침을 하며 아팠는데 그냥 보통 감기라고 생각을 하고 약국에서 약만 사다 먹였다. 그런데 일주일째 되는 날 밤에 열이 너무 높아 온도를 재어 보니 37.5도였다. 깜짝 놀라 바로 병원 응급실로 데리고 갔다. 의사는 열이 이렇게 높은데 왜 이제야 왔냐며 바로 수술실로 데리고 들어가면서 동의서에 서명해야 한다고 했다. 간호사가 내 옆에서 무엇인가를 말하고 있는데 나는 순간 하나도 들리지 않았다. 떨리는 손으로 동의서 작성을 마쳤다.

간호사가 두 시간쯤 걸린다고 안내를 했었는데 수술실에 들어간 지 세 시간이 지나도록 나오지 않았다. 나는 불길한 예감에 휩싸였다. 하지만 얼마 지나지 않아 의사가 수술실에서 나오며 수술이 성공적이라고 말했다. 그 소리를 듣자마자 나는 온몸의 힘이 풀려 병원 바닥에 털썩 주저앉아 울고 말았다.

03 밑줄 친 부분에 나타난 '나'의 심정으로 가장 알맞은 것을 고르십시오.

① 곤란하다
② 부끄럽다
③ 안타깝다
④ 당황스럽다

04 윗글의 내용과 같은 것을 고르십시오. ▶ 기출 유형 4-2 참고

① 나는 간호사 앞에서 청각을 잃고 말았다.
② 나는 아이가 기침을 하자마자 바로 병원 응급실로 데리고 갔다.
③ 나는 아이의 수술이 잘못되어 병원 바닥에 주저앉아 울 수밖에 없었다.
④ 의사는 너무 늦게 아이를 데리고 온 나를 꾸짖으며 바로 수술실로 들어갔다.

성운은 흐르는 강물을 하염없이 바라보고 또 바라보았다. 10년 전 아버지가 돌아가신 후에 처음으로 찾아온 고향이었다. 고향 생각이 나지 않았던 것은 아니었지만 이곳에 올 여유가 그에겐 없었다. 오랜만에 마주한 강은 그의 마음을 서글프게 했다. 그는 10년의 시간 동안 성공을 향해 앞만 보고 열심히 달렸다. 그러다 어느 날 문득 일만 하는 일벌레가 되어 있는 자신을 발견하고 무작정 여행을 떠났다. 정신을 차려 보니 자신이 어릴 적 놀던 강가 앞에 앉아 있었다. 오늘 성운은 오래전 돌아가신 아버지가 너무 그리웠다.

성운의 아버지는 농사꾼으로 일생을 보냈다. 그는 남의 논밭을 빌려 농사를 지어 가난한 삶을 살면서도 성운에게 공부를 가르치려는 희망으로 힘든 줄을 모르고 살았다. 성운이 대학교를 졸업하고 작은 회사의 입사 시험에 합격했을 때 성운의 아버지는 자기 아들이 무슨 큰 성공이나 한 것같이 여기며 어깨를 으쓱해 했다.

성운은 소매를 걷고 팔에 물을 적셔 보고 물을 만지기도 하고 얼굴에 물을 끼얹기도 했다. 조용히 흐르는 물소리가 아버지의 따뜻한 음성같이 느껴졌다. 성운의 눈에서 굵은 눈물방울이 뚝 떨어졌다.

05 밑줄 친 부분에 나타난 '아버지'의 심정으로 가장 알맞은 것을 고르십시오.

① 자랑스럽다
② 고통스럽다
③ 당황스럽다
④ 후회스럽다

06 윗글의 내용으로 알 수 있는 것을 고르십시오.　　　　　▶ 기출 유형 4-2 참고

① 성운은 10년 동안 종종 아버지를 뵈러 고향에 갔다.
② 성운은 대학교를 졸업하고 큰 성공을 거두게 되었다.
③ 성운의 아버지는 한평생 농사를 지으며 가난하게 살았다.
④ 성운의 아버지는 따뜻한 음성으로 우는 성운을 위로해 주었다.

문장이 들어갈 위치 고르기

대표 문제

주어진 문장이 들어갈 곳으로 가장 알맞은 것을 고르십시오.

독일 출신의 고전파 음악가 베토벤은 음악가인 할아버지와 아버지 아래에서 음악을 공부했다. (㉠) 어 릴 적부터 남다른 재능을 보인 그는 많은 이들의 부러움을 한 몸에 받으며 자랐다. (㉡) 하지만 20대에 갑자기 진행된 난청이 심각해졌고 끝내 청력을 잃게 되었다. (㉢) 자신에게 처한 위기를 기회로 삼고 극 복한 베토벤은 지금까지도 여러 사람에게 그의 음악으로 감동을 주고 있다. (㉣)

문장 그러나 그는 청력 장애에 굴하지 않고 새로운 스타일로 작곡을 이어갔다.

① ㉠   ② ㉡   ③ ㉢   ④ ㉣

문제 속 **표현**

고전: ❶ 오래전부터 내려오던 방식이나 형식. **❷** 오랫동안 가치가 높다고 널리 인정된 문학이나 예술 작품.

‒(으)ㄹ 적: 어떤 행위나 상태가 나타나는 시간의 순간이나 '동안'이라는 의미.

난청: ❶ 전파가 잘 잡히지 않아 라디오 등을 잘 들을 수 없는 상태. **❷** 청각 기관에 문제가 있어 잘 들을 수 없는 상태.

청력: 귀로 소리를 듣는 능력.

처하다: ❶ 어떤 형편이나 처지에 놓이다. **❷** 어떤 벌을 받는 처지에 놓이다.

문제 속 **표현 확인**

★ 배운 내용을 생각하며 문제를 풀어 봅시다.

1. 수지는 _____ 에도 예뻤다. (어리다)   🔖 어릴 적

2. _____ 일지도 모르니 병원에 가 보세요.   🔖 난청

3. 그는 곤경에 _____ 친구를 도와주었다.   🔖 처한

4. 역사가는 _____ 작품을 통해서도 조상들의 삶을 연구한다.   🔖 고전

5. 개는 _____ 이/가 뛰어나서 작은 소리에도 민감하게 반응한다.   🔖 청력이

● **유형:** 글을 읽고 주어진 문장이 들어가기에 적합한 곳을 찾는 유형

● **경향 분석**

　5급　39번, 40번, 41번

● 주로 설명문, 기사문, 비평문이 하나씩 출제됩니다. 상식, 과학, 인물, 시사, 철학, 사상, 심리 등의 전문적인 내용이 많기 때문에 낯선 단어가 있을 수도 있지만, 단어 하나하나의 의미보다는 전체적인 글의 흐름을 파악하는 것이 더 중요합니다.

● 완결된 글에서 하나의 문장을 삭제한 후, 원래 그 문장이 있던 위치를 찾는 연습을 하면 좋습니다.

이런 문제　　　　　　　　　　　　　　　★ 단계에 따라 전략적으로 문제를 풀어 봅시다.

주어진 문장이 들어갈 곳으로 가장 알맞은 것을 고르십시오.

독일 출신의 고전파 음악가 베토벤은 음악가인 할아버지와 아버지 아래에서 음악을 공부했다. 어릴 적부터 남다른 재능을 보인 그는 많은 이들의 부러움을 한 몸에 받으며 자랐다. 하지만 20대에 갑자기 진행된 난청이 심각해졌고 끝내 [청력을 잃게] 되었다.

(㉢ 그러나 그는 [청력 장애]에 굴하지 않고 (✔앞 내용의 키워드)
　　　새로운 스타일로 작곡을 이어갔다. (✔뒤 내용의 키워드))

자신에게 처한 [위기]를 기회로 삼고 극복한 베토벤은 지금까지도 여러 사람에게 그의 음악으로 감동을 주고 있다.

문장　그러나 그는 [청력 장애]에 굴하지 않고 (✔앞 내용의 키워드)
　　　　　새로운 스타일로 작곡을 이어갔다. (✔뒤 내용의 키워드)

① ㉠　　　　② ㉡　　　　❸ ㉢　　　　④ ㉣

1단계 키워드에 표시하며 글의 흐름 이해하기

문장의 키워드를 가지고 앞뒤에 올 수 있는 내용을 추측해 봅니다.

→ '그러나 청력 장애에 굴하지 않고'라는 말 앞에는 '청력에 문제가 생겼다는 내용'이 올 것입니다. '작곡을 이어갔다'는 말 뒤에는 '포기하지 않고 노력했다는 내용'이 올 것입니다.

2단계 글의 흐름에 맞추어 주어진 문장 넣어보기

주어와 서술어, 내용 흐름에 중요한 단어를 중심으로 지문을 빠르게 읽으며 주어진 문장이 들어갈 위치를 찾습니다.

☑**Tip** 예상되는 위치에 넣어 지문 전체를 읽을 때 흐름이 자연스러운지 확인합니다.

실제 기출문제로 내용의 흐름을 파악하는 방법을 연습해 봅시다.

예 [60회 41번 인용]

> 　　최초의 동전은 값비싼 금과 은으로 제작되었다. 이 동전의 가치가 매우 높았던 까닭에 주화를 조금씩 깎아 내서 이득을
> 보려는 사람들이 많았다. 자연히 시장에서는 성한 금화나 은화를 찾아볼 수 없었고 주화를 발행하는 국가도 손실이 컸다.
> 그래서 그 대안으로 주화들의 테두리에 톱니 모양을 새겨 훼손 여부가 잘 드러나도록 하였다. (ⓔ 그 효과는 기대 이상으
> 　　　　　　　　　　　　　　　　　　　　　　　　　　　　　　　　└ 앞 내용의 키워드
> 로 빠르게 나타났다.) [톱니 모양이 훼손된 주화는 육안으로 쉽게 구별할 수 있었고 그러한 돈은 사람들이 받지 않았기 때
> 문이다.]　　　　　　　　　　　　　　　　　　　　　　효과가 빠르게 나타난 이유

[1단계] 키워드에 표시하며 글의 흐름 이해하기
주어진 문장의 키워드는 '그 효과는 빠르게 나타났다'입니다. 그러므로 앞에는 지시어 '그'에 해당하는 말이 나오고, 뒤에는 이
것에 대한 자세한 내용이 이어질 것입니다.

[2단계] 글의 흐름에 맞추어 주어진 문장 넣어보기
주어진 문장에 나온 '그 효과'는 맥락상 '대안'을 실행한 이후 나타난 '효과'를 의미합니다. 효과가 '빠르게 나타난' 이유는 훼손
된 주화(돈)를 '쉽게 구별'해 낼 수 있게 되었기 때문이라고 이어지는 것이 자연스럽습니다.

예 [52회 39번 인용]

> 　한 연구팀이 냄새가 나지 않는 무취 상태의 조건을 알아냈다. 사람의 코는 다양한 냄새 중에 농도가 짙은 것 위주로 냄새
> 를 맡는다. 그런데 서로 다른 냄새 입자를 동일한 양으로 섞으면 사람의 코는 냄새가 거의 나지 않는 것처럼 느낀다는 것
> 이다. 여기에서 착안해 악취를 없애는 기술을 연구하고 있다. (ⓔ 악취에 동일한 양의 다른 냄새들을 더해 악취를 느끼지
> 　　　　　　　　　　　　　　　　　　　　　　　　　　　　　　　　　　　　　　앞 내용의 키워드
> 못하게 하는 것이 목표이다.) 이 기술이 개발되면 심한 악취 환경에서 작업하는 사람들의 어려움을 줄여 줄 수 있을 것
> 이다.

[1단계] 키워드에 표시하며 글의 흐름 이해하기
주어진 문장의 키워드는 '악취를 느끼지 못하게 하는 것'입니다.

[2단계] 글의 흐름에 맞추어 주어진 문장 넣어보기
'악취를 없애는 기술'로 사람들이 '악취를 느끼지 못하게' 하면, '사람들의 어려움을 줄여 줄 수 있을 것'이라고 이어지는 것이
자연스럽습니다.

※ **주어진 문장이 들어갈 곳으로 가장 알맞은 것을 고르십시오.(각 2점)**

01

> 하이브리드 자동차는 디젤 엔진과 전기 모터를 동시에 장착한 차세대 자동차를 말한다. (㉠) 이 차량은 일반 차량과 비교하여 구조가 복잡하고 무거워서 고장이 나면 수리가 어렵다는 단점이 있다. (㉡) 반면에 시동을 걸거나 가속할 때는 디젤 엔진을 이용하고 감속할 때 배터리를 충전하여 저속 주행 시 전기 모터를 사용하기 때문에 연비가 우수하다는 장점이 있다. (㉢) 또한, 일반 차량보다 유해가스를 최대 90% 이상 줄일 수 있어서 친환경 자동차라고도 부른다. (㉣)

> **문장** 이러한 환경상의 이유로 공공 기관에서 공용차량으로 구매하는 등 하이브리드 자동차의 판매량이 계속해서 증가하고 있다.

① ㉠   ② ㉡   ③ ㉢   ④ ㉣

02

> 사람의 성격은 선천적인 영향을 크게 받지만, 먹는 음식에 의해 후천적으로 바뀌기도 한다. (㉠) 이처럼 현대인들에게 인기가 많은 패스트푸드는 성격을 더 급하게 만든다는 특징을 가지고 있다. (㉡) 이러한 이유로 최근 슬로푸드 먹기 운동이 늘고 있다. (㉢) 슬로푸드를 만들기 위해서는 긴 시간이 필요하며 음식을 먹으려면 오랜 시간 동안 기다려야 한다. (㉣) 따라서 슬로푸드 먹기 운동을 하는 사람들은 이 운동을 통해 사람들의 인내심이 길러질 것이라고 믿고 있다.

> **문장** 바쁜 현대인들은 빨리 먹을 수 있는 패스트푸드를 많이 찾는다.

① ㉠   ② ㉡   ③ ㉢   ④ ㉣

03

겨울철이 되면 우리를 불편하게 하는 것들이 있는데 그중 하나가 바로 정전기이다. (㉠) 그러면 이렇게 이동하지 않는 정전기는 왜 생기는 것일까? (㉡) 정전기의 특징을 알아보면 그 답을 찾을 수 있다. (㉢) 주변의 물체와 접촉을 하면 마찰이 생기는데 그때 우리의 몸에 조금씩 전기가 저장된다. (㉣) 그리고 그 전기가 어느 수준 이상이 되었을 때 전기가 흐르는 물체에 몸이 닿으면 순식간에 이동하게 되어 정전기가 발생하는 것이다.

문장 정전기는 흐르지 않고 멈추어 있다고 해서 지어진 이름이다.

---

① ㉠　　　　② ㉡　　　　③ ㉢　　　　④ ㉣

04

연구진은 수차례 실험을 통하여 개가 인간과 유사한 추론 능력을 지녔다는 것을 밝혀냈다. (㉠) 그런데 '미로 찾기 테스트'에서는 쥐보다 능력이 떨어졌으며 가까운 친척인 늑대보다 못한 것으로 나타났다. (㉡) 하지만 개가 월등한 기억 능력을 발휘하는 때가 있다. (㉢) 그러면 개들은 즉시 문제를 풀어내는데, 이에 대해 연구진은 인간과 동물이 힘을 합쳤을 때 개의 능력이 발휘된다는 결론을 내렸다. (㉣)

문장 바로 인간이 먼저 미로를 도는 모습을 봤을 때이다.

---

① ㉠　　　　② ㉡　　　　③ ㉢　　　　④ ㉣

05

(㉠) '딜레마'는 둘 중 하나를 선택해야 하는 경우 어떤 쪽을 택하더라도 불만족스러운 결과가 오는 상황을 말한다. (㉡) 살아가면서 사람들은 이러한 딜레마 상황에 처하게 된다. (㉢) 굳이 무엇을 고르지 않아도 되지만 그런 상태에서 압박을 받으면 흑백논리에 빠지게 되어 버리는 것이다. (㉣) 그러므로 둘 중 하나를 꼭 선택하려 하기보다 그 상황에 맞는 현명한 판단을 내릴 수 있도록 생각해야 할 것이다.

문장 이 경우 반드시 어떤 쪽을 택해야 한다는 강박관념에 빠지게 된다.

---

① ㉠　　　　② ㉡　　　　③ ㉢　　　　④ ㉣

대표 문제

윗글에 나타난 필자의 태도로 가장 알맞은 것을 고르십시오.

> 근로 빈곤층이란 일을 해도 빈곤한 상태를 벗어나지 못하는 가난한 사회계층을 지칭한다. 이들은 취업을 해서 일을 하고 있음에도 불구하고 저축할 여력이 없는 사람들이다. 저축을 할 수 없기 때문에 일시적 질병 또는 실직이 절대빈곤으로 직결된다는 문제점을 갖고 있다. 과거에는 빈곤을 노동하지 않거나 과다한 지출을 하는 등 개인의 탓에 기인한 문제라고 여겼지만, 오늘날의 빈곤은 글로벌 금융위기와 같이 개인의 범위를 넘어서서 발생하는 것으로 요인이 확대되었다. 경제 위기는 곧바로 대량 실업 사태로 이어져 근로 빈곤층을 형성하는 주된 원인이 된다. 고용불안에 따른 사회 구조적 악순환의 고리가 결국에는 최저생계비 이하로 몰락하는 이들을 대량으로 양산하고 마는 것이다. 이제는 국가가 나서서 개인의 능력을 최대한 개발하고 역량을 발휘할 수 있도록 지원하는 제도적 장치를 마련해 주어야만 한다. 국세청의 근로장려세 제도나 보건복지부가 시행하고 있는 '저소득층 한시적 긴급생활지원금' 사업 등이 좋은 예가 될 것이다.

① 최저생계비를 주는 고용주를 비판하고 있다.

② 개인의 빈곤을 국가가 지원해야 한다고 강조하고 있다.

③ 근로 빈곤층이 곧 사라질 것을 긍정적으로 예상하고 있다.

④ 근로 빈곤층의 최저생계비가 더 떨어질 것을 우려하고 있다.

문제 속 **표현**

빈곤(하다): 가난하여 생활하기가 어렵다.

~에도 불구하고: 앞말의 내용에서 기대할 수 있는 것과 다르거나 반대되는 사실이 뒤에 옴을 나타내는 표현.

여력: 어떤 일을 하고 난 뒤 또 다른 일을 할 수 있을 만큼 남아 있는 힘이나 능력.

과다(하다): 지나치게 많다.

기인(하다): 어떤 사건이나 현상 등이 어떤 일에 원인을 두다.

−고 말다: 앞에 오는 말이 가리키는 행동이 안타깝게도 끝내 일어났음을 나타내는 표현.

시행(하다): 법률이나 명령 등을 일반 대중에게 알린 뒤에 실제로 그 효력을 나타내다.

문제 속 **표현 확인**

★ 배운 내용을 생각하며 문제를 풀어 봅시다.

1. 민준은 지갑을 손에 들고 다니다가 _____. (잃어버리다)　　　📗 잃어버리고 말았다

2. 국회는 다음 달부터 새로운 법안을 _____ −기로 결정했다.　　　📗 시행하기

3. _____ 시험 스트레스로 잠을 못 잘 지경이었다.　　　📗 과다한

4. _____ 공원에는 나들이 나온 가족들로 붐볐다. (추운 날씨)　　　📗 추운 날씨에도 불구하고

5. 오늘 하루 아무것도 안 먹었더니 움직일 _____ 이/가 없다.　　　📗 여력이

6. _____ 난방을 못 하고 추위에 떠는 노인들이 많대요.　　　📗 빈곤해서

7. 그 교통사고는 운전자의 음주 운전에 _____ 것으로 결론이 났다.　　　📗 기인한

- **유형:** 논설문을 읽고 필자의 태도를 파악하는 유형

- **경향 분석**

  6급 46–47번(논설문)에서 1문제

- '유형 4–2. 글과 일치하는 내용 고르기'와 함께 묶음형 문제로만 출제됩니다. 한 개의 지문을 읽고 두 문제를 푸는 연습을 해 두는 것이 좋습니다.

- 필자가 글을 쓴 목적을 파악하면 태도도 알 수 있습니다. 예를 들어 '문제점을 알리기 위해' 쓴 글이라면 '지적하고 있다, 비판하고 있다' 등이 태도로 나타납니다.

이런 문제

★ 단계에 따라 전략적으로 문제를 풀어 봅시다.

윗글에 나타난 필자의 태도로 가장 알맞은 것을 고르십시오.

근로 빈곤층이란 일을 해도 빈곤한 상태를 벗어나지 못하는 가난한 사회계층을 지칭한다. 이들은 취업을 해서 일을 하고 있음에도 불구하고 저축할 여력이 없는 사람들이다. 저축을 할 수 없기 때문에 일시적 질병 또는 실직이 절대빈곤으로 직결된다는 문제점을 갖고 있다.

과거에는 빈곤을 노동하지 않거나 과다한 지출을 하는 등 개인의 탓에 기인한 문제라고 여겼지만, 오늘날의 빈곤은 글로벌 금융위기와 같이 개인의 범위를 넘어서서 발생하는 것으로 요인이 확대되었다. 경제 위기는 곧바로 대량 실업 사태로 이어져 근로 빈곤층을 형성하는 주된 원인이 된다. 고용불안에 따른 사회 구조적 악순환의 고리가 결국에는 최저생계비 이하로 몰락하는 이들을 대량으로 양산하고 마는 것이다. 이제는 국가가 나서서 개인의 능력을 최대한 개발하고 역량을 발휘할 수 있도록 지원하는 제도적 장치를 마련해 주어야만 한다. (✓ –아/어야만 한다 → 목적) 국세청의 근로 장려세 제도나 보건복지부가 시행하고 있는 '저소득층 한시적 긴급생활지원금' 사업 등이 좋은 예가 될 것이다.

① 최저생계비를 주는 고용주를 비판하고 있다.

❷ 개인의 빈곤을 국가가 지원해야 한다고 강조하고 있다.

③ 근로 빈곤층이 곧 사라질 것을 긍정적으로 예상하고 있다.

④ 근로 빈곤층의 최저생계비가 더 떨어질 것을 우려하고 있다.

1단계 글을 쓴 목적 파악하기

글을 쓴 목적은 '–아/어야 하다' 같은 말 앞에 나타납니다.

→ 필자는 개인의 빈곤을 '국가'가 해결해 주어야 한다고 주장하고 있습니다.

2단계 선택지와 비교하기

① 비판 대상은 사회 구조입니다.

② '개인의 빈곤'은 개인의 범위를 넘어서서 발생하는 것으로 확대되었으며 '국가가 나서서 제도적 장치를 마련해 주어야 한다'고 주장합니다.

③ '근로 빈곤층'이 더 늘어날 것을 예고하고 있습니다.

④ 근로 빈곤층의 '소득'이 최저생계비보다 더 떨어질 것을 우려하고 있습니다.

단어	의미와 예문
감탄하다	마음속 깊이 크게 느끼다. 예 아름다움에 감탄하다.
강조하다	어떤 것을 특히 두드러지게 하거나 강하게 주장하다. 예 필요성을 재차 강조했다.
공감하다 (≒ 동감하다)	다른 사람의 마음이나 생각에 대해 자신도 그렇다고 똑같이 느끼다. 예 고통을(/고통에) 공감하다. / 의견에(/생각에) 동감하다.
경계하다	뜻밖의 사고나 위험이 생기지 않도록 살피고 조심하다. 예 우리 군은 적의 공격을 경계했다.
기대하다	어떤 일이 이루어지기를 바라며 기다리다. 예 승리를 기대하다.
비판하다	옳고 그름을 밝히거나 잘못된 점을 지적하다. 예 부도덕성을 비판하다.
예상하다 (= 예측하다)	앞으로 있을 일이나 상황을 짐작하다. 예 가능성을 예상하다.
옹호하다	편들고 도움을 주어 지키다. 예 입장을 옹호하다.
요구하다	필요하거나 받아야 할 것을 달라고 청하다. 예 보상을 요구하다.
우려하다 (= 염려하다)	근심하거나 걱정하다. 예 경제 위기를 우려하다.
인정하다	어떤 것이 확실하다고 여기거나 받아들이다. 예 잘못을 인정하다.
제기하다	의견이나 문제를 내놓다. 예 의문을 제기하다.
제안하다	의견이나 안건으로 내놓다. 예 새롭게 제안하다.
지적하다	잘못된 점이나 고쳐야 할 점을 가리켜 말하다. 예 문제점을 지적하다.
평가하다	사물의 값이나 가치, 수준 등을 헤아려 정하다. 예 가치를 평가하다.

※ [01~02] 다음을 읽고 물음에 답하십시오. (각 2점)

국가 또는 공공단체가 운영에 필요한 자금을 마련하기 위해서 국민들에게 거두어들이는 돈을 조세라고 한다. 어느 국가를 막론하고 공공 재정 확보의 주요 수단인 조세는 매우 중요하며 잘 확립된 조세 제도는 국가 재정의 건전성에도 큰 영향을 미치게 된다. 원칙 없이 국민들에게 강제로 조세를 부과할 경우, 조세 부과 방식에 대한 불만이 제기되기도 하고, 경제 주체인 국민들이 의욕을 상실하여 경제적 손실이 초래되기도 한다. 그러므로 조세를 부과할 때는 공평한 원칙이 적용되어야 한다. 조세 제도에 있어 적용되는 두 가지 중요한 학설은 다음과 같다. 첫째, 편익 원칙이라고도 불리는 이익설이다. 이는 공공서비스 사용을 통해 얻은 편익을 평가하여 조세를 지불해야 한다는 학설이다. 자발적인 납부를 유도할 수 있다는 장점이 있지만 제공받은 서비스를 측정하기 어렵다는 문제가 있다. 둘째, 개인의 소득이나 재산을 고려하여 세금을 내야 한다는 능력설이다. 능력설은 이익설보다 실행가능성이 높지만 어떤 사람들을 같은 능력으로 봐야 할지, 다른 능력의 사람들에게 어느 정도로 차등적인 조세를 부과해야 할지에 대해서는 여전히 논의 중이다.

01   윗글에 나타난 필자의 태도로 가장 알맞은 것을 고르십시오.

① 국가의 현재 조세 부과 방식에 대해 감탄하고 있다.
② 조세가 국가 운영에 기여하는 바를 높이 평가하고 있다.
③ 조세 부과 방식에 대한 국민들의 불만을 옹호하고 있다.
④ 원칙 없는 조세 부과 시 나타나는 문제점을 우려하고 있다.

02   윗글의 내용과 같은 것을 고르십시오.   ▶ 기출 유형 4-2 참고

① 조세는 필요한 자금에 따라 부과 원칙이 달라진다.
② 능력설이 이익설에 비해 공평하다는 의견이 지배적이다.
③ 능력설은 개개인의 능력을 평가하는 기준에 대한 논의가 진행 중이다.
④ 편익 원칙은 이익설보다 실행 가능성이 높지만 능력 측정의 어려움이 따른다.

　　기업이 대학을 인수하는 일이 많아지고 있다. 대학의 열악한 재정 상태를 기업이 개선해 줄 것이라고 기대하며 대학은 기업에 인수되는 것을 반겼으나 학내에서 예상치 못한 많은 갈등이 빚어지고 있다. 이는 기업과 대학이 서로 다른 가치를 추구하는 문제에서 비롯된 것이다. 기업은 경제적 이익 창출이라는 목적 아래 효율성을 우선으로 대학을 운영한다. 이에 반해 대학은 학문의 자유를 추구하며 인재를 양성하고자 한다. 기업이 이러한 대학의 성격을 존중하지 않고 대학을 운영하면 두 집단은 충돌할 수밖에 없다. 최소 수강인원 기준을 계속 올려 강의 수를 줄인다거나 취업률이 낮은 학과를 통폐합하는 등의 모습이 대표적인 예라 할 수 있다. 이와 같은 사례는 대학생들을 사회의 지성인이 아닌 단지 예비 회사원을 키우려는 의도가 다분하다. 대학은 합리적인 사고 능력을 배양하고 사회인으로서 갖추어야 할 교양을 배우는 곳이지, 취업을 위한 학원이 아니다. 돈이 지배하는 대학, 기업화된 대학이 길러 낸 사람들로 구성된 사회는 더 이상 희망이 없는 사회라는 것을 깨달아야 할 것이다.

03　윗글에 나타난 필자의 태도로 가장 알맞은 것을 고르십시오.

① 기업이 진행하는 대학 운영의 문제점을 지적하고 있다.
② 취업률이 낮은 학과를 통폐합해야 한다고 역설하고 있다.
③ 심각한 취업난으로 어려움에 처한 대학생들을 동정하고 있다.
④ 사회의 지성인을 양성하는 대학만 긍정적으로 평가하고 있다.

04　윗글의 내용과 같은 것을 고르십시오.　　　　　▶ 기출 유형 4-2 참고

① 처음부터 대학은 기업의 대학 인수에 대해 반대했다.
② 대학은 예비 사회인을 양성하는 곳으로써 기업화된 전략이 필요하다.
③ 기업의 대학 운영 방침과 대학이 추구하는 방향이 달라 갈등이 빚어지고 있다.
④ 수강할 수 있는 기준 인원수를 올려 대학의 열악한 재정 상태를 개선해야 한다.

필자의 의도나 목적 고르기

대표 문제

다음 글을 쓴 목적으로 가장 알맞은 것을 고르십시오.

송아지 한 마리를 판매용 소로 키우기 위해서는 사료 외에도 사료의 100배 정도 되는 물이 필요하며, 축사에서는 상상 이상의 온실가스가 발생하는 것을 감당해야 한다. 그리고 사실 이것은 세계 여러 나라의 물 부족 사태와 지구 온난화 및 기후 변화와 관계가 깊기도 하다. 그러므로 이제는 인류의 먹거리를 확보할 때 자원이 고갈되는 것을 막고 지구의 환경도 파괴하지 말아야 한다는 목소리가 높다. 이와 관련하여 식품의약안전처는 200kcal당 이산화탄소 24kg이 배출되는 소고기를 대체할 단백질 식품의 확보를 위해, '식용 곤충'의 인정 범위를 확대할 전망이라고 밝혔다. 식용 곤충은 200kcal당 이산화탄소 0.7kg을 방출하기 때문에 소고기보다 이산화탄소 배출량이 현저하게 적다. 그런데 현재 국내에서 식용 가능한 곤충은 메뚜기, 번데기 등 총 9종에 불과하므로 이를 넓혀 나갈 계획이라는 것이다. 나아가 식약청은 곤충을 먹는다는 것에 거부감을 느끼거나 혐오감을 갖는 사람들을 위해 분말 형태로 출시하는 방법에 관한 고민과 함께, 앞으로도 환경을 생각하는 범위 내에서 다양한 미래 먹거리에 대해 고민해야 할 것이다.

① 대체 식품의 필요성을 주장하기 위해
② 동물 복지의 중요성을 알려 주기 위해
③ 지구 온난화의 심각성을 호소하기 위해
④ 자연 환경을 이용하는 방법을 설명하기 위해

🔍 문제 속 표현

사료: 집이나 농장 등에서 기르는 동물에게 주는 먹이.

온실가스: 공기를 오염시켜 온실 효과를 일으키는 가스.

확보: 확실히 가지고 있음.

방출(하다): 모아 둔 것을 널리 공급하다.

먹거리: 사람이 먹는 여러 가지 음식.

축사: 가축을 안에 두고 기르는 건물.

사태: 일이 되어 가는 상황이나 벌어진 일의 상태.

고갈: 자원이나 물 등이 다 써서 없어짐.

혐오감: 몹시 싫어하고 미워하는 감정.

🔍 문제 속 표현 확인

★ 배운 내용을 생각하며 문제를 풀어 봅시다.

1. 그 잔치에는 맛있는 _____ 이/가 많았다.   📖 먹거리가

2. 이곳은 닭 수십 마리를 키우는 _____ 이다.   📖 축사

3. 철수는 폭력적인 영화에 _____ 을/를 느낀다.   📖 혐오감을

4. 물이 _____ 사람들이 고생하고 있다.   📖 고갈되어

5. _____ 이/가 증가해 지구 온난화가 심해진 것이다.   📖 온실가스가

6. 우리 누나는 직접 재배한 곡물을 가축 _____ 로/으로 쓴다.   📖 사료로

7. 기업들이 인재 _____ 을/를 위해 채용에 신경을 쓰고 있다.   📖 확보를

8. 한국은행이 시중에 자금을 _____ -기 때문에 경기가 좋아질 것이다.   📖 방출했기

9. 노조원들을 자극하는 것은 파업 _____ 을/를 더욱 악화시킬 뿐이다.   📖 사태를

● **유형:** 논설문을 읽고 필자의 의도나 목적을 추론하는 유형

● **경향 분석**

　6급　48–49–50번(논설문)에서 1문제

● '유형 4–2. 글과 일치하는 내용 고르기'와 '유형 6. 빈칸에 알맞은 말 고르기(맥락)'와 함께 묶음형 문제로만 출제됩니다. 한 개의 지문을 읽고 세 문제를 푸는 연습을 해 두는 것이 좋습니다.

● 독자에게 무엇을 주장하고, 어떤 내용을 전달하려고 했는지 파악하는 게 중요합니다. 다음 내용을 참고하여 필자의 주장이 나타나는 부분을 주의 깊게 읽는 것이 좋습니다.

　　– 필자의 주장은 주로 글의 처음이나 끝에 나타납니다.
　　– 접속사가 있을 때는 접속사 앞의 내용과 접속사 뒤의 내용이 다를 수 있습니다. 특히 '그러나, 하지만, 그렇지만' 등은 뒤의
　　　내용이 필자의 주장과 일치하는 경우가 많으므로, 접속사의 뒷부분을 주의 깊게 읽어야 합니다.

이런 문제　　　　　　　　　　　　　　　　　　　　　★ 단계에 따라 전략적으로 문제를 풀어 봅시다.

다음 글을 쓴 목적으로 가장 알맞은 것을 고르십시오.

> 송아지 한 마리를 판매용 소로 키우기 위해서는 사료 외에도 사료의 100배 정도 되는 물이 필요하며, 축사에서는 상상 이상의 온실가스가 발생하는 것을 감당해야 한다. (✓원인) 그리고 사실 이것은 세계 여러 나라의 물 부족 사태와 지구 온난화 및 기후 변화와 관계가 깊기도 하다. 그러므로 이제는 인류의 먹거리를 확보할 때 자원이 고갈되는 것을 막고 지구의 환경도 파괴하지 말아야 한다는 목소리가 높다. 이와 관련하여 식품의약안전처는 200kcal당 이산화탄소 24kg이 배출되는 소고기를 대체할 단백질 식품의 확보를 위해, '식용 곤충'의 인정 범위를 확대할 전망이라고 밝혔다. (✓대책) 식용 곤충은 200kcal당 이산화탄소 0.7kg을 방출하기 때문에 소고기보다 이산화탄소 배출량이 현저하게 적다. 그런데 현재 국내에서 식용 가능한 곤충은 메뚜기, 번데기 등 총 9종에 불과하므로 이를 넓혀 나갈 계획이라는 것이다. 나아가 식약청은 곤충을 먹는다는 것에 거부감을 느끼거나 혐오감을 갖는 사람들을 위해 분말 형태로 출시하는 방법에 관한 고민과 함께, 앞으로도 환경을 생각하는 범위 내에서 다양한 미래 먹거리에 대해 고민해야 할 것이다. (✓–아/어야 한다 → 주장)

1단계 필자의 생각 찾아내기

전체 흐름을 파악하면서, 필자의 주장이 나타난 부분을 찾습니다.
→ 이 글은 '원인과 대책'으로 구성되어 있습니다. 필자의 주장이 가장 잘 드러난 부분은 마지막 문장입니다.

2단계 선택지와 비교하기

① '자원 고갈'과 '환경 오염'을 막기 위하여 '대체 식품'에 대해 고민해야 한다고 주장하고 있습니다.
③ 물과 같은 자원 고갈, 지구 온난화, 기후 변화 등을 막기 위한 '먹거리에 대한 고민이 필요함을 호소'하는 것이 이 글을 쓴 목적입니다.

❶ 대체 식품의 필요성을 주장하기 위해

② 동물 복지의 중요성을 알려 주기 위해

③ 지구 온난화의 심각성을 호소하기 위해 → 함정!

④ 자연 환경을 이용하는 방법을 설명하기 위해

단어	의미와 예문
강조하다	어떤 것을 특히 두드러지게 하거나 강하게 주장하다. **예** 선생님은 늘 우리에게 정직과 성실을 <u>강조하신다</u>.
경고하다	위험한 일을 조심하거나 삼가도록 미리 일러서 주의를 주다. **예** 의사는 김 씨에게 커피를 줄이라고 <u>경고했다</u>.
분석하다	더 잘 이해하기 위하여 어떤 현상이나 사물을 여러 요소나 성질로 나누다. **예** 이 지역의 지하수를 <u>분석해</u> 보니 유해한 성분은 없었다.
설명하다	어떤 것을 남에게 알기 쉽게 풀어 말하다. **예** 청소기 사용법을 <u>설명했다</u>.
소개하다	잘 알려지지 않았거나, 잘 모르는 사실이나 내용을 잘 알도록 설명하다. **예** 좋은 여행사를 <u>소개해</u> 주세요.
역설하다	자신의 생각을 힘주어 말하다. **예** 필요성을 <u>역설하다</u>.
제기하다	1. 의견이나 문제를 내놓다. 　**예** 의문을 <u>제기하다</u>. 2. 소송을 일으키다. 　**예** 소송을 <u>제기하다</u>.
제시하다	무엇을 하고자 하는 생각을 말이나 글로 나타내어 보이다. **예** 환경오염 문제를 해결할 방안을 <u>제시하다</u>.
지적하다	1. 어떤 것을 꼭 집어서 분명하게 가리키다. 　**예** 선생님이 학생의 물건을 <u>지적했다</u>. 2. 잘못된 점이나 고쳐야 할 점을 가리켜 말하다. 　**예** 그는 나의 실수를 <u>지적했다</u>.

※ **[01~03] 다음을 읽고 물음에 답하십시오. (각 2점)**

> 문자가 아닌 이미지로 의미를 전달하는 영상 매체의 사용이 일반화되면서 일상생활 속에서 이미지를 사용하고 해독하는 일이 많아지고 있다. 이제 더 이상 이미지는 생소한 개념이 아니며 편의성, 가독성 등의 장점으로 우리의 일상에 자리 잡게 된 것이다. 하지만 그 이면에는 위험성 또한 내재되어 있음을 유념해야 한다. 이미지를 만드는 사람 중 일부는 사람들의 무의식을 이용하여 본인의 의도를 주입하는 등 심리를 조정하는 행위를 하기도 하는데 만약 이런 이미지에 길들여지면 가공된 이미지 세계를 현실 세계로 착각할 수 있게 된다. 지나치게 자극적인 액션 영화를 통한 모방 범죄 심리가 생기는 것을 대표적인 위험 사례로 제시할 수 있다. 논리적이고 합리적인 사고 과정 없이 이미지에 의해 조작된 삶을 감각적으로 소비하게 된다면 현실과 다른 유토피아적 세계만을 추구하고 현실 세계를 받아들이지 못하는 상황이 발생할 수도 있다. 그러므로 무분별하게 이미지를 소비할 것이 아니라, 이미지를 (   ) 수용하는 자세가 필요하다.

01 윗글을 쓴 목적으로 가장 알맞은 것을 고르십시오.

① 이미지를 올바르게 수용해야 함을 주장하기 위해
② 이미지에 내재되어 있는 장점을 구체적으로 알리기 위해
③ 이미지를 제작하는 사람들의 숨겨진 의도를 비판하기 위해
④ 이미지 세계와 현실 세계의 차이점을 비교하고 분석하기 위해

02 (   ) 안에 들어갈 말로 가장 알맞은 것을 고르십시오. ▶ 기출 유형 6 참고

① 의도적으로
② 감각적으로
③ 과학적으로
④ 주체적으로

03 윗글의 내용과 같은 것을 고르십시오. ▶ 기출 유형 4-2 참고

① 이미지에서 텍스트로 매체가 전환되었다.
② 이미지의 생소함이 일상생활에 혼란을 야기했다.
③ 유토피아적 이미지는 현실 세계를 수용하는 데 도움이 된다.
④ 이미지를 가공하는 사람은 이미지에 자신의 의도를 포함시킬 수 있다.

줄기세포 연구는 인공 장기 연구 혹은 질병에 걸린 동물을 치료하는 데 있어 엄청난 가능성을 내포하고 있어 매우 중요하다. 하지만 '실험 목적을 위한 배아 파괴가 옳은가?'의 윤리적 문제에서 자유로울 수 없다. 배아는 생명을 가진 것이지만 과학계에서는 통상적으로 14일 이전의 배아는 잠재적 인간으로 보지 않아 문제로 여기지 않는다. 하지만 종교계는 수정란에 인간의 지위가 있다고 주장하며 끊임없이 과학계와 첨예하게 대립하고 있다. 인간에 의해 수정된 배아든 세포 이식을 통한 연구용 복제 배아든 모두 인간으로 성장할 수 있는 잠재력은 있다고 봐야 하지 않을까? 배아의 시기를 거치지 않고 지금 살아서 숨을 쉬는 인간이 있을까? 모체 내에서 생성 발육한 배아는 생명체이고 실험실에서 만들어진 배아는 그와 다른 기준으로 생각하는 것은 인간의 정의를 (   ) 모순된 결과를 불러온다. 배아가 생성되는 곳에 따라 보호 또는 파괴되는 것은 정의의 원칙에 맞지 않는 것이라고 생각한다.

04　윗글을 쓴 목적으로 가장 알맞은 것을 고르십시오.

① 줄기세포 연구의 당위성을 호소하기 위해

② 줄기세포 연구의 편리성을 설명하기 위해

③ 줄기세포 연구의 필요성을 광고하기 위해

④ 줄기세포 연구의 모순성을 설명하기 위해

05　(   ) 안에 들어갈 말로 가장 알맞은 것을 고르십시오.　　　▶ 기출 유형 6 참고

① 환경에 따라 임의로 규정하는

② 대상에 따라 편하게 조절하는

③ 목표에 따라 소중하게 다루는

④ 분야에 따라 자유롭게 활용하는

06　윗글의 내용과 같은 것을 고르십시오.　　　▶ 기출 유형 4-2 참고

① 모든 인간은 배아 단계를 지나게 된다.

② 과학계는 종교계의 주장을 부분적으로 수용하고 있다.

③ 종교계는 14일 이전의 배아를 인간으로 간주하지 않는다.

④ 일반적으로 배아 생성 장소가 인간으로서의 지위를 결정한다.

PART

02

실전 모의고사

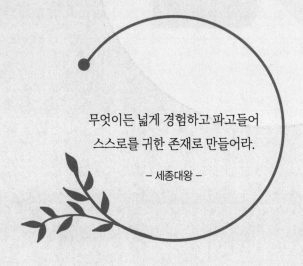

무엇이든 넓게 경험하고 파고들어
스스로를 귀한 존재로 만들어라.

– 세종대왕 –

합격의 공식 ▶
시대에듀

혼자 공부하기 힘들다면?
www.youtube.com ➜ 시대에듀 구독 ➜ TOPIK 한국어능력시험 학습 특강
www.sdedu.co.kr ➜ 학습자료실 ➜ 무료특강 ➜ 자격증/면허증 ➜ 언어/어학

제1회 **한국어능력시험**

TOPIK II

1교시	듣기, 쓰기

▶ 듣기 모바일 OMR 자동채점

수험번호		
이름	한국어	
	영어	

유의 사항
Information

1. 시험 시작 지시가 있을 때까지 문제를 풀지 마십시오.

   Do not open the booklet until you are allowed to start.

2. 수험번호와 이름을 정확하게 적어 주십시오.

   Write your name and registration number on the answer sheet.

3. 답안지를 구기거나 훼손하지 마십시오.

   Do not fold the answer sheet; keep it clean.

4. 답안지의 이름, 수험번호 및 정답의 기입은 배부된 펜을 사용하여 주십시오.

   Use the given pen only.

5. 정답은 답안지에 정확하게 표시하여 주십시오.

   Mark your answer accurately and clearly on the answer sheet.

6. 문제를 읽을 때에는 소리가 나지 않도록 하십시오.

   Keep quiet while answering the questions.

7. 질문이 있을 때에는 손을 들고 감독관이 올 때까지 기다려 주십시오.

   When you have any questions, please raise your hand.

TOPIK II 듣기 (01번~50번)

제1회 실전 모의고사

※ [01~03] 다음을 듣고 가장 알맞은 그림 또는 그래프를 고르십시오. (각 2점)

01

02

03

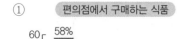
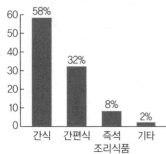

① 편의점에서 구매하는 식품

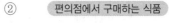
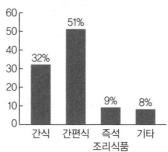

② 편의점에서 구매하는 식품

③ 편의점 방문 시간

④ 편의점 방문 시간

※ [04~08] 다음을 듣고 이어질 수 있는 말로 가장 알맞은 것을 고르십시오. (각 2점)

04
① 해외여행을 가 볼까 해요.
② 계획을 세우는 게 중요해요.
③ 여름휴가 때는 어디든 사람이 많아요.
④ 사업 보고를 잘할 수 있을지 모르겠어요.

05
① 설에는 보통 떡국을 먹어.
② 버스보다 기차가 빨라서 좋지.
③ 오랜만에 가족을 만나서 좋겠다.
④ 취소되는 표가 있을 테니 잘 알아봐.

06
① 요즘 여유로운가 봐.
② 바쁠수록 건강을 챙겨야지.
③ 아르바이트하느라 정신없는 것 같아.
④ 일이 많을 땐 조금 쉬는 게 좋을 텐데.

07　① 다음엔 제가 살게요.

　　② 가볍게 커피 한잔 어때요?

　　③ 미안한데 저녁엔 약속이 있어요.

　　④ 저도 가 보고 싶었는데 잘됐네요.

08　① 이대로 제출하겠습니다.

　　② 자료를 다시 정리해 보겠습니다.

　　③ 참고 자료를 더 찾아보겠습니다.

　　④ 기한을 지키지 못해서 죄송합니다.

※ [09~12] 다음을 듣고 **여자**가 이어서 할 행동으로 가장 알맞은 것을 고르십시오. (각 2점)

09　① 가방을 맡긴다.

　　② 도서관을 나간다.

　　③ 책을 찾으러 간다.

　　④ 도서관 카드를 만든다.

10　① 줄을 선다.

　　② 포인트를 적립한다.

　　③ 외식 상품권을 받는다.

　　④ 회원 가입 방법을 확인한다.

11　① 목 운동을 한다.

　　② 자세 교정 연습을 한다.

　　③ 컴퓨터를 사용하지 않는다.

　　④ 병원에 가서 치료를 받는다.

12　① 어학 일정을 확인한다.

　　② 판소리 선생님에게 연락한다.

　　③ 회의 참석자 명단을 작성한다.

　　④ 연수 프로그램 회의에 참석한다.

13   ① 여자는 김치찌개를 만들었다.

② 여자는 김치찌개 조리법이 궁금하다.

③ 남자는 여자와 같은 경험을 한 적 있다.

④ 남자는 세탁소에서 아르바이트를 하고 있다.

14   ① 내일 소독을 할 예정이다.

② 소독은 오후 한 시에 마무리된다.

③ 이틀간 반려동물 산책은 안 하는 것이 좋다.

④ 소독하는 동안 1~3층 주민은 외출할 수 없다.

15   ① 산불로 인해 8명의 사상자가 발생했다.

② 등산객의 실수로 인해 산불 사고가 발생했다.

③ 소방대원들이 밤샘 작업으로 산불을 모두 껐다.

④ 강한 바람으로 인해 산불 진화에 어려움이 있다.

16   ① 이 일을 하는 사람이 아직 별로 없다.

② 이 일을 하는 사람은 전시를 총괄한다.

③ 실습한 후에 전문 지식을 쌓는 것이 좋다.

④ 이 일을 하는 데에는 경험이 가장 중요하다.

※ [17~20] 다음을 듣고 **남자**의 중심 생각으로 가장 알맞은 것을 고르십시오. (각 2점)

17   ① 인터넷에는 잘못된 정보만 많다.

② 중요한 내용은 책으로 점검해야 한다.

③ 인터넷에서 자료를 찾는 것이 효과적이다.

④ 정보를 빠르게 찾으려면 책을 이용해야 한다.

18
① 직무와 관련 있는 정보만 요구하면 좋겠다.
② 이력서 쓰는 방법을 자세하게 안내해야 한다.
③ 법을 위반한 기업은 과태료를 물게 해야 한다.
④ 개인적인 질문은 따로 물어보는 것이 바람직하다.

19
① 커피와 우유를 함께 마시면 몸에 좋다.
② 커피의 카페인은 기억력 향상에 도움을 준다.
③ 우유에는 카페인이 들어 있어 치매를 예방해 준다.
④ 커피의 카페인은 몸에 해로우므로 무조건 피해야 한다.

20
① 사람들은 대중음악이 익숙해서 좋아한다.
② 국악은 어렵고 지루해서 대중화가 어렵다.
③ 국악의 대중화를 위해 변화하는 것이 필요하다.
④ 대중들에게서 멀어진 전통은 지키지 않아도 된다.

※ [21~22] 다음을 듣고 물음에 답하십시오. (각 2점)

21 남자의 중심 생각으로 가장 알맞은 것을 고르십시오.

① 경력 사원들은 신입 사원들을 배려해야 한다.
② 경력 사원들을 우선하여 고용할 필요가 있다.
③ 신입 사원들을 위한 교육이 마련되어야 한다.
④ 신입 사원들의 열심히 하는 모습이 보기 좋다.

22 들은 내용과 같은 것을 고르십시오.

① 남자는 직무 교육을 준비할 계획이다.
② 이 회사는 경력 사원을 채용하지 않는다.
③ 여자는 신입 사원을 교육하는 일을 한다.
④ 이 회사는 최근 신입 사원들을 많이 뽑았다.

23 남자가 무엇을 하고 있는지 고르십시오.

① 분실물을 신고하는 방법을 설명하고 있다.

② 분실물을 찾는 방법에 대해 문의하고 있다.

③ 분실물센터에 방문해 잃어버린 물건을 찾고 있다.

④ 분실물을 신고한 사람에게 메시지를 보내고 있다.

24 들은 내용과 같은 것을 고르십시오.

① 경찰서에서 분실물을 보관하고 있다.

② 분실물을 찾을 때 신분증이 필요하다.

③ 가까운 지하철역에 가면 가방을 찾을 수 있다.

④ 인터넷으로 분실물 신고를 하면 집으로 물건을 보내 준다.

※ [25~26] 다음을 듣고 물음에 답하십시오. (각 2점)

25 남자의 중심 생각으로 가장 알맞은 것을 고르십시오.

① 환경 보호에 대한 교육이 우선되어야 한다.

② 장난감이 비쌀수록 아이들은 정서적 안정감을 느낀다.

③ 자연은 아이들에게 최고의 장난감이자 교육 환경이다.

④ 아이들의 면역력을 강화하기 위한 활동을 준비해야 한다.

26 들은 내용과 같은 것을 고르십시오.

① 이 유치원에는 건강한 아이들만 다닐 수 있다.

② 이 유치원은 아이들에게 의학 지식을 가르친다.

③ 이 유치원은 각종 인공적 장난감이 준비되어 있다.

④ 이 유치원에서 아이들은 자연과 함께하는 법을 배울 수 있다.

※ [27~28] 다음을 듣고 물음에 답하십시오. (각 2점)

27 남자가 말하는 의도로 알맞은 것을 고르십시오.

① 조깅의 단점을 지적하기 위해

② 환자의 혈압 수치를 낮추기 위해

③ 무릎 관절의 중요성을 일깨우기 위해

④ 과식과 체중 증가의 관계를 설명하기 위해

28 들은 내용과 같은 것을 고르십시오.

① 수영은 고혈압 치료에 도움을 준다.

② 고혈압에는 육식 위주의 식단이 좋다.

③ 음식만 잘 조절하면 고혈압이 나을 수 있다.

④ 다리가 아플 때는 모든 운동을 쉬어야 한다.

※ [29~30] 다음을 듣고 물음에 답하십시오. (각 2점)

29 여자가 누구인지 고르십시오.

① 축산 농가를 운영하는 사람

② 우유 생산량을 조사하는 사람

③ 우유 관련 식품을 개발하는 사람

④ 우유 관련 식품을 판매하는 사람

30 들은 내용과 같은 것을 고르십시오.

① 우유 소비는 계속 늘어나는 추세이다.

② 유럽에서도 유사한 문제가 발생했었다.

③ 우유 생산량은 전 세계적으로 감소하고 있다.

④ 우유 소비는 우유 생산량과 함께 증가하고 있다.

31 남자의 중심 생각으로 가장 알맞은 것을 고르십시오.

① 소비자의 불만을 정부에 전달해야 한다.

② 정부는 식자재 생산 과정을 감독할 수 없다.

③ 식자재 위생 문제가 발생한 것은 정부의 탓이다.

④ 식자재 위생 문제를 개선하기 위해 먼저 생산자가 노력해야 한다.

32 남자의 태도로 가장 알맞은 것을 고르십시오.

① 상대방의 의견에 공감하고 있다.

② 문제 해결 방안을 제시하고 있다.

③ 문제가 발생한 원인을 분석하고 있다.

④ 객관적인 근거를 제시하며 설득하고 있다.

※ [33~34] 다음을 듣고 물음에 답하십시오. (각 2점)

33 무엇에 대한 내용인지 알맞은 것을 고르십시오.

① 인권 침해 사례

② 개인 정보 보호 법안

③ 정신적 피해자 보상 방안

④ 올바른 인터넷 사용 방법

34 들은 내용과 같은 것을 고르십시오.

① 인권 및 재산권을 침해한 사람들은 처벌된다.

② 인터넷 게시판에 있는 정보는 모두 믿을 수 없다.

③ 익명성으로 인해 온라인상에서 많은 문제가 발생한다.

④ 악성 댓글을 다는 사람들이 정신적 피해를 보고 있다.

35 남자가 무엇을 하고 있는지 고르십시오.

① 성숙한 시민 의식을 촉구하고 있다.

② 장애인 복지 시설을 소개하고 있다.

③ 종합 병원이 유치되도록 부탁하고 있다.

④ 주민들이 시위에 참여할 것을 요청하고 있다.

36 들은 내용과 같은 것을 고르십시오.

① 주민들은 공공의 이익을 추구하고 있다.

② 주민들은 종합 병원 건립을 반대하고 있다.

③ 주민들은 사회적 약자를 보호하고자 시위를 벌이고 있다.

④ 주민들은 지역 개발에 도움이 되는 시설 유치에 찬성하고 있다.

※ [37~38] 다음을 듣고 물음에 답하십시오. (각 2점)

37 여자의 중심 생각으로 가장 알맞은 것을 고르십시오.

① 담백한 안주 섭취로 알코올 농도를 낮춰야 한다.

② 올바른 음주 습관을 통하여 건강을 지켜야 한다.

③ 직장인이 되면 잦은 술자리를 되도록 삼가야 한다.

④ 술자리 약속의 횟수를 정하여 세포 손상을 막아야 한다.

38 들은 내용과 같은 것을 고르십시오.

① 기름진 음식을 안주로 먹는 사람이 많다.

② 연말에는 보통 일주일에 3회 정도 회식을 한다.

③ 수분 섭취는 체내 알코올 농도를 높일 수 있다.

④ 한번 손상된 간세포의 회복은 적어도 사흘이 걸린다.

39 이 대화 전의 내용으로 가장 알맞은 것을 고르십시오.

① 데이트 폭력 관련 법안이 논의되고 있다.

② 데이트 폭력으로 인한 피해가 늘고 있다.

③ 데이트 폭력에 대한 처벌이 강화되고 있다.

④ 데이트 폭력은 범죄 유형별로 분류할 수 있다.

40 들은 내용과 같은 것을 고르십시오.

① 데이트 폭력 관련 법안이 미비하다.

② 일반 폭력보다 데이트 폭력 발생률이 높다.

③ 데이트 폭력의 수위는 나날이 낮아지고 있다.

④ 데이트 폭력에 신고된 가해자는 모두 처벌을 받는다.

※ [41~42] 다음을 듣고 물음에 답하십시오. (각 2점)

41 이 강연의 중심 내용으로 가장 알맞은 것을 고르십시오.

① 구심력과 원심력을 측정하는 것이 중요하다.

② 힘의 원리는 원을 중심으로 한 구심력에 있다.

③ 안전성을 높이기 위해 원심력을 강화해야 한다.

④ 물체는 회전 운동을 할 때 힘의 평형을 이룬다.

42 들은 내용과 같은 것을 고르십시오.

① 원심력이 크면 회전하는 물체는 정지한다.

② 구심력이 크면 회전하는 물체는 밖으로 나간다.

③ 롤러코스터는 힘의 원리가 반영된 놀이 기구이다.

④ 스피드 스케이팅 선수의 속도가 자세를 결정한다.

※ [43~44] 다음을 듣고 물음에 답하십시오. (각 2점)

43 무엇에 대한 내용인지 알맞은 것을 고르십시오.

　① 꽃의 수정 방법
　② 꽃의 암술 형성 과정
　③ 인도네시아의 식물 분류법
　④ 꽃의 크기와 파리의 상관관계

44 라플레시아가 악취를 풍기는 이유로 맞는 것을 고르십시오.

　① 꽃의 크기를 키우기 위해서
　② 꽃에 파리를 유인하기 위해서
　③ 꽃을 위험으로부터 보호하기 위해서
　④ 꽃의 색깔을 화려하게 바꾸기 위해서

※ [45~46] 다음을 듣고 물음에 답하십시오. (각 2점)

45 들은 내용과 같은 것을 고르십시오.

　① 가끔은 공복을 유지하는 것이 좋다.
　② 위가 안 좋은 사람들은 감자를 먹지 않는 편이 좋다.
　③ 조식을 못 했을 때는 우유를 한 잔 마시는 것이 좋다.
　④ 공복에 먹으면 이로운 음식이 있고 해로운 음식이 있다.

46 여자의 태도로 알맞은 것을 고르십시오.

　① 예시와 근거를 통해 정보를 전달하고 있다.
　② 각각의 상황에 대해 묘사하여 비교하고 있다.
　③ 반대 의견에 대해 자신의 견해를 증명하고 있다.
　④ 서로 다른 주장에 대해 종합적으로 평가하고 있다.

47 들은 내용과 같은 것을 고르십시오.

① 서비스 시장은 소비 주체에 따라 바뀌고 있다.

② 혼자 사는 노인을 위한 복지 제도를 유지해야 한다.

③ 1인 가구를 위한 제도 개선이 원활하게 이루어지고 있다.

④ 2인 이상으로 구성된 가구가 의식주 문화를 바꾸고 있다.

48 남자의 태도로 알맞은 것을 고르십시오.

① 제도의 효과에 대해 평가를 유보하고 있다.

② 제도가 가지고 올 파급에 대해 우려하고 있다.

③ 제도를 긍정적으로 보며 국민의 동참을 유도하고 있다.

④ 제도 시행의 미흡함을 지적하며 제도 개선을 촉구하고 있다.

※ [49~50] 다음을 듣고 물음에 답하십시오. (각 2점)

49 들은 내용과 같은 것을 고르십시오.

① 다양한 이유로 많은 인공위성이 발사됐다.

② 수명이 다한 인공위성은 우주 정거장과 부딪친다.

③ 각국은 경쟁적으로 국제 우주 정거장을 설치했다.

④ 우주 쓰레기와 우주 정거장이 충돌하여 재앙이 일어났다.

50 여자가 말하는 방식으로 알맞은 것을 고르십시오.

① 인공위성 제작을 강하게 비판하고 있다.

② 우주 정거장 활용 방안을 강구하고 있다.

③ 우주 영화의 작품성을 높이 평가하고 있다.

④ 우주 쓰레기 문제에 대한 해결책을 촉구하고 있다.

TOPIK II 쓰기 (51번~54번)

※ [51~52] 다음 글의 ㉠과 ㉡에 알맞은 말을 각각 쓰시오. (각 10점)

51

New message	_ ↗ ✕
To 선생님께	Cc Bcc
Subject 선생님, 안녕하세요? 저 후엔이에요.	

더운 여름이 지나가고 시원한 가을이 왔네요.
저는 지난주에 친구들과 단풍을 구경하러 설악산에 다녀왔어요.
제 고향 베트남에는 단풍이 없어서 한국에 오기 전에는 단풍을 (㉠   ).
특히 학교 뒷산에 있는 단풍이 정말 예쁘더라고요.
기회가 된다면 다른 산에 단풍을 (㉡   ).
그럼 선생님도 가을 즐겁게 보내세요! 또 연락드릴게요.

A 🖇 ☺ ∞ 🖼 🗑 ≡   Send

㉠: ....

㉡: ....

52

　한글이 만들어지기 전, 한국 사람들은 오랜 시간 동안 중국의 글자인 한자를 빌려 사용했다. 그런데 한자는 (㉠   ) 일반 백성들은 읽거나 쓸 수 없었다. 이를 안타깝게 생각한 세종대왕은 누구나 쉽게 배우고 사용할 수 있는 문자를 만들어야겠다고 생각했다. 그러나 한자 문화를 소중하게 여기는 학자들이 한글 만드는 일을 반대했다. 이들의 반대에도 불구하고 세종대왕은 (㉡   ). 그 결과, 한글은 1443년 '훈민정음'이라는 이름으로 빛을 볼 수 있게 되었다.

㉠: ....

㉡: ....

53 다음은 '인주시 인구 변화'에 대한 자료이다. 이 내용을 200~300자로 쓰시오. 단, 글의 제목은 쓰지 마시오. (30점)

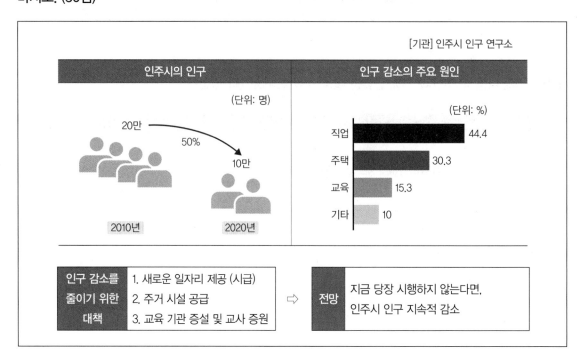

54 다음을 참고하여 600~700자로 글을 쓰시오. 단, 문제를 그대로 옮겨 쓰지 마시오. (50점)

> 인간은 사회적 관계 속에서 살아가는 사회적 동물이다. 원만한 인간관계를 유지하면서 살아가기 위해 가장 필요한 것은 공감 능력이다. 최근 사회 문제는 더욱 다양해지고 복잡해지고 있는데 이것들을 해결하기 위해서는 공감 능력을 키워야 한다. 아래 내용을 중심으로 '공감 능력을 키우는 방법'에 대한 자신의 생각을 쓰라.

- 공감 능력이 중요해진 이유는 무엇인가?
- 공감 능력이 부족해서 생기는 사회 문제는 무엇인가?
- 공감 능력 향상을 위해 어떠한 노력이 필요한가?

※ 원고지 쓰기의 예

	많	은		사	람	이		성	공	을		꿈	꾼	다	.		그	러	나	
성	공	의		기	준	에		대	해	서	는		사	람	마	다			생	각

제1회 한국어능력시험

TOPIK II

2교시	읽기

▶ 읽기 모바일 OMR 자동채점

수험번호		
이름	한국어	
	영어	

유의 사항
Information

1. 시험 시작 지시가 있을 때까지 문제를 풀지 마십시오.

   Do not open the booklet until you are allowed to start.

2. 수험번호와 이름을 정확하게 적어 주십시오.

   Write your name and registration number on the answer sheet.

3. 답안지를 구기거나 훼손하지 마십시오.

   Do not fold the answer sheet; keep it clean.

4. 답안지의 이름, 수험번호 및 정답의 기입은 배부된 펜을 사용하여 주십시오.

   Use the given pen only.

5. 정답은 답안지에 정확하게 표시하여 주십시오.

   Mark your answer accurately and clearly on the answer sheet.

marking example	① ● ③ ④

6. 문제를 읽을 때에는 소리가 나지 않도록 하십시오.

   Keep quiet while answering the questions.

7. 질문이 있을 때에는 손을 들고 감독관이 올 때까지 기다려 주십시오.

   When you have any questions, please raise your hand.

TOPIK II 읽기 (01번~50번)

제1회 실전 모의고사

※ [01~02] (   )에 들어갈 말로 가장 알맞은 것을 고르십시오. (각 2점)

01 외국어는 (   ) 더 잘할 수 있어요.

① 연습하려면
② 연습하려고
③ 연습할수록
④ 연습하거나

02 내일 시험에는 꼭 (   ).

① 합격한 척했다
② 합격한 모양이다
③ 합격하면 좋겠다
④ 합격한 적이 있다

※ [03~04] 밑줄 친 부분과 의미가 가장 비슷한 것을 고르십시오. (각 2점)

03 늦게 오면 자리가 <u>없을까 봐</u> 일찍 왔다.

① 없는 동안
② 없기만 하면
③ 없을 정도로
④ 없을 것 같아서

04 시험 성적은 내가 <u>공부하기에 달려 있다.</u>

① 공부한 탓이다
② 공부한 셈이다
③ 공부할 지경이다
④ 공부하기 나름이다

※ [05~08] 다음은 무엇에 대한 글인지 고르십시오. (각 2점)

05

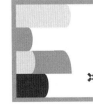

냄새 걱정 뚝! 튼튼한 잇몸과 함께
상쾌함을 지금 바로 느껴보세요!

① 세제 ② 수건
③ 치약 ④ 그릇

06

여러분의 실력을 길러줄 최고의 수업!
당신의 미래와 꿈이 달라집니다.

① 학원 ② 은행
③ 가게 ④ 병원

07

아무 생각 없이 꽂는 플러그가 돈이라면?
빨래는 모아서 한 번에, 실내 적정 온도 유지, 내가 먼저 실천!

① 건강 관리 ② 위생 교육
③ 저축 상품 ④ 전기 절약

08

휴대전화는 진동으로 하세요.
전화할 때는 작은 소리로 짧게 통화하세요.
반려동물과 함께 탑승 시 전용 박스에 넣고 이동하세요.

① 대중 교통 예절 ② 영화 관람 예절
③ 공원 이용 광고 ④ 시험 응시 방법

※ [09~12] 다음 글 또는 그래프의 내용과 같은 것을 고르십시오. (각 2점)

09

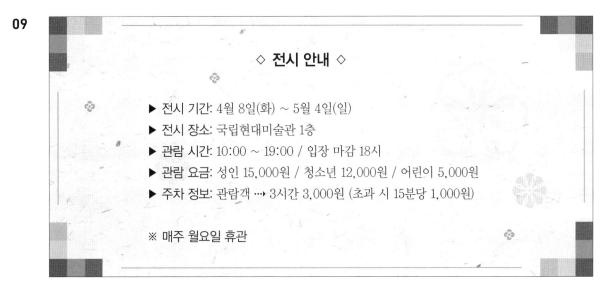

◇ 전시 안내 ◇

▶ 전시 기간: 4월 8일(화) ~ 5월 4일(일)
▶ 전시 장소: 국립현대미술관 1층
▶ 관람 시간: 10:00 ~ 19:00 / 입장 마감 18시
▶ 관람 요금: 성인 15,000원 / 청소년 12,000원 / 어린이 5,000원
▶ 주차 정보: 관람객 ···▶ 3시간 3,000원 (초과 시 15분당 1,000원)

※ 매주 월요일 휴관

① 월요일은 전시회 관람을 할 수 없다.
② 성인과 청소년의 관람 요금은 동일하다.
③ 전시를 관람할 경우, 3시간 주차가 무료이다.
④ 미술관에 19시까지 입장하면 전시를 관람할 수 있다.

10

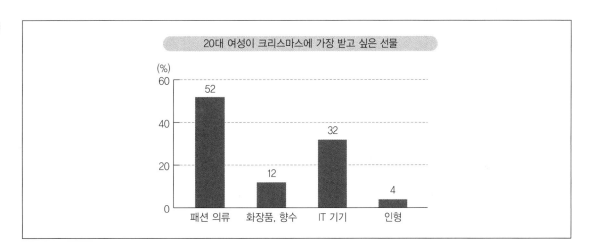

20대 여성이 크리스마스에 가장 받고 싶은 선물

(%)

패션 의류	화장품, 향수	IT 기기	인형
52	12	32	4

① 패션 의류를 받고 싶어 하는 사람이 전체의 반을 넘는다.
② IT 기기를 선물로 받고 싶다고 응답한 사람의 비율이 가장 높다.
③ 화장품, 향수를 받고 싶어 하는 사람이 인형을 받고 싶어 하는 사람보다 적다.
④ 패션 의류를 받고 싶어 하는 사람이 IT 기기를 받고 싶어 하는 사람보다 2배 이상 많다.

11

지난해 11월, 한 아파트에서 층간 소음 문제로 경찰이 출동한 사건이 발생했다. 아래층 김 씨가 층간 소음을 견디다 못해 위층 출입문에 물건을 던졌고, 위층에 사는 박 씨가 112에 신고하여 경찰이 출동했다. 이처럼 층간 소음 문제는 심각한 사회 문제로까지 번지고 있으며 민원도 급증하고 있다.

① 층간 소음으로 다투는 사람은 없다.
② 박 씨는 김 씨의 집에 물건을 던졌다.
③ 층간 소음 문제는 점점 줄어들고 있다.
④ 박 씨의 전화로 경찰이 현장에 출동했다.

12

최근 면역력을 높이는 식품으로 많은 사람들이 '토종닭'을 찾고 있다. 면역력에 대한 사람들의 관심이 높아지면서 비타민과 함께 토종닭의 소비가 크게 늘고 있다. 토종닭은 다른 육류에 비해 지방이 적고 단백질이 풍부하여 면역력 향상에 도움을 준다. 현재 토종닭은 아시아 국가들에 꾸준히 수출되고 있다. 앞으로도 토종닭 협회는 새로운 시장 개척을 위해 힘을 쏟을 예정이며, 토종닭의 수출은 더욱 확대될 것으로 보인다.

① 토종닭은 앞으로 아시아 국가들에 수출할 예정이다.
② 토종닭은 비타민보다 단백질이 많아서 면역력에 좋다.
③ 면역력을 키우기 위해서는 지방이 적은 채소를 먹어야 한다.
④ 면역력에 대한 관심이 증가하면서 토종닭도 많이 팔리고 있다.

※ [13~15] 다음을 순서에 맞게 배열한 것을 고르십시오. (각 2점)

13

(가) 또한 회사에 취직하지 않고 혼자 할 수 있는 일도 생겨났다.
(나) 요즘 회사에 가지 않고 집에서 일하는 사람들이 많아지고 있다.
(다) 이처럼, 사회가 바뀌면서 집에서 일하는 사람은 계속 늘어날 것이다.
(라) 기술이 좋아지면서 멀리 있어도 쉽게 연락할 수 있게 되었기 때문이다.

① (나)-(라)-(가)-(다)
② (나)-(라)-(다)-(가)
③ (라)-(나)-(다)-(가)
④ (라)-(다)-(가)-(나)

14

> (가) 뒤를 돌아보니 같은 방 룸메이트가 내 가방을 들고 있었다.
> (나) 바쁜 아침 시간에 내 가방을 챙겨준 친구에게 정말 고마웠다.
> (다) 늦게 일어나서 급하게 준비하느라 가방을 메지 않고 방을 나왔다.
> (라) 기숙사 엘리베이터를 타려는데 내 이름을 부르는 소리가 크게 들렸다.

① (라)-(가)-(나)-(다)
② (라)-(가)-(다)-(나)
③ (다)-(가)-(라)-(나)
④ (다)-(라)-(가)-(나)

15

> (가) 최근 혼자 살면서 식물을 기르는 사람이 많아지고 있다.
> (나) 그리고 식물과 함께 살기 때문에 외로움을 느끼지 않는다.
> (다) 실제로 식물과 함께 살면 심리적으로 안정되는 효과가 있다고 한다.
> (라) 식물은 공기를 맑게 하며 동물만큼 많이 돌보지는 않아도 되기 때문이다.

① (가)-(나)-(다)-(라)
② (가)-(라)-(나)-(다)
③ (라)-(가)-(다)-(나)
④ (라)-(다)-(가)-(나)

※ [16~18] (   )에 들어갈 말로 가장 알맞은 것을 고르십시오. (각 2점)

16

> (   ) 사람들은 당분 때문에 과일을 멀리한다. 그러나 과일에는 섬유질이 풍부하여 적당히 섭취하면 폭식을 하지 않게 된다. 영양이 풍부하면서 살을 빼는 데도 효과가 있는 과일로는 파인애플, 수박, 자몽, 블루베리 등이 꼽힌다. 즉, 과일별 특징을 자세히 알아보고 적정량을 섭취하면 오히려 건강에 도움이 될 수 있다.

① 폭식을 즐기는
② 자주 과일을 섭취하는
③ 아무리 먹어도 살이 찌지 않는
④ 체중 감량을 위해 식단을 조절하는

17

'소 잃고 외양간 고친다'는 속담에서 '외양간'은 소를 기르는 곳을 말한다. 즉, 소를 잃어버린 후에 소를 기르는 곳을 고친다는 이 속담은 일이 이미 잘못된 뒤에는 손을 써도 소용이 없다는 뜻이다. 비를 많이 맞아 옷이 다 젖은 후에 우산을 사거나 (   ) 후회를 하며 시험공부를 할 때 사용할 수 있는 표현이다.

① 시험을 보기 전에
② 다음 시험을 앞두고
③ 시험을 망치고 나서
④ 시험에 합격한 후에

18

온라인으로 의사를 전달하는 방식에는 어려움이 있다. 얼굴을 직접 보고 하는 대화는 목소리의 크기나 어조로 다른 사람의 기분과 감정 상태를 알 수 있지만 딱딱한 느낌을 가진 문자는 상대방에게 오해를 불러일으킬 수도 있다. 그래서 문자에 (   ) 이모티콘을 사용하기도 한다.

① 대화의 수준을 높이기 위해
② 특정한 관심을 공유하기 위해
③ 중요한 대화를 놓치지 않기 위해
④ 자신의 느낌이나 감정을 살리기 위해

※ [19~20] 다음을 읽고 물음에 답하십시오. (각 2점)

사람들은 차 또는 배를 오래 탈 때 멀미를 느끼곤 한다. 멀미는 시각 정보와 평형 정보의 차이 때문에 생긴다. 시각 기관은 몸이 가만히 탈 것에 타고 있다고 신호를 보내지만, 귀의 평형 기관은 움직임이 있다고 뇌에 신호를 보내기 때문에 두 정보의 차이로 혼란이 발생하는 것이다. (   ) 멀미를 가라앉히려면 창밖의 풍경을 보며 시각 정보와 평형 정보를 일치시키는 것이 좋다.

19   (   )에 들어갈 말로 가장 알맞은 것을 고르십시오.

① 그러면
② 그래도
③ 그래서
④ 그러나

20 윗글의 주제로 가장 알맞은 것을 고르십시오.

① 교통수단을 오래 타는 사람들은 모두 멀미한다.
② 시각 기관과 청각 기관이 충돌하면 멀미를 한다.
③ 시각 정보와 평형 정보를 같게 하면 멀미가 진정된다.
④ 신체 모든 기관의 정보를 일치시켜야 멀미가 나지 않는다.

※ [21~22] 다음을 읽고 물음에 답하십시오. (각 2점)

외로움과 고독을 달래기 위해 재활용품을 줍는 노인들이 늘고 있다. (   ) 바쁘게 지낸 젊은 시절과 달리 노인들은 보통 집이나 공원에서 특별한 활동이나 대화 상대 없이 머무르거나 경로당에서 다른 노인들과 시간을 보낸다. 이러한 제한된 여가 활동으로는 무료한 일상에서 벗어나기 어려울 뿐만 아니라 우울증에 걸리기도 쉽다. 따라서 노인들을 위한 문화 복지의 폭을 넓혀 그들이 행복한 삶을 보낼 수 있도록 하는 등 특별한 관심이 필요하다.

21 (   )에 들어갈 말로 가장 알맞은 것을 고르십시오.

① 코가 납작해지도록
② 눈코 뜰 새 없도록
③ 입에 침이 마르도록
④ 귀에 못이 박히도록

22 윗글의 내용과 같은 것을 고르십시오.

① 돈을 벌기 위해 일하는 노인이 늘고 있다.
② 무료한 시간을 보내면 치매에 걸리기도 한다.
③ 노인들의 행복한 삶을 위한 대책이 필요하다.
④ 젊을 때 바빴던 사람은 노인이 돼도 바쁘게 산다.

백화점에서 옷을 판매하다 매장이 문을 닫아서 일을 그만두게 되었다. 다시 일자리를 구하려고 해도 구하지 못하고 몇 개월을 집에서 쉬게 되니 점점 막막해졌다. 하는 수 없이 아르바이트 자리라도 찾다가 공장의 단기 아르바이트를 하게 되었다. 경력이 없어도 된다는 공고를 보고 지원을 했는데 운이 좋게 출근을 하게 되었다. 직원이 15명 정도 되는 소규모 공장이었는데 그때가 마침 바쁜 시기라 한시적으로 일손이 부족한 상황이었다. 그런데 문제는 이렇게 바쁜 시기에 하필 손이 느린 내가 들어온 것이다. 일한 지 한 달이 다 되어가는데 <u>아무리 노력을 해도 마음먹은 대로 되지를 않았다.</u> 그래서 일을 할 때마다 주위의 눈치가 보였다. 그런데 동료 직원 중 단 한 분도 내게 짜증을 내거나 화를 내지 않으셨다. 나도 내 자신이 한심한데 동료 직원분들은 전혀 내색을 하지 않으셨던 것이다.

23 밑줄 친 부분에 나타난 '나'의 심정으로 가장 알맞은 것을 고르십시오.

① 답답하다

② 후련하다

③ 억울하다

④ 번거롭다

24 윗글의 내용과 같은 것을 고르십시오.

① 나는 입사한 지 오래되어 능숙하게 일했다.

② 새로 취업한 공장은 일거리가 많아 항상 바빴다.

③ 나는 공장에 경력직 아르바이트로 지원해서 들어갔다.

④ 내가 일하는 속도가 느린 것에 대해 아무도 불평하지 않았다.

※ [25~27] 다음 신문 기사의 제목을 가장 잘 설명한 것을 고르십시오. (각 2점)

25

올 여름 전력 수요, 긴 장마에 작년보다 '뚝'

① 올 여름 장마가 길어져서 필요한 전력이 작년보다 감소하였다.

② 가장 시급히 개선되어야 할 전력 정책이 작년에 비해 늦어졌다.

③ 작년에 비해 올해 전력량이 낮아지지 않도록 수급을 조절하였다.

④ 길어진 장마로 전력 지원이 축소되자 전력 사용률이 급격히 낮아졌다.

26

건설업계 최우수 등급 획득한 한국건설. 상반기 성장 최고 기업으로 '우뚝'

① 한국건설이 최우수 등급이 되면서 건설 기업들도 안정화되었다.
② 한국건설은 최고 등급을 유지하면서 올 한 해 우수 기업으로 선정됐다.
③ 최고의 기업이 되기 위해서는 건설업 분야에서 가장 높은 등급을 받아야 한다.
④ 건설업종에서 최우수 등급을 받은 한국건설이 가장 발전한 기업으로 올라섰다.

27

고용보험 확대 정책, 경영계와 노동계 입장 차이로 진통 예상

① 앞으로 근로자의 고용보험 기회가 늘어날 것으로 전망된다.
② 각계에서 안정적인 고용보험 확대 정책 요구가 잇따르고 있다.
③ 사업주와 근로자의 의견이 달라 고용보험 확대가 어려울 것이다.
④ 경영계와 노동계는 근로자 고용보험 정책의 차별성을 요구하고 있다.

※ [28~31] (   )에 들어갈 말로 가장 알맞은 것을 고르십시오. (각 2점)

28

성공한 사람들은 자기 관리를 잘한다는 특징이 있다. 그중 하나가 시간을 잘 지키는 것인데, 대부분의 자기 관리가 철저한 사람은 남들보다 빨리 출근하고 일을 할 때도 (   ) 아니라 미리 일을 끝내서 상사에게 칭찬을 듣는다. 또한 회의나 약속이 있을 때도 항상 다른 사람보다 먼저 도착한다. 이것은 자신뿐만 아니라 상대방의 시간도 소중하다고 생각하고 시간이 신뢰의 기본이라고 생각하기 때문이다.

① 마감 시간에 맞추는 것이   ② 업무를 빨리 끝내는 것이
③ 상대방을 믿지 못하는 것이   ④ 회의를 철저히 준비하는 것이

29

현대인들의 키가 예전에 비해 급속도로 커진 것은 생활 환경에서 그 원인을 찾을 수 있다. 키가 크기 위해서는 바른 자세, 적당한 운동과 영양, 충분한 수면 등의 조건이 필요하다. 이 조건들은 성장 호르몬의 분비를 도와 키를 크게 하는데 그중 과거와 현재를 비교할 때 (   ) 바로 사람들의 '영양' 상태라고 한다. 이것으로 네 가지의 조건 중 영양이 키가 크는 데 가장 중요하다는 것을 알 수 있다.

① 현대화의 빠른 변화는   ② 가장 차이가 많은 것은
③ 바른 자세를 위한 비법은   ④ 건강한 생활 습관을 위해서는

30

> 유연 근무제는 근로자가 개인의 상황에 따라 근무 시간과 형태를 조절하는 제도이다. 유연 근무제를 실시하면 일반적인 주5일 근무 대신 (   ) 출퇴근 없이 집에서 일할 수 있다. 또한 정규직과 마찬가지로 임금과 보험이 보장된다. 물론 근로 시간이 줄어들면 급여도 줄지만, 일정 기간이 지나면 해고되는 단기 계약직이나 자유로운 기간제보다는 안정적이라는 특징이 있다.

① 계약 기간을 연장하거나
② 개인의 여건을 변경하거나
③ 시간제, 요일제 근무를 하거나
④ 정규직과 계약직을 선택하거나

31

> 최근 음료 업계에 친환경 바람이 불고 있다. 한 업체에서는 음료수 용기인 페트병을 재활용이 쉽도록 투명하게 바꾸었으며, 라벨이 잘 떼어지게 하거나 라벨을 없애는 경우도 생겼다. 또 다른 곳에서는 라벨을 사용하지 않는 대신 페트병 몸체에 음각으로 정보를 새겨 넣거나 물에 녹는 접착제를 사용하기 시작했다. 앞으로 이렇게 (   ) 분리 배출이 편리해질 뿐만 아니라 폐기물 발생량도 줄어들 것이다.

① 음료수에 대한 정보를 제공한다면
② 업계의 친환경 방안이 지속된다면
③ 페트병 라벨이 다양하게 제작된다면
④ 재활용품의 분리 배출 방법을 바꾼다면

※ [32~34] 다음을 읽고 글의 내용과 같은 것을 고르십시오. (각 2점)

32

> 지구의 대기층이 지구 기온을 유지시키는 것을 '온실 효과'라고 한다. 보통 태양에서 나온 에너지는 지구에 도달한 후 다시 우주로 방출된다. 그러나 연료의 사용으로 대기의 온실가스 층이 두꺼워지면 지구에서 방출되는 에너지양이 감소하여 지구의 기온이 상승하게 된다. 특히 온실가스는 석유, 석탄과 같은 화석 연료를 사용할 때 가장 많이 발생하는데 이는 지구 온난화를 일으키는 주요한 원인이 되기도 한다. 반면에 만약 대기층이 없어진다면 지구의 기온은 떨어져서 사람이 살기 어려워질 것이다.

① 온실가스는 지구의 기온을 감소하게 만든다.
② 대표적인 온실가스는 석유와 석탄 같은 화석 연료이다.
③ 대기층 에너지 방출이 줄어들면 지구 기온이 올라간다.
④ 온실 효과는 지구 온난화를 일으켜 대기층을 사라지게 한다.

33

> 은행들의 잇따른 점포 폐쇄에 따라 금융 당국은 이동식 점포를 대안으로 제시했다. '바퀴 달린 은행'이라는 이동식 점포는 명절이나 휴가철에 각 지역에서 운영하는데 입출금 등 은행 창구에서 하는 대부분의 업무를 할 수 있다. 시간이 지날수록 인터넷이나 휴대폰 등을 활용한 비대면 영업 방식은 보편화될 것이며 은행 점포 폐쇄는 점점 확산될 전망이다. 그러나 이러한 방식은 고령층에게는 불편함을 가져올 수도 있다. 따라서 금융위원회는 고령층 중심 지역과 농촌을 중심으로 이동식 점포 확대 방안을 추진하고 있다.

① 이동식 점포에서는 비대면 업무를 한다.
② 은행 점포는 모두 이동식 점포로 바뀔 전망이다.
③ 사람들은 항상 인터넷이나 휴대폰으로 은행 업무를 본다.
④ 고령층이 많은 곳과 농촌에 이동식 점포가 많아질 것이다.

34

> 민화는 장식을 위해 정통 회화를 모방하거나, 길흉화복의 관습에 따라 그린 그림이다. 조선 후기 서민층 사이에서 유행한 민화는 서민들의 생활 양식과 관습을 바탕으로 발전되고 계승되었으며, 장식하는 장소와 쓰이는 용도에 따라 소재나 작업 방식이 다양하였다. 그림 교육을 받지 못하거나 떠돌아다니는 사람들이 주로 그려 정통 회화에 뒤떨어지지만 한국적인 정서와 미의 특색이 담겨 있어 민족화로 보는 사람도 있다.

① 민화는 뛰어나서 정통 회화보다 발전했다.
② 정통 회화 화가들은 그림 교육을 받지 못했다.
③ 정통 회화는 한국적인 특성으로 민족화라 불렸다.
④ 민화는 서민들의 생활 속에서 장식용으로 사용되었다.

※ [35~38] 다음을 읽고 글의 주제로 가장 알맞은 것을 고르십시오. (각 2점)

35

> 사물인터넷은 사물에 센서가 부착되어 있어 실시간으로 데이터를 인터넷을 통해 주고받을 수 있는 기술 또는 환경을 말한다. 인공지능 스피커의 명령에 따라 TV가 작동되고 휴대전화로 에어컨의 온도를 조절하는 등 사물인터넷은 우리 일상에 깊숙이 들어와 있다. 하지만 사물인터넷 유형이 다양해질수록 보안에 대한 위험 역시 커지고 있다. 즉, 인터넷을 기반으로 한 모든 사물인터넷은 해킹의 대상이 될 수 있기 때문에 이에 대한 보안 및 대책이 필요하다.

① 사물인터넷으로 우리의 일상 생활이 편리해졌다.
② 미래에는 사물인터넷 사용자가 꾸준히 증가할 것이다.
③ 사물인터넷 보안 유지에 대한 방법이 마련되어야 한다.
④ 과학의 발달로 첨단 미래 기술이 현실로 다가오고 있다.

36

우리 뇌는 각 영역의 역할이 다르지만 서로 연결되어 있어서 좌뇌와 우뇌를 함께 자극해야 한다. 언어와 계산 능력을 담당하는 좌뇌의 활성화를 위해서는 읽고 쓰는 활동이나 약간 복잡한 산수 계산을 하는 것이 좋다. 또한 시·공간 능력과 감정을 담당하는 우뇌는 내비게이션 없이 운전을 해 보거나 음악이나 노래를 부르며 감정을 자극하는 활동이 도움이 된다. 이와 같이 좌뇌와 우뇌를 골고루 자극해 활성화하면 두뇌 발달뿐만 아니라 퇴행성 뇌질환도 예방할 수 있다.

① 우리 뇌는 영역별로 좌뇌와 우뇌 각각의 역할이 다르다.
② 뇌를 자극하면 뇌의 활성화가 일어나서 두뇌가 발달한다.
③ 우뇌가 발달하려면 감정을 자극하고 감정을 향상시켜야 한다.
④ 뇌의 건강과 발달을 위해서는 좌뇌와 우뇌를 모두 자극해야 한다.

37

서로 다른 종의 생물들이 밀접한 관련을 맺으며 살아가는 것을 '공생'이라고 한다. 공생이라고 하면 서로 도움을 주는 관계라 생각하기 쉽다. 하지만 공생에는 서로 도움이 되는 관계도 있고 한쪽만 이익을 보고 다른 한쪽은 손해를 보는 관계도 있다. 예컨대 참새우는 먹장어의 기생 생물을 먹으며 청소부 역할을 하여 서로 이익이 되는 관계이다. 들소의 발굽과 이빨에 있는 벌레를 먹기 위해 들소를 따라다니는 새는 이익이 있지만, 들소의 발에 아무 관련 없는 곤충과 식물들은 밟혀 죽기도 한다.

① 공생은 서로 도움을 주는 상호작용을 말한다.
② 생물들의 공생 관계는 다양한 형태로 나타난다.
③ 생물들은 상대적으로 제한적인 혜택을 주고받는다.
④ 공생 관계의 생물들은 서로 보상이나 서비스를 준다.

38

과즙에 함유되어 있는 당의 비율을 당도라고 하며 당도는 과실의 성숙도에 따라 올라간다. 이러한 당도는 온도에 따라 차이를 보인다. 과일이 너무 익어 버렸거나 수확 날짜가 많이 지나 맛이 현저히 떨어졌을 때 냉장 보관을 하면 맛이 살아난다. 신맛은 온도가 낮을수록 약하게 느껴지지만 과일의 단맛을 내는 포도당과 과당은 저온일수록 강하게 나타나기 때문이다. 그러나 온도가 너무 낮으면 향기가 없어지고 미각도 둔해져 과일 맛을 느끼기 어려우므로 10℃ 전후로 보관하는 것이 좋다.

① 단맛은 사람들이 느끼는 과일의 식감에 영향을 미친다.
② 과일의 종류나 재배 조건에 따라 당의 구성 비율이 다르다.
③ 과일의 당도를 올리고 싶으면 적당한 저온으로 보관해야 한다.
④ 당도를 더 높이기 위해서는 잘 익었을 때 과일을 수확해야 한다.

※ [39~41] 주어진 문장이 들어갈 곳으로 가장 알맞은 것을 고르십시오. (각 2점)

39

한 연구팀이 실내 공기 중 독감과 같은 바이러스의 양을 측정하는 기술을 개발했다. (㉠) 연구진이 개발한 시스템은 바이러스를 채집할 때 입자가 용액에 부딪히며 받는 충격이 적다. (㉡) 이 시스템은 기존의 시스템보다 정확도도 높아 소량의 바이러스도 잡아낸다. (㉢) 또한 가볍고 저렴한 종이 진단 키트를 사용하여 쉽고 신속하게 바이러스를 검출할 수 있다. (㉣) 이 기술이 상용화가 되면 빠르고 정확하게 바이러스 양을 알 수 있어 의료 기관 및 시민의 안전에도 큰 도움을 줄 수 있을 것이다.

보기 따라서 더 많은, 살아있는 바이러스의 채집이 가능해진 덕분에 검사의 신뢰성을 높일 수 있게 되었다.

① ㉠   ② ㉡   ③ ㉢   ④ ㉣

40

세계자연기금(WWF)은 1961년 스위스에서 설립된 세계적인 비영리 환경보전기관으로 현재 500만 명 이상의 후원자들이 활발하게 활동하고 있다. (㉠) 이 기관은 지구의 다양한 생명체와 이들의 서식지인 지구의 자연환경을 보존하는 것을 목표로 일을 한다. (㉡) 나아가 이 기관의 목적은 동식물과 자연환경에 미치는 인류의 영향을 줄여 인간과 자연이 조화롭게 살아갈 수 있도록 하는 것이다. (㉢) 그리고 환경 오염 및 불필요한 소비에 대한 경각심을 가지도록 하고 있으며 기후 변화 위기에 처한 지구와 멸종 위기 동물을 위한 활동을 하기도 한다. (㉣)

보기 이를 위해 세계자연기금은 생물의 다양성을 보전하기 위한 활동을 벌이며 재생 가능한 자연 자원의 이용을 유도한다.

① ㉠   ② ㉡   ③ ㉢   ④ ㉣

41

김중미 작가는 지난 2년간 독자와 대중에게 강연한 내용을 엮어서 『존재, 감』이라는 책을 펴냈다. (㉠) 이 책은 작품 속에 나오는 실존 인물들의 구체적인 삶에 대한 기록과 강연에서 독자들에게 받은 질문에 대한 답변들이 담겨 있다. (㉡) 작가는 허구가 아닌 현실에서 함께 살고 있는 인물들 또는 우리의 이야기를 나누었다고 한다. (㉢) 또한 우리 모두에게는 이야기가 있고 우리 자신이 이야기를 만든다고 하였다. (㉣) 그래서 타인의 고통과 사회의 상처들을 바라볼 줄 알게 되고, 이해할 수 없는 세상에 대해 용기 있는 질문들을 던져 세상을 조금씩 바꿔나갈 수 있게 되는 것이다.

보기 즉, 이 책은 우리 사회가 무엇을 고민해야 하고 우리가 할 수 있는 일은 무엇인가에 대해 깨닫게 해 준다.

① ㉠   ② ㉡   ③ ㉢   ④ ㉣

멀지 않은 곳에 사시는 어머니가 오셔서 점심으로 간단하게 열무 국수를 해 먹었다. 점심을 먹은 후 어머니는 이번 명절에 손주들에게 떡을 해 주고 싶다고 하셨다. 사 놓고 창고에 넣어 두었던 쌀 가는 전기 맷돌을 꺼내고 떡집에서 인절미용 콩고물을 사며 분주히 떡 만들 준비를 하였다. (중략)

등허리가 아프도록 온종일 어머니와 나는 떡을 만들며 이런저런 이야기를 하게 되었다. 어머니가 결혼한 지 얼마 안 되어 아버지가 돌아가시고 그때부터 할머니는 어머니를 싫어하셨다. 특히 어머니를 빼다박았다는 이유로 나를 유독 싫어하셨다. 아버지를 닮은 언니와 장남인 오빠 사이에서 나는 외톨이가 되었다. 할머니의 구박은 날로 심해져 어린 나의 가슴에 상처로 고스란히 남았다.

이제는 같이 주름살이 늘어가는 나이가 되고 세월도 많이 흘렀기에 나는 용기를 내어 떡을 만드시는 어머니에게 물었다. "그런데 어머니, 할머니가 어린 나를 구박할 때 어머니는 왜 내 편을 들어 주지 않으셨어요?" 어머니는 생각에 잠기시는 듯 하더니 "그랬지……." 하고 말끝을 흐리셨다. 아마도 어머니는 서슬 퍼런 시어머니로부터 나를 감쌀 용기가 나지 않으셨을 것이다.

42 밑줄 친 부분에 나타난 '어머니'의 심정으로 가장 알맞은 것을 고르십시오.

① 위로하다
② 미안스럽다
③ 홀가분하다
④ 의심스럽다

43 윗글의 내용으로 알 수 있는 것을 고르십시오.

① 나는 엄한 시어머니와 오랫동안 같이 살았다.
② 어머니는 명절 때마다 떡을 해서 가족들과 함께 먹었다.
③ 할머니는 아들을 잃은 후부터 어머니와 나를 싫어하셨다.
④ 형제자매가 모두 어머니를 닮아서 비슷한 외모를 가지고 있다.

사람들은 대부분 부자가 되려면 좋은 대학을 졸업하고 대기업에 입사하거나 재산을 상속받아야 한다고 생각한다. 그러나 (   ) 남다른 통찰과 발상으로 부와 성공을 이루는 사람들이 많아지고 있다. 오랫동안 사업을 성공적으로 운영한 한 부자도 어릴 때부터 자신이 잘할 수 있는 건설 기술을 꾸준히 익혀 백만장자가 되었다. 나아가 좋은 대학에 가지 않거나, 생소한 사업이나 남들이 꺼리는 일을 하거나, 어려운 형편에 처한 것 등은 오히려 기회가 될 수 있다. 위기나 어려움을 극복하기 위해 목표를 세우고 그것을 통해 동기가 부여되면 부와 성공을 위한 추진력이 생긴다. 즉, 나만의 전략을 가지고 내가 좋아하고 잘할 수 있는 일에 실력을 연마하여 자신만의 가치를 창출하는 것이 부와 성공으로 가는 지름길인 것이다.

44 (   )에 들어갈 말로 가장 알맞은 것을 고르십시오.

① 좋은 학벌과 경력을 가지고
② 남들과 똑같은 길을 걷지 않고
③ 타인의 안정적인 직업과 비교하고
④ 물려받은 재산을 축적하지 못하고

45 윗글의 주제로 가장 알맞은 것을 고르십시오.

① 대부분의 경우 취업 후 재산 축적이 삶의 목표이다.
② 대기업에 취직하려면 어릴 때부터 교육이 필요하다.
③ 위기와 어려움을 극복하는 방법은 실력을 쌓는 것이다.
④ 자신만의 재능과 가치를 찾으면 부와 성공을 이룰 수 있다.

※ [46~47] 다음을 읽고 물음에 답하십시오. (각 2점)

'녹색 성장'이란 에너지와 자원을 절약하고 효율적으로 사용하여 기후 변화와 환경 훼손을 줄이는 것을 말한다. 또한 청정 에너지와 녹색 기술의 연구 개발을 통하여 새로운 성장 동력을 확보하며 새로운 일자리를 창출해나가는 등 경제와 환경이 조화를 이룬다는 의미도 포함되어 있다. 그간 산업화와 도시화의 가속화로 인해 대기 오염, 수질 오염 등 각종 환경 문제와 자원 부족 현상이 나타났기 때문에 사람들은 경제 발전과 환경 보호가 서로 조화를 이루는 녹색 성장에 눈을 돌리기 시작한 것이다. 이런 정책의 결과로 지난 2019년 우리나라는 국가 온실가스 배출량이 최초로 감소세로 돌아서게 되었다. 하지만 '녹색'보다는 '성장'에 방점을 찍은 과거의 과오를 재현할 우려는 남아 있다. 그 이유는 화석 연료를 활용한 신에너지도 '녹색 기술' 중 하나로 새 법에 담길 예정이기 때문이다. 그래서인지 핵 발전 과정에서 발생하는 방사성 폐기물 처리가 어렵다는 큰 단점을 가진 원자력 발전이 청정에너지란 주장은 여전히 힘이 센 것이다. 정책 입안을 담당하는 이들의 심사숙고가 필요하다고 하겠다.

46 윗글에 나타난 필자의 태도로 가장 알맞은 것을 고르십시오.

① 경제 발전을 더디게 만드는 녹생 성장 정책을 비판하고 있다.
② 환경 오염 방지를 위한 새로운 법 제정에 대해 분개하고 있다.
③ 환경과 발전을 균형 있게 고려한 정책의 필요성을 촉구하고 있다.
④ 경제 성장을 위해서는 환경 오염이 불가피함에 대해 주장하고 있다.

47 윗글의 내용과 같은 것을 고르십시오.

① 녹색 성장을 위해서는 원자력발전소를 더 확충해야 한다.
② 녹색 성장을 하면 실업난이 일어나는 것을 막을 수 없다.
③ 녹색 성장은 미래의 식량 부족에 대비한 먹거리 정책이다.
④ 녹색 성장은 발전만을 중요하게 생각하면 성공할 수 없다.

최저 임금제는 저임금 근로자를 위하여 국가가 회사와 근로자 간의 임금 결정에 개입하여 근로자가 일정 금액 이상을 받을 수 있게 하는 제도이다. 이 제도는 근로자 임금의 최저 수준을 보장하고 근로자의 생활 안정 및 노동력의 질적 향상으로 경제 발전에 이바지해 왔다. 하지만 매년 오르는 최저 임금에 대하여 언론이나 학자들마다 찬반 논쟁이 많다. 최저 임금 인상으로 인해 제일 힘든 계층은 소상공인과 자영업자이다. 임금이 인상되면 소상공인은 종업원을 줄일 수밖에 없고 그 영향으로 구직자들은 일자리가 줄어들 수밖에 없다. 요즘은 많은 국가가 국민의 최소한의 기본 생활이 보장될 수 있도록 사회 복지 정책을 바꾸고 있는 추세이다. 그러나 이러한 제도들을 운영할 때는 시장 경제를 고려한 좀 더 유연한 방법이 필요하다. 근로자의 연령, 숙련도, 업종 등을 구분하여 차등적인 임금제를 적용하지 않고 획일적인 최저 임금제를 적용한다면 소상공인이나 근로자에게 불이익이 발생할 수 있다. 그러므로 최저 임금 제도는 (   ) 사회나 경제 환경에 맞춰 변화에 적응하는 유연성이 요구되어야 한다.

48 윗글을 쓴 목적으로 가장 알맞은 것을 고르십시오.

① 근로자의 생활 안정과 노동력 향상을 촉구하기 위해서
② 변화하는 환경에 따른 제도의 문제점을 지적하기 위해서
③ 사회 복지 정책의 하나인 최저 임금제를 소개하기 위해서
④ 회사와 근로자 간의 갈등 원인을 밝히고 중재하기 위해서

49 (   )에 들어갈 내용으로 가장 알맞은 것을 고르십시오.

① 수시로 바뀌는
② 구직이 줄어드는
③ 획일적으로 적용되는
④ 안정된 생활이 보장되는

50 윗글의 내용과 같은 것을 고르십시오.

① 최저 임금 제도로 인해 많은 사람들이 불편을 겪었다.
② 최저 임금 제도를 반대하는 사람들이 지금까지는 없었다.
③ 최저 임금 제도는 획일적인 방식으로 운영될 필요가 있다.
④ 최저 임금 제도의 임금 인상은 소상공인들을 힘들게 만든다.

제2회 한국어능력시험

TOPIK II

1교시	듣기, 쓰기

▶ 듣기 모바일 OMR 자동채점

수험번호		
이름	한국어	
	영어	

유의 사항
Information

1. 시험 시작 지시가 있을 때까지 문제를 풀지 마십시오.

   Do not open the booklet until you are allowed to start.

2. 수험번호와 이름을 정확하게 적어 주십시오.

   Write your name and registration number on the answer sheet.

3. 답안지를 구기거나 훼손하지 마십시오.

   Do not fold the answer sheet; keep it clean.

4. 답안지의 이름, 수험번호 및 정답의 기입은 배부된 펜을 사용하여 주십시오.

   Use the given pen only.

5. 정답은 답안지에 정확하게 표시하여 주십시오.

   Mark your answer accurately and clearly on the answer sheet.

marking example	① ● ③ ④

6. 문제를 읽을 때에는 소리가 나지 않도록 하십시오.

   Keep quiet while answering the questions.

7. 질문이 있을 때에는 손을 들고 감독관이 올 때까지 기다려 주십시오.

   When you have any questions, please raise your hand.

TOPIK Ⅱ 듣기 (01번~50번)

※ [01~03] 다음을 듣고 가장 알맞은 그림 또는 그래프를 고르십시오. (각 2점)

01

①

②

③

④

02

①

②

③

④

03

①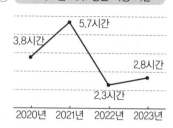
스마트폰 하루 평균 사용 시간

② 스마트폰 하루 평균 사용 시간

③
스마트폰으로 인한 부모와의 갈등

1위	주 1회
2위	주 2회
3위	주 3회 이상

④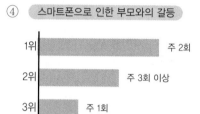
스마트폰으로 인한 부모와의 갈등

1위	주 2회
2위	주 3회 이상
3위	주 1회

※ [04~08] 다음을 듣고 이어질 수 있는 말로 가장 알맞은 것을 고르십시오. (각 2점)

04 ① 제가 주방장에게 물어볼게요.
② 음식 가격이 올라서 그런 듯해요.
③ 사장님이 음식을 잘하는 줄 몰랐어요.
④ 맛있는 음식을 싫어하는 사람은 없으니까요.

05 ① 후배님도 힘을 내세요.
② 저도 미리 생각해 봐야겠어요.
③ 졸업만 해도 다행이라고 생각해요.
④ 선생님도 그만두신다고 하더라고요.

06 ① 아니야. 다음에는 차를 마시자.
② 맛은 있는데 양이 조금 적어서 아쉽다.
③ 커피나 아이스크림 중에 어떤 게 좋아?
④ 네 덕분에 잘 먹었고 다음 주에도 볼 거지?

07 ① 어제 보내 드렸는데 확인 못 하셨습니까?
② 그럼 오늘 자정까지 이메일로 드리겠습니다.
③ 그러면 김 대리에게 오늘까지라고 전달하겠습니다.
④ 내일은 제가 출장을 가니까 모레까지 제출하겠습니다.

08 ① 관람객이 많아서 의견을 못 들었어요.
② 음악에 신경을 더 썼다면 좋았을 텐데요.
③ 영화비가 비쌌다는 의견이 대부분이었어요.
④ 재미있는 음악을 사람들이 좋아했다고 해요.

※ [09~12] 다음을 듣고 **여자가** 이어서 할 행동으로 가장 알맞은 것을 고르십시오. (각 2점)

09 ① 전시회 준비를 한다.
② 전시회 티켓을 예매한다.
③ 미술관 가는 길을 찾는다.
④ 미술관 근처 식당을 알아본다.

10 ① 제품 안내문을 제작한다.
② 제품 사용 영상을 만든다.
③ 대표에게 결과를 보고한다.
④ 고객에게 설문조사를 한다.

11 ① 음식 주문을 취소한다.
② 음식 주문 시간을 확인한다.
③ 주문 가능 음식을 찾아본다.
④ 음식 배달 시간을 문의한다.

12 ① 이직할 회사를 찾아본다.
② 건강검진 비용을 알아본다.
③ 회사 근처 병원을 찾아본다.
④ 전염병의 위험에 대해 알아본다.

※ [13~16] 다음을 듣고 들은 내용과 같은 것을 고르십시오. (각 2점)

13 ① 여자는 퇴근 후 집에 갈 예정이다.

② 남자는 퇴근 후 집에 가려고 했었다.

③ 여자가 가장 좋아하는 음식은 국수이다.

④ 남자는 새로 생긴 국숫집에 가 본 적이 있다.

14 ① 특강은 두 시간 동안 진행된다.

② 한국어 말하기 영역에 관한 특강이다.

③ 한국대학교 졸업생도 특강을 들을 수 있다.

④ 한국어능력시험 점수가 있어야 참여할 수 있다.

15 ① 이번 침수 피해로 다친 사람이 있다.

② 출근길에 비 피해가 없도록 조심해야 한다.

③ 빗줄기가 약해지며 오후에는 비가 멈출 예정이다.

④ 출근길에 강한 비가 내릴 테니 대중교통을 이용해야 한다.

16 ① 맨발로 걷는 것은 건강에 위험하다.

② 맨발 걷기는 근육통 완화에 도움이 된다.

③ 발바닥에 강한 자극을 주면 줄수록 건강에 좋다.

④ 사람들이 최근 맨발 걷기에 큰 관심을 보이고 있다.

※ [17~20] 다음을 듣고 <u>남자</u>의 중심 생각으로 가장 알맞은 것을 고르십시오. (각 2점)

17 ① 매트리스는 직접 본 후에 사는 게 좋다.

② 매트리스는 사용 후기를 잘 살펴봐야 한다.

③ 매트리스는 전문가의 추천이 가장 중요하다.

④ 매트리스는 온라인으로 사는 게 효율적이다.

18
① 배달 음식보다 만들어 먹는 것이 낫다.
② 식사를 거르는 것은 건강에 좋지 않다.
③ 바쁠 때는 음식을 시켜 먹는 것이 좋다.
④ 음식을 주문해서 먹으면 간편하고 좋다.

19
① 게임은 모든 면에서 나쁜 것이다.
② 게임은 청소년의 정신 건강에 해롭다.
③ 게임을 강제로 못 하게 할 필요가 있다.
④ 청소년 스스로 판단할 수 있게 해야 한다.

20
① 면접시험은 연습보다 자신감이 중요하다.
② 면접시험은 긍정적인 표정이 가장 중요하다.
③ 면접시험은 면접하는 곳의 정보가 중요하다.
④ 면접시험은 목표와 성취동기가 있으면 어렵지 않다.

※ [21~22] 다음을 듣고 물음에 답하십시오. (각 2점)

21 남자의 중심 생각으로 가장 알맞은 것을 고르십시오.

① 요즘 많은 대학생이 국내 여행을 꺼린다.
② 배낭여행을 통해 자신의 적성을 찾을 수 있다.
③ 배낭여행은 비용이 많이 들어 꿈같은 이야기이다.
④ 배낭여행을 통한 경험이 다른 이들에게 도움이 된다.

22 들은 내용과 같은 것을 고르십시오.

① 배낭여행은 취업을 위해 필요하다.
② 남자는 배낭여행을 한 경험이 없다.
③ 해외 취업을 선호하는 대학생이 늘었다.
④ 여자는 배낭여행을 한 사람을 만난 적이 없다.

23 남자가 무엇을 하고 있는지 고르십시오.

① 우유팩 세척 방법을 자세히 묘사하고 있다.
② 우유팩 분리수거 하는 방법을 설명하고 있다.
③ 주민 센터에서 우유팩을 휴지로 교환하고 있다.
④ 우유팩을 휴지로 교환하는 방법을 문의하고 있다.

24 들은 내용과 같은 것을 고르십시오.

① 우유팩을 휴지로 바꿀 때 돈이 필요하다.
② 우유팩 1kg당 휴지 1개로 교환이 가능하다.
③ 폐건전지나 빈 병도 생활용품으로 바꿀 수 있다.
④ 우유팩의 부피가 크면 건전지를 많이 받을 수 있다.

25 남자의 중심 생각으로 가장 알맞은 것을 고르십시오.

① 시각 장애가 있어도 독서를 할 수 있다.
② 취미로 독서를 하는 것은 정서 발달에 좋다.
③ 세상을 볼 수 없다면 슬픈 일이 많이 일어난다.
④ 동화책을 많이 읽은 어린이가 성공할 가능성이 크다.

26 들은 내용과 같은 것을 고르십시오.

① 남자는 대학교에 다니고 있다.
② 남자는 시각 장애를 가지고 있다.
③ 이 동화책은 눈으로 읽을 수 있다.
④ 시각 장애 체험을 자주 하면 위험하다.

※ [27~28] 다음을 듣고 물음에 답하십시오. (각 2점)

27   남자가 말하는 의도로 알맞은 것을 고르십시오.

① 초등학교 입학을 준비하려고
② 모국어의 중요성을 일깨우려고
③ 아이를 영어 유치원에 입학시키려고
④ 일반 유치원의 문제점을 지적하려고

28   들은 내용과 같은 것을 고르십시오.

① 아이는 한글을 모두 익혔다.
② 아이는 영어를 배우고 싶어 한다.
③ 남자는 합리적 비용의 유치원을 선호한다.
④ 일반 유치원은 영어 유치원보다 저렴하다.

※ [29~30] 다음을 듣고 물음에 답하십시오. (각 2점)

29   여자가 누구인지 고르십시오.

① 드라마 대본을 쓰는 사람
② 광고 영상을 만드는 사람
③ 방송 프로그램에 광고를 넣는 사람
④ 방송 프로그램 소품을 담당하는 사람

30   들은 내용과 같은 것을 고르십시오.

① 이 직업은 대중에게 인기가 있다.
② 이 직업은 광고만을 전문적으로 만든다.
③ 이 직업은 아이디어가 별로 없어도 가능하다.
④ 이 직업은 사람들에게 취미에 대한 정보를 준다.

31 남자의 중심 생각으로 가장 알맞은 것을 고르십시오.

　① 이 제도를 하루 빨리 도입해야 한다.

　② 이 제도는 불평등을 심화시킬 것이다.

　③ 이 제도는 장점만 받아들이는 것이 좋다.

　④ 이 제도는 부의 재분배를 위해 꼭 필요하다.

32 남자의 태도로 가장 알맞은 것을 고르십시오.

　① 해당 제도의 도입에 대해 긍정적으로 보고 있다.

　② 상대방의 의견에 일부분 동의하여 수용하고 있다.

　③ 객관적으로 상황을 분석하여 상대에게 책임을 묻고 있다.

　④ 해당 제도의 문제점을 들며 상대의 주장에 반박하고 있다.

※ [33~34] 다음을 듣고 물음에 답하십시오. (각 2점)

33 무엇에 대한 내용인지 알맞은 것을 고르십시오.

　① 이상 동기 범죄

　② 건강한 분노 표출 방법

　③ 강간 폭행 살인 처벌 방안

　④ 가해자의 정신 병력 조회법

34 들은 내용과 같은 것을 고르십시오.

　① 정신 병력이 있는 사람만 범죄를 저지른다.

　② 내면에 있는 분노가 범죄로 이어지는 경우가 있다.

　③ 특별한 동기가 있어야 범죄 가능성이 매우 높아진다.

　④ 범죄는 항상 얼굴을 아는 사람을 대상으로 이루어진다.

※ [35~36] 다음을 듣고 물음에 답하십시오. (각 2점)

35 남자가 무엇을 하고 있는지 고르십시오.

① 회사의 설립 목적을 소개하고 있다.
② 회사의 역사와 배경을 안내하고 있다.
③ 회사의 경제적 성과를 홍보하고 있다.
④ 회사가 바라는 인재상을 설명하고 있다.

36 들은 내용과 같은 것을 고르십시오.

① 이 회사의 입사 시험은 4차까지 있다.
② 이 회사에서는 역사 유물에 대해 조사한다.
③ 이 회사는 자기 계발을 적극 권장하고 있다.
④ 이 회사에 합격한 직원은 모두 패션 디자이너다.

※ [37~38] 다음을 듣고 물음에 답하십시오. (각 2점)

37 여자의 중심 생각으로 가장 알맞은 것을 고르십시오.

① 즐겁고 재미있는 이야기를 만들어서 쓰는 것이 좋다.
② 자기소개서는 자신의 경험을 직설적으로 쓰는 것이 좋다.
③ 자신의 강점은 쓰고 약점을 감추는 것이 좋은 자기소개서이다.
④ 스토리텔링을 적절하게 사용하면 좋은 자기소개서를 쓸 수 있다.

38 들은 내용과 같은 것을 고르십시오.

① 최근 스토리텔링 방식은 인기가 줄어들고 있다.
② 스토리텔링은 요리를 하는 사람들이 만든 방법이다.
③ 스토리텔링을 공부하면 노력 없이도 취업이 가능하다.
④ 인사담당자는 개성 있고 흥미로운 자기소개서에 끌린다.

※ [39~40] 다음을 듣고 물음에 답하십시오. (각 2점)

39 이 대화 전의 내용으로 가장 알맞은 것을 고르십시오.

① 생계유지가 어려운 예술가가 많이 있다.
② 지원금을 신청하는 절차에는 문제가 많다.
③ 국가는 복지를 위한 다양한 정책을 펴고 있다.
④ 예술 작품은 자주 나오는 것이 아니라 비싼 것이다.

40 들은 내용과 같은 것을 고르십시오.

① 예술가들은 하루에 한 끼 식사만 가능하다.
② 남자는 예산 투입이 우선되어야 한다고 본다.
③ 예술가들은 지금의 제도가 유지되길 바라고 있다.
④ 남자는 시간을 두고 제도를 개선해야 한다고 생각한다.

※ [41~42] 다음을 듣고 물음에 답하십시오. (각 2점)

41 이 강연의 중심 내용으로 가장 알맞은 것을 고르십시오.

① 연기는 주로 목소리가 좋은 사람들이 많이 한다.
② 얼굴이 사람마다 다르듯 목소리도 사람마다 다르다.
③ 발성 연습을 많이 하면 깊은 맛의 목소리를 낼 수 있다.
④ 마음가짐이 바르면 좋은 인상을 주는 목소리를 낼 수 있다.

42 들은 내용과 같은 것을 고르십시오.

① 발효 음식은 고통을 이겨내는 힘을 길러 준다.
② 목소리가 좋은 사람만 커피 맛을 잘 전달할 수 있다.
③ 마음을 움직이려면 표현을 잘하는 것이 가장 중요하다.
④ 보이스 컨설턴트인 김 교수의 또 다른 직업은 성우이다.

43 무엇에 대한 내용인지 알맞은 것을 고르십시오.

① 음악 없이 살 수 없는 인간의 삶
② 치매 환자가 음악을 기억하는 방법
③ 치매 환자에게 도움이 되는 음악 치료
④ 음악이 치매 환자에게 미치는 부정적 영향

44 정신에 이상이 있더라도 노래를 기억하는 이유로 맞는 것을 고르십시오.

① 심신을 편안하게 해 주기 때문에
② 귀 안에 달팽이관이 있기 때문에
③ 뇌의 여러 부분에서 반응하기 때문에
④ 함께 들었던 사람을 기억하기 때문에

※ [45~46] 다음을 듣고 물음에 답하십시오. (각 2점)

45 들은 내용과 같은 것을 고르십시오.

① 설태란 혀의 굳기와 상관있는 용어이다.
② 설태는 일단 한번 생기면 절대 없어지지 않는다.
③ 설태의 색깔로 이상이 있는 신체 기관을 알 수 있다.
④ 치아를 꼼꼼히 잘 닦으면 건강 상태를 파악할 수 있다.

46 여자가 말하는 방식으로 알맞은 것을 고르십시오.

① 기존에 알려진 연구 결과에 반박하고 있다.
② 여러 통계 발표를 근거로 사례를 분석하고 있다.
③ 문제 사례와 함께 바른 생활 습관을 제시하고 있다.
④ 전문가의 의견을 인용하여 자신의 생각을 주장하고 있다.

47   들은 내용과 같은 것을 고르십시오.

      ① 운동 전 공복 상태는 피해야 한다.
      ② 많이 먹어야 운동할 에너지가 생긴다.
      ③ 당분은 운동 전 섭취해야 할 필수 성분이다.
      ④ 단백질을 과다 섭취하면 설사를 할 수도 있다.

48   남자의 태도로 알맞은 것을 고르십시오.

      ① 운동의 필요성에 대해 역설하고 있다.
      ② 잘못된 운동 상식에 문제점을 제기하고 있다.
      ③ 운동 후 섭취해야 할 영양소를 소개하고 있다.
      ④ 운동 전 권장하는 식사법과 영양소를 설명하고 있다.

※ [49~50] 다음을 듣고 물음에 답하십시오. (각 2점)

49   들은 내용과 같은 것을 고르십시오.

      ① 이 그림은 왕이 직접 그린 그림이다.
      ② 이 그림에는 다양한 사람이 등장한다.
      ③ 이 그림에서 왕의 모습을 확인할 수 있다.
      ④ 이 그림에는 왕의 출생에 대한 내용이 있다.

50   남자가 말하는 방식으로 알맞은 것을 고르십시오.

      ① 기록물의 가치에 대해 높이 평가하고 있다.
      ② 기록물의 보존 방법에 대해 우려하고 있다.
      ③ 기록물의 진실 여부에 대해 의심하고 있다.
      ④ 기록물의 해석 관점에 대해 비판하고 있다.

※ [51~52] 다음 글의 ㉠과 ㉡에 알맞은 말을 각각 쓰시오. (각 10점)

51

회원 모집

여러분의 취미는 뭐예요? 혹시 우표 모으는 것을 좋아하세요?

그럼 저희 우표 수집 동호회에 들어오세요.

다른 회원들이 수집한 세계 여러 나라의 우표를 구경할 수도 있고,

자신이 가지고 있는 우표를 다른 사람들에게 (㉠   ).

작년에는 미술관에서 우표 전시회를 (㉡   ).

관심 있는 분은 아래 번호로 연락해 주세요.

☎ 02-123-9876

㉠:
....

㉡:
....

52

온돌은 방바닥을 가열하여 오랫동안 열기가 지속되게 하는 한국 고유의 난방 방식이다. 아궁이에서 불을 피우면 열기를 머금은 뜨거운 연기가 생성되어 난방이 되는 원리이다. 온돌은 연료가 적게 소모되어 경제적이고, 구조가 간단하여 고장이 없다는 장점이 있지만 온도를 유지하기 위해 (㉠   ) 환기가 잘 되지 않고, 방 안이 건조하여 뜨거워지기까지 시간이 오래 걸린다(㉡   ).

㉠:
....

㉡:
....

53 다음은 '기부 경험과 기부 문화 활성화 방안'에 대한 자료이다. 이 내용을 200~300자로 쓰시오. 단, 글의 제목은 쓰지 마시오. (30점)

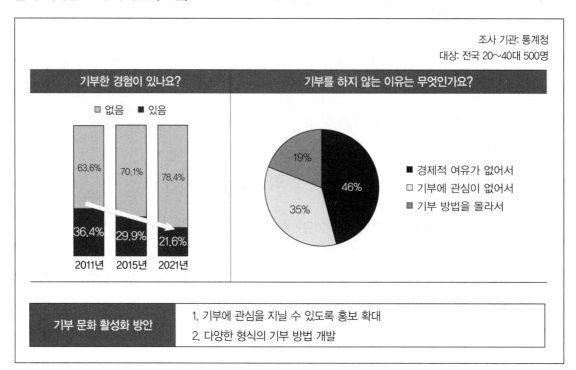

54 다음을 참고하여 600~700자로 글을 쓰시오. 단, 문제를 그대로 옮겨 쓰지 마시오. (50점)

> 　최근 지구촌 곳곳에서 지구 온난화로 인한 이상 기후 현상이 나타나고 있다. 세계 여러 나라는 이러한 기후 위기에 대응해야 한다고 주장하고 있다. 아래의 내용을 참고해서 '기후 위기 대응'에 대한 자신의 생각을 쓰라.
>
> • 이상 기후로 발생하는 문제에는 무엇이 있는가?
> • 이상 기후 현상의 원인은 구체적으로 어떤 것들이 있는가?
> • 기후 위기에 대응하기 위해 나 자신과 사회는 어떤 노력이 필요한가?

※ 원고지 쓰기의 예

	많	은		사	람	이		성	공	을		꿈	꾼	다	.		그	러	나
성	공	의		기	준	에		대	해	서	는		사	람	마	다		생	각

제2회 한국어능력시험

TOPIK II

| 2교시 | 읽기 |

▶ 읽기 모바일 OMR 자동채점

수험번호		
이름	한국어	
	영어	

유의 사항
Information

1. 시험 시작 지시가 있을 때까지 문제를 풀지 마십시오.

   Do not open the booklet until you are allowed to start.

2. 수험번호와 이름을 정확하게 적어 주십시오.

   Write your name and registration number on the answer sheet.

3. 답안지를 구기거나 훼손하지 마십시오.

   Do not fold the answer sheet; keep it clean.

4. 답안지의 이름, 수험번호 및 정답의 기입은 배부된 펜을 사용하여 주십시오.

   Use the given pen only.

5. 정답은 답안지에 정확하게 표시하여 주십시오.

   Mark your answer accurately and clearly on the answer sheet.

marking example	① ● ③ ④

6. 문제를 읽을 때에는 소리가 나지 않도록 하십시오.

   Keep quiet while answering the questions.

7. 질문이 있을 때에는 손을 들고 감독관이 올 때까지 기다려 주십시오.

   When you have any questions, please raise your hand.

※ [01-02] (   )에 들어갈 말로 가장 알맞은 것을 고르십시오. (각 2점)

01   요즘 시간이 많아서 언제 (   ) 다 괜찮다.

　　① 만나든지

　　② 만나려고

　　③ 만나더니

　　④ 만나도록

02   선생님은 학생들이 앞으로 실수하지 않게 (   ).

　　① 조심하도록 했다

　　② 조심한 적이 없다

　　③ 조심하기 나름이다

　　④ 조심하지 않은 탓이다

※ [03-04] 밑줄 친 부분과 의미가 가장 비슷한 것을 고르십시오. (각 2점)

03   갑자기 비가 많이 <u>오는 바람에</u> 야외 수업이 연기되었다.

　　① 오는 김에

　　② 오는 대로

　　③ 오는 탓에

　　④ 오는 대신에

04   매일 퇴근이 너무 늦어서 가족들에게 <u>미안할 뿐이다.</u>

　　① 미안한 척하다

　　② 미안한 셈이다

　　③ 미안할 따름이다

　　④ 미안할 리가 없다

05

상하좌우 강력한 회전 날개로!

깨끗함만 남겨 드릴 테니 이제는 야외 활동 망설이지 마세요~

① 세탁기   ② 비행기

③ 건조기   ④ 소화기

06

소중한 사람에게 손 글씨로 마음을 표현하세요.

국내, 국외 상관없이! 신속하게 전달해 드립니다.

① 방송국   ② 우체국

③ 박물관   ④ 도서관

07

☎ 02-123-1004

- 우리 사회 변화의 씨앗을 심읍시다.
- 나눔은 세상을 더 아름답게 만듭니다.

① 영업 안내   ② 환경 보호

③ 후원 안내   ④ 회사 광고

08

🖐 모델명 확인 방법 버튼을 통해 정확한 모델명을 찾으세요.

✌ 제품명을 입력한 후 프로그램을 다운로드받으세요.

① 제품 소개   ② 사용 설명

③ 환불 문의   ④ 판매 방법

※ [09~12] 다음 글 또는 그래프의 내용과 같은 것을 고르십시오.

09

인주시가 여러분의 독서 감상문을 기다립니다.

◈ 일시: 9월 22일 ~ 10월 22일

◈ 참가 대상: 제한 없음

◈ 참가 방법: 선정 도서 중 한 권을 읽고 감상문을 방문 또는 우편으로 제출(1인당 1편)

◈ 시상: 총 25명(인주시장상 5명, 참가상 20명)

◈ 수상자 발표: 2024년 11월 중 / 홈페이지 게시 및 개별 통보

◈ 공모전 문의: 홈페이지 www.inju.go.kr / 전화 (02) 730-2929

① 감상문은 홈페이지에 게시하면 된다.

② 감상문 공모전은 11월까지 진행된다.

③ 감상문 공모는 인주 시민만 할 수 있다.

④ 감상문은 정해진 도서 중에서 읽고 써야 한다.

10

성인의 독서 목적

조사 대상: 성인 3,000명

자녀 독서 교육 5%
업무 해결 10%
마음의 위로와 평안 18%
지식 정보 획득 45%
교양 상식 습득 22%

① 마음의 위로와 평안을 목적으로 책을 읽는 사람이 가장 많다.

② 지식과 정보 획득을 목적으로 하는 사람은 전체의 반을 넘는다.

③ 교양 상식 습득이 목적인 사람보다 지식 정보 획득이 목적인 사람이 많다.

④ 자녀 교육 때문에 책을 읽는 사람보다 업무 때문에 책을 읽는 사람이 적다.

11

전통 공연 예술 재단 '아리랑'은 7월 16일부터 18일까지 삼성동 코엑스에서 정기 공연을 개최한다. 공연에서는 새로운 예술가와 공연을 대중에게 소개하고 예술가와 관객이 소통할 수 있도록 한다. 이 공연은 퓨전 국악으로 전통 예술의 장르와 형식을 넘어 새로운 무대를 보여 줄 예정이다. '아리랑'의 공연은 그동안 국내외적으로 많은 관심을 받아 왔다. 17일과 18일 공연은 유튜브 채널을 통해 방송될 예정이다.

① 예술가와 관객들이 함께 공연을 한다.
② 이 재단은 처음으로 공연을 열 예정이다.
③ 이번 공연은 방송으로 실시간 중계가 된다.
④ 전통 국악의 새로운 모습을 볼 수 있을 것이다.

12

모기에 물리는 것을 좋아하는 사람은 없다. 모기는 어떤 사람을 물까? 모기는 열을 느끼는 감각 기관이 발달되어 있어서 열이 많은 사람을 잘 문다고 알려져 있다. 또한 모기는 어두운 컬러의 옷을 입은 사람이나 땀 냄새, 화장품 냄새가 나는 사람을 주로 문다고 한다. 따라서 모기에 물리고 싶지 않으면 어두운 색의 옷과 진한 화장을 피하고 샤워를 자주 하는 것이 좋다.

① 모기는 색을 구분하지 못한다.
② 모기는 온도의 차이를 느낀다.
③ 모기는 화장품 냄새를 싫어한다.
④ 모기는 땀 냄새를 좋아하지 않는다.

※ [13-15] 다음을 순서대로 맞게 배열한 것을 고르십시오. (각 2점)

13

(가) 남성들이 자주 사용하는 '넥타이'가 바로 그것이다.
(나) 하지만 이 시기에 오히려 많이 팔리는 물건이 있다고 한다.
(다) 흔히 불경기일 때는 제품을 구매하는 사람들이 줄어든다고 알고 있다.
(라) 양복에 비해 값싼 넥타이를 통해 구매 욕구를 해소하려는 의도가 있어서이다.

① (다)-(나)-(가)-(라)
② (다)-(라)-(가)-(나)
③ (가)-(다)-(나)-(라)
④ (가)-(라)-(나)-(다)

14

> (가) 하지만 중요한 시험 전에는 미역국을 먹지 않는다.
> (나) 한국 사람이 즐겨 먹는 음식 중의 하나가 '미역국'이다.
> (다) 미끄러운 미역을 먹으면 시험에서 미끄러질 수 있다고 생각하기 때문이다.
> (라) 이러한 생각은 일을 이루기 위해 작은 것에도 주의하는 마음에서 비롯된 것이다.

① (나)-(다)-(라)-(가)
② (나)-(가)-(다)-(라)
③ (라)-(나)-(다)-(가)
④ (라)-(나)-(가)-(다)

15

> (가) 극장에서 흔히 먹는 '설탕 폭탄' 팝콘이 그중 하나이다.
> (나) 이외에도 치아에 해로운 식품이 많으니 잘 알아보는 것이 필요하다.
> (다) 그러나 우리가 모르는 식품 중에도 치아를 상하게 하는 것들이 있다.
> (라) 초콜릿이나 사탕이 치아에 좋지 않다는 것은 누구나 알고 있는 사실이다.

① (나)-(라)-(가)-(다)
② (나)-(다)-(가)-(라)
③ (라)-(다)-(가)-(나)
④ (라)-(나)-(다)-(가)

※ [16~18] (   )에 들어갈 말로 가장 알맞은 것을 고르십시오. (각 2점)

16

> 아이들에게 좋은 추억이 되는 어린이 공연을 선택하는 일은 쉽지 않다. 좋은 어린이 공연은 아이들 눈높이에서 (   ) 창의적인 내용이 담겨 있다. 하지만 어른의 눈높이에서 만들어진 어린이 공연은 정형화되어 있거나 교훈적이고 교육적인 내용이 많이 들어 있다.

① 극단의 철학과 성향이 강한
② 부모님들의 입장을 대변하는
③ 과학적인 상식이 대사에 담겨 있는
④ 어린이들의 개성과 상상이 녹아 있는

17

소외된 지역민들과 노숙자 및 노약자들을 위한 의료 무료 나눔 진료가 시작된다. 인주시에서 한 달에 한 번씩 진행하는 나눔 진료는 관련 단체들의 협조로 다양한 진료 과목을 갖추고 있어서 (   ) 진료를 받을 수 있다. 이와 함께 첨단 검사 장비도 지원받아 최선의 의료 환경을 마련하는 등 많은 이가 소외계층의 건강 관리에 적극 참여하고 있다.

① 친절하고 적극적인
② 체계적이고 구체적인
③ 비싸지만 혜택이 다양한
④ 소외되고 특별한 계층을 위한

18

'작심삼일'이란 새롭게 결심을 했지만 시간이 얼마 지나지 않아서 무너지고 결국에는 일을 (   ) 뜻이다. 예를 들어, 해마다 연초가 되면 운동을 하겠다고 많은 사람이 헬스클럽에 등록한다. 하지만 하루, 이틀 시간이 지나면서 결심이 흐려지고 결국 운동을 포기하는 사람이 많아지는 것에서 이 의미를 알 수 있다.

① 다시 해낸다는
② 마무리 짓지 못한다는
③ 반 정도만 성공시킨다는
④ 결심대로 마무리하게 된다는

※ [19~20] 다음을 읽고 물음에 답하십시오. (각 2점)

과도한 조명이 생활을 방해하는 것을 '빛 공해'라고 한다. 즉, 인공 조명이 적절하지 않게 사용되어 빛에 과도하게 노출되는 것을 말한다. 이러한 빛 공해는 건강과 생활에 방해가 될 뿐만 아니라 환경에도 피해를 줄 수 있다. (   ) 태양과 같은 자연 빛은 빛 공해에 포함되지 않는다. 인공 조명에는 가로등, 형광등, 보안등, 광고 조명, 장식 조명 등이 포함된다.

19 (   )에 들어갈 말로 가장 알맞은 것을 고르십시오.

① 물론
② 과연
③ 비록
④ 만약

20 윗글의 주제로 가장 알맞은 것을 고르십시오.

① 사람이 만든 조명 덕분에 사람들은 편해졌다.

② 빛 공해를 피하려면 실내에서 생활하는 게 좋다.

③ 지나친 조명 사용은 사람에게 부정적인 영향을 준다.

④ 쾌적한 생활을 위해서는 더 많은 인공 조명이 필요하다.

※ [21-22] 다음을 읽고 물음에 답하십시오. (각 2점)

> 최근 반려식물이 (   ) 팔리고 있다. 반려식물은 남녀노소 누구에게나 인기 있는 취미 활동이며 '정서적으로 의지하기 위해 사람이 가까이 두고 기르는 식물'을 말한다. 식물은 실내 분위기를 바꿔 주는 데도 효과적이며 실내 공기를 정화시키는 작용도 한다. 또한 식물에 대한 관심과 식물을 가꾸는 노력은 신체적, 정신적 건강에도 도움이 된다.

21 (   )에 들어갈 말로 가장 알맞은 것을 고르십시오.

① 날개 돋치게

② 입이 가볍게

③ 어깨가 무겁게

④ 고개를 숙이게

22 윗글의 내용과 같은 것을 고르십시오.

① 식물을 기르면 정서적인 도움을 받는다.

② 식물을 키우는 것은 취미 활동이 아니다.

③ 식물을 기르면 실내 공기가 안 좋아진다.

④ 식물을 키우는 것은 건강에 도움이 안 된다.

어머니가 오랜만에 우리 집에 며칠 동안 묵으셨다. 그동안 미뤄왔던 치과에 가기로 하셨는데 나는 어머니를 위해 또 다른 일정을 예약해 두었다. 어머니는 젊은 시절 홀로되어 생계를 위해 아플 틈도 없이 사셨다. 평생 고무장갑을 끼고 궂은일을 하시느라 여든이 넘은 어머니의 손톱은 검푸르게 갈라져 있었다. 병원에도 가 보고 내가 매니큐어도 발라 드려 보았다. 하지만 효과가 없어서 네일숍의 전문가에게 가 보기로 한 것이다. 예약한 직장 근처에 있는 네일숍에 어머니를 모시고 갔다. 네일숍 직원이 어머니의 손톱을 정리하고 겹겹이 색을 입히고 반짝거리는 액세서리를 붙였다. 고생이 묻어나던 거무죽죽한 어머니의 손은 이제 부자 할머니의 손처럼 보였다. 어머니가 아이처럼 좋아하시는 모습을 보니 왜 더 일찍 해 드리지 못했나 하는 생각이 들었다. 늘 험한 손이 부끄러워 남들 앞에서는 손을 웅크리셨던 어머니가 이제는 자신 있게 손을 쫙 펴고 사셨으면 좋겠다.

23 밑줄 친 부분에 나타난 '나'의 심정으로 가장 알맞은 것을 고르십시오.

① 부담스럽다

② 후회스럽다

③ 조심스럽다

④ 당황스럽다

24 윗글의 내용과 같은 것을 고르십시오.

① 어머니는 고생을 많이 하셔서 손톱이 많이 상했다.

② 어머니는 손톱 관리를 잘 하셔서 고운 손을 가지셨다.

③ 어머니는 항상 건강하셔서 병원에 자주 가지 않으셨다.

④ 어머니는 치과와 네일숍 일정을 예약하고 우리 집에 오셨다.

※ [25~27] 다음 신문 기사의 제목을 가장 잘 설명한 것을 고르십시오. (각 2점)

25

공무원 시험에서 '복수 정답' 처리… 수험생들 '갑론을박'

① 수험생들의 논란으로 '복수정답'을 인정하지 않기로 했다.

② 수험생들은 '복수 정답'으로 처리한 것에 전원 반발하고 있다.

③ '복수 정답' 처리를 두고 수험생들 사이에서 논란이 일어나고 있다.

④ 대부분의 수험생이 '복수 정답' 처리가 올바른 결정이라며 옹호하고 있다.

26

대안으로 떠오른 '9월 학기제', 내년 도입 보류

① 내년에 '9월 학기제'를 도입할지 아직 결정하지 못했다.

② '9월 학기제' 도입을 요구하는 목소리가 점차 커지고 있다.

③ 제도 변경에 따른 부담이 크다는 이유로 '9월 입학제'는 도입될 수 없다.

④ 내년 도입 예정인 '9월 학기제'를 앞두고 구체적인 방안을 검토하고 있다.

27

전국 장대비에 폭염 한풀 꺾일 듯… 대구 '무더위' 지속

① 대구를 제외하고 전국 곳곳에 비가 내릴 것이다.

② 전국적으로 비가 내리지 않아 무더위가 계속될 것이다.

③ 비가 내린 후 무더위 기세가 한층 강화될 것으로 보인다.

④ 비가 내린 후 대구를 제외한 지역은 기온이 내려갈 전망이다.

※ [28~31] (   )에 들어갈 말로 가장 알맞은 것을 고르십시오. (각 2점)

28

취미를 물어보는 질문에 사람들은 흔히 독서라고 대답하지만, 독서라고 말하는 사람 중에 (   ) 사람은 별로 없다. 책을 읽으며 책에 메모를 남기거나 읽은 후 독후감을 쓰는 사람이 많지 않은 이유는 쓰기를 어려워하기 때문이다. 독서를 할 때 꼼꼼하게 읽지 않아서 쓸 내용을 정리하지 못하거나 글을 구성하는 방법에 대해서 배우지 못했기 때문에 그런 것으로 보인다.

① 취미가 없는

② 책을 좋아하는

③ 글쓰기를 병행하는

④ 도서를 사는 것이 취미인

29

소리의 (   )는 '데시벨(dB)'이란 단위를 사용한다. 정상적인 귀로 들을 수 있는 가장 작은 소리의 크기인 0dB을 기준으로 가을철에 우는 매미의 소리는 75dB 정도이다. 자동차의 경적은 100dB, 시끄러운 음악은 110~130dB로, 특히 120~130dB 정도의 소리는 사람이 듣기에 고통스러운 정도이며 80dB 이상의 소음을 오랜 기간 계속 들으면 청각 장애가 올 수도 있다.

① 크고 작음을 나타낼 때
② 길이를 말로 표현할 때
③ 음색을 수치로 표시할 때
④ 진동을 컴퓨터에 입력할 때

30

장수풍뎅이, 귀뚜라미 등 곤충을 키우면 우울한 감정을 감소시키는 효과를 얻을 수 있다는 조사 결과가 나왔다. 곤충이 활용된 프로그램으로 교육을 받은 아동은 정서 안정도가 23.9% 향상됐고, 독거노인은 우울감이 81.4% 줄어든 것으로 밝혀졌다. 반면 곤충을 사용하지 않고 심리 치료만 받은 집단의 아이와 노인 모두 10% 이내의 변화를 보였다. 이 결과를 통해 곤충의 소리가 아동과 노인들에게 (   ) 것을 알 수 있다.

① 스트레스를 추가한다는
② 시끄러운 소리로 들린다는
③ 정서적 안정감을 제공한다는
④ 육체적 건강을 변화시킨다는

31

사람들은 일반적으로 추위 때문에 감기가 걸린다고 생각하지만 (   ) 그것이 원인이 아님을 말해준다. 감기를 발생시키는 것은 추위 또는 더위가 아니라 바이러스를 주된 원인으로 보는 것이 적합하다. 외부나 타인으로부터 바이러스가 전파되어 체내에 침입하면 12시간에서 72시간 내 감기 증상이 발생한다고 한다. 면역력이 높은 사람은 바이러스가 침투해도 감기 증상이 발생하지 않는다고 하니 평소 면역력을 높이면 감기를 예방할 수 있을 것이다.

① 여름에도 감기 환자가 있다는 것은
② 겨울에는 특히 감기 환자가 많다는 것은
③ 가을에는 환절기라서 감기 환자가 있다는 것은
④ 겨울에는 춥기 때문에 감기 환자가 많다는 것은

32

같이 섭취하면 약이 되는 음식이 있지만 함께 먹으면 독이 되는 음식도 있는데 이것을 '음식 궁합'이라고 부른다. 음식 궁합이 안 맞는 대표적인 것에 당근과 오이가 있다. 이 둘을 따로 섭취하면 건강에 이로우나 함께 먹을 경우, 당근이 오이에 있는 비타민C를 파괴하여 영양분을 섭취하기가 어려워진다. 음식 궁합이 맞지 않는 음식은 함께 먹지 않도록 주의하고 잘 맞는 음식을 찾아 먹어야 건강을 챙길 수 있다.

① 오이와 당근을 함께 먹으면 건강에 이롭다.
② 음식을 같이 먹는 것은 면역력을 높여준다.
③ 함께 먹으면 좋은 음식이 있고 안 좋은 음식이 있다.
④ 당근의 '비타민C'는 함께 먹는 오이에 의해 없어진다.

33

경제적 어려움을 겪고 있는 노인들의 생활을 보조하고 지역 경제를 활성화하기 위해 지난 9일, 만 58세 이상의 노인들을 대상으로 상품권을 지급했다. 상품권을 지급할 때 많은 인원이 몰리지 않도록 시간대별로 대상자를 분산하여 복지센터에서 상품권을 수령할 수 있도록 조치했다. 상품권 지급 사업은 예산을 추가로 편성하여 앞으로 3개월간 계속해서 추진할 예정이다. 관계자는 "저소득 어르신들의 경제 안정뿐 아니라 지역 경제가 살아나길 기대한다."라고 말했다.

① 상품권 지급 사업은 노인과 지역 경제를 위해 마련되었다.
② 상품권을 받는 대상자가 복지센터에 몰려 어려움을 겪었다.
③ 경제적으로 어려운 노인들이 많아져서 지역 경제가 살아났다.
④ 상품권 지급 사업으로 저소득 노인의 재정 문제가 해결되었다.

34

세종대왕은 인재를 뽑을 때 신분에 얽매이지 않고 임무에 적합한 사람을 뽑는 것이 중요하다고 생각했다. 세종대왕의 이런 철학 덕분에 역사에 이름을 남기게 된 사람이 장영실이다. 장영실은 벼슬을 할 수 없는 노비의 신분이었지만 세종대왕은 그의 능력을 높이 평가하여 벼슬을 주고 연구를 할 수 있게 해 주었다. 덕분에 장영실은 대한민국 최초의 물시계인 자격루와 해시계인 앙부일구, 세계 최초로 비를 관측하는 측우기와 하늘을 관측하는 간의, 혼천의 등을 제작하는 등 과학적 업적을 많이 남길 수 있었다.

① 세종대왕은 인재를 선발할 때 신분을 중시했다.
② 장영실은 세상에 없던 다양한 과학 기구를 발명했다.
③ 장영실은 노비의 신분으로 벼슬 없이 연구에 매진했다.
④ 세종대왕은 장영실의 능력은 인정했으나 연구는 허용하지 않았다.

35

> 국민이라면 누구나 세금을 납부해야 할 의무가 있으며 국가는 공평한 원칙에 따라 세금을 징수해야 할 의무가 있다. 고소득층에게는 높은 세율로 세금을 부과하고, 사치품이나 고가품에는 특별소비세를 부과하여 세금을 거두는 반면에 저소득층에게는 세금을 감면해 주거나 면제해 준다. 그래서 일상생활에서 많이 사용하는 필수품에는 낮은 세율을 적용하는 것이다. 이것이 공평한 세금의 원칙이라고 할 수 있으며 이러한 원칙을 통해 부유층과 서민층의 간격이 좁혀지기도 한다.

① 모든 국민에게 똑같은 세율이 적용된다.
② 세금 납부 원칙은 저소득층에게 불평등하다.
③ 생필품은 낮은 세율이 적용되어 저렴한 편이다.
④ 국가는 세금 납부 기준을 세워 세금을 징수한다.

36

> 유네스코는 인류가 반드시 보존해야 할 세계유산을 선정하기 위해서 정기적으로 세계유산 위원회를 열어 새로운 세계유산들을 지정하고 있다. 세계유산은 문화적·자연적 가치가 있다고 인정하여 지정된 유산으로 문화유산, 자연유산, 복합유산 세 가지로 구분된다. 유네스코에 의해 문화재가 세계유산에 등록되면 관광객들이 이를 관람하기 위해 많이 찾아오고, 보존을 위한 국제적인 지원 혜택을 받을 수 있기 때문에 많은 나라가 문화재를 세계유산에 등록시키려고 노력하고 있다.

① 유네스코는 세계유산을 세 가지로 분류하여 관리한다.
② 문화재를 세계유산에 등록시키려면 여행객의 도움이 필요하다.
③ 보존해야 할 가치가 있는 세계유산은 관광객에 의해 파괴되고 있다.
④ 경제적 이익을 위해 자국의 문화재를 세계유산으로 등록하려는 나라가 있다.

37

> 일반적으로 눈은 무엇인가를 볼 때만 사용하고 코는 냄새를 맡을 때 사용한다고 생각한다. 다시 말해 하나의 기관은 한 기능을 사용하는 데만 쓰인다고 여기는 것이다. 그러나 코를 막고 두 가지 음료수를 마셔 보는 실험에서 둘의 차이를 미각만으로 파악하기 어려워한다는 결과가 나타났다. 이것은 냄새를 못 맡는 사람은 맛을 거의 느끼지 못한다는 것을 의미한다. 이를 통해 신체의 각 기관은 서로 연결되어 있기 때문에 감각을 느낄 때 두 부분 이상 함께 사용된다는 것을 알 수 있다.

① 보통 냄새를 맡을 때는 후각만 사용된다.
② 코가 아프면 음식의 냄새를 맡을 수 없다.
③ 신체 기관마다 수행하는 고유의 역할이 존재한다.
④ 여러 신체 기관을 함께 사용하여 감각을 느끼게 된다.

38

식자재 위생 문제가 불거짐에 따라 정부는 2008년부터 시행하고 있는 음식점 재료의 원산지 표시 대상 품목을 오는 20일부터 확대하여 시행하기로 했다. 이를 위반한 업체에 대해서는 과징금을 부과하는 등 처벌 또한 대폭 강화하기로 결정했다. 그러나 법과 제도의 강화만으로 개선이 될 것이라는 생각은 금물이다. 생산자 스스로가 품질 관리에 전력을 기울이고 합리적인 유통 제도를 통해 소비자들로부터 신뢰를 얻어야 바른 먹거리의 정착이 가능할 것이다.

① 생산자가 앞장서서 노력해야 문제가 개선된다.
② 정부는 위반 업체에 대한 처벌을 강화해야 한다.
③ 정부가 개입하여 불합리한 제도를 바로잡아야 한다.
④ 원산지 표시 제도는 소비자가 주도적으로 나서야 한다.

※ [39~41] 주어진 문장이 들어갈 곳으로 가장 알맞은 것을 고르십시오. (각 2점)

39

경기가 침체되면 지출이 감소하기 마련이다. (㉠) 그런데 오히려 불경기에 매출이 증가하는 몇 가지 특정 제품들이 있다. (㉡) 미니스커트, 붉은 계열의 립스틱 등이 이에 해당하는 제품으로 불황에 유독 판매량이 급증한다. (㉢) 심리학 연구자들은 이러한 현상을 위축된 소비 심리를 작고 값싼 물건으로 극복하고자 하는 행동이라고 분석하였다. (㉣) 즉, 매출이 오르는 현상은 경기가 좋지 않은 것과 정확히 일치하는 것이 아니며 그저 그 당시 유행에 따르는 것이라고 밝혔다.

> **보기** 한편 경제 전문가들은 이러한 분석을 근거가 없는 속설일 뿐이라고 주장하였다.

① ㉠   ② ㉡   ③ ㉢   ④ ㉣

40

다음 달부터 국가 유공자와 장애인을 대상으로 공공시설 이용요금 즉시 감면 서비스를 시작한다. (㉠) 시청 행정 관리팀은 공공시설 이용 시스템과 각 시설의 요금부과시스템을 연계하여 본인 동의하에 요금 감면 대상 여부를 확인하고 즉시 감면 처리하기로 했다. (㉡) 적용 대상 공공시설은 공영 주차장, 시립 수영장 등이며 향후 다른 공공시설들도 추가할 예정이다. (㉢) 다른 공공 서비스 분야에서도 불편함이 따르는 서비스를 편리하게 개선해가겠다고 밝혔다. (㉣)

> **보기** 이에 따라 해당자는 본인의 자격 여부를 증명하는 각종 서류를 지참하지 않고도 공공시설을 무료로 이용할 수 있게 되었다.

① ㉠   ② ㉡   ③ ㉢   ④ ㉣

41

사람은 높은 곳에서 떨어지면 부상을 입지만 고양이는 그렇지 않은 사례가 많다. (㉠) 몇 년 전, 외국에서는 19층에서 고양이가 떨어졌는데 가슴 쪽에 멍이 든 것을 빼면 아무 이상이 없었다고 한다. (㉡) 또한, 높은 곳에서 떨어진 고양이 132마리의 기록을 관찰해 보니 약 90%가 살았다는 통계 자료도 있다. 원인은 무엇일까? (㉢) 고양이는 척추와 관절 개수가 많아 몸을 잘 구부리고 몸이 체중에 비해 큰 편이라 떨어질 때 몸을 낙하산처럼 펼 수 있기 때문이다. (㉣)

보기 그래서 고양이는 높은 곳에서 떨어져도 가볍게 착지하여 크게 다치지 않는 것이다.

① ㉠   ② ㉡   ③ ㉢   ④ ㉣

※ [42~43] 다음을 읽고 물음에 답하십시오. (각 2점)

지난봄, 우리는 영우를 잃었다. 영우는 후진하는 어린이집 차에 치여 그 자리서 숨졌다. 오십 이 개월. 봄이랄까 여름이란 걸, 가을 또는 겨울이란 걸 다섯 번도 채 보지 못하고였다. 가끔은 열불이 날 만큼 말을 안 듣고 말썽을 피웠지만 딱 그 또래만큼 그랬던, 그런 건 어디서 배웠는지 제 부모를 안을 때 고사리 같은 손으로 토닥토닥 등을 두드려주던, 이제 다시는 안아볼 수도, 만져볼 수도 없는 아이였다. 무슨 수를 쓴들 두 번 다시 야단칠 수도, 먹일 수도 재울 수도, 달랠 수도, 입 맞출 수도 없는 아이였다. 화장터에서 영우를 보내는 아내는 '잘 가'라 않고 '잘 자'라 했다. 다시 만날 수 있는 양, 손으로 사진을 매만지며 그랬다. (중략) 우리는 알고 있었다. 처음에는 탄식과 안타까움을 표한 이웃이 우리를 어떻게 대하기 시작했는지. 그들은 마치 거대한 불행에 감염되기라도 할 듯 우리를 피하고 수군거렸다. 그래서 흰 꽃이 무더기로 그려진 벽지 아래 쪼그려 앉은 아내를 보고 있자니, 아내가 동네 사람들로부터 '꽃매'를 맞고 있는 것처럼 느껴졌다. 많은 이들이 '내가 이만큼 울어줬으니 너는 이제 그만 울라'며 줄기 긴 꽃으로 아내를 채찍질하는 것처럼 보였다.

42 밑줄 친 부분에 나타난 '그'의 심정으로 가장 알맞은 것을 고르십시오.

① 안타까운 마음   ② 기대하는 마음
③ 염려하는 마음   ④ 기뻐하는 마음

43 윗글의 내용으로 알 수 있는 것을 고르십시오.

① 이웃은 아내가 더 울지 못하도록 채찍질했다.
② 부모는 영우를 안아서 토닥토닥 등을 두드리며 재웠다.
③ 영우는 말을 안 듣고 말썽을 부려서 야단을 많이 맞았다.
④ 영우의 일에 대한 주변 사람들의 시선은 시간이 흐르며 변했다.

과학 기술과 의학의 발달로 인간은 질병으로부터 자유로워지고 평균 수명도 연장되었다. 그러나 이는 우리 사회가 빠르게 고령화가 되고 있으며, 그에 따른 여러 가지 사회 문제들이 중요한 과제가 되고 있음을 의미하기도 한다. 고령화 사회의 가장 큰 특징인 젊은 노동력의 부족 현상은 젊은이들이 (   ) 것을 뜻한다. 이미 만들어진 각종 제도의 유지를 위해서는 젊은 사람들 즉, 근로 인구 각각이 부담해야 하는 세금이 증가할 수밖에 없다. 그러나 한번 만들어진 제도는 고치기가 쉽지 않다. 특히 수혜 집단의 이익을 위한 세대나 집단 간의 갈등이 일어날 수 있다. 그러므로 고령화 사회에 대비하기 위해 선진국의 경험을 참고한, 각종 제도의 합리적인 변화와 수정이 필요하다.

44 윗글의 주제로 가장 알맞은 것을 고르십시오.

① 과학과 의학의 발달은 사회제도의 발달로 이어진다.
② 선진국들은 세대와 집단 간의 갈등이 발생할 수 있다.
③ 고령화로 인해 젊은이들이 부담하는 세금이 증가하고 있다.
④ 사회제도의 문제점을 고쳐서 고령화 사회를 준비해야 한다.

45 (   )에 들어갈 말로 가장 알맞은 것을 고르십시오.

① 계층 간의 갈등을 일으킨다는
② 부양해야 하는 사람이 많아진다는
③ 근로 기준 제도가 바뀌어야 한다는
④ 선진국의 합리적인 제도를 모방한다는

얼마 전 8월 인주시의 한 중학생이 교단 위에서 수업 중인 교사 옆에 누운 채로 휴대전화를 조작하는 영상이 촬영됐고 해당 영상이 온라인에 퍼지면서 교권 침해 논란이 일었다. 교육계에서는 더 이상 방치할 수 없는 문제라고 목소리를 높이고 있다. 이에 교육부는 '교육 활동 침해 예방 및 대응 강화 방안' 시안의 5대 추진 전략을 세워 발표했다. 해당 시안에 대한 설문 조사 중 "매일 한 번 이상의 수업 방해 등으로 교권을 침해받았다"고 응답한 교사는 65%나 되었다. 또 학생의 문제 행동 이후에 겪는 가장 큰 어려움에 대해서는 마땅한 제재나 조치를 취할 수 있는 방법이 없는 것이라고 입을 모았다. 결국 현행 교권 관련 법률이나 교육부, 시도교육청의 교권 제도 · 정책들이 별 실효성이 없음을 꼬집은 것이다. 따라서 교육부는 이러한 교육 현장의 의견을 수렴하고 학생 · 학부모 · 교원들과의 간담회, 공청회 등을 통해 현실적으로 교권을 지킬 수 있는 방안을 더욱 적극적으로 찾아야 할 것이다.

46 윗글에 나타난 필자의 태도로 가장 알맞은 것을 고르십시오.

① 학교 현장에 대한 교육 당국의 지나친 개입을 경계하고 있다.

② 교권 보호와 제도 마련의 요구가 커지는 것을 우려하고 있다.

③ 현행 법률이 교육청의 역할에 미치는 영향력에 감탄하고 있다.

④ 다양한 의견을 모은 유의미한 법률 제정의 필요성을 주장하고 있다.

47 윗글의 내용과 같은 것을 고르십시오.

① 영상 속의 교사는 수업 중 휴대전화를 사용했다.

② 교권을 침해한 학생을 처벌할 수 있는 규정이 없다.

③ 교사의 교육 권리가 동료 교사에게 침해당하고 있다.

④ 교육부는 교권 침해를 처벌할 수 있는 법안을 제정했다.

※ [48~50] 다음을 읽고 물음에 답하십시오. (각 2점)

올해 정부는 출산과 육아 부담 해소를 위한 저출산 정책을 새롭게 정비하였다. 주요 정책에는 출산이나 육아 휴직, 의료비, 아이 돌보미, 근로 시간, 한 부모 양육비, 신혼부부 주거 지원 등의 내용이 담겨 있다. 이번 저출산 대책은 출산율 상승을 최우선 목표로 하던 정책에서 국민 개개인의 삶의 방식을 존중하고 그것의 질을 개선하는 정책으로 전환하였다는 것이 고무적이다. 그러나 정책 수요자의 관점에서 보면 육아와 일을 병행할 수 있게 하기 위해서는 여전히 더 많은 고민과 투자가 필요하다. 출산과 육아에 대한 부담은 모든 계층의 문제인데 이번 대책에서는 대상에서 제외되는 경우도 적지 않다. 또 복합적인 원인들로 발생하는 육아 부담이 이번 대책만으로 모두 완화될 것이라 볼 수도 없다. 무엇보다도 국가의 정책은 (   ) 장기적인 전략으로 세워야 한다. 그리고 그 제도가 제대로 실현될 수 있도록 기업과 국민이 함께 사회적 분위기를 만들어가야 모든 가정이 행복하게 아이를 키우며 삶의 질을 높일 수 있을 것이다.

48 윗글을 쓴 목적으로 가장 알맞은 것을 고르십시오.

① 저출산 시대에 따른 출산 장려를 촉구하려고
② 기업과 사회 각층의 투자 방안을 제시하려고
③ 국민의 삶의 방식과 질적 개선을 강조하려고
④ 정비된 정책에 대한 보완의 필요성을 주장하려고

49 (   )에 들어갈 내용으로 가장 알맞은 것을 고르십시오.

① 한 세대 이상을 내다보는
② 올해 예산 편성에 따르는
③ 육아 휴직 기간과 병행되는
④ 시급한 상황에 우선 대처하는

50 윗글의 내용과 같은 것을 고르십시오.

① 이번 정책은 출산 비율 상승만을 목표로 하고 있다.
② 회사에서 일하는 시간은 주요 정책에 포함되지 않았다.
③ 이번 대책으로 양육에 대한 부담이 충분하게 해소되었다.
④ 정부의 전략에 국민 모두 힘을 더해야 삶의 질이 변할 것이다.

TOPIK 완벽 대비, 한 번에 제대로 공부하자!

TOPIK 전문 교수와 함께하는
〈토픽 I·II 한 번에 통과하기〉 무료 동영상 강의

영역별 공략 비법 ➕ 핵심 이론 ➕ 문제 풀이

강의 도서

〈TOPIK I 한 번에 통과하기〉

〈TOPIK II 한 번에 통과하기〉

※ 임준 선생님의 YouTube 채널 'TOPIK STUDY'에서도 동일한 강의가 무료로 제공됩니다.

수강 방법

시대에듀 홈페이지(sdedu.co.kr) 접속 → 학습 자료실 →
무료 특강 → 자격증/면허증 → 언어/어학 → TOPIK 클릭 →
'TOPIK I·II 한 번에 통과하기' 클릭

※ 강의 제목 및 커리큘럼은 바뀔 수 있습니다.

한국인이 되는 합격의 공식

POINT 1 | 어휘력 향상을 위한 가장 효율적인 방법!

필수 문법으로
실력 다지기

+

풍부한 어휘로
기초 다지기

POINT 2 | 필요한 부분만 뽑아 공부하는 특별한 학습법!

영역별
핵심 이론

+

기출 유형
완벽 반영

+

모의고사로
최종 마무리

POINT 3 | 빠른 국적 취득을 위한 남다른 전략!

영역별
핵심 이론

+

모의고사로
최종 마무리

+

면접심사
최신
기출문제

한국어능력시험

TOPIK

2024
최신개정판

＋＋

모바일 OMR 자동채점
온라인 모의고사(객관식, 도서 동형)

토픽 II

저자 유충렬 · 우요희

기출 유형
문제집

14년 연속
시리즈
1위

정답 및 해설

시대에듀

BEST 5

예비 한국어 선생님과 초보 한국어 선생님께 추천하는

한국어교육능력검정시험 추천 도서

한국어교육능력검정시험 **30일 안에 다잡기**

한국어교육능력의
기본기를 쌓자!

- 시험 출제 경향에 맞춘 문제 구성
- 영역별로 실제 기출 복원 문제 수록
- 전문, 학술용어에 대한 자세한 설명 제공

한국어교육능력검정시험 **5년간 기출문제해설**

기출문제분석으로
총정리하자!

- 자세한 문제 해설 수록
- 개별 회차 e-book 출시
- 문제와 관련된 참고문헌 수록

한국어교육능력검정시험 **교안작성연습**

교안작성연습도
철저히 하자!

- 교안작성의 기본 개념과 예상 문제 수록
- 한국어 교육 과정을 바탕으로 한 모범 교안
- 출제 가능성이 높은 47개의 목표 문법 선별

한국어교육능력검정시험 **2차 면접시험**

면접시험도
완벽하게 준비하자!

- 합격생들의 생생한 면접 후기 수록
- 면접 기출문제 전 회차 복원 수록
- 기출 중심의 예시 문제와 답변 TIP 수록

한국어교육능력검정시험 **용어해설**

모르는 용어도
확실하게 알고 넘어가자!

- 편리한 사전식 구성
- 영역별 핵심 용어 완벽 정리
- 이해도를 높이는 그림과 도표 수록

※ 도서의 이미지 및 구성은 변경될 수 있습니다.

PART

03

정답 및 해설

'연습 문제'에는 정답의 근거에 밑줄이 그어져 있습니다. 근거에 맞게
문제를 풀었는지 확인해 보세요. 정답이나 오답의 근거에 밑줄을
긋는 표시를 하며 문제를 풀면 실수를 줄일 수 있습니다.

유형 1	01	02	03	04						
	④	①	②	①						
유형 2	01	02	03	04						
	④	①	③	③						
유형 3	01	02	03	04	05	06	07			
	①	④	③	②	④	①	③			
유형 4	01	02	03	04	05	06	07			
	②	④	③	②	③	④	④			
유형 5	01	02	03	04	05	06	07	08		
	④	①	①	③	③	④	②	②		
유형 6-1	01	02	03	04	05	06	07	08	09	10
	④	①	②	①	②	①	④	③	③	④
유형 6-2	01	02	03	04	05	06				
	②	③	②	②	②	④				
유형 7	01	02	03	04						
	④	②	③	④						
유형 8	01	02	03	04	05	06				
	④	①	④	②	①	①				
유형 9	01	02	03	04	05	06				
	④	①	③	④	②	①				
유형 10	01	02	03	04	05	06	07	08		
	①	②	②	①	②	①	③	④		
유형 11	01	02	03	04	05	06	07	08		
	①	④	①	④	④	②	④	③		
유형 12	01	02	03	04	05	06				
	②	④	②	①	①	④				

01

남자: 실례지만 경복궁에 가려면 어느 쪽으로 가야 해요?

여자: 3번 출구로 나가서 쭉 가다가 사거리에서 길을 건너면 돼요. (→ ④ 정답!)

남자: 아, 이쪽으로 가면 되겠네요. 감사합니다.

1단계 선택지의 그림 보고 상황 파악하기

① 궁 앞. 길을 묻는 여자와 길을 알려 주는 남자.

② 버스 정거장. 길을 묻는 남자와 길을 알려 주는 여자.

③ 지하철 역. 지하철을 타러 가는 여자와 여자에게 인사하는 남자.

④ 지하철 역 안. 길을 묻는 남자와 길을 알려 주는 여자.

2단계 들려주는 내용과 어울리는 상황 찾기

남자가 '어느 쪽으로 가야' 하는지 묻자, 여자가 '출구로 나가서 가다가 길을 건너'라고 했습니다. '3번 출구로 나가서'라고 했으므로 '지하철 역 안'에 있음을 알 수 있습니다.

정답 ④

02

남자: 안녕하십니까? 손님. 예약하셨습니까?

여자: 네, 일주일 전에 했어요. 여기 '예약 확인증' 있습니다. (→ ① 정답!)

남자: 네, 확인됐습니다. 방은 508호입니다. 엘리베이터는 고객님의 오른쪽에 있습니다.

1단계 선택지의 그림 보고 상황 파악하기

① 호텔 카운터. 객실 예약 확인증을 보여 주는 여자(손님)와 객실을 안내하는 남자(직원).

② 엘리베이터 안. 짐을 든 여자(손님)와 여자를 맞이하는 남자(직원).

③ 호텔 입구. 호텔로 들어가는 여자(손님)와 환영 인사를 하는 남자(직원).

④ 호텔 객실. 객실을 소개하는 남자(직원)와 듣고 있는 여자(손님).

2단계 들려주는 내용과 어울리는 상황 찾기

남자가 '예약'했는지 묻자, 여자가 '예약 확인증'을 보여 주었습니다. '호텔 카운터'에서 예약 확인을 하고 있는 것입니다. ②는 이미 엘리베이터를 타고 있고, ③은 호텔 밖에서 환영 인사를 받고 있으며, ④는 이미 객실에 들어왔기 때문에 오답입니다.

정답 ①

03

여자: 넌 어떤 맛으로 먹을래?

남자: 포도랑 딸기가 인기가 많네. 음… 난 딸기 맛으로 먹을래.

여자: 그래, 그럼 내가 주스를 주문하고 갈게. 너는 자리에 가서 앉아 있어. (→ ② 정답!)

1단계 선택지의 그림 보고 상황 파악하기

① 과일 가게. 과일을 고르는 남자(손님)와 남자를 보고 있는 여자(상인).

② 과일 주스 가게. 메뉴를 고르는 손님(남자와 여자)과 주문을 받는 여자(직원).

③ 과일 주스 가게. 테이블에 앉아서 주스를 마시는 남자와 여자.

④ 과일 주스 가게. 테이블에 앉은 손님(남자와 여자)에게 주문을 받는 직원(여자).

2단계 들려주는 내용과 어울리는 상황 찾기

여자가 어떤 '어떤 맛'을 먹을 건지 묻자, 남자가 '딸기 맛'을 먹겠다고 했습니다. '과일 주스 가게'에서 주문을 하고 있는 것입니다. 여자가 남자에게 '주문하고 갈' 테니, '가서 앉아 있'으라고 했으므로 여자와 남자 모두 손님입니다.

정답 ②

04

남자: 날씨가 좀 더운데 짧게 자르는 게 어때요?

여자: 저한테는 짧은 머리가 안 어울리는 것 같아요.

남자: 그래요? 그럼 살짝 다듬어 드릴게요. (→ ① 정답!)

1단계 선택지의 그림 보고 상황 파악하기

① 미용실. 여자(손님)의 긴 머리를 만지며 대화하는 남자(미용사).

② 카페. 여자의 긴 머리를 만지는 남자. 데이트를 하는 모습.

③ 미용실. 남자(미용사)에게 계산을 해 달라고 하는 짧은 머리의 여자(손님).

④ 미용실. 남자(손님)의 머리를 드라이하는 여자(미용사).

2단계 들려주는 내용과 어울리는 상황 찾기

여자가 자신은 '짧은 머리가 안 어울리는 것 같'다고 하자, 남자가 '(머리를) 살짝 다듬어' 준다고 했습니다. 남자는 미용사이고, 여자의 머리를 자르기 전에 여자와 대화를 하고 있음을 알 수 있습니다.

정답 ①

기출 유형 2) 일치하는 도표 고르기

01

남자: 2015년 이후 우리나라의 '라면 수출량'은 증가하다가 감소하고 있습니다. 그럼에도 불구하고 외국인을 대상으로 하여 '고향에 돌아갈 때 가장 가지고 가고 싶은 음식'을 설문조사한 결과, (→ ③/④ 확인) 라면이 가장 높았고 그 다음은 김, 불고기순으로 나타났습니다. (→ ④ 정답!)

1단계 도표 제목 확인하기

'라면 수출량(①/②)'과 '가지고 가고 싶은 음식(③/④)'에 대한 내용입니다.

2단계 들려주는 내용과 도표 비교하기

④처럼 '가지고 가고 싶은 음식'이 '라면(45%), 김(35%), 불고기(20%)'순으로 나타난다고 했습니다.

정답 ④

02

> **여자:** 10년 전 교사, 의사, 경찰, 공무원 등의 직업을 선호했던 청소년들이 지금은 방송, 의료, 교육, 엔터테인먼트 분야의 직업을 선호하는 것으로 나타났습니다. (→ ① 정답!) 또한 희망 직업 선택의 요인으로 '내가 좋아하는 일'인지를 가장 우선적으로 고려했으며 '잘 해낼 수 있을 것 같아서'라는 응답이 그 뒤를 이었습니다.

1단계 도표 제목 확인하기

'희망 직업 순위(①/②)'와 '직업 선택 요인(③/④)'에 대한 내용입니다.

2단계 들려주는 내용과 도표 비교하기

①처럼 '희망 직업 순위'가 '방송, 의료, 교육, 엔터테인먼트'순으로 나타난다고 했습니다.

정답 ①

03

> **남자:** 직장인들이 출퇴근을 위해 주로 이용하는 교통수단을 조사한 결과, 버스−지하철 환승이 전체의 40%로 제일 높았고, 이어 지하철은 32%, 버스는 18%, 자가용은 10%로 나타났습니다. 출퇴근 시간을 보내는 방법은(→ ③/④ 확인) 음악 감상이 1위를 차지했으며 SNS와 휴식이 차례로 그 뒤를 이었습니다. (→ ③ 정답!)

1단계 도표 제목 확인하기

'출퇴근 시 이용하는 교통수단(①/②)'과 '출퇴근 시간을 보내는 방법(③/④)'에 대한 내용입니다.

2단계 들려주는 내용과 도표 비교하기

③처럼 '출퇴근 시간을 보내는 방법'이 '음악 감상(55%), SNS(35%), 휴식(10%)'순으로 나타난다고 했습니다.

정답 ③

04

> **여자:** 지난해 한국 청소년들을 대상으로 평일 여가 시간과 공부 시간을 조사한 결과 여가 시간이 공부 시간보다 적은 것으로 나타났습니다. 특히 고등학생은 여가 시간이 두 시간 미만인 학생의 비율이 절반 이상이었고 중학생, 초등학생이 차례로 뒤를 이었습니다. (→ ③ 정답!)

1단계 도표 제목 확인하기

연령별 '평일 공부 시간(①/②)'과 '여가 시간(③/④)'에 대한 내용입니다.

2단계 들려주는 내용과 도표 비교하기

③처럼 '여가 시간이 두 시간 미만'이라는 응답이 '고등학생(54%, 절반 이상), 중학생(40%), 초등학생(34%)'순으로 나타난다고 했습니다.

정답 ③

01

> 남자: 무엇을 도와드릴까요?
> 여자: 숙소 때문에 전화 드렸는데요. 다음주 수요일로 1박 예약할 수 있나요?(→ ① 정답!)

1단계 선택지의 키워드로 상황 추측하기

선택지에 '예약'이 반복됩니다. 예약에 대한 내용일 것입니다.

2단계 마지막 말 다음에 이어질 내용을 떠올린 후, 선택지에서 해당 내용 찾기

마지막 말 다음에는 '네, (예약)하실 수 있습니다.', '네, (예약) 가능하십니다.' 또는 '아니요, (예약)하실 수 없습니다.' 등이 이어질 수 있습니다.

정답 ① 네, 가능합니다.

02

> 남자: 너, 인터넷으로 쇼핑한 적 있어? 옷을 사려고 하는데 잘 안되네.
> 여자: 그래? 뭐가 문제인데?(→ ④ 정답!)

1단계 선택지의 키워드로 상황 추측하기

④의 '모르겠어'는 문제를 해결하지 못했을 때 쓰는 표현입니다. ①~③은 자신의 경험에 대해 설명하거나 상대방의 말에 대한 긍정을 나타낼 때 쓰는 표현입니다.

2단계 마지막 말 다음에 이어질 내용을 떠올린 후, 선택지에서 해당 내용 찾기

마지막 말 다음에는 '-(으)ㄴ지 모르겠어.' 또는 '~이/가 잘 되지 않아.' 등이 이어질 수 있습니다.

정답 ④ 결제를 어떻게 하는 건지 모르겠어.

03

> 여자: 친구 때문에 걱정이 돼서 잠을 못 잤더니 피곤하네요.
> 남자: 왜요? 친구한테 무슨 일 있어요?(→ ③ 정답!)

1단계 선택지의 키워드로 상황 추측하기

선택지에 '친구가 나았으면', '다쳐서, 병원, 입원'이 보입니다. 친구를 걱정하는 내용일 것입니다.

2단계 마지막 말 다음에 이어질 내용을 떠올린 후, 선택지에서 해당 내용 찾기

마지막 말 다음에는 '친구에게 무슨 일'이 생긴 건지 설명하는 내용이 이어질 수 있습니다.

정답 ③ 친구가 다쳐서 병원에 입원했어요.

04

> 남자: 지연 씨, 발표 자료는 준비가 됐지요?
> 여자: 죄송합니다. 내용이 많아서 아직 다 못 끝냈습니다.(→ ② 정답!)

1단계 선택지의 키워드로 상황 추측하기

선택지에 '주말까지', '늦지 않게', '전까지'가 보입니다. 어떤 일을 해야 하는 날짜(기간)에 대한 내용일 것입니다.

2단계 마지막 말 다음에 이어질 내용을 떠올린 후, 선택지에서 해당 내용 찾기

마지막 말 다음에는 '~까지 끝내 주세요.' 또는 '앞으로는 준비를 미리 해 주세요.' 등이 이어질 수 있습니다.

정답 ② 다음부터는 늦지 않게 준비하세요.

05

> **여자:** 사장님, 오후에 공항 가시죠?
> **남자:** 네, 그런데 퇴근 시간이라서 길이 막힐까 봐 걱정이에요. (→ ④ 정답!)

1단계 선택지의 키워드로 상황 추측하기

선택지에 '비행기, 출발', '공항', '막힐, 지하철'이 보입니다. 교통수단에 대한 내용일 것입니다.

2단계 마지막 말 다음에 이어질 내용을 떠올린 후, 선택지에서 해당 내용 찾기

마지막 말 다음에는 '걱정'에 대한 해결책을 알려 주는 내용이 이어질 수 있습니다.

정답 ④ 차가 막힐 테니까 지하철을 타세요.

06

> **여자:** 여보세요? 왜 아직도 안 와?
> **남자:** 미안해. 계단에서 넘어져서 다쳤어. (→ ① 정답!)

1단계 선택지의 키워드로 상황 추측하기

선택지에 '다쳤어?', '늦을 것, 미리', '미안'이 보입니다. 만나기로 했는데 일이 생겨서 늦은 상황일 것입니다.

2단계 마지막 말 다음에 이어질 내용을 떠올린 후, 선택지에서 해당 내용 찾기

마지막 말 다음에는 '뭐?', '정말?' 등 놀람을 표현하는 말과 함께 '크게 다쳤어?', '어떻게 하다가 다쳤어?' 등이 이어질 수 있습니다.

정답 ① 뭐라고? 많이 다쳤어?

07

> **남자:** 요즘 공부하는 게 영 재미가 없고 계속 머리만 아파.
> **여자:** 계속 집에서 공부만 해서 그런 게 아닐까? (→ ③ 정답!)

1단계 선택지의 키워드로 상황 추측하기

선택지에 '공부', '머리', '아프면'이 보입니다. 공부를 많이 해서 머리가 아픈 상황과 이유에 대한 내용일 것입니다.

2단계 마지막 말 다음에 이어질 내용을 떠올린 후, 선택지에서 해당 내용 찾기

마지막 말 다음에는 '맞아.' 또는 '아니야.' 등으로 의사를 밝힌 후, '-거든.'으로 이유를 덧붙일 수 있습니다.

정답 ③ 맞아, 3일 동안 집에서 공부만 했거든.

01

> **여자:** 도서 대출증을 좀 만들고 싶은데요.
> **남자:** 그럼 먼저 회원 가입을 하시고 이쪽으로 오셔서 사진을 찍으시면 돼요. (→ ② 정답!)
> **여자:** 오늘부터 바로 책을 빌릴 수 있나요?
> **남자:** 네, 대출증은 바로 발급해 드리니 빌리실 수 있습니다.

1단계 대화를 들으며, 상황 파악하기

여자는 '도서 대출증'을 만들러 도서관에 왔습니다.

2단계 대화가 끝난 후 할 행동 찾기

남자가 여자에게 '회원 가입'을 한 후 '사진을 찍으'라고 했습니다. 따라서 여자는 남자의 말대로 회원 가입을 할 것입니다.

정답 ② 회원 가입을 한다.

02

> **여자:** 일요일인데 약속 없니?
> **남자:** 네, 친구와 약속이 있었는데 내일로 미뤘어요.
> **여자:** 그래? 그러면 김장을 하려고 하는데 좀 도와줄래? (→ ④ 정답!)
> **남자:** 네, 요리도 배울 겸 그렇게 할게요.

1단계 대화를 들으며, 상황 파악하기

여자는 남자에게 '김장'을 '도와'달라고 했습니다.

2단계 대화가 끝난 후 할 행동 찾기

남자가 여자에게 '그렇게' 하겠다고 했습니다. 따라서 여자는 남자와 함께 김치 만들 준비를 할 것입니다.

정답 ④ 김치 만들 준비를 한다.

03

> **여자:** 한국문화센터 맞지요? '도자기 공예' 수강 신청을 했는데 확인 좀 하려고요.
> **남자:** 네, 성함과 수강 신청 날짜를 말씀해 주십시오.
> **여자:** 네, '김영희'이고요. 신청 날짜는 컴퓨터로 확인해 봐야 합니다. (→ ③ 정답!) 잠시만요.
> **남자:** 알겠습니다. 기다리겠습니다.

1단계 대화를 들으며, 상황 파악하기

여자가 '수강 신청 확인'을 하려고 하자, 남자가 '수강 신청 날짜'를 말해 달라고 했습니다.

2단계 대화가 끝난 후 할 행동 찾기

여자는 '컴퓨터로 확인해 봐야' 한다고 했으므로 수강 신청 날짜를 확인할 것입니다.

정답 ③ 수강 신청 날짜를 확인한다.

04

> **여자:** 민수 씨, 퇴근 시간인데 퇴근 안 해요?
>
> **남자:** 내일 회의 자료를 준비하고 있어서요. 진이 씨 먼저 퇴근하세요.
>
> **여자:** 오래 걸려요? 제가 도와드릴게요.
>
> **남자:** 정말요? 고마워요. 그럼 이 자료 좀 복사해 주세요. (→ ② 정답!) 저는 회의할 장소를 정리하고 있을게요.

1단계 대화를 들으며, 상황 파악하기

남자가 '회의 자료를 준비하고 있'다고 하자, 여자가 '도와준다'고 했습니다.

2단계 대화가 끝난 후 할 행동 찾기

남자가 자료를 '복사해' 달라고 했습니다. 따라서 여자는 남자의 말대로 회의 자료를 복사할 것입니다.

정답 ② 회의 자료를 복사한다.

05

> **남자:** 수미야, 이제 일어나야지. 학교 갈 시간이야.
>
> **여자:** 아빠, 못 일어나겠어요. 너무 어지럽고 토할 것 같아요.
>
> **남자:** 그래? 병원에 가야겠구나. 준비하고 있어. (→ ③ 정답!) 아빠는 선생님께 전화드릴게.
>
> **여자:** 네. 알겠어요. 아빠.

1단계 대화를 들으며, 상황 파악하기

여자가 '어지롭고 토할 것 같아'서 '못 일어나겠'다고 했습니다.

2단계 대화가 끝난 후 할 행동 찾기

남자는 여자에게 '병원에 가야겠'다며 '준비하고 있'으라고 했습니다. 따라서 여자는 남자의 말대로 병원에 갈 준비를 할 것입니다.

정답 ③ 병원에 갈 준비를 한다.

06

> **남자:** 너는 오늘 모임에서 뭘 먹고 싶어?
>
> **여자:** 여름이니까 시원한 냉면이 좋지 않을까?
>
> **남자:** 그래? 다른 친구들에게도 연락해서 한번 물어봐야겠다. (→ ④ 정답!)
>
> **여자:** 그럼 난 인터넷으로 유명한 식당을 좀 찾아보고 있을게.

1단계 대화를 들으며, 상황 파악하기

남자가 '뭘 먹고 싶'냐고 하자, 여자는 '냉면이 좋'을 것 같다고 했습니다.

2단계 대화가 끝난 후 할 행동 찾기

남자는 '다른 친구들에게도 물어봐야겠다'고 했으므로 친구들에게 전화를 할 것입니다.

정답 ④ 친구들에게 전화를 한다.

> **남자:** '경.품.응.모?' 이건 뭐예요?
> **여자:** 10주년 기념으로 다양한 경품 행사를 진행하고 있습니다.
> **남자:** 그럼 이 경품 응모 박스에 명함만 넣으면 되는 거예요?(→ ④ 정답!)
> **여자:** 네, 커피나 음료 15,000원 이상 구매 고객이시니까 응모 가능하십니다.

1단계 대화를 들으며, 상황 파악하기

남자가 '이건 뭐'냐고 묻자, 여자는 '경품 행사'라고 했습니다.

2단계 대화가 끝난 후 할 행동 찾기

남자가 '명함만 넣으면 되는'지 묻자, 여자는 '가능하다'고 했습니다. 그러므로 남자는 경품 응모 박스에 명함을 넣을 것입니다.

정답 ④ 자신의 명함을 경품 박스에 넣는다.

기출 유형 5 · 일치하는 내용 고르기

01

> **여자:** 민수야, 금요일 저녁에 '한국소년단' 콘서트에 함께 가지 않을래?
> **남자:** 당연히 갈 수 있으면 가야지.(→ ④ 정답!) 표는 있어?
> **여자:** 내가 너 깜짝 놀라게 해 주려고 지난달에 이미 예매했지.
> **남자:** 정말? 신곡 「아리랑 한국」도 들을 수 있으면 좋겠다.

1단계 선택지의 키워드로 내용 추측하기

선택지에 '콘서트 (표)'가 보입니다. '콘서트' 예매에 대한 내용일 것입니다.

2단계 내용을 들으며, 선택지와 비교하기

콘서트 예매에 대한 '대화'입니다. 여자가 '금요일 저녁'에 '콘서트에 함께 가'자고 했습니다. 남자가 '당연히 가'겠다며 '신곡도 들을 수 있으면 좋겠다'고 했으므로 두 사람은 금요일 저녁에 함께 있을 것입니다.

정답 ④ 남자는 금요일 저녁에 여자와 있을 것이다.

02

> **남자:** 뮤지컬 「세종대왕」 관객 여러분, 10분 후에 공연이 시작됩니다.(→ ① 정답!) 시작에 앞서 몇 가지 주의 사항을 말씀드리겠습니다. 전화기는 공연이 끝날 때까지 전원을 꺼 주시기 바랍니다. 또한 신발을 벗고 관람하는 행위, 사진이나 동영상을 찍는 행위 등은 다른 관객이나 배우들에게 방해가 될 수 있으니 주의해 주시기 바랍니다.

1단계 선택지의 키워드로 내용 추측하기

선택지에 '뮤지컬', '(안) 된다, 주의하며'가 보입니다. '뮤지컬'을 볼 때 지켜야 하는 주의 사항에 대한 내용일 것입니다.

2단계 내용을 들으며, 선택지와 비교하기

주의 사항을 알려 주는 '안내 방송'입니다. '뮤지컬'을 보러 온 '관객'들에게 '10분 후에 공연이 시작'된다고 했습니다.

정답 ① 뮤지컬이 곧 시작될 예정이다.

03

> **여자:** 이번 주부터 본격적인 장마가 시작됩니다. 전국은 대체로 구름이 많은 가운데, 곳곳에 비 소식이 있습니다. (→ ① 정답!)
> 제주도는 저녁부터 장맛비가 시작되겠고 충청 내륙과 남부 내륙은 오후 한때 소나기가 지나가겠습니다. 비의 양은 많
> 지 않겠지만 외출하실 땐 우산 하나씩 챙기셔야겠습니다.

1단계 선택지의 키워드로 내용 추측하기

선택지에 '흐리고, 비', '소나기', '장맛비'가 보입니다. '날씨'에 대한 내용일 것입니다.

2단계 내용을 들으며, 선택지와 비교하기

날씨를 알려 주는 '일기예보'입니다. '전국'에 '구름이 많'고 '비 소식이 있'다고 했습니다.

정답 ① 전국적으로 흐리고 비가 올 것이다.

04

> **여자:** 선생님께서는 혼자 사시는 노인을 위한 무료 급식 봉사를 4년 동안 하고 계신데요. 이 일을 시작하게 된 특별한 동기
> 가 있으신가요?
> **남자:** 처음에는 어르신들이 혼자 식사하기 어려우실 것 같아서 시작했습니다. 그런데 이 일을 하다 보니 제가 너무 즐겁더라
> 고요. 혼자 시작했던 일이었는데 어느덧 50명이 넘는 사람들과 같이하게 되었습니다. (→ ③ 정답!)

1단계 선택지의 키워드로 내용 추측하기

선택지에 '남자', '무료 급식 봉사'가 반복됩니다. '남자'가 하는 '무료 급식 봉사'에 대한 내용일 것입니다.

2단계 내용을 들으며, 선택지와 비교하기

무료 급식 봉사에 대한 '인터뷰'입니다. 남자는 '50명이 넘는' 여러 사람과 무료 급식 봉사를 하고 있다고 했습니다.

정답 ③ 남자는 여러 사람과 함께 무료 급식 봉사를 하고 있다.

05

> **여자:** 지난 주말에 방송한 요리에 대한 다큐멘터리 봤어? (→ ③ 정답!)
> **남자:** 아니. 재미있었겠다. 나, 요리에 관심이 많은데… 다시 방송하지 않을까?
> **여자:** TV에서 다시 하는 건 모르겠고, 홈페이지에서 영상을 다시 볼 수 있는 것 같아.
> **남자:** 고마워. 얼른 찾아봐야겠다.

1단계 선택지의 키워드로 내용 추측하기

선택지에 '다큐멘터리'가 반복됩니다. '다큐멘터리'에 대한 내용일 것입니다.

2단계 내용을 들으며, 선택지와 비교하기

요리 다큐멘터리에 대한 '대화'입니다. 여자가 남자에게 '지난 주말에 방송한 요리 다큐멘터리'를 봤는지 물어봤습니다.

정답 ③ 지난 주말에 다큐멘터리를 방영했다.

06

> **남자:** 여러분, '시 쓰기'라고 하면 보통 어렵게 생각하시지요? 그래서 오늘 2일 차 강의는 시를 쉽고 개성적으로 쓰려면 어떻
> 게 해야 하는지를 알 수 있는 영화와 만화를 보면서 이해하는 시간을 갖도록 하겠습니다. (→ ④ 정답!) 책이 아닌 영화와
> 만화로 상상하는 연습을 하면 '시'도 그렇게 어렵게 느껴지지는 않으실 것입니다.

1단계 선택지의 키워드로 내용 추측하기

선택지에 '시 쓰기/쓰는'이 반복됩니다. '시 쓰기'에 대한 내용일 것입니다.

2단계 내용을 들으며, 선택지와 비교하기

시 쓰기 강의에 대한 '안내'입니다. '오늘 강의'에서 시를 쓰려면 어떻게 해야 하는지를 알려 주는 '영화와 만화'를 본다고 했습니다.

정답 ④ 시 쓰기와 관련된 영화와 만화를 본다.

07

> **여자:** 오늘 오전 여섯 시부터 30여 분간 인주시 장유동과 관동동 일대에 정전이 발생했습니다. 이 사고로 여섯 시 7분부터 1분 간격으로 관동동 한 아파트 승강기에 갇혔다는 신고가 두 건 접수됐는데요. (→ ② 정답!) 소방관이 출동하던 중 전원이 들어오면서 별다른 인명 피해는 발생하지 않았지만 출근길 주민들이 큰 불편을 겪었습니다.

1단계 선택지의 키워드로 내용 추측하기

선택지에 '정전', '사고', '피해'가 보입니다. '정전'으로 인한 '승강기 사고'에 대한 내용일 것입니다.

2단계 내용을 들으며, 선택지와 비교하기

승강기 사고에 대한 '뉴스'입니다. '승강기에 갇혔다는 신고가 두 건 접수'되었다고 했습니다.

정답 ② 승강기 사고는 두 차례 접수가 되었다.

08

> **여자:** 청소년사이버상담센터의 유 박사님, 최근 청소년 음주 문제를 어떻게 보십니까?
> **남자:** 청소년기의 음주 습관은 성인의 알코올 의존도를 높이기 때문에 매우 심각하다고 할 수 있습니다. 한 조사에 따르면, 청소년기에 한 번이라도 술을 마셔본 경험이 있는 이들의 평생 음주 비율이 무려 74.4%로 나온 것을 보면 알 수 있죠. (→ ② 정답!)

1단계 선택지의 키워드로 내용 추측하기

선택지에 '음주 (습관)'이 반복됩니다. '음주 습관'에 대한 내용일 것입니다.

2단계 내용을 들으며, 선택지와 비교하기

음주 문제에 대한 '인터뷰'입니다. 남자는 '청소년기'에 술을 마시면, '성인'이 되어서도 '음주'를 계속하고 '알코올 의존도'도 높아진다고 설명했습니다. 즉, 음주 습관이 한번 생기면 바꾸기 어렵다는 것을 알 수 있습니다.

정답 ② 음주 습관이 생기면 바꾸기가 어렵다.

기출 유형 6-1 **중심 생각이나 중심 내용 고르기:** 중심 생각 고르기

01

> **남자:** 미영 씨, 다음 주부터 휴가인데 계획 있어요?
> **여자:** 글쎄요. 하고 싶은 건 많은데 무엇을 할지 고민이에요.
> **남자:** 바빠서 하지 못했던 일들을 해 보는 게 어때요?(→ ④ 정답!) 음…. 여행을 떠나 보세요.
> **여자:** 저는 여행을 하면 더 피곤하더라고요. 그냥 못 읽었던 책을 좀 봐야겠어요.

1단계 하지 않은 말 골라내기

③ 남자가 아니라, 여자가 '책을 읽'을 것이라고 했습니다.

2단계 '일치하는 내용'과 '중심 생각' 구분하기

② 남자가 '여행을 떠나 보'라고 한 것은 '바빠서 하지 못했던 일'들의 예로 든 것입니다. → 일치하는 내용

④ 남자는 '바빠서 하지 못했던 일들을 해 보'라고 했습니다. → 중심 생각

정답 ④ 휴가 때는 그동안 하지 못한 일을 하는 게 좋다.

02

> **남자:** 한번 썼던 종이를 재사용하면 종이를 만들 때 사용하는 나무를 덜 벨 수 있어서 환경에도 도움이 될 것 같지만… 용지
> 가 걸리면서 비싼 레이저 프린터가 자꾸 고장이 나.
>
> **여자:** 그렇지만 한 면만 인쇄하고 버리기에는 종이가 너무 아까워.
>
> **남자:** 뭔가 다른 용도로 사용할 방법을 찾는 게 좋겠어. (→ ① 정답!)

1단계 하지 않은 말 골라내기

③ '이면지 사용'이 '자원 낭비'라는 말은 아무도 하지 않았습니다. '종이가 아깝다'는 말도 남자가 아니라, 여자가 했습니다.

2단계 '일치하는 내용'과 '중심 생각' 구분하기

④ 남자는 '한번 썼던 종이를 재사용'하면 '용지가 걸리면서 프린터가 자꾸 고장'난다고 했습니다. → 일치하는 내용

① 남자는 이면지를 '다른 용도로 사용할 방법을 찾'아야 한다고 했습니다. → 중심 생각

정답 ① 이면지를 활용할 방법을 찾아야 한다.

03

> **남자:** 출퇴근길에 한 손으로는 책의 가운데 부분을 쥐고 다른 손으로는 책장을 넘기며 책을 읽는 사람들이 많더라고. 손목이
> 안 아픈가?
>
> **여자:** 다들 그렇게 책을 읽지 않아?
>
> **남자:** 요즘 전자책이 얼마나 많이 나왔는데…. 가볍지, 저렴하지, 종이책보다 장점이 훨씬 많은 것 같아. (→ ② 정답!)

1단계 하지 않은 말 골라내기

① '종이책 작가가 줄었다'는 말은 아무도 하지 않았습니다.

2단계 '일치하는 내용'과 '중심 생각' 구분하기

③ 남자는 '출퇴근길에 종이책'을 한 손으로 들고 읽으면 '손목'이 아프다고만 했습니다. → 일부만 일치하는 내용

② 남자는 전자책이 '종이책보다 장점이 많다'고 했습니다. → 중심 생각

정답 ② 종이책에 비해 전자책은 장점이 많다.

04

> **여자:** 한국어 말하기 대회에서 우승하신 것 정말 축하드립니다. 평소 한국어 말하기 연습을 어떻게 해 오셨나요?
>
> **남자:** 저는 한국어 말하기 능력은 어휘력에 달려 있다고 생각합니다. (→ ① 정답!) 문법에 맞는 정확한 문장을 쓰는 것도 중요
> 하지만, 적절한 어휘를 사용하는 것이 더 중요하다고 생각해요. 어휘 공부를 하다 보니 자연스럽게 말하기 능력이 향
> 상된 것 같습니다.

1단계 하지 않은 말 골라내기

③ '문법을 잘 사용하기 위해 어휘 공부를 해야 한다'는 말은 아무도 하지 않았습니다.

2단계 '일치하는 내용'과 '중심 생각' 구분하기

④ 남자는 '문법에 맞는 문장을 쓰는 것도 중요하지만, 적절한 어휘를 사용하는 것이 더 중요하다'고 했습니다. → 일부만 일치하는 내용

① 남자는 '한국어 말하기 능력'이 '어휘력에 달려 있다'고 했습니다. 즉, 어휘력의 중요성을 강조한 것입니다. → 중심 생각

정답 ① 한국어 말하기 능력의 관건은 어휘력이다.

[05~06]

> **남자:** 와, 이거 봐. 베트남 4박 5일 여행인데 가격도 싸고 숙소도 정말 좋네.
> **여자:** 어디 봐. 그거 단체 여행이잖아. 그러니까 싸지. 재작년에 갔을 때 고생한 거 기억 안 나?(→ 6. ① 정답!)
> **남자:** 왜? 단체 여행이니까 우리가 일정을 짤 필요도 없고 준비할 것도 별로 없어서 더 좋지 않았어?(→ 5. ② 정답!) 해외여행을 이 가격에 어떻게 갈 수 있겠어.
> **여자:** 그래. 좋은 점이 없는 것은 아니지만, 구경할 수 있는 시간도 짧고 가고 싶은 곳을 마음대로 갈 수 없어서 난 좀 안 좋은 것 같아.

05 중심 생각 고르기

1단계 하지 않은 말 골라내기

④ '단체 여행은 사람이 많아서 재미있다'는 말은 아무도 하지 않았습니다.

2단계 '일치하는 내용'과 '중심 생각' 구분하기

① 남자는 '베트남 4박 5일 여행인데 싸고 숙소가 좋다'고만 했을 뿐, 여행을 갈 거라는 말은 하지 않았습니다. → 일부만 일치하는 내용

② 남자는 '단체 여행'이 '일정'을 짜거나 '준비'하지 않아도 돼서 편하고, '가격'도 싸서 '좋다'고 했습니다. → 중심 생각

정답 ② 단체 여행은 편하고 가격도 저렴하다.

06 일치하는 내용 고르기

1단계 선택지의 키워드로 내용 추측하기

5번과 6번 선택지에 '여행(단체 여행, 자유 여행, 해외여행)'이 반복됩니다. '해외 단체 여행'에 대한 내용일 것입니다.

2단계 내용을 들으며, 선택지와 비교하기

여자가 남자에게 '재작년에 고생한 기억이 안 나'냐고 묻자, 남자가 단체 여행이어서 좋았다고 했습니다. 두 사람은 함께 여행한 적이 있음을 알 수 있습니다.

정답 ① 두 사람은 함께 여행을 한 적이 있다.

[07~08]

> **남자:** 동료들과의 소통을 위한 프로그램을 운영하는 회사가 있다고 해서 찾아왔습니다. 사장님, 프로그램을 간단히 소개해 주시겠습니까?
> **여자:** 네, 프로그램을 소개하자면 먼저 고마운 마음을 담아 동료에게 감사 편지를 작성하고 함께 낭독하는 것으로 시작합니다. 감사 인사를 주고받으며 서로 가까워질 수 있지요. 그 후 토론 주제를 가지고 팀에서 토론한 뒤 토론한 내용을 팀별로 발표합니다. 한 가지 주제에 대해 여러 사람이 의견을 나누는 시간을 통해 공동체에서 소통하는 능력을 기를 수 있어요.(→ 8. ③ 정답!) 한 달에 두 번, 이 프로그램을 운영한 지 6개월쯤 되었는데요. 회사 생활에 중요한 능력을 개발하는 프로그램이라 생각해서(→ 7. ④ 정답!) 앞으로도 계속 운영할 계획입니다.

07 중심 생각 고르기

1단계 하지 않은 말 골라내기

③ '본인의 생각을 정리해야 토론을 잘 할 수 있다'는 말은 아무도 하지 않았습니다.

2단계 '일치하는 내용'과 '중심 생각' 구분하기

① 여자는 '고마운 마음을 담아 감사 편지를 작성할' 수 있다고 했습니다. → 일치하는 내용

④ 여자는 '공동체에서 소통하는 능력'을 '회사 생활에 중요한 능력'이라고 했습니다. → 중심 생각

정답 ④ 회사 생활에서는 소통하는 능력이 매우 중요하다.

08 일치하는 내용 고르기

1단계 선택지의 키워드로 내용 추측하기

7번과 8번 선택지에 '토론', '소통'이 보입니다. '토론'을 통한 '소통'에 대한 내용일 것입니다.

2단계 내용을 들으며, 선택지와 비교하기

여자는 '토론'을 하며 '여러 사람이 의견을 나누는 시간을 통해 공동체에서 소통하는 능력을 기를 수 있다'고 했습니다.

정답 ③ 토론 활동을 통해 소통하는 능력을 기른다.

[09~10]

> **여자:** 각종 지역 축제에 대해 문제점을 지적하는 분들이 많은데 어떻게 생각하십니까?
>
> **남자:** 네, 연간 2,400여 개의 축제가 열리는 걸로 알고 있습니다. 지역마다 '따라 하기'식의 유사한 축제가 많다는 점과 이로 인해 국가 예산이 이중으로 사용된다는 점을 지적하지 않을 수 없습니다.(→ 10. ④ 정답!) 사람들에게 인기 있는 축제의 좋은 점을 참고하거나 많은 시민이 축제에 참여할 수 있도록 홍보에 힘쓰는 것도 좋지만, 지역의 특색과 축제의 의미부터 다시 한번 생각해 봐야 할 것입니다.(→ 9. ③ 정답!)

09 중심 생각 고르기

1단계 하지 않은 말 골라내기

④ 남자는 '국가 예산'의 '이중 사용'에 대해 지적했을 뿐, '축제 준비 예산을 많이 사용할 필요는 없다'는 말은 하지 않았습니다.

2단계 '일치하는 내용'과 '중심 생각' 구분하기

① · ② 남자는 '많은 시민이 축제에 참여할 수 있도록 홍보에 힘쓰는 것도 좋지만' 뒤에 이어지는 문장을 더 강조하고 있습니다. → 일치하는 내용

③ 남자는 '지역의 특색과 축제의 의미'를 '생각해 봐야 할 것'이라고 했습니다. → 중심 생각

정답 ③ 지역의 색깔에 맞는 지역 축제인지 고민해 보아야 한다.

10 일치하는 내용 고르기

1단계 선택지의 키워드로 내용 추측하기

9번과 10번 선택지에 '(지역) 축제', '문제'가 보입니다. '지역 축제'의 '문제점'에 대한 내용일 것입니다.

2단계 내용을 들으며, 선택지와 비교하기

'지역마다 유사한 축제가 많아 '국가 예산이 이중으로 사용된다'는 것을 문제점으로 '지적'하고 있습니다.

정답 ④ 비슷한 축제에 국가의 돈이 자꾸 사용된다는 것은 문제가 있다.

[01~02]

> **여자:** 오늘은 '방관자 효과'에 대해 알아보도록 하겠습니다. 주위에 사람이 많을수록 어려움에 처한 사람을 돕지 않게 되는 현상을 '방관자 효과'라고 부릅니다. (→ 2. ③ 정답!) 이러한 '방관자 효과'의 사례들은 우리 사회 곳곳에서 어렵지 않게 찾아볼 수 있습니다. 우리가 배운 도덕적 기준으로 생각한다면, 위험한 상황에서 피해자를 돕는 것이 마땅하지만 진짜로 나서서 피해자를 도와주려는 사람이 없다는 뜻이지요. 여러분, 위기 상황에 놓인 피해자를 모른 척하는 이 현상을 바람직하다고 볼 수 있을까요? 그렇지 않죠. '방관자 효과'는 결코 정당화될 수 없습니다. 한 명의 사람이 도움을 주기 시작하면 '방관자 효과'는 깨진다는 연구 결과가 있습니다. 도움이 필요한 상황에서 도움을 주는 첫 번째 사람이 되어 봅시다. (→ 1. ② 정답!)

01   중심 내용 고르기

1단계 선택지의 키워드로 내용 추측하기

    1번과 2번 선택지에 '방관자 효과'가 보입니다. '방관자 효과'에 대한 내용일 것입니다. 선택지에 '-해야 한다', '-할 필요가 있다'는 말이 있으므로 무엇을 '주장'하는지 생각하며 듣는 것이 좋습니다.

2단계 내용을 들으며, 주제나 목적 파악하기

    '도움이 필요한 상황에서 도움을 주'자고 주장하는 글입니다.

정답 ② 위험한 상황에 처한 사람을 도와야 한다.

02   일치하는 내용 고르기

1단계 선택지의 키워드로 내용 추측하기

    '방관자 효과'가 일어나는 '상황'에 대한 내용일 것입니다. 선택지에 '~에서 발생한다', '-는 현상이다'는 말이 있으므로 방관자 효과가 일어나는 원인, 장소, 상황과 방관자 효과의 정의가 무엇인지 찾으며 듣는 것이 좋습니다.

    ③ ~에서 발생하다: 원인, 장소, 상황 등을 나타내는 표현.

    ④ -는 현상이다: 정의를 나타내는 표현.

2단계 내용을 들으며, 선택지와 비교하기

    '주위에 사람이 많을수록 어려움에 처한 사람을 돕지 않'는 '방관자 효과'가 발생한다고 했습니다.

정답 ③ 방관자 효과는 다수가 있는 위기의 상황에서 발생한다.

[03~04]

> **남자:** 오늘은 '치아 건강'에 대해 얘기해 보죠. 치아 건강을 위한 첫 번째 수칙은 양치질을 잘하는 것입니다. 칫솔질을 위아래로 할 뿐만 아니라 회전법으로 돌려 가며 해야 깨끗하게 닦을 수 있습니다. 하지만 양치질은 치아의 표면만 닦는 것으로 치아와 치아 사이에 있는 음식물을 제거할 수 없다는 한계점이 있지요. (→ 4. ② 정답!) 그러므로 치실 사용을 병행하여 치아를 관리해야 할 필요가 있습니다. (→ 3. ② 정답!) 이쑤시개를 사용하는 분들도 계시지만 이쑤시개는 두껍기 때문에 치아 사이가 벌어지게 되고 피가 나는 등 잇몸 건강에 좋지 않습니다. 치실도 실의 재질과 굵기가 다양하니 자신에게 잘 맞는 것을 골라 치아를 관리하시길 추천해 드립니다.

03   중심 내용 고르기

1단계 선택지의 키워드로 내용 추측하기

    3번과 4번 선택지에 '양치질', '치실', '치아 건강', '치아 관리'가 보입니다. '양치질'과 '치실'을 활용한 '치아 건강과 관리'에 대한 내용일 것입니다. 선택지에 '-ㄹ 수 있다', '-해야 한다'는 말이 있으므로 무엇을 '권유'하는지 생각하며 듣는 것이 좋습니다.

2단계 내용을 들으며, 주제나 목적 파악하기

'치아 건강'을 위해서는 '양치질'과 '치실 사용'을 '병행하'라고 권유하는 내용입니다.

정답 ② 칫솔과 치실을 함께 이용하여 치아를 관리해야 한다.

04   일치하는 내용 고르기

1단계 선택지의 키워드로 내용 추측하기

'양치질'과 '치실'을 활용한 '치아 관리'에 대한 내용일 것입니다.

2단계 내용을 들으며, 선택지와 비교하기

'양치질'을 할 때 생기는 '한계점'(= 칫솔이 닿지 않는 부분이 있음) 때문에 '치실 사용'을 권유했습니다.

정답 ② 양치질을 할 때 칫솔이 닿지 않는 부분이 있다.

[05~06]

> **여자:** 직장은 자신의 가치를 실현하는 곳인 동시에 생계를 유지하기 위한 공간이기도 합니다. 따라서 많은 직장인이 자신의 감정대로만 행동하진 않고 여러 현실적인 상황을 고려하여 직장 생활을 유지하고 있는데요. 현실적인 상황이 고려되지 않을 만큼 현재가 고통스러울 경우, 이직을 고려하게 됩니다. 예를 들어 극심한 업무량, 함께 일하는 사람들과의 불화, 적성에 맞지 않는 업무 등 이직을 생각하게 하는 것들이 있지요. (→6. ④ 정답) 이직을 하실 거라면, 먼저 이런 부분에 대해 신중히 고민해 보시기 바랍니다. 무엇보다 이직함으로써 얻게 되는 것과 잃게 되는 것에 대한 예측이 반드시 선행되어야 합니다. 현재 직장에서 겪고 있는 어려움이 일시적인 것인지, 줄어들 가능성은 없는 것인지도 판단하신 후 결정하시기 바랍니다. (→5. ② 정답!)

05   중심 내용 고르기

1단계 선택지의 키워드로 내용 추측하기

5번과 6번 선택지에 '직장(인)', '이직', '결심', '결정'이 보입니다. '직장인의 이직 결심'에 대한 내용일 것입니다. 선택지에 '-해야 한다', '-기 마련이다', '-는 것이 중요하다'는 말이 있으므로 무엇을 '충고'하는지 생각하며 듣는 것이 좋습니다.

2단계 내용을 들으며, 주제나 목적 파악하기

'이직'을 하려면, '얻게 되는 것과 잃게 되는 것'이 무엇인지, '현재 겪고 있는 어려움이 일시적인 것'은 아닌지 등을 신중히 생각해서 '결정'하라고 충고하는 글입니다.

정답 ② 이직은 여러 상황을 고려하여 결정해야 한다.

06   일치하는 내용 고르기

1단계 선택지의 키워드로 내용 추측하기

'직장인의 이직 결심'에 대한 내용일 것입니다.

2단계 내용을 들으며, 선택지와 비교하기

'극심한 업무량, 일하는 사람들과의 불화, 적성에 맞지 않는 업무' 등이 '이직을 생각하게 하는 예'라고 했습니다.

정답 ④ 동료와의 갈등, 업무 과중 등이 이직을 고민하게 만든다.

[01~02]

> **남자:** 해외여행 중 여권을 분실한 경우에는 어떻게 대처하면 되나요?
> **여자:** 네, 국내도 아니고 해외여행 중이라면 더 불안하고 긴장이 될 텐데요. 가장 먼저 해야 할 일은 현지 경찰서 및 영사관을 방문하는 것입니다.
> **남자:** 그럼 대사관 및 영사관 방문 후에 재발급 신청을 하면 되는 건가요?(→ 1. ④ 정답!)
> **여자:** 네, 여권용 사진 두 장, 여권 번호, 발급일, 만기일이 필요합니다.(→ 2. ② 정답!) 재발급 시간이 오래 걸릴 수 있으니까 시간이 없으면 여행 증명서를 발급받는 것이 좋습니다.

01 담화 상황 고르기

1단계 선택지의 키워드로 상황 추측하기

'해외여행'과 '여권 (재)발급'에 대한 내용일 것입니다. 선택지에 '알아보다, 토의(하다), 확인(하다), 문의(하다)'가 있으므로, 남자가 무엇을 궁금해 하는지 생각하며 들어야 합니다.

2단계 내용을 들으며, 선택지의 서술어 확인하기

남자는 '해외여행 중 여권을 분실한 경우'에 '재발급 신청'을 하는 방법을 궁금해 하고 있습니다.

정답 ④ 해외여행 중 여권 분실 시 재발급 방법을 문의하고 있다.

02 일치하는 내용 고르기

1단계 선택지의 키워드로 내용 추측하기

'여권 분실' 후 '재발급'에 대한 내용일 것입니다.

2단계 내용을 들으며, 선택지와 비교하기

남자가 '대사관'이나 '영사관'에 가서 '재발급 신청'을 하면 되냐고 묻자, 여자가 '여권용 사진 두 장'과 그 외의 것들이 '필요하다'고 했습니다.

정답 ② 여권을 재발급 받으려면 사진이 필요하다.

[03~04]

> **남자:** 1990년에 설립한 우리 회사가 올해 창사 20주년을 맞이했습니다. 우리 회사는 소비자 여러분의 관심과 성원 덕분에 연 매출 1조 원을 돌파하며 국내 패션 유통 기업으로 성장할 수 있었습니다. 성원에 보답하는 마음으로 이번 주 목요일부터 다음 주 수요일까지 일주일 동안 감사 이벤트를 진행하고자 합니다.(→ 3. ③ 정답!) 저희 매장에서 5만 원 이상 구입하신 고객님들께 파우치를 드리며 10만 원 이상 구매하신 분들께는 파우치와 머그잔을 함께 증정해 드립니다.(→ 4. ④ 정답!) 이외에도 이벤트 기간에 신규 회원으로 가입하시는 분들께는 현금으로 사용하실 수 있는 포인트를 지급해 드릴 예정이니 소비자 여러분의 많은 관심 부탁드립니다.

03 담화 상황 고르기

1단계 선택지의 키워드로 상황 추측하기

'회사'에서 무엇인가 알리려는 내용일 것입니다. 선택지에 있는 '홍보(하다), 소개(하다), 설명(하다), 발표(하다)'는 모두 무엇인가 '알린다'는 뜻입니다. 남자가 회사에서 알리려는 것이 무엇인지 생각하며 듣는 것이 좋습니다.

2단계 내용을 들으며, 선택지의 서술어 확인하기

남자는 '창사 20주년을 맞이'해서 '감사 이벤트를 진행'한다는 것을 알리고 있습니다.

정답 ③ 창사 20주년 기념 이벤트를 설명하고 있다.

04   일치하는 내용 고르기

1단계 선택지의 키워드로 내용 추측하기
'회사'의 '이벤트'에 대한 내용일 것입니다.

2단계 내용을 들으며, 선택지와 비교하기
'5만 원 이상 구입'하면 '파우치'를 주고, '10만 원 이상 구매'하면 '파우치와 머그잔을 함께' 준다고 했습니다.

정답 ④ 머그잔을 받으려면 이 회사 제품을 십만 원 이상 사야 한다.

기출 유형 8 ⟩ 화자의 의도나 목적 고르기

[01~02]

> **남자:** 영희 씨, 이번에 회사 그만두면 '실업 급여' 신청할 거예요? 뉴스를 보니까 이번에 바뀐 제도 때문에 신청한 사람이 꽤 많아졌대요. (→ 2. ① 정답!)
>
> **여자:** 네, 그렇지 않아도 알아보고 있었어요. 직장을 그만두면 재취업을 위해서 돈이 조금은 필요할 것 같아요.
>
> **남자:** 반대하는 사람들은 신청자가 많아지면 '고용 보험료'를 국민들이 많이 내게 된다고 하던데 저는 고용 보험료를 내고도 혜택을 못 받던 문제가 해결된 거라고 생각해요. (→ 1. ④ 정답!)
>
> **여자:** 저는 스스로 이직하는 사람도 대상이 되는 건 좀 아니라고 봐요.

01   화자의 의도나 목적 고르기

1단계 선택지에서 의도를 나타내는 말에 표시하기
'(필요성을) 일깨우다, (인하를) 지지하다, (개편을) 지적하다, (의미를) 말하다' 중 남자의 의도를 찾아야 합니다.

2단계 표시한 부분과 비교하며 듣기
남자는 '고용 보험료를 내고도 혜택을 못 받던 문제가 해결된 거'라고 했습니다. 실업 급여 혜택을 받는 사람이 늘어난 의미가 있다고 생각하는 것입니다.

정답 ④ 실업 급여 대상 확대의 의미를 말하기 위해

02   일치하는 내용 고르기

1단계 선택지의 키워드로 내용 추측하기
1번과 2번 선택지에 '실업 급여'가 반복되고, 2번 선택지에 '(사람이) 늘다/줄다/많다'도 보입니다. '실업 급여'와 관련된 인구수의 변화에 대한 내용일 것입니다.

2단계 내용을 들으며, 선택지와 비교하기
남자가 '실업 급여'를 '신청한 사람이 많아졌'다고 했습니다. 그만큼 실업 급여를 받는 사람도 늘어날 것입니다.

정답 ① 실업 급여 수급자가 늘어날 전망이다.

[03~04]

> **남자:** 영희야, 너 동아리에서 지역 개선 프로그램으로 '벽화 그리기 봉사 활동'을 한다면서? 힘들지 않아?
>
> **여자:** 응, 피곤한 날은 정말 가기가 싫긴 하지만 보람을 느낄 수 있어서 좋아.
>
> **남자:** 그런데 너 졸업반이라서 취업 준비를 하기에도 바쁠 텐데… (→ 4. ② 정답!) 봉사 활동은 자리를 조금 잡은 다음에 해도 늦지 않을 것 같아. (→ 3. ④ 정답!) 게다가 네 전공이 미술도 아니잖아.
>
> **여자:** 전공은 아니지만 낡은 골목길을 환하게 만들어 줄 수 있어서 주말마다 즐거운 마음으로 하고 있어.

03 화자의 의도나 목적 고르기

1단계 선택지에서 의도를 나타내는 말에 표시하기

'(필요성을) 일깨우다, (중요성을) 설명하다, (관계를) 강조하다, (-다는) 조언을 하다' 중 남자의 의도를 찾아야 합니다.

2단계 표시한 부분과 비교하며 듣기

남자는 여자에게 '봉사 활동은 자리를 잡은 다음에 해도 늦지 않을 것 같'다는 조언을 하고 있습니다.

정답 ④ 봉사 활동은 나중에 하면 좋겠다는 조언을 하기 위해

04 일치하는 내용 고르기

1단계 선택지의 키워드로 내용 추측하기

3번과 4번 선택지에 '봉사 활동, 전공, 취업'이 반복되고, 4번 선택지에 '졸업'도 보입니다. '봉사 활동'과 '전공', '졸업 후 취업'에 대한 내용일 것입니다.

2단계 내용을 들으며, 선택지와 비교하기

남자는 여자가 봉사 활동을 하기에는 '졸업반이라서 바쁠' 것이라고 했습니다.

정답 ② 여자는 올해만 다니면 졸업을 할 것이다.

[05~06]

> **여자:** 최근에 온라인 쇼핑몰에서 옷을 샀는데 하자가 있어서 교환을 해 달라고 연락을 했더니 안 된다고 하더라고. 이게 말이 되니?
>
> **남자:** 뭐라고? 상품에 문제가 있으면 당연히 교환이나 환불을 받을 수 있지 않아?
>
> **여자:** 그래서 전자상거래법을 찾아보니(→ 6. ① 정답!) 규정에는 소비자의 요구대로 교환이나 환불을 해 줘야 하는데 실제로 쇼핑몰에서 이것을 지키지 않는 곳이 많대.
>
> **남자:** 법 규정을 잘 만드는 것뿐만 아니라 지킬 수 있게 관리하는 것이 더 필요하다는 생각이 드네.(→ 5. ① 정답!)

05 화자의 의도나 목적 고르기

1단계 선택지에서 의도를 나타내는 말에 표시하기

'(관리를) 촉구하다, (신중함을) 말하다, (문제점을) 지적하다, (다른 점을) 설명하다' 중 남자의 의도를 찾아야 합니다.

2단계 표시한 부분과 비교하며 듣기

남자는 '쇼핑몰' 같은 판매자가 '법 규정을 지킬 수 있게 관리하는 것이 필요'함을 강하게 주장하고 있습니다.

정답 ① 법 규정의 관리를 촉구하기 위해

06 일치하는 내용 고르기

1단계 선택지의 키워드로 내용 추측하기

5번과 6번 선택지에 '교환, 환불, (전자상거래)법'이 반복됩니다. '교환'이나 '환불'에 필요한 '법'에 대한 내용일 것입니다.

2단계 내용을 들으며, 선택지와 비교하기

여자가 '온라인 쇼핑몰에서 옷을 샀는데 하자가 있'었습니다. 그런데 '교환'이 안돼서 '전자상거래법을 찾아봤'다고 했습니다.

정답 ① 여자는 전자상거래법을 찾아보았다.

기출 유형 9 · 담화 참여자 고르기

[01~02]

> **남자:** 사장님께서 개발하신 장난감 대여 서비스가 엄마들 사이에서 선풍적인 인기를 끌고 있는데요. 비결이 뭐라고 생각하세요?
>
> **여자:** 저렴한 가격에 새로운 장난감을 빌릴 수 있다는 점이겠죠. 연회비 만 원을 내면 원하는 장난감을 2주 동안 빌릴 수 있어요. 장난감 구매 비용은 줄이고 다양한 장난감을 접할 기회는 늘어나니 많이 좋아하시는 것 같아요. 장난감은 특수 세척실에서 세척하기 때문에 위생적으로 전혀 걱정 안 하셔도 되고요.(→ 2. ① 정답!)
>
> **남자:** 최근에는 아동 놀이 체험실도 추가하셨다고요.
>
> **여자:** 네, 아이와 함께하는 아동 놀이 체험실도 무료로 운영하고 있으니(→ 1. ④ 정답!) 많은 관심 부탁드려요.

01 담화 참여자 고르기

1단계 선택지에 반복된 어휘 확인 후, 하는 일에 표시하기

'장난감'과 관련된 여러 업무(개발, 판매, 서비스 이용/운영)가 등장합니다.

2단계 내용을 들으며, 표시한 일과 비교하기

여자는 '장난감을 빌려'주고 '아동 체험 놀이실도 운영'한다고 했습니다. 즉, 여자는 장난감 대여 서비스와 아동 놀이 체험실을 운영하는 사람입니다.

정답 ④ 장난감 대여 서비스를 운영하는 사람

02 일치하는 내용 고르기

1단계 선택지의 키워드로 내용 추측하기

1번과 2번 선택지에 '장난감, 대여, 서비스'가 반복되고, 2번 선택지에 '관리'도 보입니다. '장난감 관리나 대여 서비스'에 대한 내용일 것입니다.

2단계 내용을 들으며, 선택지와 비교하기

여자가 '장난감은 특수 세척실에서 세척하기 때문에 위생적으로 걱정(을) 안 해도' 된다고 했습니다. 그만큼 깨끗하게 관리하고 있다는 뜻입니다.

정답 ① 장난감을 깨끗하게 관리하고 있다.

[03~04]

> **여자:** 현장에서 어려운 사람들을 많이 만나시다 보면 심리적으로 힘드실 것 같다는 생각이 드는데요. 어떠신가요?
>
> **남자:** 네, 저는 직업 특성상 복지 혜택을 받지 못하는 사람들을 많이 접하게 됩니다. 경제적 능력이 부족하기 때문에 최저 생활을 유지하기 힘든 사람들을 대상으로 일하다 보면(→ 3. ③ 정답!) 참 답답하고 속상하기도 하지요.
>
> **여자:** 그럼, 어떤 마음으로 이 일을 계속하고 계신 건가요?
>
> **남자:** 사회적 약자에 대한 관심이 점차 증가함에 따라 복지 정책들이 새로 생겨나고 있습니다. 도움이 필요한 사람들에게 실질적인 도움을 줄 수 있는 세상이 올 것이라 기대하며(→ 4. ④ 정답!) 긍정적으로 일하고 있습니다.

03 담화 참여자 고르기

1단계 선택지에 반복된 어휘 확인 후, 하는 일에 표시하기

'복지'와 관련된 여러 업무(정책 개발, 교육, 혜택이 필요한 이를 돕는, 센터를 만들고 관리하는)가 등장합니다.

남자는 '현장에서 복지 혜택을 받지 못하는 사람들을 대상으로' 일을 한다고 했습니다. 즉, 남자는 복지 혜택이 필요한 사람들을 직접 돕는 사람입니다.

정답 ③ 복지 혜택이 필요한 이들을 직접 돕는 사람

04 일치하는 내용 고르기

1단계 선택지의 키워드로 내용 추측하기

3번 선택지에 '복지'가 반복되고, 4번 선택지에 '도움이 필요한 사람, 사회적 약자, 어려운 계층'도 보입니다. '도움이 필요한 사람들을 위한 복지'에 대한 내용일 것입니다.

2단계 내용을 들으며, 선택지와 비교하기

남자는 '도움이 필요한 사람들에게 도움을 줄 수 있는 세상이 올 것이라 기대'한다고 했습니다.

정답 ④ 어려운 계층을 도울 수 있는 사회가 오길 희망한다.

[05~06]

> **여자:** 최근 한 학교에서 땅콩이 들어간 반찬을 먹은 학생이 갑자기 쓰러져서 병원에 입원한 사고가 있었습니다. 조사 결과, 학생은 견과류 알레르기가 있어 그런 것으로 나타났는데요. 선생님께서는 이 사고에 대해 어떻게 생각하십니까?
>
> **남자:** 전교생을 대상으로 급식을 준비하기 때문에 개별 학생을 놓쳐 발생한 사고가 아닐까 합니다.
>
> **여자:** 그렇다면 이런 상황을 어떻게 대비해야 할까요?
>
> **남자:** 저희는 학기 초 알레르기를 가진 학생들을 조사합니다. 이를 고려하여 식단을 짜고 있지만,(→ 5. ② 정답!) 학생들의 체질이 워낙 다양하다 보니까 가끔 그 음식이 포함될 때가 있습니다. 그럴 때는 월초 학생들에게 제공하는 식단표에 반드시 표시를 해 둡니다. 급식소 앞 식단표에도 알레르기 정보를 써 두고요.(→ 6. ① 정답!)

05 담화 참여자 고르기

1단계 선택지에 반복된 어휘 확인 후, 하는 일에 표시하기

'학교 학생'과 관련된 여러 업무(알레르기에 대해 가르치는, 식단 관리와 영양 지도, 입원한 학생들 식단 관리, 알레르기 체질 분석)가 등장합니다.

2단계 내용을 들으며, 표시한 일과 비교하기

남자는 '전교생을 대상으로 급식을 준비하'고 '식단을 짠'다고 했습니다. 즉, 남자는 학교에서 식단을 관리하고 영양 지도를 하는 영양사입니다.

정답 ② 학교에서 식단 관리와 영양 지도를 하는 사람

06 일치하는 내용 고르기

1단계 선택지의 키워드로 내용 추측하기

5번과 6번 선택지에 '알레르기'가 반복되고, 6번 선택지에 알레르기와 관련해서 '정보 표시, 조사, 유발, 일으키다'가 나옵니다. '알레르기를 유발하는 정보의 표시'에 대한 내용일 것입니다.

2단계 내용을 들으며, 선택지와 비교하기

남자는 '식단표에 알레르기 정보를 써' 둔다고 했습니다.

정답 ① 알레르기 정보는 식단표에 표시하여 알려 준다.

화자의 태도나 말하는 방식 고르기

[01~02]

> **여자:** 인터넷 신조어는 대부분 줄임말로, 길게 설명하지 않아도 대화할 수 있어 효율적이라는 장점이 있습니다.
> **남자:** 지금 쓰고 있는 한글로도 충분히 의사소통이 가능하지 않습니까? 또한, 인터넷 신조어의 다수를 차지하는 비속어와 은어는 폭력적으로 사용되고 있습니다. (→ 1. ① 정답!)
> **여자:** 인터넷 신조어에 나쁜 표현만 있는 것은 아닙니다. 긍정적인 표현도 많이 있어 잘 활용한다면, 풍성한 언어생활을 할 수 있을 것입니다.
> **남자:** 하지만 잘 모르는 사람은 풍성한 언어생활은커녕 소외감을 느껴 소통이 어려워질 텐데 꼭 인터넷 신조어를 사용해야 할까요?(→ 2. ② 정답!)

01 중심 생각 고르기

1단계 **하지 않은 말 골라내기**

③ 남자가 아니라, 여자가 '인터넷 신조어'를 사용하면 '길게 설명하지 않아도' 돼서 '효율적'이라고 했습니다. 즉, 대화 시간을 절약할 수 있다고 생각하는 것입니다.

2단계 **'일치하는 내용'과 '중심 생각' 구분하기**

④ 남자는 인터넷 신조어를 '잘 모르는 사람은 소외감을 느껴 소통이 어려워질' 것이라고 했을 뿐, 설명해 주어야 한다고는 하지 않았습니다. → 일부만 일치하는 내용

① 남자는 '지금 쓰고 있는 한글'로 '의사소통이 가능'하고, '비속어와 은어'가 많은 인터넷 신조어는 '폭력적'이라고 했습니다. 즉, 인터넷 신조어를 사용하지 않는 것이 좋다고 생각하는 것입니다. → 중심 생각

정답 ① 인터넷 신조어를 사용하지 않는 것이 좋다.

02 화자의 태도나 말하는 방식 고르기

1단계 **선택지에서 말하기 방식을 나타내는 말에 표시하기**

'일부 지지', '반대', '동조', '지적'과 같이 자신의 생각을 주장하는 방식에 해당하는 표현을 잘 들어야 합니다.

2단계 **전체 맥락을 바탕으로 말하기 방식 파악하기**

'대화'이므로 두 사람의 생각을 각각 파악해야 합니다.

- 여자: 인터넷 신조어는 '효율적'이고 '풍성한 언어생활'을 하는 데 도움을 준다.
- 남자: 인터넷 신조어는 '폭력적'이고 '소통'을 어렵게 한다.
- → '풍성한 언어생활은커녕 소통이 어려워질 텐데'라는 말을 통해 남자가 여자의 말에 강하게 부정하며 우려를 나타내고 있음을 알 수 있습니다.

정답 ② 상대의 의견을 반박하며 반대 의견을 내고 있다.

[03~04]

> **여자:** 이 사진 속의 물건은 여러분이 잘 알고 있는 '앙부일구'입니다. 조선 시대에 장영실과 여러 학자들이 관측 결과와 실험을 통해 시각과 절기를 알려 주는 해시계로 발명했던 물건입니다. 이름의 뜻은 '가마솥 모양의 해시계'입니다. 그림자가 비치는 면이 오목한 가마솥 모양으로 들어가 있고 '시반'은 해 그림자를 받는 부분으로 밑이 오목한 반구형입니다. 그 안에 시각 선과 절기 선이 그어져 있습니다. '영침'은 뾰족하게 올라온 부분으로 해 그림자를 만드는 막대기 모양입니다. 그리고 '받침대'는 시반을 받치고 있는 부분으로 사람의 다리 모양입니다.(→ 3. ② 정답! 4. ① 정답!) 구릿빛과 검은색을 띠며, 글씨는 쓴 것이 아니고 직접 새겨져 있습니다. 또한 시각마다 열두 가지 동물 그림을 넣어 글을 모르는 사람도 시간을 알 수 있습니다.

03 일치하는 내용 고르기

1단계 선택지의 키워드로 내용 추측하기

3번과 4번 선택지에 '앙부일구'가 반복되고, 3번 선택지에 '날씨, 별자리, 구성 요소, 해시계, 시각'이 보입니다. '날씨나 시간을 알 수 있는 어떤 도구(시계, 앙부일구)'에 대한 내용일 것입니다.

2단계 내용을 들으며, 선택지와 비교하기

'시반', '영침', '받침대'는 해시계 앙부일구의 구성 요소입니다.

정답 ② 세 개의 구성 요소가 각기 맡은 역할이 있다.

04 화자의 태도나 말하는 방식 고르기

1단계 선택지에서 말하기 방식을 나타내는 말에 표시하기

'묘사', '요약', '안내'와 같이 설명하는 방식에 해당하는 표현을 잘 들어야 합니다.

2단계 전체 맥락을 바탕으로 말하기 방식 파악하기

선택지에 '앙부일구'가 반복됩니다. '앙부일구'의 무엇을 어떻게 설명하는지 파악해야 합니다. 앙부일구의 시반은 반구형, 영침은 막대기 모양, 받침대는 사람의 다리 모양이라고 했습니다. '~형입니다', '모양입니다'라는 말을 통해, 여자가 '사진 속 물건'인 앙부일구의 모양을 자세히 설명하고 있음을 알 수 있습니다.

정답 ① 앙부일구의 세부 형태를 묘사하고 있다.

[05~06]

> **여자:** 최근 '미디어법'이 이슈가 되고 있는데요. 왜 그것이 도마 위에 오르게 된 것이죠?
>
> **남자:** 미디어법은 대기업이나 각 신문사에서도 현재의 방송사와 같은 형태의 방송국을 만들 수 있게 하자는 법입니다. 찬성 측은 미디어 매체가 다양해져서 시청자들의 선택의 폭을 넓힐 수 있을 뿐만 아니라 고용 창출에도 일조한다는 입장입니다. 이에 반해 반대쪽은 언론이 정부와 돈을 가진 사람들의 눈치를 보게 될 것을 염려하고 있습니다.(→ 5. ② 정답!) 저는 후자의 입장을 지지하는데, 예를 들면 X 방송국의 주인이 Y라는 재벌인데 만약 Y에게 비리가 있다면 어떻게 될까요?(→ 6. ① 정답!) 해당 방송국에서는 그 사실을 객관적인 입장에서 솔직하게 방송하기가 좀 어렵지 않을까요? 만약에 그렇게 된다면 민주주의의 가장 큰 원칙인 언론의 자유를 잃게 되는 셈이지요.

05 일치하는 내용 고르기

1단계 선택지의 키워드로 내용 추측하기

선택지에 '방송사, 언론, 보도, 시청자, 미디어 매체'가 보입니다. '방송사나 미디어 매체의 언론 보도가 시청자들에게 주는 영향'에 대한 내용일 것입니다.

2단계 내용을 들으며, 선택지와 비교하기

남자는 '언론이 돈을 가진 사람들의 눈치를 보게' 되면 '객관적인 입장에서 솔직하게 방송하기가 어렵'다고 했습니다.

정답 ② 언론이 재벌의 눈치를 보면 진실한 보도가 어렵다.

06 화자의 태도나 말하는 방식 고르기

1단계 선택지에서 말하기 방식을 나타내는 말에 표시하기

'예를 통해', '전적으로 비판', '이의를 제기', '협조를 당부'와 같이 자신의 생각을 주장하는 방식에 해당하는 표현을 잘 들어야 합니다.

2단계 전체 맥락을 바탕으로 말하기 방식 파악하기

'미디어법은 기업이나 신문사에서도 방송국을 만들 수 있게 하는 법'으로 이에 대한 '찬성 측'과 '반대 측' 의견이 있다고 했습니다. '저는 후자의 입장을 지지하는데, 예를 들면'이라는 말을 통해, 남자가 자신이 주장하는 내용을 예를 들어 말하고 있음을 알 수 있습니다.

정답 ① 예를 통해 자신의 의견을 말하고 있다.

[07~08]

> **남자:** 빈센트 반 고흐의 '별이 빛나는 밤'은 그의 대표작으로 유명합니다. 세상의 종말을 떠올리게 하는 짙은 하늘과 소용돌이치는 구름, 그와 대조를 이루는 한적하고 고요한 마을을 한곳에 배치한 것이 큰 특징이지요. 이 그림은 몸과 마음이 지친 고흐가 요양원에 머물 때 창문 밖으로 내다보였던 밤하늘을 그린 작품이지만 실제 풍경을 똑같이 담았다기보다 재해석한 것입니다. 왼쪽에 불꽃처럼 타오르는 나무 사이프러스도 고흐가 임의로 그려 넣은 것으로 알려져 있죠. (→ 8. ④ 정답!) 즉 역동적이면서도 평화로운 풍경은 그림을 그릴 당시 고흐의 내면세계를 드러낸 것이라 볼 수 있습니다. 그가 겪었던 아픔과 불안이 작품 '별이 빛나는 밤'에 고스란히 담겨 있으니(→ 7. ③ 정답!) 천천히 감상해 보시기 바랍니다.

07 일치하는 내용 고르기

1단계 선택지의 키워드로 내용 추측하기

선택지에 '화가'가 반복되고, 각 선택지에 '묘사하다, 그리다, 반영하다, 배치하다'가 보입니다. '어떤 화가가 그린 작품'에 대한 내용일 것입니다.

2단계 내용을 들으며, 선택지와 비교하기

남자는 화가 '고흐'가 자신이 그린 작품 '별이 빛나는 밤'에 '아픔과 불안' 같은 자신의 '내면세계를 드러'냈다고 했습니다.

정답 ③ 화가는 자신의 마음 상태를 작품에 반영하였다.

08 화자의 태도나 말하는 방식 고르기

1단계 선택지에서 말하기 방식을 나타내는 말에 표시하기

'순서대로 설명', '재해석', '언급', '고려하여 해석'과 같이 설명하는 방식에 해당하는 표현을 잘 들어야 합니다.

2단계 전체 맥락을 바탕으로 말하기 방식 파악하기

'몸과 마음이 지친 고흐가 요양원에 머물 때' 그린 작품이고 '실제 풍경을 재해석'하거나 나무를 '임의로 그려 넣'었다는 말을 통해, 남자가 고흐의 작품을 해석할 때 당시 고흐의 상황을 고려한 것으로 볼 수 있습니다.

정답 ④ 작가의 당시 상황을 고려하여 작품을 해석하고 있다.

[01~02]

> **남자:** 저는 아주 우연한 기회에 운동을 시작하게 되었습니다. 초등학교 체육 시간에 피구 경기를 하는데 공을 무서워하지 않는 것을 선생님께서 보시곤 제게 농구를 권유하셨지요. 그렇게 시작된 농구 인생이 벌써 14년이나 되었네요. 그래서 대부분 대학 농구팀을 떠나 프로 선수로 가는 것과는 달리 저는 이제 조금 다른 일을 해 보고 싶습니다. (→ 2. ④ 정답!) 좋은 성적을 내고 동료들과 함께 기뻐했던 일, 힘들게 훈련을 받고 힘들어했던 일 모두 눈앞에 선합니다. 하지만 오늘부터 농구는 제게 일이 아닌 취미로서 즐길 수 있는 스포츠일 뿐, 스트레스 대상이 아닐 것입니다. 또 다른 모습으로 여러분 앞에 설 때까지 많이 응원해 주십시오. 그동안의 사랑에 감사드립니다. (→ 1. ① 정답!)

01 화제 고르기

1단계 선택지의 키워드로 내용 추측하기

1번과 2번 선택지에 '농구'가 반복됩니다. '농구'와 관련된 내용일 것입니다.

2단계 전체 맥락 파악한 후, 요약하기

우연히 '운동(농구)'를 시작한 지 '14년이 되었'고, '또 다른 모습으로 설 때까지 응원해' 달라는 내용입니다. 즉, 운동선수로서 은퇴하는 소감에 대해 말하고 있습니다.

정답 ① 은퇴하는 소감

02 일치하는 내용 고르기

1단계 선택지의 키워드로 내용 추측하기

'농구'와 관련된 내용일 것입니다.

2단계 내용을 들으며, 선택지와 비교하기

남자는 '대부분 대학 농구팀을 떠나 프로 선수로 가는 것과는 달리 다른 일을 해 보고 싶'다고 했습니다. 남자에게 다른 꿈이 생긴 것입니다.

정답 ④ 대학을 졸업하며 다른 꿈이 생겼다.

[03~04]

> **여자:** 가끔 물체의 크기나 색깔, 모양, 깊이, 입체감 등이 실제와 다르게 보일 때가 있습니다. 이것은 시신경을 통해 뇌로 전달되는 이미지와 실제 이미지를 뇌가 다르게 인식하기 때문입니다. 우리는 이것을 '착시'라고 합니다. (→ 4. ④ 정답!) 즉, 착시란 뇌가 착각을 일으켜 시각 정보를 잘못 해석하는 것을 말합니다. 착시는 사물의 크기나 생김새에 의한 착각 또는 명암의 대비, 원근감의 차이에 의해서도 일어납니다. (→ 3. ① 정답!) 우리가 영화나 애니메이션을 즐길 수 있는 것도 착시 때문입니다. 서로 다른 정지된 그림이나 사진을 빠르게 연속해서 보여 주면 우리의 뇌가 그것을 연속된 움직임으로 인식해 실제 움직이는 것으로 착각하는 것입니다.

03 화제 고르기

1단계 선택지의 키워드로 내용 추측하기

3번과 4번 선택지에 '착시, 이유, 원인'이 반복됩니다. '착시'의 '이유(= 원인)'에 대한 내용일 것입니다.

2단계 전체 맥락 파악한 후, 요약하기

'착시'는 '뇌가 착각을 일으켜' 발생하는 것임을 설명하고 있습니다.

정답 ① 착시 발생의 이유

04   일치하는 내용 고르기

1단계 선택지의 키워드로 내용 추측하기

선택지에 '착시'가 반복됩니다. '착시'에 대한 내용일 것입니다.

2단계 내용을 들으며, 선택지와 비교하기

'실제 이미지'와 '뇌로 전달되는 이미지'를 '뇌가 다르게 인식하는' 것이 착시라고 했습니다.

정답 ④ 눈앞에 있는 것과 뇌가 인지하는 것이 다를 수도 있다.

[05~06]

> **남자:** 인간이 유일한 고등 동물이며, 나머지 동물은 지능이 낮고 열등하다는 생각은 철저히 인간의 지능을 기준으로 한 결론
> 이다. 즉 언어 능력, 인지 능력, 사고력, 문제 해결력 등 인간이 가진 능력만을 고등 동물의 기준으로 삼고 등급을 나
> 눈 것이다. 돌고래의 지능을 7~8세 유아의 지능과 비슷하다고 본 연구 결과 역시 인간을 기준으로 계산했기 때문이
> 다. 그러나 최근 돌고래의 언어 능력이 어떤 면에서는 인간보다 우수하다는 연구가 발표되었다. 특히 돌고래들 사이에
> 서 의사소통이 원활하지 않은 이유는 지역에 따른 방언 등이 존재하기 때문인 것으로 밝혀졌다.(→ 6. ② 정답!) 인간만
> 이 우수한 지능을 갖고 있다는 인간 우월주의 관점에서 탈피하여 동물의 지능을 세밀하게 연구할 필요가 있다.(→ 5.
> ④ 정답!)

05   화제 고르기

1단계 선택지의 키워드로 내용 추측하기

5번과 6번 선택지에 '돌고래, 동물, 인간, 유아, 지능'이 반복됩니다. '동물(돌고래)'이나 '인간(유아)'의 '지능'에 대한 내용일
것입니다.

2단계 전체 맥락 파악한 후, 요약하기

'인간의 지능'을 기준으로 하지 말고, '동물의 지능을 세밀하게 연구할 필요가 있다'는 내용입니다. 즉, 동물의 지능을 연구
하고 분석하는 방법의 필요성에 대해 설명하고 있습니다.

• 즉: '다시 말하면'의 뜻으로 앞 내용을 바꾸어 말할 때 쓰는 말입니다.

• 그러나: 앞의 내용과 뒤의 내용이 서로 반대될 때 쓰는 말입니다. 뒤에 오는 말이 더 중요하다는 것을 알고 있으면, 정답
       을 고를 때 도움이 됩니다.

정답 ④ 동물 지능 연구의 필요성

06   일치하는 내용 고르기

1단계 질문의 키워드로 내용 예측하기

질문의 키워드는 '돌고래'가 '의사소통'을 '못하는 이유'입니다. '돌고래'의 '의사소통'에 대한 이야기가 나올 것입니다.

2단계 내용을 들으며, 선택지와 비교하기

'돌고래들 사이에서도 의사소통이 원활하지 않은 이유'는 '지역에 따른 방언' 즉, 사투리가 있기 때문이라고 했습니다.

정답 ② 서식지에 따라 다른 사투리를 사용하기 때문에

[07~08]

> **남자:** 어두운 밤, 토끼들이 무엇인가를 먹고 있다. 초식동물인 토끼의 주식은 섬유소가 가득한 풀이지만 밤에 먹는 이것은
> 바로 자신의 배설물이다. 토끼의 이러한 습성은 먹이에서 기인한다. 섬유소가 가득한 풀을 소화하기 위해서는 긴 시
> 간이 필요한데 토끼는 위가 하나밖에 없어서 되새김질을 하지 못한다. 그래서 일단 대충 소화한 먹이가 배설되면 이
> 를 다시 먹는 '자기 분식 전략'을 사용하는 것이다. (→ 8. ③ 정답!) 토끼의 배설물에는 아미노산, 단백질, 비타민 등 성장
> 에 필수적인 영양 성분이 풍부한데,(→ 7. ④ 정답!) 최근에는 배설물 섭취를 막자 단백질과 비타민 등을 섭취할 수 없게
> 되어 영양실조가 걸리거나 소화력이 감소된다는 연구 결과도 보고되었다.

07   화제 고르기

1단계 선택지의 키워드로 내용 추측하기

7번과 8번 선택지에 '초식동물, 토끼, 소화, 섭취'가 반복됩니다. '초식동물(토끼)'의 식사 습관에 대한 내용일 것입니다.

2단계 전체 맥락 파악한 후, 요약하기

토끼는 '섬유소'를 소화하고 '필수 영양 성분'을 섭취하기 위해 '자신의 배설물'을 먹는데, 이것을 '자기 분식 전략'이라고 합니다.

정답 ④ 토끼의 영양분 섭취 전략

08   일치하는 내용 고르기

1단계 질문의 키워드로 내용 추측하기

질문의 키워드는 '토끼'가 '자신'의 '배설물'을 '먹는 이유'입니다. '토끼'의 식사 습관에 대한 이야기가 나올 것입니다.

2단계 내용을 들으며, 선택지와 비교하기

토끼는 '섬유소가 가득한 풀을 소화하기 위해, 자신의 배설물을 먹는다고 했습니다.

정답 ③ 섭취한 먹이를 소화하기 위해

기출 유형 12 **담화 전후의 내용 고르기**

[01~02]

> **여자:** 조직 생활에서는 협력과 관련된 문제가 이처럼 많이 존재하는데,(→ 1. ② 정답!) 이는 대부분 '무임승차자' 때문이라고 합니다. 무슨 뜻인가요?
>
> **남자:** 조장의 마음처럼 업무 성과에 책임감을 가지고 집단의 목표치를 달성하기 위해 노력하는 것을 '주인 의식'이라고 합니다. 집단 구성원이 많아질수록 이 마음이 사라지는 현상을 볼 수 있는데요. 이는 실험을 통해 증명되기도 했습니다. 한 명씩 줄다리기를 하면 자신의 힘의 100%를 쏟지만 두 명이 되면 93%, 세 명이 되면 85%의 힘만 쏟는다는 것이 나타났지요. 즉, 별다른 노력 없이 다른 사람의 성과에 편승하는 이를 '무임승차자'라고 할 수 있습니다. (→ 2. ④ 정답!)

01   담화 전후의 내용 고르기

1단계 선택지의 키워드 보고 내용 추측하기

선택지에 '조직(= 집단)'과 '주인 의식'이 반복됩니다. '조직' 생활과 '주인 의식'의 연관성에 대한 내용일 것입니다.

2단계 요약하거나 지시하는 표현 찾기

'이처럼'은 앞에서 한 말을 요약하는 표현입니다. '조직 생활'에 있는 '협력과 관련된 문제'가 앞에 나온 내용일 것입니다.

 • 이처럼 = 이와 같이

정답 ② 협력의 문제는 조직 생활에서 많이 발생한다.

02   일치하는 내용 고르기

1단계 선택지의 키워드로 내용 추측하기

선택지에 '혼자, 주인 의식', '조장, 책임감', '조원', '공동의 목표, 노력'이 보입니다. 상황에 따른 '주인 의식'과 '책임감'에 대한 내용일 것입니다.

2단계 내용을 들으며, 선택지와 비교하기

'조장'처럼 '책임감'을 가지고 '집단의 목표'를 위해 '노력'하는 주인 의식 없이, '다른 사람의 성과'에 기대는 사람을 '무임 승차자'라고 한다고 했습니다.

정답 ④ 공동의 목표를 향해 일할 때 노력을 덜 하는 이를 '무임승차자'라고 한다.

[03~04]

> **여자:** 네, 좀 전에 여름철 산사태의 주요 원인이 장마라고 하셨는데요. (→ 3. ② 정답!) 그러면 피해를 줄이기 위한 정부의 대책이 있습니까?
>
> **남자:** 요즘에는 특히 기후 변화가 가속화되면서 이런 산사태가 더욱 자주 일어날 것이라는 전망이 나오고 있는데요. 이로 인해 미리 위험을 예측할 수 있는 '재해 위험 지도'가 개발됐습니다. 장마나 홍수 등의 피해가 예상되는 곳을 이 지도에 붉은 선으로 표시하여 사전에 알리는 것이지요. 그 지역에 거주하는 주민들은 이 지도를 보고 산사태를 피할 수 있도록 말입니다. 안전지대를 예상할 수 있다는 점에서 이 지도는 산사태로 인한 피해를 줄일 수 있는, 좋은 대책이 될 것으로 보입니다. (→ 4. ① 정답!)

03 담화 전후의 내용 고르기

[1단계] 선택지의 키워드 보고 내용 추측하기

선택지에 '장마', '산사태'가 반복되고, '재해'가 보입니다. '장마'나 '산사태' 같은 '재해'에 대한 내용일 것입니다.

[2단계] 요약하거나 지시하는 표현 찾기

'좀 전에'는 이전에 말한 것을 가리키기 전에 사용합니다. '산사태의 주요 원인이 장마'라는 말이 앞에 나온 내용일 것입니다.

- 좀 전에 = 앞에서, 방금 전에, 아까

[정답] ② 장마로 인해 여름철에 산사태가 많이 발생한다.

04 일치하는 내용 고르기

[1단계] 선택지의 키워드로 내용 추측하기

선택지에 '산사태'가 반복되고, '예방 대책'과 '발생 빈도'가 보입니다. 재해 중 '산사태'에 대한 내용일 것입니다.

[2단계] 내용을 들으며, 선택지와 비교하기

정부가 '재해 위험 지도'를 '개발'하였는데, 이 지도는 '산사태 피해를 줄일 수 있는 대책'이라고 했습니다.

[정답] ① 정부는 산사태 예방 대책을 마련하였다.

[05~06]

> **여자:** 사람들이 흔히 말하는 월요병의 증상이 무엇인지에 대해 잘 알게 되었습니다. 그러면 월요병의 원인은 무엇입니까?
>
> **남자:** 네, 크게 식습관과 수면 습관을 들 수 있습니다. (→ 5. ① 정답!) 대부분의 사람들은 평일보다 주말에 식사량이 늘어납니다. 가족들과의 식사나 친구와의 약속 등으로 때때로 외식을 하게 되고 만약 약속이 없어도 평소 부족했던 영양을 보충하려는 마음에 과식을 하는 경우가 왕왕 있습니다. 그러나 영양이 풍부한 음식일지라도 과식을 하면 월요일에 더욱 피곤함을 느끼게 됩니다. 음식을 많이 먹어도 운동 등을 통해 에너지를 소비하면 그나마 괜찮겠지만, 에너지를 소비하지 못하면 다음 날 피로를 느끼게 되는 것이지요. (→ 6. ④ 정답!)

05 담화 전후의 내용 고르기

[1단계] 선택지의 키워드 보고 내용 추측하기

선택지에 '월요병'이 반복되고, '원인, 증상, 걸리지 않기'가 보입니다. '월요병'의 원인, 증상, 예방법에 대한 내용일 것입니다.

[2단계] 요약하거나 지시하는 표현 찾기

'월요병의 원인'으로 '식습관과 수면 습관을 들 수 있다'고 했습니다. 식습관에 대한 설명을 먼저 했으므로 이어서 수면 습관에 대한 설명을 할 것입니다.

[정답] ① 수면 습관 또한 월요병의 원인이 된다.

06 일치하는 내용 고르기

1단계 선택지의 키워드로 내용 추측하기

선택지에 '과식', '운동'이 반복됩니다. '월요병'과 이들의 관계에 대한 내용일 것입니다.

2단계 내용을 들으며, 선택지와 비교하기

'음식을 많이 먹어도 운동'을 하면 '에너지'가 '소비'되지만, '과식을 하'고 운동을 하지 않아 '에너지를 소비하지 못하면 피로를 느끼게' 된다고 했습니다.

정답 ④ 운동을 하지 않고 과식을 하면 에너지 소비가 어렵다.

유형 1-1	01	㉠ 생각이 다르셔
		㉡ 부모님 말씀을 들어야 할까
	02	㉠ 지갑을 두고 나왔습니다
		㉡ 연락해 주시면 감사하겠습니다
	03	㉠ 시험을 볼 수 없을 것 같습니다
		㉡ 얼마나 받을 수 있습니까
유형 1-2	01	㉠ 다른 사람도 나에게 좋은 말을 해 준다
		㉡ 생각을 한 후에 말해야 한다
	02	㉠ 목표를 지킬 수 없게 된다
		㉡ 감정도 잘 다스려야 한다
	03	㉠ 여러 종류가 있다
		㉡ 환경을 오염시키지 않고 전기를 만들 수 있다

※ 유형 2와 유형 3은 35~44쪽의 원고지 모범 답안으로 확인하세요.

기출 유형 1-1 **빈칸에 알맞은 말 쓰기:** 실용문의 맥락에 맞게 문장 완성하기

01

지수에게
지수야, 나 링링이야. 잘 지내? 나는 요즘 진로 때문에 고민이 많아.
부모님은 나하고 (㉠ 생각이 다르셔).
나는 대학교를 졸업한 후에 한국에 있는 대학원에 진학하고 싶은데 부모님은 내가 빨리 귀국해서 고향에서 취직도 하고 결혼도 했으면 좋겠다고 하셔.(→ ㉠ 키워드!)
어떻게 해야 할까? (㉡ 부모님 말씀을 들어야 할까)? 아니면 내가 하고 싶은 대로 해도 될까?(→ ㉡ 키워드!)
바쁘지 않을 때 답장 줘.
기다릴게.
링링

1단계 글의 목적과 키워드로 내용 추측하며 읽기
'고민'을 '상담'하는 글입니다. '현재 상황, 고민하는 이유' 등의 내용이 나올 것입니다.

    ㉠: '부모님'과 '나'의 '생각'이 '다르다'는 말이 들어가면 됩니다. ㉠ 뒤의 '-(으)ㄴ데'는 앞말과 뒷말이 반대되는 내용임을 나타냅니다.

    ㉡: '내가 하고 싶은 대로 해도'와 대응되는 말이 들어가면 됩니다. ㉡ 뒤의 '아니면'은 앞말과 뒷말이 반대되는 내용임을 나타냅니다.

모범 답안

㉠ 생각이 (많이) 다르셔 / 다른 생각을 갖고 계셔

㉡ 부모님 말씀을 들어야 할까 / 부모님 말씀을 듣는 게 좋을까 / 부모님이 하라는 대로 해야 할까

02

〈 지갑을 찾습니다! 〉

4월 25일 오후 2시쯤 3층 교실에 (㉠ 지갑을 두고 나왔습니다).

3시쯤 교실에 다시 가 봤는데 지갑이 없었습니다. (→ ㉠ 키워드!)

빨간색 지갑이고 지갑 안에는 가족사진과 현금카드

그리고 현금 25,000원 정도가 들어 있습니다.

저에게는 아주 소중한 지갑입니다.

제 지갑을 보신 분은 (㉡ 아래 연락처로 전화해 주시기 바랍니다).

☎ 연락처: 010-1234-5678(→ ㉡ 키워드!)

1단계 키워드로 내용 추측하며 읽기

    분실물인 '지갑'을 '찾는' 글입니다. '분실한 날짜·시간·장소, 분실물의 특징, 습득 시 연락처' 등의 내용이 나올 것입니다.

2단계 빈칸의 앞뒤 내용 확인 후, 어울리는 말 떠올리기

    ㉠: '지갑이 없었습니다'와 대응되는 말이 들어가면 됩니다.

    ㉡: '연락처'를 활용한 말이 들어가면 됩니다.

모범 답안

㉠ 지갑을 두고 나왔습니다 / 지갑을 놓고 왔습니다

㉡ 아래 연락처로 전화해 주시기 바랍니다 / 연락해 주시면 감사하겠습니다 / 아래 전화번호로 연락 주십시오

03

안녕하세요? 이번 시험에 접수한(→ ㉠ 키워드!) '김동동'이라고 합니다.

고향 집에 일이 생겨서 갑자기 귀국을 하게 되었습니다.

그래서 (㉠ 시험을 볼 수 없을 것 같습니다).

혹시 시험 접수 비용을 돌려받을 수 있는지(→ ㉡ 키워드!) 궁금합니다.

가능하다면 (㉡ 얼마나 돌려받을 수 있습니까)?

응시료 환불액에 대해 답장 주시기를 기다리고 있겠습니다. 감사합니다.

1단계 키워드로 내용 추측하며 읽기

    '접수 취소'에 대해 '문의'하는 글입니다. '취소한 이유, 접수비 환불 가능 여부' 등의 내용이 나올 것입니다.

2단계 빈칸의 앞뒤 내용 확인 후, 어울리는 말 떠올리기

    ㉠: '시험에 접수한'과 대응되는 말이 들어가면 됩니다.

    ㉡: '얼마'를 활용한 말이 들어가면 됩니다.

㉠ (접수한) 시험을 볼 수 없을 것 같습니다 / 접수를 취소하고 싶습니다

㉡ 얼마나 (돌려)받을 수 있습니까 / 얼마를 (돌려)받을 수 있습니까

기출 유형 1-2 · 빈칸에 알맞은 말 쓰기: 설명문의 맥락에 맞게 문장 완성하기

01

'가는 말이 고와야 오는 말이 곱다.'라는 속담이 있다. 내가 먼저 다른 사람에게 좋은 말을 해야(→ ㉠ 키워드!) (㉠ 다른 사람도 나에게 좋은 말을 해 준다)는 뜻이다. 상대방에게 보낸 말은 언젠가 반드시 나에게 되돌아오기 마련이다. 따라서 다른 사람에게 말을 할 때는 충분히 (㉡ 생각을 한 후에 말해야 한다). 생각하기 전에 말부터 시작하면(→ ㉡ 키워드!) 실수를 할 수 있기 때문이다. 평소 서로에 대한 존중과 이해심을 갖고, 깊이 생각하고 나서 말하는 연습이 필요하다.

1단계 키워드로 주제와 내용 추측하며 읽기

'다른 사람'에게 '말'을 할 때 지켜야 할 태도나 자세에 대한 내용일 것입니다.

2단계 빈칸의 앞뒤 내용 확인 후, 어울리는 말 떠올리기

㉠: '내가 먼저 다른 사람에게 좋은 말을 해야'와 대응되는 말이 들어가면 됩니다. ㉠ 앞의 '-아/어야'는 앞말이 뒷말에 대한 조건임을 나타냅니다.

㉡: '생각하기 전에 말부터 시작하면'과 반대되는 말이 들어가면 됩니다.

㉠: 다른 사람도 나에게 좋은 말을 해 준다 / 나도 다른 사람에게 좋은 말을 들을 수 있다

㉡: 생각을 한 후에 말해야 한다 / 생각해 보고 말을 해야 한다

02

새해가 되면 누구나 목표를 세우지만, 꾸준히 지키기는 어렵다. 많은 사람이 목표를 지키지 못하는 원인을 '의지'에서만 찾지만, '감정'도 중요한 원인이 된다. (→ ㉠ 키워드!) 의지와 감정은 서로 연결되어 있기 때문이다. 감정이 안 좋으면 의지도 무너져서 (㉠ 목표를 지킬 수 없게 된다). 예를 들어 연초에 '운동하기'라는 계획을 세웠으나 안 좋은 일이 생겨 감정이 상하면 운동을 하고자 하는 의지가 무너져서(→ ㉡ 키워드!) 포기하게 된다. 목표를 오랫동안 지키기 위해서는 의지만큼 (㉡ 감정도 잘 다스려야 한다).

1단계 키워드로 주제와 내용 추측하며 읽기

'목표'를 세우는 것과 '의지와 감정'에 대한 내용일 것입니다.

2단계 빈칸의 앞뒤 내용 확인 후, 어울리는 말 떠올리기

㉠: '목표를 지키지 못하는'을 활용한 말이 들어가면 됩니다. ㉠ 앞의 '-아/어서'는 앞말이 뒷말에 대한 원인임을 나타냅니다.

㉡: '의지도 무너져서'와 대응되는 말이 들어가면 됩니다.

㉠ 목표를 지킬 수 없게 된다 / 목표를 지키지 못하게 된다

㉡ 감정도 잘 다스려야 한다 / 감정도 무너지지 않게 해야 한다

기계적 에너지나 열에너지는 발전소에서 전기 에너지로 변환된다. 발전소는 사용하는 자원의 종류에 따라 분류되며, 이에 따라 전기 에너지를 만들어 내는 발전소 또한 화력 발전소, 원자력 발전소 등 (㉠ 여러 종류가 있다). 그런데 앞서 말한 여러 종류의 발전소들은(→ ㉠ 키워드!) 전기를 만드는 과정에서 환경을 오염시킨다는 문제점을 가지고 있다.(→ ㉡ 키워드!) 그래서 대체 에너지라고 부르는 태양 에너지, 풍력 에너지, 조력 에너지 등 새로운 자원 개발이 이루어지고 있다. 이 대체 에너지는 (㉡ 환경을 오염시키지 않고 전기를 만들 수 있다)는 장점이 있다.

1단계 **키워드로 주제와 내용 추측하며 읽기**

각종 '에너지'에 대한 내용일 것입니다.

2단계 **빈칸의 앞뒤 내용 확인 후, 어울리는 말 떠올리기**

㉠: '여러 종류'를 활용한 말이 들어가면 됩니다.

㉡: '환경을 오염시킨다'와 반대되는 말이 들어가면 됩니다.

모범 답안

㉠: 여러 종류가 있다 / 종류가 많다 / 종류가 다양하다

㉡: 환경을 오염시키지 않고 전기를 만들 수 있다 / 환경을 오염시키지 않는다

01 다음은 '신혼여행 선호도'에 대한 자료이다. 이 내용을 200~300자의 글로 쓰시오. 단, 글의 제목은 쓰지 마시오. (30점)
_(① 주제)

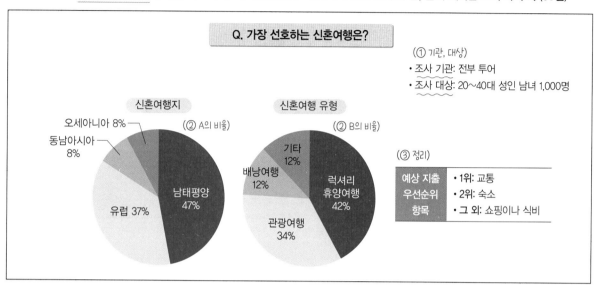

1단계 내용과 분량 정하기

① 기관 + 대상 + 주제 → 1문장

② A의 비율 + B의 비율 → 각 1문장

③ 정리 → 1문장

2단계 내용에 어울리는 표현 생각하기

① [기관]에서 [대상]을 대상으로 [주제]에 대하여 조사하였다.

② 가장 높다, 가장 많다, 1위를 차지하다 / ~순으로 나타나다, 뒤를 잇다

③ ~(이)라는 답변

모범 답안

	전	부		투	어	에	서		20	대	부	터		40	대	까	지		성	인		남	녀	
1,	00	0	명	을		대	상	으	로		신	혼	여	행		선	호	도	에		대	해		조
사	하	였	다	.	그		결	과	,	가	장		선	호	하	는		신	혼	여	행	지	로	는
남	태	평	양	이		전	체	의		절	반		수	준	인		47	%	로		가	장		높
았	으	며		유	럽	이		37	%	로		뒤	를		이	었	고		동	남	아	시	아	와
오	세	아	니	아	는		각		8	%	로		동	일	한		수	치	를		나	타	내	었
다	.	가	장		선	호	하	는		신	혼	여	행	의		유	형	으	로	는		럭	셔	리
휴	양	여	행	이		42	%	로		1	위	를		차	지	하	였	으	며	,		2	위	와
3	위	는		관	광	여	행		34	%	,	배	낭	여	행		12	%	의		순	으	로	
나	타	났	다	.	예	상		지	출		우	선	순	위		항	목	은		1	위	가		교
통	,	2	위	가		숙	소	였	으	며		그		외	에		쇼	핑	과		식	비	라	는
답	변	도		있	었	다	.																	

02 다음은 '직장인과 고용주의 이직 선택 이유'에 대한 자료이다. 이 내용을 200~300자의 글로 쓰시오. 단, 글의 제목은 쓰지 마시오. (30점)

(① 대상)　(① 주제)

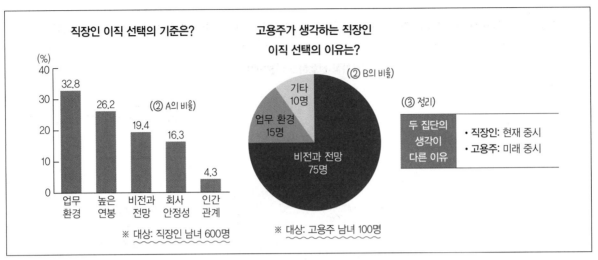

직장인 이직 선택의 기준은?

(%)
- 업무 환경: 32.8
- 높은 연봉: 26.2
- 비전과 전망: 19.4
- 회사 안정성: 16.3
- 인간 관계: 4.3

(② A의 비율)

※ 대상: 직장인 남녀 600명

고용주가 생각하는 직장인 이직 선택의 이유는?

(② B의 비율)
- 기타 10명
- 업무 환경 15명
- 비전과 전망 75명

※ 대상: 고용주 남녀 100명

(③ 정리)

두 집단의 생각이 다른 이유	• 직장인: 현재 중시 • 고용주: 미래 중시

1단계 내용과 분량 정하기

① 대상 + 주제 → 1문장

② A의 비율 + B의 비율 → 각 1문장

③ 정리 → 1문장

2단계 내용에 어울리는 표현 생각하기

① [대상]으로 [주제]를 조사한 결과, ~

② 차지하다, 다음으로, 나타나다. 순으로 이어지다 / 반면 / 응답하다

③ 이처럼(늘 이렇게), -기 때문이다

모범 답안

　직장인과 고용주를 대상으로 이직 선택의 이유를 조사한 결과, 직장인 남녀 600명의 이직 선택의 기준은 업무 환경이 32.8%로 1위를 차지하였다. 다음으로 높은 연봉이 26.2%, 비전과 전망이 19.4%로 나타났고, 회사 안정성과 인간관계는 각각 16.3%, 4.3%의 순으로 이어졌다. 반면 고용주 남녀 100명이 생각하는 직장인 이직 선택의 이유는 75명이 비전과 전망, 15명이 업무 환경 때문일 것이라고 응답했다. 이처럼 두 집단의 생각이 다른 이유는 직장인은 현재를 중시하고 고용주는 미래를 중시하기 때문이다.

03 다음은 '초등학생이 선호하는 장래희망'에 대한 자료이다. 이 내용을 200~300자의 글로 쓰시오. 단, 글의 제목은 쓰지 마시오. (30점)

Q. 초등학생이 가장 선호하는 장래 희망은?

	(② A의 순위) 2018년	(② B의 순위) 2022년
1위	운동선수	의사
2위	교사	크리에이터
3위	경찰관	간호사
4위	의사	–
순위권 밖	크리에이터, 간호사	–

조사 기관	한국직업개발원
조사 대상	초등학생 2만 2천 명

(① 기관, 대상)

변화 원인	1. 전염병 확산 이후 의료진에 대한 긍정적 인식 증가 2. 모바일 기기 사용 급증에 따라 디지털 노마드에 대한 관심 증가

(③ 정리)

1단계 내용과 분량 정하기

① 기관 + 대상 + 주제 → 1문장

② A의 순위 + B의 순위 → 각 1문장(변화 강조)

③ 정리 → 1문장

2단계 내용에 어울리는 표현 생각하기

① [기관]은 [대상]을 대상으로 [주제]를 조사하였다.

② 결과에 따르면 / ~이/가 가장 많다, N위를 차지하다, N위에 오르다

③ 이러한, −기 때문인 것으로 보이다

모범 답안

한국직업개발원은 초등학생 2만 2천 명을 대상으로 가장 선호하는 장래 희망을 조사하였다. 결과에 따르면, 2018년에는 운동선수를 희망하는 학생이 가장 많았으며, 교사와 경찰관이 2위와 3위로 뒤를 이었다. 2018년 4위를 차지했던 의사가 2022년에는 1위를 차지했으며 2018년 순위권 밖에 있었던 크리에이터와 간호사는 각각 2위와 3위에 올랐다. 이러한 변화의 원인은 전염병 확산 이후 의료진에 대한 긍정적 인식이 늘고, 모바일 기기 사용이 급증함에 따라 디지털 노마드에 대한 관심이 증가했기 때문인 것으로 보인다.

(① 주제)

04 다음은 '부산시 수산물 수출량'에 대한 자료이다. 이 내용을 200~300자의 글로 쓰시오. 단, 글의 제목은 쓰지 마시오. (30점)

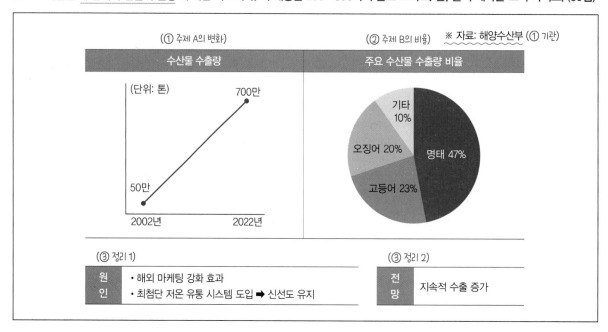

[1단계] 내용과 분량 정하기

① 기관 + 주제 A의 변화 → 1문장

② 주제 B의 비율 → 1문장

③ 정리 → 2문장

[2단계] 내용에 어울리는 표현 생각하기

① [기관]에 따르면 [주제 A]가 ~에서 ~(으)로 증가했다고 한다.

② 특히 [주제 B]를 살펴보면 ~이/가 가장 많다, N위를 차지하다, ~(으)로 나타나다

③ 이러한, -기 때문이다 / 앞으로도 ~ 것으로 기대된다

[모범 답안]

		해	양	수	산	부	에		따	르	면		부	산	시		수	산	물		수	출	량	이	
20	02	년		50	만		톤	에	서		20	22	년		70	0	만		톤	으	로		크	게	
증	가	했	다	고		한	다	.	특	히		주	요		수	산	물		수	출	량		비	율	
을		살	펴	보	면		명	태	가		47	%	로		1	위	를		차	지	했	고	,		고	100
등	어	가		23	%	,	오	징	어	가		20	%	,	기	타	는		10	%	로		나	타	
났	다	.	이	러	한		원	인	은		해	외		마	케	팅		강	화	가		효	과	를	
보	였	고	,	최	첨	단		저	온		유	통		시	스	템	의		도	입	으	로		신	
선	도	를		유	지	할		수		있	었	기		때	문	이	다	.	따	라	서		앞	으	200
로	도		지	속	적	인		수	출		증	가	가		가	능	할		것	으	로		기	대	
된	다	.																							
																									300

기출 유형 3) 주제에 대해 글 쓰기

01

> 예전과 요즘의 성형에 대한 관점이 바뀌었다. (신체의 불편한 부분을 수술을 통해 고치는 것만이 성형 수술이었는데 최근에는 외모 콤플렉스를 이유로 수술하는 사람도 많아졌다.) 아래 내용을 중심으로 '진정한 아름다움'에 대한 자신의 생각을 쓰라. _{과제 1에서 활용}
>
> • 성형 수술에 대한 생각의 변화는 무엇인가? → 과제 1
> • 성형 수술을 찬성하는 쪽과 반대하는 쪽의 의견은 무엇인가? → 과제 2
> • 진정한 아름다움은 무엇이라고 생각하는가? → 과제 3

1단계 과제에 따라 단락 구성하기 ⇨ **2단계** 단락별로 중심 내용 작성하기

> 1단락 ─ **과제 1**
>   **성형 수술에 대한 사람들의 생각 변화:** 치료 목적 → 개인 선택
>
> 2단락 ─ **과제 2**
>   • **성형 수술을 찬성하는 쪽:** 개인의 자유, 행복 추구, 일종의 자기 관리, 자신감 향상
>   • **성형 수술을 반대하는 쪽:** 성형 왕국, 부작용, 진정한 자신감이 아님
>
> 3단락 ─ **과제 3**
>   **진정한 아름다움의 의미:** 내가 가진 것을 긍정적으로 승화하는 내면의 자세

모범 답안

　　원래　성형　수술은　생활에　불편함을　주는　신체
일부나　다친　부위를　고쳐서　기능을　회복하게　하
는　치료를　의미했다.　하지만　이제는　이것이　옛날　하
이야기가　되어　버렸다.　외모도　개인　능력　중　외
모　콤플렉스를　해소하는　것도　아름다움에　대한
자기　선택이라고　주장하는　사람이　늘어났기　때문
이다.

　　우선　찬성　측은　성형　수술　자체가　개인의　자
유와　행복　추구를　위한　것이라　본다.　외모를　가
꾸고　노력하는　것은　아름다워지는　길이고　일종의
자기　관리라고도　한다.　또　수술을　해서　외모　콤
플렉스에서　탈출하고　자신감을　얻을　수　있다면
나쁜　것이　아니지　않냐고　말한다.　반면에　반대
측은　성형　수술이　개인적인　차원의　행복　추구를
넘어　사회적인　문제로까지　확산되었으며　그로　인
해　'성형　왕국'이라는　말도　생겨났다고　비판한
다.　또한　수술　이후의　부작용에　따른　정신적　피
해도　간과할　수　없고　성형으로　인한　아름다움으
로　자신감이　생긴　것은　진정한　의미의　아름다움
이라고　볼　수　없음을　주장한다.

　　하지만　외적인　아름다움보다　중요한　것은　내적
인　아름다움이다.　물론　수술로　얻은　아름다움으로
자신감을　높일　수　있다는　점을　부인할　수는　없
지만,　그　방법만이　아름다움으로　가는　길은　아닐
것이다.　즉,　진정한　아름다움이란　내가　가지고　있
는　것에서　긍정적인　부분을　찾아서　승화하는　마
음에서　비롯된다고　생각한다.

1단락에서 활용

(우리는 운동을 직접 배우거나 선수들의 시합을 보면서 즐긴다. 이기면 선수들과 함께 기뻐하고 지면 같이 슬퍼한다.) 아래의 내용을 중심으로 '운동 경기를 통해 얻을 수 있는 가치 있는 것'에 대한 자신의 생각을 쓰라.

- 운동 경기의 목적은 무엇인가? → 과제 1
- 운동 경기의 목표는 무엇인가? → 과제 2
- 운동 경기를 통해 얻을 수 있는 가치 있는 것은 무엇인가? → 과제 3

1단계 과제에 따라 단락 구성하기 ⇨ **2단계** 단락별로 중심 내용 작성하기

1단락 – 운동 경기에서 우승하면 기뻐함 → 승리만이 운동 경기의 목적일까?

2단락 – **과제 1** **운동 경기의 목적:** 능력 개발, 공동체 정신 → 강조

　　　　 과제 2 **운동 경기의 목표:** 우승

3단락 – **과제 3** **운동 경기를 통해 얻을 수 있는 가치 있는 것:** 마음 수양, 자아 성찰 등

모범 답안

우리는 직접 운동을 하거나 경기를 관람하면서
다양한 감정을 느낀다. 내가 선수로 참여한 경기
는 물론이거니와 그렇지 않은 경기에서도 승패에
따라 웃거나 울곤 한다. 그렇다면 이렇게 기쁨과
슬픔을 모두 주는 운동 경기의 진정한 목적은
무엇일까? 기쁨을 주는 승리에만 있는 것일까?
이 문제에 대해 생각하기 전에 '목적'과 '
목표'를 먼저 구분해 볼 필요가 있다. 예를 들
어 행복을 추구하는 사람이라면 그 사람의 '목
적'은 행복해지는 것이 된다. 행복해지기 위한
방법으로는 사랑하는 사람과 만나 결혼하기, 원하
는 회사에 취업하기 등 다양한 것들이 있으며
이렇게 구체적인 방법이 '목표'가 된다. 이러한
관점에서 보면, 우승은 운동 경기의 목표 중 하
나에 불과하다. 나아가 운동 경기의 목적은 목표
보다 포괄적인 개념인 자신의 능력을 개발하며
공동체성을 기르는 것이라고 할 수 있다. 우승을
통해 개인의 역량을 강화하고 공동체 정신을 기
를 수 있지만 패배한 경기에서도 과정에 최선을
다했다면 나의 실력이 향상되고 팀워크가 강화될
수 있기 때문이다. 바꾸어 말하면 목표가 실현되
지 않아도 목적은 달성될 수 있다는 것이다.
이기는 것만이 목적인 운동 경기는 위험하다.
신체를 단련하고 마음을 닦는 활동, 훈련을 통해
자신을 돌아보는 시간, 함께 경기를 준비하고 실
력을 겨루는 일 등이 그 자체로 얼마나 아름다
운지를 깨닫는 것이 운동 경기를 통해 얻을 수
있는 가치 있는 것이라 생각한다.

소셜네트워크 서비스를 이용하는 사람들이 많아지고 있다. 초기에는 친목 도모, 엔터테인먼트 용도로 활용되었으나 이후 비즈니스, 각종 정보 공유 등 생산적 용도로 활용 범위가 넓어졌다. 아래의 내용을 중심으로 '소셜네트워크 서비스'에 대한 자신의 생각을 쓰라.

- 소셜네트워크란 무엇인가? → 과제 1
- 소셜네트워크 서비스의 장점과 단점은 무엇인가? → 과제 2
- 소셜네트워크 서비스의 문제점 해결 방안은 무엇인가? → 과제 3

1단계 과제에 따라 단락 구성하기 ⇨ **2단계** 단락별로 중심 내용 작성하기

1단락 - **과제 1** **소셜네트워크의 의미:** 온라인 소통 서비스

2단락 - **과제 2** **소셜네트워크 서비스의 장점:** 관계 형성과 정보 공유 유리 → 인맥 형성, 홍보 효과
　　　　　　　　 소셜네트워크 서비스의 단점: 악성 댓글, 온라인 생활 중독 → 피해자, 의존 증가

3단락 - **과제 3** **소셜네트워크 서비스의 문제 해결 방안:** 법안 강화, 상대 존중, 현실에 집중

4단락 - 소셜네트워크 서비스를 대하는 자세: 장단점 파악, 건강한 온라인 문화 형성 필요

모범 답안

　　소셜 네트워크 서비스란 온라인에서 사람들과 소통할 수 있게 하는 서비스를 말한다. 대표적으로 인스타그램, 페이스북 등이 있으며, 장단점은 다음과 같다.

　　먼저 시공간의 제약이 없어서 관계를 형성하고 정보를 공유하는 것이 편리하다. 따라서 개인 이용자는 전 세계인과 관심사를 공유하고 인맥을 쌓을 수 있으며, 기업은 온라인 마케팅을 통해 적은 비용으로 높은 홍보 효과를 낼 수 있다.

　　하지만 악성 댓글, 온라인 생활 중독이 문제가 되기도 한다. 악성 댓글에 상처받고 목숨을 끊거나 온라인 네트워크에 과도하게 의존하여 일상에 지장을 받는 사람도 증가하고 있기 때문이다.

　　그렇다면 이러한 문제는 어떻게 해결할 수 있을까? 우선 익명성이 악용되지 않도록 사이버 범죄 관련 법안을 강화할 필요가 있다. 또한 이용자들은 얼굴이 보이지 않는 상대라도 상대를 존중하는 마음으로 대하고 가짜 뉴스에 현혹되어 자신도 모르게 악성 댓글을 달지 않도록 주의해야 한다. 나아가 소셜 네트워크 서비스에 중독되지 않도록 사용 시간을 정해 놓거나 알림 설정을 무음으로 하는 등 온라인 생활보다 현실의 삶에 집중할 수 있도록 노력해야 한다.

　　이처럼 소셜 네트워크는 어떻게 사용하느냐에 따라 유익할 수도 있고 해로울 수도 있다. 소셜네트워크의 장단점을 정확히 파악하고 올바른 목적과 방향을 가지고 이용하여 건강한 문화를 만드는 것이 중요한 때이다.

유형 1	01	02	03	04	05				
	④	②	④	③	④				
유형 2	01	02	03	04	05				
	③	①	③	②	④				
유형 3	01	02	03	04	05				
	①	②	③	①	③				
유형 4-1	01	02	03	04					
	①	①	④	③					
유형 4-2	01	02	03	04	05	06	07		
	③	④	④	②	④	③	④		
유형 5	01	02	03	04	05				
	④	②	②	②	④				
유형 6	01	02	03	04	05	06	07	08	09
	④	①	④	③	②	③	④	①	④
유형 7-1	01	02	03	04	05	06	07	08	
	③	②	①	③	①	④	④	④	
유형 7-2	01	02	03	04	05				
	④	③	③	①	②				
유형 8	01	02	03	04	05	06			
	①	④	④	④	①	③			
유형 9	01	02	03	04	05				
	④	①	①	③	③				
유형 10	01	02	03	04					
	④	③	①	③					
유형 11	01	02	03	04	05	06			
	①	④	④	④	①	①			

01

> 예전에 그 책을 (읽다 + -(으)ㄴ/는 적이 있다).

1단계 선택지의 공통 어휘로 맥락 파악하기

①~④의 공통 어휘는 '읽다'입니다. '예전'은 과거 시제와 어울리므로, 빈칸에는 과거의 경험을 의미하는 문법 표현이 들어가야 합니다.

2단계 선택지의 문법 의미 파악하기

'-(으)ㄴ/는 적이 있다'는 앞의 과거에 행동이 일어난 때가 있음을 나타냅니다.

정답 ④ 읽은 적이 있다

02

> 형을 만나러 (가다 + -다가) 머리가 아파서 집으로 돌아왔다.

1단계 선택지의 공통 어휘로 맥락 파악하기

①~④의 공통 어휘는 '가다'입니다. '형을 만나러 가다'와 '집으로 돌아오다'는 반대되는 행동이므로, 빈칸에는 행동의 변화를 나타내는 문법 표현이 들어가야 합니다.

2단계 선택지의 문법 의미 파악하기

'-다가'는 다른 행동이나 상태로 바뀜을 나타냅니다.

정답 ② 가다가

03

> 학생들의 우산이 젖은 걸 보니 비가 (내리다 + -나 보다).

1단계 선택지의 공통 어휘로 맥락 파악하기

①~④의 공통 어휘는 '내리다'입니다. '우산이 젖다'와 '비가 내리다'의 관계는 근거와 추측이므로, 빈칸에는 추측을 나타내는 문법 표현이 들어가야 합니다.

2단계 선택지의 문법 의미 파악하기

'-나 보다'는 앞말의 내용을 추측함을 나타냅니다.

정답 ④ 내리나 보다

04

> 에너지를 (절약하다 + -았/었- + -더니) 환경을 지킬 수 있었다.

1단계 선택지의 공통 어휘로 맥락 파악하기

①~④의 공통 어휘는 '절약하다'입니다. '환경을 지키다'는 '에너지를 절약하다'의 결과이고 '지킬 수 있었다'는 과거 시제이므로, 빈칸에는 결과의 배경임을 나타내는 과거 시제 문법 표현이 들어가야 합니다.

2단계 선택지의 문법 의미 파악하기

'–았/었더니'는 과거의 사실이나 상황이 뒤에 오는 말의 원인이나 이유가 됨을 나타냅니다.

정답 ③ 절약했더니

05

요즘 자주 간식을 (먹다 + –아/어서 그런지) 살이 찐 것 같아요.

1단계 선택지의 공통 어휘로 맥락 파악하기

①~④의 공통 어휘는 '먹다'입니다. '간식을 먹다'와 '살이 찌다'의 관계는 원인과 결과이므로, 빈칸에는 원인임을 나타내는 문법 표현이 들어가야 합니다.

2단계 선택지의 문법 의미 파악하기

'–아/어서 그런지'는 확실하지 않은 이유나 원인을 추측할 때 씁니다.

정답 ④ 먹어서 그런지

기출 유형 2 · 의미가 비슷한 말 고르기

01

어제 먹은 음식이 오늘 다시 생각날 만큼 맛있었다.

1단계 맥락을 통해 밑줄 친 부분의 문법 파악하기

어제 먹은 음식이 맛있었습니다. 그래서 오늘 다시 생각납니다. '–(으)ㄹ 만큼'은 뒷말이 앞말과 비슷한 수준임을 나타냅니다.

2단계 선택지의 문법 의미 파악하기

'정도'는 일정한 수준이나 알맞은 한도를 나타냅니다.

정답 ③ 생각날 정도로

02

갑자기 손님이 오는 바람에 점심도 못 먹고 일했다.

1단계 맥락을 통해 밑줄 친 부분의 문법 파악하기

손님이 왔습니다. 그래서 점심도 못 먹었습니다. '–(으)ㄴ/는 바람에'는 앞말이 뒷말의 원인이나 이유가 됨을 나타냅니다.

2단계 선택지의 문법 의미 파악하기

'–(으)ㄴ/는 탓'은 앞말이 뒤의 부정적인 현상이 생겨난 원인임을 나타냅니다.

정답 ① 온 탓에

03

어떤 일이든 계속 연습을 하면 쉬워지기 마련이다.

맥락을 통해 밑줄 친 부분의 문법 파악하기

'계속 연습을 하다'는 '쉬워지다'의 조건입니다. '-기 마련이다'는 어떤 일이 일어나거나 상태가 되는 것이 당연함을 나타냅니다.

• -(으)면: 앞말이 뒷말의 근거나 조건이 됨을 나타냅니다.

2단계 **선택지의 문법 의미 파악하기**

'-(으)ㄴ/는 법이다'는 앞말이 나타내는 동작이나 상태가 이미 그렇게 정해져 있거나 당연함을 나타냅니다.

정답 ③ 쉬워지는 법이다

04

사람들이 우산을 들고 있는 걸 보니 밖에 비가 <u>오나 보다</u>.

1단계 **맥락을 통해 밑줄 친 부분의 문법 파악하기**

'우산을 들고 있다'는 근거이고 '비가 오다'는 추측입니다. '-나 보다'는 추측을 나타냅니다.

2단계 **선택지의 문법 의미 파악하기**

'-(으)ㄴ/는 듯하다'는 앞말의 내용을 추측함을 나타냅니다.

정답 ② 오는 듯하다

05

요즘 시간이 많지만, 그 사람과 만나고 싶지 않아서 <u>바쁜 척했다</u>.

1단계 **맥락을 통해 밑줄 친 부분의 문법 파악하기**

'요즘 시간이 많다'는 '바쁘다'와 반대되는 상황입니다. '바쁜 척하다'는 거짓된 행동입니다. '-(으)ㄴ/는 척하다'는 행동이나 상태를 거짓으로 꾸밈을 나타냅니다.

• -지만: 앞말을 인정하면서 그와 반대되거나 다른 사실을 덧붙임을 나타냅니다.

2단계 **선택지의 문법 의미 파악하기**

'-(으)ㄴ/는 체하다'는 실제로 그렇지 않은데도 어떤 행동이나 상태를 거짓으로 꾸밈을 나타냅니다.

정답 ④ 바쁜 체했다

기출 유형 3 · **화제 고르기**

01

노약자에게 자리를 양보하세요.
지하철 안에서는 큰 소리로 이야기하지 마세요.

1단계 **핵심 표현 찾기**

'노약자, 자리(를) 양보, 지하철, 큰 소리, 이야기하지 마세요' 등이 핵심 표현입니다.

2단계 선택지에서 어울리는 어휘 찾기

'자리를 양보'하고 '큰 소리로 이야기하지' 않는 것은 예의이므로, '생활 예절'에 대한 글입니다.

정답 ① 생활 예절

02

> # 잠시 멈춤이 필요한 지금!
>
> 지금 바로 떠나세요. 머뭇거리지 마세요.
> 영화 같은 시간이 당신을 기다리고 있습니다.

1단계 핵심 표현 찾기

'멈춤, 떠나다, 영화 같은 시간' 등이 핵심 표현입니다.

2단계 선택지에서 어울리는 어휘 찾기

'떠나다'와 관련 있는 어휘는 여행이므로, '여행사'에 대한 글입니다.

정답 ② 여행사

03

> # 예술 작가와 작품을 한 곳에서!
>
> ## 공개되지 않은 100점을 포함한 국내 최대 규모!

1단계 핵심 표현 찾기

'작가, 작품, 공개되지 않은 100점' 등이 핵심 표현입니다.

2단계 선택지에서 어울리는 어휘 찾기

'점'은 그림, 도자기 등의 작품을 세는 단위이므로, '전시회'에 대한 글입니다.

정답 ③ 전시회

04

> - **이 할인권은 1인 1매로, 본인만 할인을 받을 수 있습니다.**
> - **5월 10일부터 12월 31일까지 사용할 수 있습니다.**

1단계 핵심 표현 찾기

'할인권, 할인(을) 받다, ~부터 ~까지, 사용하다' 등이 핵심 표현입니다.

2단계 선택지에서 어울리는 어휘 찾기

'할인권' 사용 대상자(본인)와 사용 기간(~부터 ~까지)을 설명하고 있으므로, '이용 방법'에 대한 글입니다.

정답 ① 이용 방법

05

- 독감은 감기와 다릅니다.
- 만 65세 이상 주사 비용 무료
- 가을과 겨울 사이, 건강을 미리 챙깁시다.

☎ 02-321-8275

1단계 핵심 표현 찾기

'독감, 감기, 주사, 건강, 미리 챙기다' 등이 핵심 표현입니다.

2단계 선택지에서 어울리는 어휘 찾기

'건강을 미리 챙기기' 위한 '주사'를 안내하는 것으로, '예방 접종'에 대한 글입니다.

정답 ③ 예방 접종

기출 유형 4-1) 일치하는 내용 고르기: 안내문 또는 도표와 일치하는 내용 고르기

01

한국 문화 축제 안내

민족의 대명절, 설을 맞이하여 서울문화센터에서 한국 문화 축제를 개최합니다.
외국인들과 서울 시민들의 많은 참여 바랍니다.

- ▶ 신청 기간: 1월 12일 ~ 1월 19일
- ▶ 행사 기간: 1월 24일 ~ 1월 27일
- ▶ 행사 내용: 송편 빚기, 한국 전통 놀이 체험하기, 한국 전통 공연 관람하기, 한복 입어 보기
- ▶ 행사 문의: 전화 또는 인터넷(서울문화센터 홈페이지) (→ ① 정답!)
- ▶ 참가 비용: 무료
- ※ 500명 선착순 신청 마감 예정

1단계 제목을 보고 전체 내용 파악하기

'축제(≒ 행사)'에 대하여 '안내'하는 글입니다.

2단계 선택지의 세부 내용 확인하기

'행사'에 대하여 '전화 또는 인터넷'으로 '문의'할 수 있습니다.

정답 ① 이 축제는 인터넷으로 알아볼 수 있다.

02

'친구를 주인공으로 소설 쓰기 교실'
– 내 주변의 인물을 자세하게 바라보기 –

- 강사: 소설가 우유강
- 대상: 14세~16세 청소년
- 모집 인원: 12명 (선착순 마감 / 성별, 거주 거리 제한 없음)
- 모집 기간: 12월 1일 ~ 12월 24일
- 신청 방법: 전화 또는 홈페이지 게시판

※ 문의처: 070-123-6789 (→ ① 정답!)

1단계 제목을 보고 전체 내용 파악하기

'소설 쓰기 교실'의 '모집'과 '신청(≒ 접수)'에 대한 글입니다.

2단계 선택지의 세부 내용 확인하기

이메일 접수는 받지 않습니다. '전화'나 '홈페이지 게시판'으로 '신청'을 받습니다.

정답 ① 이메일 접수는 받지 않는다.

03

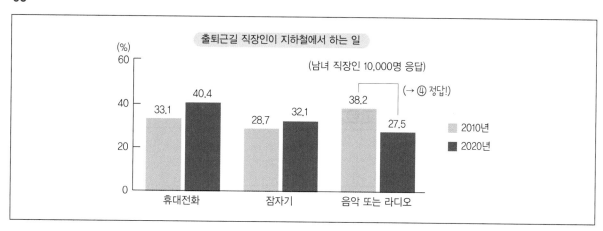

1단계 제목을 보고 전체 내용 파악하기

'직장인'들이 '출퇴근길 지하철'에서 무엇을 하는지 조사한 것입니다.

2단계 선택지의 세부 내용 확인하기

'음악이나 라디오'를 듣는 '직장인'은 2010년 38.2%에서 2020년 27.5%로 줄었습니다.

정답 ④ 2020년에 음악이나 라디오를 듣는 사람은 10년 전보다 줄었다.

04

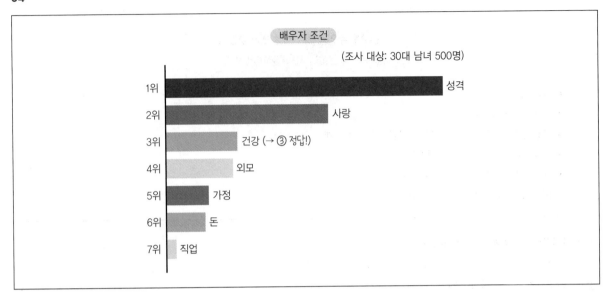

배우자 조건

(조사 대상: 30대 남녀 500명)

1위 성격
2위 사랑
3위 건강 (→ ③ 정답!)
4위 외모
5위 가정
6위 돈
7위 직업

1단계 제목을 보고 전체 내용 파악하기

30대 남녀가 생각하는 '배우자'의 '조건'을 조사한 것입니다.

2단계 선택지의 세부 내용 확인하기

배우자의 조건으로 '건강'이 중요하다는 의견은 '3위'이므로 5위 안에 듭니다.

정답 ③ 결혼할 사람의 건강이 중요하다는 의견은 5위 안에 든다.

기출 유형 4-2 **일치하는 내용 고르기:** 글과 일치하는 내용 고르기

01

일부 어머니들은 아이들에게 위인전을 읽게 하지 않는다고 한다. 아이가 태몽을 물어봤을 때, 솔직하게 대답을 하면 실망을 많이 한다는 이유에서이다. 옛날 위인들은 태몽과 함께 비범한 탄생을 하는데 현실은 그렇지 않다. 현실에 거창한 태몽은 있지 않을뿐더러 불가능한 역경과 고통을 이겨내는 일 또한 비현실적이라 볼 수 있다.(→ ③ 정답!) 위인전은 객관적인 사실에 바탕을 두고 현실에서 극복하기에는 조금 어려운 일을 해결한 후에 성장하는 방향으로 쓰여야 아이들에게 진정한 꿈과 희망을 줄 수 있을 것이다.

1단계 선택지의 키워드 중심으로 글 이해하기

'위인전'에 실린 '이야기'의 특징에 표시하며 읽습니다.

2단계 선택지의 세부 내용 확인하기

'위인전'에 나오는 '비범한 탄생, 거창한 태몽' 등의 내용은 '비현실적'입니다.

정답 ③ 위인전의 내용은 다소 현실적이지 못한 것들이 포함되어 있다.

> 벌이나 벌레에 쏘이면 대부분 물린 부위 주변이 붓기 시작하면서 통증이 나타난다. 이외에 피부가 창백해지고 식은땀이 나거나 호흡 곤란이 일어나기도 한다. 혹시라도 벌이나 벌레에 독이 있을 경우를 대비하여 독이 전신에 퍼지는 것을 막으려면 빨리 지혈대를 감아야 한다. 혹시 침이 보인다면 손으로 직접 제거하지 말고 학생증 카드와 같은 단단하고 얇은 물건을 이용해 피부를 쓸어내듯이 침을 제거해야 한다. (→ ④ 정답!)

1단계 선택지의 키워드 중심으로 글 이해하기

'벌이나 벌레에 쏘이면' 어떻게 해야 하는지 표시하며 읽습니다.

2단계 선택지의 세부 내용 확인하기

'벌이나 벌레에 쏘이면' '지혈대를 감'고 '침을 제거'하는 등 응급처치를 해야 합니다.

정답 ④ 벌이나 벌레에 물리면 응급처치를 해야 한다.

03

> 우리나라의 복권 기원은 조선 후기 유행한 '산통계'에서 찾을 수 있다. 이름이나 숫자 등을 적은 알을 통에 넣어 흔든 후에 빠져나온 알에 따라 당첨을 결정하는 방식으로 지금과는 상이하다. 1947년에는 올림픽 참가 경비를 마련하기 위해 '올림픽 후원권'이라는 이름의 복권을 판매했다. 이후 1969년부터는 '주택복권'이라는 이름의 복권을 정기적으로 발행하였는데 이 복권으로 '내 집 마련'의 꿈을 이룬 사람들이 있다. (→ ④ 정답!)

1단계 선택지의 키워드 중심으로 글 이해하기

'복권'이 '등장'한 시기, 복권을 '만든' 시기에 표시하며 읽습니다.

2단계 선택지의 세부 내용 확인하기

1947년에는 '올림픽 후원'을, 1969년부터는 '내 집 마련'을 목적으로 한 복권이 등장했습니다.

정답 ④ 1940년 이후 목적에 따라 발행된 복권이 등장했다.

04

> '일찍 일어나는 새가 벌레를 잡는다.'라는 속담처럼 사람들은 부지런함을 미덕으로 여긴다. 이로 인해 일찍 자고 일찍 일어나는 사람은 정직하고 부지런한 사람, 늦게 자고 늦게 일어나는 사람은 건강하지 못하고 게으른 사람이라는 오해가 생겨났다. 그러나 아침형 인간과 올빼미형 인간 둘 중 어느 하나만 옳은 것은 아니다. 사람마다 고유한 수면 패턴이 있고 각자의 생활 방식에는 장단점이 있다. 자신의 생체 리듬을 파악하여 효율적으로 생활하는 것이 중요하다. (→ ② 정답!)

1단계 선택지의 키워드 중심으로 글 이해하기

'일찍 자고 일찍 일어나는' 수면 습관의 효과나 중요성에 표시하며 읽습니다.

2단계 선택지의 세부 내용 확인하기

'자신의 생체 리듬을 파악하여 생활하는 것이 중요'합니다.

정답 ② 각자의 신체 리듬에 맞게 생활하는 것이 바람직하다.

05

'신문고'는 억울한 일을 호소하고 싶은 사람들을 위해 만든 조선 시대의 북이다. 조선의 셋째 임금인 태종은 고통스러운 일을 당한 백성의 문제 해결을 위한 소통의 목적으로 대궐 밖에 이것을 설치했다.(→ ④ 정답!) 하지만 세종 때는 사소한 다툼뿐 아니라 무고한 일에 사용하는 등 북을 치는 사람이 너무 많아서 곤란을 겪기도 했다. 그럼에도 불구하고 세종은 누구에게나 북을 치는 것을 허용했다.

1단계 선택지의 키워드 중심으로 글 이해하기

'신문고'가 무엇이고, '만들'어진 '시대'가 언제인지 표시하며 읽습니다.

2단계 선택지의 세부 내용 확인하기

'백성의 문제 해결'을 위해 '신문고'를 '설치'하였습니다.

정답 ④ 백성의 어려움을 해결하기 위해 신문고를 만들었다.

06

눈물은 약 98%가 물로 이루어져 있다. 나머지 성분은 눈물을 흘리는 상황에 따라 달라진다. 먼지 같은 외부의 물리적 자극 때문에 흘리는 눈물에는 세균에 저항할 수 있는 단백질이 포함되어 있다. 슬플 때 흘리는 눈물에는 항균 물질뿐만 아니라 스트레스로 인해 체내에 쌓인 물질도 들어 있다.(→ ③ 정답!) 그래서 슬플 때 울고 나면 신체에 해로운 물질이 몸 밖으로 나가 기분이 나아진 것 같은 느낌을 받는다.

1단계 선택지의 키워드 중심으로 글 이해하기

'눈물'의 '성분(≒ 물질)'에 표시하며 읽습니다.

2단계 선택지의 세부 내용 확인하기

'슬플 때 흘리는 눈물'에는 '스트레스로 인해 체내에 쌓인 물질', 즉 '신체에 해로운 물질'이 들어 있습니다.

정답 ③ 슬플 때 나는 눈물에는 신체에 유해한 물질이 들어 있다.

07

휴대폰을 사용하다 보면 떨어뜨리는 경우가 있는데 왜 떨어뜨릴 때마다 화면이 있는 쪽으로 떨어지게 될까? 단지 운이 나빠서 그런 걸까? 로버트 매튜스 교수는 이 속에 숨겨진 과학의 원리를 발견했다.(→ ④ 정답!) 사람들은 흔히 휴대폰의 아랫부분을 쥐고 사용하는데 이때 휴대폰을 떨어뜨리면 중력을 더 받는 위쪽을 중심으로 회전하게 된다. 휴대폰이 떨어지는 위치가 높지 않고 속도가 빠르지 않아 화면이 있는 쪽으로 떨어질 가능성이 큰 것이다.

1단계 선택지의 키워드 중심으로 글 이해하기

'휴대폰이 떨어지는' '원리'에 표시하며 읽습니다.

2단계 선택지의 세부 내용 확인하기

로버트 매튜스 교수가 '휴대폰'이 항상 '화면이 있는 쪽'으로 떨어지는 '과학의 원리를 발견'했습니다.

정답 ④ 화면이 있는 쪽으로 휴대폰이 떨어지는 이유에 과학적 원리가 들어 있다.

01

> (나) 현대인들은 운동 부족과 불규칙한 식습관 등으로 비만인 경우가 많다.
> (가) 그래서 비만 관련 방송과 다이어트 서적이 꾸준히 인기를 끌고 있다.
> (라) 올바른 다이어트는 건강에 도움이 되지만 무리하면 건강을 해칠 수도 있다.
> (다) 해친 건강은 회복하기 어려우니 평소 건강 관리를 하는 것이 중요하다.

1단계 첫 번째 문장이 같은 선택지 찾기

①, ②는 (다)로 시작하고, ③, ④는 (나)로 시작합니다. (다)와 (나)를 비교해 보아야 합니다. (나)의 '현대인들은 ~인 경우가 많다'와 같은 표현이 시작하는 말로 알맞습니다.

2단계 각 문장의 키워드로 맥락 파악하기

(가)의 '그래서'는 앞말이 뒷말의 이유, 근거, 조건이 될 때 씁니다. 즉, 비만 관련 방송과 다이어트 서적이 인기 있는 이유는 (나)와 같이 비만인 현대인들이 많기 때문입니다. 그 뒤로 (라)와 (다)의 순서대로 무리한 다이어트는 건강을 해칠 수 있으며, 한번 해친 건강은 회복하기 어렵다고 이어지는 것이 자연스럽습니다.

정답 ④ (나)-(가)-(라)-(다)

02

> (나) 무더운 여름에 한국 사람들은 뜨거운 음식을 먹는다고 한다.
> (가) 그 음식의 이름은 바로 삼계탕이다.
> (다) 그런데 왜 그렇게 더운 날에 뜨거운 삼계탕을 먹는 것일까?
> (라) 땀이 많이 나면 몸이 차가워지는데 삼계탕은 몸 안을 따뜻하게 만들기 때문이다.

1단계 첫 번째 문장이 같은 선택지 찾기

①, ③은 (가)로 시작하고, ②, ④는 (나)로 시작합니다. (가)와 (나)를 비교해 보아야 합니다. (가)의 '그'는 앞에서 이미 이야기한 대상을 가리킵니다. 즉, (나)에 나온 한국 사람들이 먹는 '뜨거운 음식'이 (가)의 '삼계탕'이라고 이어지는 것이 자연스럽습니다.

2단계 각 문장의 키워드로 맥락 파악하기

(다)의 '왜'는 이유를 물어볼 때 쓰고, (라)의 '-기 때문'은 이유나 까닭을 나타낼 때 씁니다. 즉, (다)에서 '왜 삼계탕을 먹는 것'인지 묻고 (라)에서 이유를 설명하는 것이 자연스럽습니다.
• 그런데: 이야기를 앞의 내용과 관련시키면서 다른 방향으로 바꿀 때 쓰는 말입니다.

정답 ② (나)-(가)-(다)-(라)

03

> (나) 사람들은 보통 겨울보다는 여름에 운동을 많이 한다.
> (다) 그런데 실상은 여름보다 겨울에 운동하는 것이 건강에 도움이 된다고 한다.
> (가) 왜 추운 겨울에 하는 운동의 효과가 큰 것일까?
> (라) 동계에는 활동하는 데 에너지를 더 많이 필요로 해서 칼로리 소모가 크기 때문이다.

1단계 첫 번째 문장이 같은 선택지 찾기

①, ④는 (가)로 시작하고, ②, ③은 (나)로 시작합니다. (가)와 (나)를 비교해 보아야 합니다. (나)의 '사람들은 보통 ~'과 같은 표현이 시작하는 말로 알맞습니다.

2단계 각 문장의 키워드로 맥락 파악하기

(나)의 '보통'은 일반적인 상황을 전달하고, (다)의 '그런데'는 그 상황을 다른 방향으로 바꿀 때 씁니다. 그 후 이유에 대해 (가)에서 '왜'로 묻고, (라)에서 '-기 때문이다'로 대답하는 것이 자연스럽습니다.

정답 ② (나)-(다)-(가)-(라)

04

> (다) 자전거 타는 사람들이 많아지며 자전거 선택에 대한 문의가 늘고 있다.
> (가) 자전거를 고를 때는 자신의 키를 고려하는 것이 매우 중요하다.
> (나) 너무 작거나 큰 자전거를 타게 되면 허리나 무릎에 안 좋기 때문이다.
> (라) 자전거에 앉았을 때 발이 살짝 땅에 닿을 정도의 것으로 선택하는 것이 좋다.

1단계 첫 번째 문장이 같은 선택지 찾기

①, ②는 (다)로 시작하고, ③, ④는 (가)로 시작합니다. (다)와 (가)를 비교해 보아야 합니다. (가), (나), (라) 모두 (다)의 '자전거 선택에 대한 문의'와 관련된 답변이므로 (다)가 시작하는 말로 알맞습니다.

2단계 각 문장의 키워드로 맥락 파악하기

(다)의 '자전거 선택' 뒤에 올 문장은 의미가 비슷한 (가)의 '자전거를 고를 때'가 적합합니다. '고려'할 조건으로 '자신의 키'를 말한 이유는 (나)와 같이 자전거의 크기가 '허리나 무릎'에 영향을 주기 때문입니다. 그 후 '자신의 키'에 알맞은 자전거의 크기를 설명하는 (라)로 이어지는 것이 자연스럽습니다.

정답 ② (다)-(가)-(나)-(라)

05

> (다) 환기를 자주 시키지 않는 추운 겨울에는 실내 공기가 탁해지기 쉽다.
> (나) 실내 공기를 관리하기 위해 전문가들은 식물을 키울 것을 추천한다.
> (라) 식물은 각종 유해 물질을 흡수하여 공기를 깨끗하게 한다는 게 추천의 이유다.
> (가) 또한, 실내를 장식하는 것에도 도움이 된다는 장점이 있다.

1단계 첫 번째 문장이 같은 선택지 찾기

①, ②는 (가)로 시작하고, ③, ④는 (다)로 시작합니다. (가)와 (다)를 비교해 보아야 합니다. (가)의 '또한'은 앞말에 덧붙이는 부사이므로 시작하는 말이 될 수 없습니다.

2단계 각 문장의 키워드로 맥락 파악하기

(다)의 탁해진 '실내 공기'를 (나)에서 '관리하기 위'한 방법으로 '식물' 키우기를 '추천'했습니다. 그 후 '추천의 이유'를 (라)에서 설명했으며, (가)에서 '또한'으로 '실내 장식'에 '도움이 된다'는 또 다른 '장점'을 덧붙였습니다.

정답 ④ (다)-(나)-(라)-(가)

01

> 지난달 어린이보호구역 내 교통 단속 카메라 설치를 의무화하고 사고가 발생할 경우, 운전자 처벌을 강화하는 법안이 통과되었다. 이 법안에 따라 교육부는 초등학교 주변부터 교통 단속 카메라를 설치하고 있다. 또한, 2025년까지 어린이집과 유치원 주변 등 (~을/를) 조사해 설치를 확대할 예정이다.(→ ④ 정답!)

1단계 선택지의 키워드와 빈칸 앞뒤 내용 파악하기

선택지의 '을/를'은 행동의 목적이나 영향을 미치는 대상을 나타낼 때 씁니다. '조사해 설치'할 대상이 무엇인지 찾아야 합니다.

2단계 전체 맥락 파악하여 키워드와 어울리는 내용 찾기

어린이를 보호하기 위한 '법(안)'이 생겼습니다. 그래서 '교통 단속 카메라 설치'를 하고 있으며, 앞으로 '필요한 곳'에 더 '설치'할 것입니다. '조사해 설치'할 대상은 '교통 단속 카메라'입니다.

정답 ④ 교통 단속 카메라가 필요한 곳을

02

> 미술품에 대한 감상은 각자 주관적인 측면에서 이루어지기 때문에 사람마다 다를 수 있다. 그러므로 미술 관람을 할 때는 혼자 가는 것보다 (~와 함께 ~). 함께 간 사람들과 같이 미술 작품에 관하여 서로 의견을 나누다 보면(→ ① 정답!) 혼자서 볼 때보다는 작품을 좀 더 깊게 이해할 수 있을 것이다.

1단계 선택지의 키워드와 빈칸 앞뒤 내용 파악하기

선택지에 '~와/과 함께'가 반복됩니다. '가는 것이 낫다'는 권유를, '가야만 한다'는 의무를 나타냅니다. '혼자 가는 것보다' 누구와 가는 것이 나은지 또는 가야만 하는지 찾아야 합니다.

2단계 전체 맥락 파악하여 키워드와 어울리는 내용 찾기

'미술품에 대한 감상'은 '사람마다' 다릅니다. 그러므로 '혼자' 감상하지 말고, '누군가와 함께 가'서 '의견을 나누'기를 권유하고 있습니다.

정답 ① 누군가와 함께 가는 것이 낫다

03

> 여름철 우유가 상한지 모르고 마셨다가 배탈이 나는 경우가 있다. 우유를 마시지 않고도 우유가 상했는지 알아낼 방법은 없을까? (~을/를 이용하면) 이를 쉽게 알 수 있다. 부피와 질량을 계산한 값을 밀도라고 하는데 물을 계산한 값과 우유를 계산한 값이 다르기 때문에 이 차이를 이용하면 된다.(→ ④ 정답!) 먼저 컵에 차가운 생수를 준비한 후 우유를 한두 방울 떨어뜨린다. 떨어뜨린 우유가 퍼지면서 가라앉지 않고 탁한 색을 띠면 상한 우유라고 보면 된다.

1단계 선택지의 키워드와 빈칸 앞뒤 내용 파악하기

선택지에 '~을/를 이용하면'이 반복됩니다. 무엇을 이용하면 '쉽게 알 수 있는지' 찾아야 합니다.

2단계 전체 맥락 파악하여 키워드와 어울리는 내용 찾기

'물'과 '우유'의 '밀도'가 '다르기 때문에' 그 '차이를 이용하면' 쉽게 알 수 있습니다.

정답 ④ 물질의 밀도 차이를 이용하면

집이 아닌 대형 버스에서 생활하는 부부가 있다고 한다. 외부에서 볼 때는 보통 버스와 똑같지만, 내부에는 <u>침실, 조리실,</u> <u>화장실 그리고 보통 집에서 보는 살림에 필요한 것들이 다 있다. 중고 버스를 산 후 내부를 새롭게 꾸민</u>(→5. ② 정답!) 그들은 아이가 뛰어놀 공간이 부족한 점 외에는 전혀 불편한 점이 없다고 했다. ('강조'하는 말) <u>원할 때 원하는 풍경이 있는 곳에서</u> <u>원하는 만큼 살 수 있는 점이 가장 큰 매력이라고 전했다.</u> (→ 4. ③ 정답!)

04 빈칸에 알맞은 말 고르기

1단계 선택지의 키워드와 빈칸 앞뒤 내용 파악하기

선택지의 말은 모두 앞뒤 내용을 이어주는 기능을 합니다. '그러므로 + (결과), 결국에는 + (결과), 무엇보다 + (강조), 왜 냐하면 + (이유)' 중 빈칸 앞뒤 내용을 자연스럽게 이어주는 말을 찾아야 합니다.

2단계 전체 맥락 파악하여 키워드와 어울리는 내용 찾기

'대형 버스에서 생활하는 부부'는 '불편한 점이 없다'고 했습니다. 오히려 '원하는 곳에서 원하는 만큼 살 수 있는 게 가장 큰 매력이라고' 강조하고 있습니다. '무엇보다'는 뒷말을 강조할 때 씁니다.

정답 ③ 무엇보다

05 글과 일치하는 내용 고르기

1단계 선택지의 키워드 중심으로 글 이해하기

'부부'가 '차'에서 어떻게 '생활'하는지 표시하며 읽습니다.

2단계 선택지의 세부 내용 확인하기

부부는 '버스'를 '침실, 조리실, 화장실' 등이 있는 '보통 집'처럼 '새롭게 꾸'몄습니다.

정답 ② 부부는 차를 집처럼 꾸몄다.

"('시작의 중요성'을 의미하는 속담)"라는 말이 있다. 지금보다 높은 곳으로 가려면 낮은 곳에서부터 부족한 것은 없는지 살펴보고 <u>일의 순서를 생각하며 사소한 것에서부터 차근차근 진행을 해야 함을 나타내는 표현이다.</u> (→ 6. ③ 정답!) 세상을 빛낸 위인들 도 하루아침에 훌륭한 업적을 남기게 된 것이 아니다. 여러 날을 거쳐 이룬 작은 일들이 마침내 위대한 업적이 된 것이다. 일뿐만 아니라 공부도 마찬가지인데 <u>기초부터 실력을 탄탄하게 다져야</u>(→ 7. ④ 정답!) 어려운 문제를 만나도 당황하지 않고 풀 수 있다.

06 빈칸에 알맞은 말 고르기

1단계 선택지의 키워드와 빈칸 앞뒤 내용 파악하기

선택지의 속담은 보통 교훈을 줄 때 씁니다. '세 살 버릇 여든 간다(습관), 소 잃고 외양간 고친다(준비), 천 리 길도 한 걸음 부터(시작), 발 없는 말이 천 리 간다(소문)' 중 전체 맥락이 담겨 있는 교훈이 무엇인지 찾아야 합니다.

2단계 전체 맥락 파악하여 키워드와 어울리는 내용 찾기

'~을/를 나타내는 표현이다'의 앞말에 속담의 뜻이 풀이되어 있습니다. 빈칸에 들어갈 속담은 '순서', 즉 시작과 끝에 대한 것입니다.

정답 ③ 천 리 길도 한 걸음부터

07 글과 일치하는 내용 고르기

1단계 선택지의 키워드 중심으로 글 이해하기

'일'을 할 때 어떻게 하는 것이 좋은지 표시하며 읽습니다.

2단계 선택지의 세부 내용 확인하기

아무리 큰일이라도 '사소한 것, 작은 일, 기초부터' 시작해야 합니다.

정답 ④ 아무리 큰일이라도 작은 것에서부터 시작해야 한다.

[08~09]

> 사람들은 보통 잘 쓰지 않는 물건을 저렴하게 사고 싶을 때 벼룩시장을 방문한다. 그런데 막상 벼룩시장에 실제로 가 보니 불쾌하거나 실망스러웠다는 경우가 가끔 있다. 수리하지 않으면 사용할 수 없는 제품들이 대부분이거나 좋은 제품들은 판매자들이 새 제품이라며 정가를 요구하는 것을 경험했기 때문이다. (→ 9. ④ 정답!) (인용 + -라는/다는) 우리의 상식과는 다르게 상인들이 본인의 물품을 가지고 와서 판매하는 곳으로 전락한 것이다. (→ 8. ① 정답!)

08 빈칸에 알맞은 말 고르기

1단계 선택지의 키워드와 빈칸 앞뒤 내용 파악하기

선택지의 '-라는/다는'은 인용을 나타낼 때 씁니다. 인용된 '우리의 상식'이 무엇인지 찾아야 합니다.

2단계 전체 맥락 파악하여 키워드와 어울리는 내용 찾기

사람들이 '벼룩시장'에 가서 실망하는 이유는 '우리의 상식과 다른 곳'이기 때문입니다. 즉, 시민들이 직접 거래하는 것이 아니라 '상인들이 물품을 판매'하고 있었기 때문입니다.

정답 ① 시민과 시민의 직거래 장터라는

09 글과 일치하는 내용 고르기

1단계 선택지의 키워드 중심으로 글 이해하기

'벼룩시장'에서 '팔아도 되는 물품(= 제품, 물건)'의 특징에 표시하며 읽습니다.

2단계 선택지의 세부 내용 확인하기

'벼룩시장'에서 '판매자들이 새 제품'을 가져와서 원래 가격인 '정가를 요구'하는 행동은 사람들을 '불쾌하거나 실망스럽게' 합니다.

정답 ④ 벼룩시장에서는 새 제품을 원래 가격으로 팔면 안 된다.

기출 유형 7-1 ▸ **중심 내용 고르기:** 긴 글 읽고 주제 찾기

01

> 탄산수는 위장관계의 운동을 향상시킴으로써 포만감을 감소시킨다고 알려져 있다. 또한, 첨가물이 없는 탄산수를 마실 경우 물을 마실 때와 동일하게 신진대사를 원활하게 해 주며 탈수 방지 및 탄력 있는 피부 유지에도 도움이 된다고 하여 많은 사람이 찾고 있다. 그러나 아무리 좋은 식품이라도 필요 이상으로 섭취할 경우 건강을 해칠 수 있으니 적당량을 섭취해야 한다. (→ ③ 정답!) 역류성 식도염 등 소화기 계통에 이상이 있는 사람들은 탄산수의 탄산가스가 위벽을 자극해 염증을 유발하니 피해야 한다.

1단계 키워드 표시하며 읽기

선택지에 반복된 '탄산수'와 '건강'에 대한 내용에 표시하며 읽습니다.

2단계 표시한 부분과 선택지 내용 비교하기

'탄산수'는 '신진대사', '탈수 방지', '피부 탄력 유지'에 도움이 되지만, '필요 이상으로 섭취'하면 '건강'을 '해칠 수 있다'는 내용입니다.

정답 ③ 탄산수의 과도한 섭취는 건강을 위협할 수 있다.

02

> 우리는 다니는 직장을 그만두면 매일 스트레스 없이 생활하게 되어서 하고 싶은 일만 할 수 있기에 행복할 것이라고 생각한다. 그런데 실직 상태가 길어지면 부정적인 영향을 준다는 연구 결과가 나와 이목이 집중되고 있다. (→ ② 정답!) 연구 결과에 따르면, 오랫동안 실직 상태에 머무는 사람들의 '친화력'이 이전보다 크게 떨어진 것으로 나타났다. 그리고 그런 상태가 길어짐에 따라 부정적인 감정에 휩싸이게 되면 재취업하기 어려운 악순환의 늪에 빠지게 되는 것으로 나타났다.

1단계 키워드 표시하며 읽기

선택지에 있는 '회사', '쉬는 기간', '실직'에 대한 내용에 표시하며 읽습니다.

2단계 표시한 부분과 선택지 내용 비교하기

'실직 상태가 길어지면', '친화력'이 '떨어지게' 되면서 '부정적인 감정'에 빠져 '재취업'이 어려워지는 등 '부정적인 영향을 준다는 연구 결과'에 대한 내용입니다.

정답 ② 쉬는 기간이 길어지면 좋지 않은 결과가 발생한다.

03

> 그림을 복원하는 작업은 우선 자연스러워야 하고 그 과정에서 그림이 추가로 손상을 입지 않아야 한다. 그래서 정확한 기본 작업 후에 복원할 부분을 최대한 원래 모습처럼 만들어 내는 것이 복원에서 제일 중요한 과제라고 할 수 있다. 최근에는 3D 스캐너와 AI 프로그램이 등장하여 이러한 과제를 해결할 수 있게 되면서 보다 수월하고 안전하고 정확한 복원이 가능해졌다. (→ ① 정답!)

1단계 키워드 표시하며 읽기

선택지에 반복된 '그림 복원'과 '장비'에 대한 내용에 표시하며 읽습니다.

2단계 표시한 부분과 선택지 내용 비교하기

'3D 스캐너와 AI 프로그램' 같은 장비 덕분에 '수월하고 정확한 복원'을 할 수 있다는 내용입니다.

정답 ① 최첨단 장비 덕분에 그림 복원이 쉽고 정확해졌다.

04

> 전문가들은 1인 가구 수가 해마다 늘고 있는 것에 대해 이혼율 상승, 평균 수명의 연장 등 다양한 요인이 영향을 미친 것으로 분석하고 있다. 이밖에도 1인 가구가 많아지게 된 것에는 여러 요인이 있겠으나 가장 큰 원인으로는 미혼과 만혼의 증가가 꼽히고 있다. 이러한 사회 변화에 따라 부동산 시장에서도 1인 가구에게 적합한 소형 면적의 아파트를 공급하는 단지가 늘어나고 있다. 따라서 정부의 부동산 정책도 현 세태를 잘 반영할 필요가 있을 것으로 보인다. (→ ③ 정답!)

1단계 키워드 표시하며 읽기

선택지에 있는 '1인 가구', '이혼율 상승', '평균 수명 연장' 등 '시대의 변화'에 대한 내용에 표시하며 읽습니다.

2단계 표시한 부분과 선택지 내용 비교하기

'정부의 부동산 정책'이 '사회 변화'를 '잘 반영'해야 한다는 내용입니다.

정답 ③ 시대의 변화에 따른 주거 지원 정책이 마련돼야 한다.

성장기 아이들은 우유가 좋다거나 생선이 두뇌 발달에 좋다는 이야기를 귀가 따갑도록 듣고 자란다. 하지만 부모가 자녀에게 하는 이러한 말은 부정적인 영향을 끼친다는 연구 결과도 있다. 한 연구팀은 '특정 음식을 권유하는 것은 오히려 그것이 맛없는 식품이라는 인식과 오해를 낳아 결국 섭취량이 감소한다.'라고 설명하였다. (≒ 그리고) 식품의 효용성을 강조할 것이 아니라 먹는 즐거움을 일깨우는 것이 더 효과적인 방법이라고 제시했다. (→ 5. ① 정답! 6. ④ 정답!)

05 빈칸에 알맞은 말 고르기

1단계 선택지의 키워드와 빈칸 앞뒤 내용 파악하기

선택지의 말은 모두 앞뒤 내용을 이어주는 기능을 합니다. '덧붙여(= 앞말에 더하여 ≒ 그리고), 하지만/그렇지만 + (앞말과 반대되는 내용), 마침내(= 결국, 마지막에는)' 중 빈칸 앞뒤 내용을 자연스럽게 이어주는 말을 찾아야 합니다.

2단계 전체 맥락 파악하여 키워드와 어울리는 내용 찾기

연구팀은 '부모'가 '특정 음식을 권유'할 때, '성장기 아이들'의 '섭취량'은 '감소'한다고 설명했습니다. 그리고 '부모'는 식품의 효용성'보다 '먹는 즐거움'을 알려 주어야 한다고 설명했습니다.

정답 ① 덧붙여

06 긴 글 읽고 주제 찾기

1단계 키워드 표시하며 읽기

선택지에 반복된 '자녀(≒ 아이들)'의 '식품', '섭취'에 대한 내용에 표시하며 읽습니다.

2단계 표시한 부분과 선택지 내용 비교하기

'아이들'에게 '식품의 효용성을 강조'하며 '특정 음식'을 권하는 것보다 '먹는 즐거움을 일깨워 주는 것이 더 효과적'이라는 내용이므로, 주제로 알맞습니다.

정답 ④ 아이들은 식품에 대한 정보보다 먹는 즐거움에 반응하여 섭취한다.

또래 친구와 잘 지내는 아이와 그렇지 않은 아이를 살펴보면 아이들의 교우 관계는 부모와의 애착 관계와 상관이 있는 것을 알 수 있다. 안정형 애착 관계를 유지하고 있는 아이들은 부모와의 신뢰 경험을 바탕으로 친구들을 믿고 관계를 형성해 나가기 때문에 모임에서 교우 관계도 좋다. 그런데 이러한 관계는 아주 작은 것에서 형성된다. 아동심리 연구자들은 안정 애착을 가지고 있는 부모는 아이의 조그마한 소리나 신호를 바로 알아차리고 즉각적으로 반응을 한다고 말한다. (→ 7. ④ 정답!) 배가 고프거나 기저귀가 젖었을 때 일어나는 심리적 불안 상황을 오래 지속시키지 않게 처치해 주는 부모에게 (-게) 되는 것이다. 이러한 믿음이 습관처럼 반복되면 애착 관계가 안정적으로 유지될 수 있지만, (→ 8. ④ 정답!) 부모가 둔감하거나 아이의 요청을 주기적으로 거절할 경우 애착 관계가 형성될 수 없다.

07 긴 글 읽고 주제 찾기

1단계 키워드 표시하며 읽기

선택지에 반복된 '아이'와 '부모'의 '관계'에 대한 내용에 표시하며 읽습니다.

2단계 표시한 부분과 선택지 내용 비교하기

'아이'와 '부모'의 '애착 관계'는 '아주 작은 것'에서, 즉 '아이'의 '조그마한 소리나 신호'에 '부모'가 '즉각적으로 반응'할 때 '형성'된다는 내용입니다.

정답 ④ 아이에게 반응하는 부모의 태도에 따라 애착 관계가 달라진다.

08 빈칸에 알맞은 말 고르기

1단계 선택지의 키워드와 빈칸 앞뒤 내용 파악하기

선택지에는 '-게'가 반복되고, 빈칸 뒤에는 '이러한 믿음'이라는 말이 보입니다. '이러한(= 이와 같은)'은 앞말과 비슷한 내용이 이어질 때 씁니다. 빈칸에는 '믿음'에 대한 말이 들어갈 것입니다.

2단계 전체 맥락 파악하여 키워드와 어울리는 내용 찾기

'아이들의 교우 관계는 부모와의 애착 관계와 상관이 있'으며, 아이가 '부모에게 느끼는 신뢰'가 '반복되면 애착 관계가 유지'됩니다.

정답 ④ 끝없는 신뢰를 느끼게

기출 유형 7-2 **중심 내용 고르기:** 신문 기사 읽고 주제 설명하기

01

> 저가항공사, 취소 수수료 '제각각'… 고객 '울상' 날로 심각

1단계 기사 제목을 의미 단위로 끊어 보기

'저가항공사'의 '취소 수수료'가 '서로 달라서' 고객들이 '울상'을 지을 정도입니다.

2단계 기사 제목의 단어를 선택지의 단어와 비교하기

'저가항공사 → 낮은 가격의 표를 판매하는 항공사', '제각각 → 모두 달라', '고객 울상 심각 → 고객 불만족이 높다'로 바꾸어 쓸 수 있습니다.

정답 ④ 낮은 가격의 표를 판매하는 항공사의 취소 수수료가 모두 달라 고객 불만족이 높다.

02

> 가짜 뉴스 퇴치법은 '좋은' 뉴스가 답

1단계 기사 제목을 의미 단위로 끊어 보기

'가짜 뉴스'를 '퇴치'하는 '법'은 '좋은 뉴스'를 만드는 것입니다.

2단계 기사 제목의 단어를 선택지의 단어와 비교하기

'가짜 뉴스 → 거짓된 정보의 뉴스', '퇴치법 → 없애는 방법', '좋은 뉴스 → 진실한 정보의 뉴스'로 바꾸어 쓸 수 있습니다.

정답 ③ 거짓된 정보의 뉴스를 없애는 방법은 진실한 정보의 뉴스를 많이 만드는 것이다.

03

> 농수산물 가격 들썩… 밥상 물가 '비상'

1단계 기사 제목을 의미 단위로 끊어 보기

'농수산물'의 '가격'이 갑자기 '올라서', 생활 '물가'가 '위급한 상황'에 놓였습니다.

2단계 기사 제목의 단어를 선택지의 단어와 비교하기

'농수산물 → 채소, 과일, 해산물', '들썩 → 올라서', '물가 비상 → 부담을 주고 있다'로 바꾸어 쓸 수 있습니다.

정답 ③ 채소, 과일, 해산물의 가격이 올라서 장을 보는 소비자들에게 부담을 주고 있다.

04

남자 스키점프, 2023년 올림픽 최종 예선 날짜 미지수

1단계 기사 제목을 의미 단위로 끊어 보기

'2023년 올림픽'의 '남자 스키점프' '최종 예선 날짜'는 아직 '정해지지 않았습니다'.

2단계 기사 제목의 단어를 선택지의 단어와 비교하기

'미지수 → 언제 진행될지 모른다'로 바꾸어 쓸 수 있습니다.

정답 ① 남자 스키점프 최종 예선은 언제 진행될지 모른다.

05

미세먼지 차츰 해소, 밤부터 강원 19cm 대설

1단계 기사 제목을 의미 단위로 끊어 보기

'미세먼지'는 시간이 흐르면서 '없어질 것'이고, '밤부터' '강원' 지역에 '눈이 많이 내릴 것'입니다.

2단계 기사 제목의 단어를 선택지의 단어와 비교하기

'차츰 → 점차', '해소 → 감소', '대설 → 눈이 많이 오다'로 바꾸어 쓸 수 있습니다.

정답 ② 미세먼지는 점차 감소하고 밤부터 강원 지역에 눈이 많이 올 것이다.

기출 유형 8 **인물의 태도나 심정 고르기**

[01~02]

"사람은 변할 수 있어. 그걸 믿지 못했다면 심리학을 공부할 생각은 못 했을 거야. 자기 자신을 포기하지 않는 한 사람은 변할 수 있어. 남은 변하게 할 수는 없더라도 적어도 자기 자신은."(→ 2. ④ 정답!)

1학년 말, 전공 선택을 하면서 공무는 그렇게 말했다. 사람이 궁금하고, 사람의 마음이 어떻게 작동하는지 알고 싶다면서. 타고난 부분이 바뀌지는 않겠지만 같은 일을 경험하더라도 해석하고 반응하고 회복하는 방법은 달라질 수 있다고 믿는다고 했다. 나는 공무가 인간에게 품는 낙관이 신기했고, 때로는 그런 말들이 진심이 아닐 거라고 의심했다. 네가 어떻게 커 왔는지 뻔히 아는데, 그런 거짓말로 스스로를 속이는 거냐고 묻고 싶었다. 가해자들도 변할 수 있어? 달라질 수 있어? 그 인간들이 변하고 달라진다고 해서 그들이 학대한 사람들의 상처가 없어져? 죽은 사람이 다시 살아서 돌아와?

그러면서도 한편으로는 공무의 말에 순간이나마 마음을 걸치고 싶었다. 타고난 것은 변하지 않지만 같은 일을 겪어도 극복할 힘이 길러질 수 있다는 믿음 같은 것에.(→ 1. ① 정답!)

– 〈내게 무해한 사람〉, 최은영

01 인물의 태도나 심정 고르기

1단계 전체 상황과 맥락 파악하기

나는 '사람은 변할 수 있다'는 공무의 말이 '진심이 아닐 거라고 의심'하지만, '한편으로는' 그 말에 '마음을 걸치고 싶'습니다.

2단계 나타난 행동과 어울리는 감정 찾기

'마음을 걸치고 싶'은 이유는 '극복할 힘이 길러진다는 믿음'에 '의지하고 싶'기 때문입니다.

정답 ① 의지하고 싶다.

02 글과 일치하는 내용 고르기

1단계 선택지의 키워드 중심으로 글 이해하기

'공무'의 말과 '나'의 생각에 표시하며 읽습니다.

2단계 선택지의 세부 내용 확인하기

'공무'는 '남은 변하게 할 수 없더라도 자기 자신은 변할 수 있다'고 말했습니다.

정답 ④ 공무는 남은 변하게 할 수 없을지라도 자기 자신은 변할 수 있다고 생각한다.

[03~04]

아이가 5살 때였던 것으로 기억한다. 아이가 기침을 하며 아팠는데 그냥 보통 감기라고 생각을 하고 약국에서 약만 사다 먹였다. 그런데 일주일째 되는 날 밤에 열이 너무 높아 온도를 재어 보니 37.5도였다. 깜짝 놀라 바로 병원 응급실로 데리고 갔다. 의사는 열이 이렇게 높은데 왜 이제야 왔냐며 바로 수술실로 데리고 들어가면서(→ 4. ④ 정답!) 동의서에 서명해야 한다고 했다. 간호사가 내 옆에서 무엇인가를 말하고 있는데 나는 순간 하나도 들리지 않았다. 떨리는 손으로 동의서 작성을 마쳤다. (→ 3. ④ 정답!)

간호사가 두 시간쯤 걸린다고 안내를 했었는데 수술실에 들어간 지 세 시간이 지나도록 나오지 않았다. 나는 불길한 예감에 휩싸였다. 하지만 얼마 지나지 않아 의사가 수술실에서 나오며 수술이 성공적이라고 말했다. 그 소리를 듣자마자 나는 온몸의 힘이 풀려 병원 바닥에 털썩 주저앉아 울고 말았다.

03 인물의 태도나 심정 고르기

1단계 전체 상황과 맥락 파악하기

'아이'가 아프고 열이 높아서 '병원 응급실'에 갔더니 간호사의 말이 '하나도 들리지 않'았습니다.

2단계 나타난 행동과 어울리는 감정 찾기

간호사의 말이 '하나도 들리지 않'고 손이 '떨리는' 이유는 '깜짝 놀라'고 '당황'했기 때문입니다.

정답 ④ 당황스럽다

04 글과 일치하는 내용 고르기

1단계 선택지의 키워드 중심으로 글 이해하기

'아이'가 '병원'에 와서 '수술실'에 들어가는 과정에 표시하며 읽습니다.

2단계 선택지의 세부 내용 확인하기

의사는 '왜 이제야 왔냐며' 나를 꾸짖고 아이를 '수술실로 데리고 들어'갔습니다.

정답 ④ 의사는 너무 늦게 아이를 데리고 온 나를 꾸짖으며 바로 수술실로 들어갔다.

[05~06]

성운은 흐르는 강물을 하염없이 바라보고 또 바라보았다. 10년 전 아버지가 돌아가신 후에 처음으로 찾아온 고향이었다. 고향 생각이 나지 않았던 것은 아니었지만 이곳에 올 여유가 그에겐 없었다. 오랜만에 마주한 강은 그의 마음을 서글프게 했다. 그는 10년의 시간 동안 성공을 향해 앞만 보고 열심히 달렸다. 그러다 어느 날 문득 일만 하는 일벌레가 되어 있는 자신을 발견하고 무작정 여행을 떠났다. 정신을 차려 보니 자신이 어릴 적 놀던 강가 앞에 앉아 있었다. 오늘 성운은 오래전 돌아가신 아버지가 너무 그리웠다.

성운의 아버지는 농사꾼으로 일생을 보냈다. 그는 남의 논밭을 빌려 농사를 지어 가난한 삶을 살면서도(→ 6. ③ 정답!) 성운에게 공부를 가르치려는 희망으로 힘든 줄을 모르고 살았다. 성운이 대학교를 졸업하고 작은 회사의 입사 시험에 합격했을 때 성운의 아버지는 자기 아들이 무슨 큰 성공이나 한 것같이 여기며(→ 5. ① 정답!) 어깨를 으쓱해 했다.

성운은 소매를 걷고 팔에 물을 적셔 보고 물을 만지기도 하고 얼굴에 물을 끼얹기도 했다. 조용히 흐르는 물소리가 아버지의 따뜻한 음성같이 느껴졌다. 성운의 눈에서 굵은 눈물방울이 뚝 떨어졌다.

– 〈조명희, 낙동강〉

05 인물의 태도나 심정 고르기

1단계 전체 상황과 맥락 파악하기

10년 전 '아들' 성운이 '입사 시험에 합격'하자 '아버지'가 '어깨를 으쓱'해 했던 상황입니다.

2단계 나타난 행동과 어울리는 감정 찾기

'어깨를 으쓱'해 한 이유는 시험에 합격한 아들이 '큰 성공을 한 것'처럼 '자랑'스러웠기 때문입니다.

정답 ① 자랑스럽다

06 글과 일치하는 내용 고르기

1단계 선택지의 키워드 중심으로 글 이해하기

'성운'과 '성운의 아버지'가 어떤 삶을 살았는지 표시하며 읽습니다.

2단계 선택지의 세부 내용 확인하기

'성운의 아버지'는 '가난한' '농사꾼'으로 '일생'을 보냈습니다.

정답 ③ 성운의 아버지는 한평생 농사를 지으며 가난하게 살았다.

기출 유형 9 　**문장이 들어갈 위치 고르기**

01

하이브리드 자동차는 디젤 엔진과 전기 모터를 동시에 장착한 차세대 자동차를 말한다. 이 차량은 일반 차량과 비교하여 [구조가 복잡하고 무거워서 고장이 나면 수리가 어렵다]는 단점이 있다. 반면에 [시동을 걸거나 가속할 때는 디젤 엔진을 이용하고 감속할 때 배터리를 충전하여 저속 주행 시 전기 모터를 사용하기 때문에 연비가 우수하다]는 장점이 있다. 또한, 일반 차량보다 유해가스를 최대 90% 이상 줄일 수 있어서 친환경 자동차라고도 부른다. (㉣ 이러한 환경상의 이유로 공공 기관에서 공용차량으로 구매하는 등 하이브리드 자동차의 판매량이 계속해서 증가하고 있다.)

1단계 키워드에 표시하며 글의 흐름 이해하기

• ㉣ 앞: 하이브리드 자동차는 수리가 어렵다(단점). 반면에 연비가 우수하고 친환경적이다(장점).

→ 내용이 처음부터 끝까지 자연스럽게 이어집니다.

주어진 문장의 '이러한 환경상의 이유'는 '유해가스를 줄일 수' 있기 때문입니다. 그러므로 주어진 문장이 ㉣에 들어가면 알맞습니다.

정답 ④ ㉣

02

사람의 성격은 선천적인 영향을 크게 받지만, 먹는 음식에 의해 후천적으로 바뀌기도 한다. (㉠ 바쁜 현대인들은 빨리 먹을 수 있는 패스트푸드를 많이 찾는다.) 이처럼 현대인들에게 인기가 많은 패스트푸드는 성격을 더 급하게 만든다는 특징을 가지고 있다. 이러한 이유로 최근 슬로푸드 먹기 운동이 늘고 있다. 슬로푸드를 만들기 위해서는 긴 시간이 필요하며 음식을 먹으려면 오랜 시간 동안 기다려야 한다. 따라서 슬로푸드 먹기 운동을 하는 사람들은 이 운동을 통해 사람들의 인내심이 길러질 것이라고 믿고 있다.

1단계 키워드에 표시하며 글의 흐름 이해하기

• ㉠ 앞: 성격은 음식에 의해 바뀌기도 한다.

• ㉠ 뒤: 이처럼 인기가 많은 패스트푸드는 성격을 급하게 만든다.

→ ㉠에서 글의 흐름이 끊어집니다. '이처럼'은 앞 내용을 받아 뒤의 문장을 이끄는 말이므로, '이처럼' 앞에 '패스트푸드는 인기가 많다'는 내용이 나와야 합니다.

2단계 글의 흐름에 맞추어 주어진 문장 넣어 보기

주어진 문장의 '많이 찾는다'는 '인기가 많다'는 뜻입니다. 그러므로 주어진 문장이 ㉠에 들어가면 알맞습니다.

정답 ① ㉠

03

겨울철이 되면 우리를 불편하게 하는 것들이 있는데 그중 하나가 바로 정전기이다. (㉠ 정전기는 흐르지 않고 멈추어 있다고 해서 지어진 이름이다.) 그러면 이렇게 이동하지 않는 정전기는 왜 생기는 것일까? 정전기의 특징을 알아보면 그 답을 찾을 수 있다. 주변의 물체와 접촉을 하면 마찰이 생기는데 그때 우리의 몸에 조금씩 전기가 저장된다. 그리고 그 전기가 어느 수준 이상이 되었을 때 전기가 흐르는 물체에 몸이 닿으면 순식간에 이동하게 되어 정전기가 발생하는 것이다.

1단계 키워드에 표시하며 글의 흐름 이해하기

• ㉠ 앞: 겨울에 불편한 것 중 하나가 정전기이다.

• ㉠ 뒤: 이렇게 이동하지 않는 정전기는 왜 생기는 것일까?

→ ㉠에서 글의 흐름이 끊어집니다. '이렇게'는 앞 내용을 받아 뒤의 문장을 이끄는 말이므로, '이렇게' 앞에 '정전기는 이동하지 않는다'는 내용이 나와야 합니다.

2단계 글의 흐름에 맞추어 주어진 문장 넣어 보기

주어진 문장의 '흐르지 않고 멈추어 있다'는 '이동하지 않는다'는 뜻입니다. 그러므로 주어진 문장이 ㉠에 들어가면 알맞습니다.

정답 ① ㉠

04

연구진은 수차례 실험을 통하여 개가 인간과 유사한 추론 능력을 지녔다는 것을 밝혀냈다. 그런데 '미로 찾기 테스트'에서는 쥐보다 능력이 떨어졌으며 가까운 친척인 늑대보다 못한 것으로 나타났다. 하지만 개가 월등한 기억 능력을 발휘하는 때가 있다. (㉢ 바로 인간이 먼저 미로를 도는 모습을 봤을 때이다.) 그러면 개들은 즉시 문제를 풀어내는데, 이에 대해 연구진은 인간과 동물이 힘을 합쳤을 때 개의 능력이 발휘된다는 결론을 내렸다.

1단계 키워드에 표시하며 글의 흐름 이해하기

- ⓒ 앞: 미로 찾기에서는 개의 능력이 떨어진다. 하지만 능력을 발휘하는 때가 있다.

- ⓒ 뒤: 그러면 개가 즉시 문제를 풀어낸다. 인간과 힘을 합쳤을 때 능력이 발휘된다.

→ ⓒ에서 글의 흐름이 끊어집니다. '그러면(= 그렇게 하면)'이 앞 내용을 받아 뒤의 문장을 이끄는 말이므로, '그러면' 앞에 '개가 능력을 발휘하는 때, 즉시 문제를 풀어내는 때'가 언제인지에 대한 내용이 나와야 합니다.

2단계 글의 흐름에 맞추어 주어진 문장 넣어 보기

주어진 문장의 '인간이 먼저 미로를 도는 모습을 봤을 때'가 '개가 능력을 발휘하는 때, 즉시 문제를 풀어내는 때'입니다. 그러므로 주어진 문장이 ⓒ에 들어가면 알맞습니다.

정답 ③ ⓒ

05

‘딜레마’는 [둘 중 하나를 선택해야 하는 경우 어떤 쪽을 택하더라도 불만족스러운 결과가 오는 상황]을 말한다. 살아가면서 사람들은 누구나 이러한 딜레마 상황에 처하게 된다. (ⓒ 이 경우 반드시 어떤 쪽을 택해야 한다는 강박관념에 빠지게 된다.) 굳이 무엇을 고르지 않아도 되지만 그런 상태에서 압박을 받으면 흑백논리에 빠지게 되는 것이다. 그러므로 둘 중 하나를 꼭 선택하려 하기보다 그 상황에 맞는 현명한 판단을 내릴 수 있도록 생각해야 할 것이다.

1단계 키워드에 표시하며 글의 흐름 이해하기

- ⓒ 앞: 딜레마는 무엇을 선택해도 만족하지 못하는 상황이다. 딜레마는 누구나 처하게 된다.

- ⓒ 뒤: 그런 상태에서 압박을 받으면 흑백논리에 빠진다.

→ ⓒ에서 글의 흐름이 끊어집니다. '그런'은 앞 내용을 받아 뒤의 문장을 이끄는 말이므로, '그런' 앞에 '그런 상태'가 '어떤 상태'인지에 대한 내용이 나와야 합니다.

2단계 글의 흐름에 맞추어 주어진 문장 넣어 보기

주어진 문장의 '이 경우'가 '딜레마 상황에 처하게 된 경우'이고, '그런 상태'는 주어진 문장의 '강박관념에 빠지게 된 상태'입니다. 그러므로 주어진 문장이 ⓒ에 들어가면 알맞습니다.

정답 ③ ⓒ

기출 유형 10 · 필자의 태도 고르기

[01~02]

국가 또는 공공단체가 운영에 필요한 자금을 마련하기 위해서 국민들에게 거두어들이는 돈을 조세라고 한다. 어느 국가를 막론하고 공공 재정 확보의 주요 수단인 조세는 매우 중요하며 잘 확립된 조세 제도는 국가 재정의 건전성에도 큰 영향을 미치게 된다. 원칙 없이 국민들에게 강제로 조세를 부과할 경우, 조세 부과 방식에 대한 불만이 제기되기도 하고, 경제 주체인 국민들이 의욕을 상실하여 경제적 손실이 초래되기도 한다. 그러므로 조세를 부과할 때는 공평한 원칙이 적용되어야 한다. (→ 1. ④ 정답!) 조세 제도에 있어 적용되는 두 가지 중요한 학설은 다음과 같다. 첫째, 편익 원칙이라고도 불리는 이익설이다. 이는 공공서비스 사용을 통해 얻은 편익을 평가하여 조세를 지불해야 한다는 학설이다. 자발적인 납부를 유도할 수 있다는 장점이 있지만 제공받은 서비스를 측정하기 어렵다는 문제가 있다. 둘째, 개인의 소득이나 재산을 고려하여 세금을 내야 한다는 능력설이다. 능력설은 이익설보다 실행가능성이 높지만 어떤 사람들을 같은 능력으로 봐야 할지, 다른 능력의 사람들에게 어느 정도로 차등적인 조세를 부과해야 할지에 대해서는 여전히 논의 중이다. (→ 2. ③ 정답!)

01 필자의 태도 고르기

1단계 글을 쓴 목적 파악하기

글을 쓴 목적은 '-아/어야 하다' 같은 말 앞에 나타납니다. 필자는 '조세를 부과할 때 공평한 원칙이 적용되어야 한다'고 주장하고 있습니다.

2단계 선택지와 비교하기

'원칙 없이 강제로 조세를 부과할 경우' 국민들이 '불만'을 가지거나 '의욕을 상실'하는 등의 문제점이 발생할 수도 있기 때문입니다.

정답 ④ 원칙 없는 조세 부과 시 나타나는 문제점을 우려하고 있다.

02 글과 일치하는 내용 고르기

1단계 선택지의 키워드 중심으로 글 이해하기

'조세 부과의 원칙', '능력설', '이익설'이 무엇인지 표시하며 읽습니다.

2단계 선택지의 세부 내용 확인하기

'능력설'에서는 사람들의 '능력'에 어떻게 '차등'을 두고 '조세를 부과해야 할지' '논의 중'입니다.

정답 ③ 능력설은 개개인의 능력을 평가하는 기준에 대한 논의가 진행 중이다.

[03~04]

기업이 대학을 인수하는 일이 많아지고 있다. 대학의 열악한 재정 상태를 기업이 개선해 줄 것이라고 기대하며 대학은 기업에 인수되는 것을 반겼으나 학내에서 예상치 못한 많은 갈등이 빚어지고 있다. 이는 기업과 대학이 서로 다른 가치를 추구하는 문제에서 비롯된 것이다. 기업은 경제적 이익 창출이라는 목적 아래 효율성을 우선으로 대학을 운영한다. 이에 반해 대학은 학문의 자유를 추구하며 인재를 양성하고자 한다.(→ 4. ③ 정답!) 기업이 이러한 대학의 성격을 존중하지 않고 대학을 운영하면 두 집단은 충돌할 수밖에 없다. 최소 수강인원 기준을 계속 올려 강의 수를 줄인다거나 취업률이 낮은 학과를 통폐합하는 등의 모습이 대표적인 예라 할 수 있다. 이와 같은 사례는 대학생들을 사회의 지성인이 아닌 단지 예비 회사원을 키우려는 의도가 다분하다. 대학은 합리적인 사고 능력을 배양하고 사회인으로서 갖추어야 할 교양을 배우는 곳이지, 취업을 위한 학원이 아니다. 돈이 지배하는 대학, 기업화된 대학이 길러 낸 사람들로 구성된 사회는 더 이상 희망이 없는 사회라는 것을 깨달아야 할 것이다.(→ 3. ① 정답!)

03 필자의 태도 고르기

1단계 글을 쓴 목적 파악하기

글을 쓴 목적은 '-아/어야 하다', '-(으)ㄹ 수밖에 없다' 같은 말 앞에 나타납니다. 필자는 '기업'이 '대학의 성격을 존중하지 않고 대학을 운영하면 두 집단은 충돌할 수밖에 없'으며, '기업화된 대학이 길러낸 사람들'의 사회는 '희망이 없는 사회라는 것을 깨달아야 할 것'이라 주장하고 있습니다.

2단계 선택지와 비교하기

'최소 수강인원을 올려 강의 수를 줄이거나 취업률이 낮은 학과를 통폐합하는' 것은 '기업화된 대학' 즉, '기업이 진행하는 대학 운영'의 문제점을 보여주는 '대표적인 예'입니다.

정답 ① 기업이 진행하는 대학 운영의 문제점을 지적하고 있다.

04 글과 일치하는 내용 고르기

1단계 선택지의 키워드 중심으로 글 이해하기

'대학'과 '기업'의 입장 차이에 표시하며 읽습니다.

2단계 선택지의 세부 내용 확인하기

'학내'에 '빚어진' '갈등'은 '기업과 대학'이 '추구하는' 가치가 다르기 때문입니다. '기업'은 '이익 창출'을 위해 '효율성'을, '대학'은 '학문의 자유'를 통해 '인재 양성'을 '추구'합니다.

정답 ③ 기업의 대학 운영 방침과 대학이 추구하는 방향이 달라 갈등이 빚어지고 있다.

[01~03]

> 문자가 아닌 이미지로 의미를 전달하는 영상 매체의 사용이 일반화되면서 일상생활 속에서 이미지를 사용하고 해독하는 일이 많아지고 있다. 이제 더 이상 이미지는 생소한 개념이 아니며 편의성, 가독성 등의 장점으로 우리의 일상에 자리 잡게 된 것이다. 하지만 그 이면에는 위험성 또한 내재되어 있음을 유념해야 한다. 이미지를 만드는 사람 중 일부는 사람들의 무의식을 이용하여 본인의 의도를 주입하는 등(→ 3. ④ 정답!) 심리를 조정하는 행위를 하기도 하는데 만약 이런 이미지에 길들여지면 가공된 이미지 세계를 현실 세계로 착각할 수 있게 된다. 지나치게 자극적인 액션 영화를 통한 모방 범죄 심리가 생기는 것을 대표적인 위험 사례로 제시할 수 있다. 논리적이고 합리적인 사고 과정 없이 이미지에 의해 조작된 삶을 감각적으로 소비하게 된다면 현실과 다른 유토피아적 세계만을 추구하고 현실 세계를 받아들이지 못하는 상황이 발생할 수도 있다.(→ 1. ① 정답!) 그러므로 무분별하게 이미지를 소비할 것이 아니라, 이미지를 (~으로) 수용하는 자세가 필요하다.(→ 2. ④ 정답!)

01 필자의 의도나 목적 고르기

1단계 필자의 생각 찾아내기

글을 쓴 목적은 '–아/어야 하다', '~(으)ㄴ/는 자세가 필요하다' 같은 말 앞에 나타납니다. 필자는 '이미지의 이면에 위험성이 내재되어 있음을 유념해야 한다'고 주장하고 있습니다.

2단계 선택지와 비교하기

'논리적, 합리적 사고 없이' 이미지를 소비한다면, '현실 세계를 받아들이지 못하'게 될 수도 있습니다. 즉, '논리적이고 합리적인 사고 과정'을 통해 이미지를 '올바르게 수용'해야 합니다.

정답 ① 이미지를 올바르게 수용해야 함을 주장하기 위해

02 빈칸에 알맞은 말 고르기(맥락)

1단계 선택지의 키워드와 빈칸 앞뒤 내용 파악하기

선택지의 '–적(으로)'의 뜻은 '그 성격을 띠는'입니다. 어떤 성격의 자세를 가져야 하는지 찾아야 합니다.

2단계 전체 맥락 파악하여 키워드와 어울리는 내용 찾기

'–(으)ㄹ 것이 아니라'는 앞의 말이 나타내는 행동을 하지 말고 뒤의 행동을 할 것을 강조하는 표현입니다. '무분별한 소비'와 반대되는 자세는 '주체적'인 자세입니다.

정답 ④ 주체적으로

03 글과 일치하는 내용 고르기

1단계 선택지의 키워드 중심으로 글 이해하기

'이미지'가 갖는 특징과 '일상생활'에 미치는 영향에 표시하며 읽습니다.

2단계 선택지의 세부 내용 확인하기

'이미지를 만드는 사람'은 '본인의 의도'를 '주입하'여 '사람들의' '심리를 조정'할 수 있습니다.

정답 ④ 이미지를 가공하는 사람은 이미지에 자신의 의도를 포함시킬 수 있다.

[04~06]

> 줄기세포 연구는 인공 장기 연구 혹은 질병에 걸린 동물을 치료하는 데 있어 엄청난 가능성을 내포하고 있어 매우 중요하다. 하지만 '실험 목적을 위한 배아 파괴가 옳은가?'의 윤리적 문제에서 자유로울 수 없다. 배아는 생명을 가진 것이지만 [과학계에서는 통상적으로 14일 이전의 배아는 잠재적 인간으로 보지 않아] 문제로 여기지 않는다. 하지만 〈종교계는 수정란에 인간의 지위가 있다고 주장하며〉 끊임없이 과학계와 첨예하게 대립하고 있다. 〈인간에 의해 수정된 배아〉든 [세포 이식을 통한 연구용 복제 배아]든 모두 인간으로 성장할 수 있는 잠재력은 있다고 봐야 하지 않을까? 배아의 시기를 거치지 않고 지금 살아서 숨을 쉬는 인간이 있을까?(→ 6. ① 정답!) 〈모체 내에서 생성 발육한 배아〉는 생명체이고 / [실험실에서 만들어진 배아]는 그와 다른 기준으로 생각하는 것은 인간의 정의를 (~에 따라 -(으)ㄴ/는) 모순된 결과를 불러온다.(→ 5. ① 정답!) 배아가 생성되는 곳에 따라 보호 또는 파괴되는 것은 정의의 원칙에 맞지 않는 것이라고 생각한다.(→ 4. ④ 정답!)

04 필자의 의도나 목적 고르기

1단계 필자의 생각 찾아내기

글을 쓴 목적은 '-(으)ㄹ 수 없다', '-아/어야 하지 않을까?', '~라고 생각한다' 같은 말 앞에 나타납니다. 필자는 '줄기세포 연구'가 '윤리 문제에서 자유로울 수 없'으며, '배아가 생성되는 곳에 따라 보호받거나 파괴되는 것은 정의의 원칙에 맞지 않는 것'이라 주장하고 있습니다.

2단계 선택지와 비교하기

'배아가 생성된 곳'이 '인간의 몸'인지 '실험실'인지에 따라 '인간의 정의'가 달라지는 '모순된 결과'를 불러오기 때문입니다.

정답 ④ 줄기세포 연구의 모순성을 설명하기 위해

05 빈칸에 알맞은 말 고르기(맥락)

1단계 선택지의 키워드와 빈칸 앞뒤 내용 파악하기

선택지에 '~에 따라 -(으)ㄴ/는'이 반복됩니다. '무엇'을 기준으로 하는지 찾아야 합니다.

2단계 전체 맥락 파악하여 키워드와 어울리는 내용 찾기

'모체'와 '실험실'은 모두 배아가 생성된 '환경'입니다. '환경'을 기준으로 하여 임의로 '인간'을 마음대로 '규정'하는 것은 모순입니다.

정답 ① 환경에 따라 임의로 규정하는

06 글과 일치하는 내용 고르기

1단계 선택지의 키워드 중심으로 글 이해하기

'배아'를 바라보는 '과학계'와 '종교계'의 시각에 표시하며 읽습니다.

2단계 선택지의 세부 내용 확인하기

'배아의 시기를 거치지 않고 지금 살아서 숨을 쉬는 인간이 있을까?'라며 모든 인간이 배아의 시기를 거친다는 걸 강조했습니다.

정답 ① 모든 인간은 배아 단계를 지나게 된다.

PART 02

실전 모의고사

제1회 한국어능력시험

1교시 듣기 (01번~50번)

01	02	03	04	05	06	07	08	09	10
④	①	①	①	④	③	④	②	③	④
11	12	13	14	15	16	17	18	19	20
②	②	③	③	④	②	②	①	②	③
21	22	23	24	25	26	27	28	29	30
③	④	②	①	③	④	②	①	①	②
31	32	33	34	35	36	37	38	39	40
④	②	④	③	①	④	②	④	②	①
41	42	43	44	45	46	47	48	49	50
④	③	①	②	④	①	①	④	①	④

01 [일치하는 그림 고르기]

> **남자:** 영희 씨, 제가 좀 도와드릴까요?
>
> **여자:** 아, 고맙습니다. 그러면 그 의자 하나만 부탁할게요.
>
> **남자:** 이 의자요? 알겠어요.

정답 ④

해설 여자는 남자에게 의자를 옮겨 달라고 '부탁'하고 있습니다.

02 [일치하는 그림 고르기]

> **남자:** 실례합니다. 여기 주문하신 음식이 나왔는데 좀 뜨겁습니다. 조심하세요.
>
> **여자:** 어? 이상하네요. 저는 김밥을 주문했는데요. 이건….
>
> **남자:** 네? 그러세요? 확인해 보겠습니다. 잠시만 기다려 주십시오.

정답 ①

해설 웨이터와 손님의 대화입니다. 여자는 '김밥을 주문'했지만 남자는 뜨거운 음식을 가지고 왔습니다.

03 [일치하는 도표 고르기]

> **남자:** 직장인을 대상으로 편의점에서 구매하는 식품을 조사한 결과, '간식'이 58%로 가장 많았고, '간편식'이 32%, '즉석조리
> 식품'이 8%, '기타'가 2%로 나타났습니다. 편의점 방문 시간은 '점심시간'이 1위를 차지했으며 '퇴근 후'와 '출근 전'이
> 차례로 뒤를 이었습니다.

정답 ①

해설 직장인이 '편의점에서 구매하는 식품'은 간식, 간편식, 즉석조리식품, 기타 순으로 나타났습니다. '편의점 방문 시간'은 점심
시간이 가장 많았으며 퇴근 후, 출근 전이 그 뒤를 이었습니다.

04 [이어지는 말 고르기]

> **남자:** 내일 사업 보고만 마치면 여름휴가네요.
> **여자:** 그러게요. 민수 씨는 휴가 계획 세웠어요?
> **남자:** _____

정답 ① 해외여행을 가 볼까 해요.

해설 마지막 사람이 한 말을 주의 깊게 들어야 합니다. '휴가 계획(을) 세웠'냐는 여자의 질문에 남자의 대답이 이어져야 합니다.
'-(으)ㄹ까 하다'로 계획을 말할 수 있습니다.

05 [이어지는 말 고르기]

> **여자:** 다음 주, 설 연휴에 고향에 내려가지?
> **남자:** 응, 근데 아직 고향에 가는 기차표를 예매하지 못해서 걱정이야.
> **여자:** _____

정답 ④ 취소되는 표가 있을 테니 잘 알아봐.

해설 남자가 '기차표를 예매하지 못해서 걱정'하고 있습니다. 걱정에 대한 해결책이 이어져야 합니다. 여자는 '-(으)ㄹ 테니'로 이
어질 상황을 추측하며 해결책을 제안할 수 있습니다.

- 제안하다: 의견을 내놓다.

06 [이어지는 말 고르기]

> **여자:** 지수한테 물어봤는데 오늘은 시간이 안 되는 것 같아.
> **남자:** 그래? 요즘 지수가 아주 바쁜 것 같네. 지수한테 무슨 일 있는지 알아?
> **여자:** _____

정답 ③ 아르바이트하느라 정신없는 것 같아.

해설 남자가 여자에게 '지수에게 무슨 일(이) 있는지' 아냐고 물었습니다. '지수'가 바쁜 이유에 대한 여자의 대답이 이어져야 합
니다. '-느라'로 이유를 표현할 수 있습니다.

07 [이어지는 말 고르기]

> **남자:** 아침을 너무 간단하게 먹었더니 배가 고프네요. 점심으로 뭘 먹을까요?
>
> **여자:** 회사 앞에 한정식집이 새로 생겼던데 사람들이 맛있대요. 오늘 가 볼까요?
>
> **남자:** _____

정답 ④ 저도 가 보고 싶었는데 잘됐네요.

해설 '-(으)ㄹ까요?'는 듣는 사람에게 의견을 묻거나 제안할 때 사용합니다. 여자는 배가 고픈 남자에게 새로 생긴 한정식집에 가자고 제안했습니다. 한정식집에 대한 남자의 의견이 이어져야 합니다.

08 [이어지는 말 고르기]

> **여자:** 교수님, 제가 작성한 보고서 좀 한번 봐 주시겠어요?
>
> **남자:** 음……. 참고 자료는 아주 잘 찾았는데 내용이 뒤죽박죽이네요. 자료 정리가 덜 된 것 같군요.
>
> **여자:** _____

정답 ② 자료를 다시 정리해 보겠습니다.

해설 남자는 보고서를 보고 '참고 자료는 잘 찾았'지만, '자료 정리'가 부족하다고 지적했습니다. 자료 정리에 대한 여자의 대답이 이어져야 합니다.

- 지적하다: 잘못된 점을 말하다.

09 [알맞은 행동 고르기]

> **여자:** 저, 책을 좀 빌리고 싶습니다. 어떻게 해야 하나요?
>
> **남자:** 네, 혹시 학생증이나 도서관 카드 있으신가요?
>
> **여자:** 네, 잠시만요. 여기 있습니다.
>
> **남자:** 그럼 이제 대출을 희망하는 책을 가지고 오시면 됩니다.

정답 ③ 책을 찾으러 간다.

해설 여자는 책을 빌리기 위해 필요한 학생증이나 도서관 카드를 가지고 있다고 했습니다. 이제 '대출하고 싶은 책'을 '가지고 오면' 됩니다.

10 [알맞은 행동 고르기]

> **남자:** 오늘부터 이벤트를 시작해서 사람이 많은가 봐요.
>
> **여자:** 무슨 이벤트를 하는 건데요? 우리도 참여해요.
>
> **남자:** 선착순 200명에게 외식 상품권을 준대요. 신규로 회원 가입을 하면 포인트를 두 배로 적립해 주고요.
>
> **여자:** 그럼 민수 씨는 가서 줄을 서요. 저는 가입하는 방법을 알아볼게요.

정답 ④ 회원 가입 방법을 확인한다.

해설 '이벤트'에 참여하기 위해 남자는 '줄을 서고' 여자는 '가입하는 방법을 알아'보려고 합니다.

11 [알맞은 행동 고르기]

> **여자:** 얼마 전부터 목이 뻐근하고 너무 아파요.
> **남자:** 일하실 때 컴퓨터를 장시간 사용하시나요?
> **여자:** 네, 일할 때는 계속 사용하지요. 그게 문제일까요?
> **남자:** 자세가 문제예요. 일단 지금부터는 바른 자세로 앉는 연습을 해 보시고, 그래도 안 되면 병원에 가서 치료를 받으셔야 해요.

정답 ② 자세 교정 연습을 한다.

해설 여자는 컴퓨터를 오랜 시간(= 장시간) 사용해서 목이 아픕니다. 남자는 여자에게 '일단 지금부터는 바른 자세로 앉는 연습'을 해 보고 안 되면 '병원에 가서 치료'를 받으라고 했습니다.

12 [알맞은 행동 고르기]

> **남자:** 정부 초청 한국어 연수 프로그램 회의 준비는 잘되고 있나요?
> **여자:** 네, 어학 일정은 다 확인했고 판소리 선생님이 8월 8일에 수업이 가능한지만 확인하면 됩니다.
> **남자:** 선생님 일정을 알아야 회의를 하고 명단을 짤 수 있으니까 그것부터 확인해 주세요.
> **여자:** 네, 지금 바로 알아보겠습니다.

정답 ② 판소리 선생님에게 연락한다.

해설 남자는 '선생님 일정을 알아야 회의를 하고 명단을 짤 수 있으니까 그것부터 확인'하라고 했습니다. 여자는 '지금 바로 알아보겠다'고 했으니, 판소리 선생님께 연락을 해서 선생님의 일정을 확인할 것입니다.

13 [일치하는 내용 고르기]

> **여자:** 민수야, 이것 좀 봐. 어제 식당에서 김치찌개를 먹다가 묻었는데 안 지워져.
> **남자:** 어디 한번 보자. 나도 전에 이런 적 있었어. 이거 치약을 발라서 빨면 지워져.
> **여자:** 그래? 친구 말을 듣고 흰색 바지를 식초로 먼저 빨아 봤는데 더 번지더라고.
> **남자:** 치약, 식초뿐만 아니라 레몬으로 해도 돼. 그런데 바로 빨아야 효과가 있어.

정답 ③ 남자는 여자와 같은 경험을 한 적 있다.

해설 여자는 김치찌개를 먹다가 옷에 흘렸지만 지우지 못했습니다. 남자는 자신의 경험을 말하며 얼룩 지우는 방법을 알려 주고 있습니다. '-(으)ㄴ/는 적(이) 있다'는 경험을 말할 때 사용합니다.

14 [일치하는 내용 고르기]

> **여자:** 주민 여러분께 안내 말씀드립니다. 오늘 오전 11시부터 12시까지 한 시간 동안 아파트 단지 내 정원을 소독하고자 합니다. 1, 2, 3층에 거주하시는 주민분들께서는 창문을 반드시 닫아 주시기 바랍니다. 또한, 소독 후 이틀 동안 반려동물 산책은 자제하시기 바랍니다. 방역을 위해 소독을 하는 것이니 협조해 주시길 부탁드립니다.

정답 ③ 이틀간 반려동물 산책은 안 하는 것이 좋다.

해설 아파트 단지 안에 있는 정원을 소독한다는 안내 방송입니다. '소독 후 이틀 동안 반려동물 산책은 자제'해 달라고 부탁하고 있습니다.

15 [일치하는 내용 고르기]

> **여자:** 어제저녁 8시경 강원도 고성에서 산불이 발생했습니다. 소방대원들이 필사적으로 진화를 하고 있지만 강풍 때문에 어려움을 겪고 있는데요. 잡힐 듯 잡힐 듯하면서도 불길이 금세 다시 살아나고 있기 때문입니다. 밤샘 진화 작업에도 불구하고 산 중턱에서 시작된 시뻘건 불길이 현재는 어느새 산 아래까지 내려왔지만 다행히 인명 피해는 아직 없습니다.

정답 ④ 강한 바람으로 인해 산불 진화에 어려움이 있다.
해설 어제저녁 발생한 화재 뉴스입니다. '소방대원들이 밤새 진화'했지만 '강풍 때문에' 불길을 잡지 못했습니다.

16 [일치하는 내용 고르기]

> **여자:** 요즘 박물관이나 미술관에 가면 작품을 설명해 주시는 큐레이터분들을 많이 볼 수 있는데요. 어떻게 하면 큐레이터가 될 수 있나요?
> **남자:** 큐레이터는 작품 설명뿐 아니라 작품을 선정하는 것에서부터 어떻게 작품을 전시할지 전시에 관한 모든 일을 기획하고 관리합니다. 아주 전문적인 지식이 필요한 일이기 때문에 대학이나 대학원에서 전문 지식을 쌓고 실습하는 과정을 거쳐야 하고요.

정답 ② 이 일을 하는 사람은 전시를 총괄한다.
해설 큐레이터는 '작품 선정'부터 '작품 전시'까지 '전시에 관한 모든 일을 기획하고 관리'하는 일을 합니다.

17 [중심 생각 고르기]

> **남자:** 수진아, 너 과제 할 때 인터넷에서만 자료를 찾지?
> **여자:** 응, 정보를 빠르게 찾을 수 있어서 좋은 것 같아.
> **남자:** 인터넷은 정보를 빨리 찾을 수 있기는 하지만 잘못된 정보도 많아. 중요한 내용은 책으로 확인해야 해.

정답 ② 중요한 내용은 책으로 점검해야 한다.
해설 인터넷은 정보를 빠르게 찾을 수 있지만 잘못된 정보도 많으니 '책으로 확인'해 보아야 합니다. '① 인터넷에는 잘못된 정보만 많다.'를 '남자의 중심 생각'으로 고르지 않도록 주의합니다.

18 [중심 생각 고르기]

> **남자:** 이력서에 부모님 직업까지 쓰라고 하는 건 너무 이상하지 않아?
> **여자:** 그러게. 직무와 관련 없는 개인적인 질문을 할 때는 과태료를 물게 되어 있던데.
> **남자:** 휴, 취업 준비하는 것만으로도 힘든데 직무와 무관한 항목까지 요구하는 것 같아서 스트레스를 받게 되네.

정답 ① 직무와 관련 있는 정보만 요구하면 좋겠다.
해설 남자는 '부모님의 직업'과 같이 '직무와 무관한 항목'을 요구하는 것에 '스트레스를 받고 있습니다.

19 [중심 생각 고르기]

> **여자:** 민수 씨는 매일 커피 우유를 마시는 것 같아요.
> **남자:** 아, 네. 커피와 우유를 다 좋아하거든요. 카페인 때문에 잠도 깨는 것 같고요.
> **여자:** 어, 우유는 모르겠지만 커피의 카페인은 몸에 안 좋은 거 아니에요?
> **남자:** 아니에요. 적당량의 카페인은 기억력 향상에도 도움을 주고 치매 위험을 20%까지 줄일 수 있다는 연구 결과도 있어요.

정답 ② 커피의 카페인은 기억력 향상에 도움을 준다.

해설 '카페인은 몸에 안 좋은 거 아니냐'는 여자의 질문에 남자는 '아니에요'라고 대답했습니다. 남자는 '적당량의 카페인'은 '기억력 향상에 도움'이 되며 '치매 위험을 20%까지 줄일 수 있다'는 '연구 결과'를 들어 카페인의 좋은 점을 말하고 있습니다.

20 [중심 생각 고르기]

> **여자:** 선생님께서 진행하시는 국악 프로그램의 인기 비결이 뭐라고 생각하세요?
> **남자:** 저는 국악의 대중화를 위해 대중음악과 국악을 연결하여 국악을 소개합니다. 흔히 국악이 어렵고 지루하다고 생각하시는데 익숙한 대중음악 속에 있는 국악을 소개해 드리니 재미있게 봐주시는 것 같아요. 전통을 지키는 것도 중요하지만 달라진 시대에 맞게 국악도 변화해야 하지 않을까요?

정답 ③ 국악의 대중화를 위해 변화하는 것이 필요하다.

해설 여자가 '국악 프로그램의 인기 비결'에 대하여 질문했습니다. 남자는 '대중음악과 국악을 연결하여 소개'하는 것이라고 대답하면서, '달라진 시대에 맞게 국악도 변화해야 하지 않겠냐'고 반문했습니다.
  • 반문하다: 질문한 상대방에게 다시 질문하다.

[21~22]

> **여자:** 요즘 신입 사원들이 많아져서 그런지 일하기가 힘드네요. 앞으로는 경력 사원들만 뽑았으면 좋겠어요.
> **남자:** 경력 사원과 함께 일하는 게 더 수월하기는 하지만 신입 사원들을 아예 안 뽑을 수는 없죠.
> **여자:** 신입 사원들은 손이 정말 많이 가잖아요. 다 알려 줘도 실수하고요.
> **남자:** 그래도 열심히 하려는 모습이 보기 좋지 않아요? 신입 사원을 대상으로 한 직무 교육을 준비해서 신입 사원의 업무 능력을 향상시켜 주면 모두에게 더 좋을 것 같네요.

21 [중심 생각 고르기]

정답 ③ 신입 사원들을 위한 교육이 마련되어야 한다.

해설 남자는 신입 사원의 '열심히 하려는 모습이 보기 좋다'며, '직무 교육'을 준비해서 '업무 능력을 향상시켜 주면 좋을 것'이라고 했습니다. '④ 신입 사원들의 열심히 하는 모습이 보기 좋다.'는 일치하는 내용일 뿐입니다. '남자의 중심 생각'으로 고르지 않도록 주의합니다.

22 [일치하는 내용 고르기]

정답 ④ 이 회사는 최근 신입 사원들을 많이 뽑았다.

해설 '요즘 신입 사원들이 많아져서 그런지'라는 여자의 말에서 최근 신입 사원들을 많이 뽑았다는 것을 알 수 있습니다.

[23~24]

> **남자:** 여보세요. 제가 오늘 깜빡하고 지하철 선반 위에 가방을 두고 내렸어요. 찾을 수 있을까요?
>
> **여자:** 아, 그러시군요. 우선 '경찰청 유실물 홈페이지'에 접속하셔서 잃어버린 물건이 있는지 확인해 보십시오.
>
> **남자:** 네, 지금 해 볼게요. 아, 있어요. 파란색 가방 사진이 있는데 제 가방이에요. 안에 책만 있어요.
>
> **여자:** 네, 그러면 먼저 그 사이트에서 '분실물 신고'를 하시고요. 그러면 경찰서에서 고객님에게 문자 메시지를 보낼 것입니다. 그때 접수증을 가지고 가셔서 찾으시면 됩니다.

23 [담화 상황 고르기]
정답 ② 분실물을 찾는 방법에 대해 문의하고 있다.

해설 남자는 '지하철 선반 위에 가방을 두고' 내려서 가방을 분실했습니다. 여자에게 분실한 가방을 찾을 수 있는지 묻자, 여자가 가방을 찾을 수 있는 방법을 설명하고 있습니다. '① 분실물을 신고하는 방법을 설명하고 있다.'는 여자가 하는 일입니다. '남자가 하는 일'로 고르지 않도록 주의합니다.

24 [일치하는 내용 고르기]
정답 ① 경찰서에서 분실물을 보관하고 있다.

해설 '분실물 신고'를 하면 '경찰서'에서 '문자 메시지'를 보내 줍니다. '접수증을 가지고' '경찰서'에 가서 분실물을 찾으면 됩니다. 즉, 분실물은 경찰서에서 보관하고 있습니다.

[25~26]

> **여자:** 원장님께서 운영하시는 숲 유치원은 기존 유치원과 어떻게 다른가요?
>
> **남자:** 우리 유치원에는 인공적인 장난감이 하나도 없습니다. 대신 솔방울, 나뭇잎 등 자연이 아이들의 장난감이 되지요. 아이들은 넓은 자연에서 자유롭게 춤추며 뛰어놉니다. 이 과정에서 아이들은 무한한 상상력을 발휘하게 되고 정서적 안정감을 얻게 되는 것이지요. 여러 체험 활동을 통해서 환경 보호의 중요성도 알게 되고요. 맑고 신선한 숲의 생활은 아이의 면역력을 강화한다는 의학적 연구 결과도 있습니다. 무엇보다 아이가 스스로 자연과 하나 되는 법을 알아가게 되는 것이 기존 유치원과 가장 큰 차이점인 것 같습니다.

25 [중심 생각 고르기]
정답 ③ 자연은 아이들에게 최고의 장난감이자 교육 환경이다.

해설 남자는 이 유치원에서 아이들의 '장난감', '체험 활동' 공간이 모두 '자연'이며, '기존 유치원과 가장 큰 차이점'을 '아이가 자연과 하나가 되는 법을 알아가게 되는 것'이라고 했습니다.

26 [일치하는 내용 고르기]
정답 ④ 이 유치원에서 아이들은 자연과 함께하는 법을 배울 수 있다.

해설 '아이가 스스로 자연과 하나 되는 법'을 배우는 것이 이 유치원과 다른 유치원의 가장 큰 차이점입니다.

남자: 환자분은 혈압 수치가 높습니다. 짜거나 매운 음식은 될 수 있으면 피하시는 게 좋고 과식은 절대 금물입니다.

여자: 음식 조절만 하면 괜찮아질 수 있는 건가요? 전에는 조깅을 했었는데 무릎 관절에 무리가 갔는지 요즘은 아파서 운동을 전혀 안 하고 있거든요.

남자: 아닙니다. 운동은 꼭 하셔야 합니다. 수영은 무릎에 무리가 가지 않는 유산소 운동으로 혈압을 낮추는 데 효과적입니다. 주 3회 이상은 하시기를 바랍니다.

여자: 아, 그렇군요. 집 근처에 수영장이 있어요. 감사합니다.

27 [화자의 의도나 목적 고르기]

정답 ② 환자의 혈압 수치를 낮추기 위해

해설 남자는 환자인 여자에게 '음식 조절'과 '운동'을 권하고 있습니다. 음식을 조절하고 운동을 하면 '혈압을 낮출' 수 있기 때문입니다.

28 [일치하는 내용 고르기]

정답 ① 수영은 고혈압 치료에 도움을 준다.

해설 '수영은 무릎에 무리가 가지 않는 유산소 운동'으로 고혈압 치료에 '효과적'입니다.

[29~30]

남자: 우유 생산량이 증가하는 데 반해 우유 소비는 감소하고 있어 문제가 되고 있는데요. 이런 상황에서는 가격을 내려야 하는 게 아닐까요?

여자: 가격을 낮추면 단기간에 우유 소비를 증가시킬 수 있겠지만 근본적인 해결책은 아니라고 봅니다. 소를 키우는 한 사람으로서 가격을 인하하는 건 반대예요. 우유 관련 식품을 개발해서 우유 소비를 늘려 가야지요. 유럽에서도 저출산으로 우유 소비가 줄었는데 치즈 관련 식품을 개발해서 문제를 해결했었잖아요.

남자: 지금 관련 식품을 개발할 시간적 여유가 있다고 생각하세요?

여자: 5년 전 이와 같은 사례로 가격을 인하했다가 저희 축산 농가는 큰 적자를 봤습니다. 장기적인 관점에서 접근했으면 좋겠어요.

29 [담화 참여자 고르기]

정답 ① 축산 농가를 운영하는 사람

해설 여자는 '소를 키우는 한 사람으로서' 우윳값 인하를 반대합니다. '축산 농가' 앞에 '저희'를 덧붙여서 '축산 농가'가 자기와 관련된 것이라고 말하고 있습니다.

30 [일치하는 내용 고르기]

정답 ② 유럽에서도 유사한 문제가 발생했었다.

해설 '유럽에서도 저출산으로 우유 소비가 줄었는데 치즈 관련 식품을 개발해서 문제를 해결'한 적이 있습니다.

[31~32]

> **여자:** 최근 식당이나 제조업체에서의 식자재 위생 관리 문제가 빈번히 드러나면서 소비자들의 불만이 커지고 있습니다. 정부는 지금까지 도대체 뭘 하고 있었는지 이해할 수 없네요.
>
> **남자:** 정부가 어떻게 생산부터 유통까지의 전 과정을 감독하고 관리할 수 있겠어요? 한계가 있을 수밖에 없지요.
>
> **여자:** 그렇다면 감독, 관리 대상에서 정부를 배제하고 식자재 위생 대책을 세워야 한다는 말씀입니까? 정부가 관리 감독을 더 강화해야 하지 않을까요?
>
> **남자:** 네, 하지만 생산자들의 의식 변화가 먼저 이루어져야 한다고 생각합니다. 위생 장갑 착용, 유통 기한 확인, 정기적인 청소와 같은 기본 수칙부터 준수해야 한다는 것이지요.

31 [중심 생각 고르기]

정답 ④ 식자재 위생 문제를 개선하기 위해 먼저 생산자가 노력해야 한다.

해설 남자는 정부의 감독이나 관리 문제의 한계를 지적하며, '생산자들의 의식 변화가 먼저 이루어져야 한다'고 주장하고 있습니다.

32 [화자의 태도나 말하는 방식 고르기]

정답 ② 문제 해결 방안을 제시하고 있다.

해설 남자는 '식자재 위생 관리 문제'의 해결 방안으로 '생산자의 의식 변화'와 '기본 수칙 준수'를 제시하고 있습니다.

[33~34]

> **여자:** 최근 온라인상에서 사생활 정보가 과도하게 노출되는 등 인터넷 사용으로 인한 피해가 매우 큰 것으로 나타났습니다. 익명성을 무기로 허위 정보를 무분별하게 인터넷 게시판에 올리거나 악성 댓글을 다는 등의 문제도 불거지고 있는데요. 재미 삼아 저지른 불법적 행동이 누군가에겐 지울 수 없는 상처가 되기도 한다는 것을 생각해 보십시오. 표현의 자유라는 명목으로 타인의 소중한 인권과 재산을 침해하거나 정신적으로 피해를 주는 일은 사라져야 할 것입니다. 나도 언젠가는 피해자의 자리에 놓일 수 있다는 사실을 기억합시다.

33 [화제 고르기]

정답 ④ 올바른 인터넷 사용 방법

해설 여자는 '인터넷 사용으로 인한 피해'를 줄이기 위해, 어떤 태도로 인터넷을 사용해야 하는지 말하고 있습니다.

34 [일치하는 내용 고르기]

정답 ③ 익명성으로 인해 온라인상에서 많은 문제가 발생한다.

해설 최근 온라인상에서 '익명성을 무기로' 한 '허위 정보', '악성 댓글 등의 문제가 불거지고' 있습니다.

[35~36]

> **남자:** 주민 여러분, 안녕하십니까? 최근 장애인 복지 시설이 들어오는 것에 반대하는 주민들의 시위가 연일 계속되고 있습니다. 한편 지역의 복지 증진 및 수익 증가가 예상되는 종합 병원은 유치하게 해 달라는 시위도 동시에 벌어지고 있는데요. 여러분은 이러한 상황을 어떻게 생각하십니까? 지나친 지역 이기주의로 여겨지지는 않으십니까? 수익이 창출되는 병원 건립은 찬성하면서, 사회적 약자를 보호하는 기관인 장애인 복지 시설은 반대하는 것이 결코 성숙한 시민 정신이라고는 할 수 없습니다. 개인의 이익만 생각하고 공공의 이익은 무시하는 태도를 고집해서는 안 될 것입니다. 주민 여러분께서 조금 더 약자를 보호하고 배려하는 마음으로 바라봐 주셨으면 좋겠습니다.

35 [담화 상황 고르기]

정답 ① 성숙한 시민 의식을 촉구하고 있다.

해설 '장애인 복지 시설' 건립을 반대하고, '종합 병원'은 유치해 달라는 '주민들의 시위'는 '지나친 지역 이기주의'로 볼 수 있습니다. 남자는 '개인의 이익'을 넘어 '공공의 이익'을 추구하는 '성숙한 시민 정신'을 요청하고 있습니다.

36 [일치하는 내용 고르기]

정답 ④ 주민들은 지역 개발에 도움이 되는 시설 유치에 찬성하고 있다.

해설 '지역의 복지 증진 및 수익 증가가 예상되는 종합 병원은 유치하게 해 달라는 시위'가 일어나고 있습니다.

[37~38]

> **남자:** 연말이 다가오며 잦은 술자리로 힘들어하는 직장인들이 많은 것 같아요. 술자리에서 건강을 지킬 방법이 있을까요?
> **여자:** 네, 이럴 때일수록 철저한 건강 관리가 필요합니다. 안주 없이 술만 드시는 분들이 계시는데 빈속에 술을 마시기보다 담백한 음식을 안주로 함께 드시길 추천합니다. 또한, 수분 섭취를 꾸준하게 해 주시는 것이 좋습니다. 안주와 물의 섭취는 체내 알코올의 농도를 낮춰 세포 손상을 막는 것에 도움을 주기 때문입니다. 손상된 간세포가 회복되려면 최소 3일이 필요한데 이 기간에 또 술을 마실 경우, 간세포의 회복이 늦어집니다. 술자리 약속은 일주일에 3회 미만으로 잡으시고 과음은 삼가셔서 건강을 지키시기 바랍니다.

37 [중심 생각 고르기]

정답 ② 올바른 음주 습관을 통하여 건강을 지켜야 한다.

해설 여자는 '술자리에서 건강을 지킬 방법'으로 담백한 음식을 안주로 먹기, 꾸준히 수분 섭취하기, 술자리 약속은 일주일에 3회 미만으로 잡기를 제안하였습니다.

38 [일치하는 내용 고르기]

정답 ④ 한번 손상된 간세포의 회복은 적어도 사흘이 걸린다.

해설 '손상된 간세포가 회복되려면 최소 3일이 필요'합니다.

[39~40]

> **여자:** 이처럼 데이트 폭력 피해 사례가 꾸준히 증가하고 있는 것은 범죄에 합당한 처벌이 제대로 이루어지지 않기 때문이라고 보는 입장이 많은데요.
> **남자:** 네, 저 역시 동의하는 바입니다. 데이트 폭력 사건은 양적으로 늘어나는 것뿐 아니라 폭력의 수위도 나날이 심해지고 있습니다. 또한, 데이트 폭력은 일반 폭력 사건보다 재범률이 높기 때문에 엄중하게 처벌할 필요가 있습니다. 하지만 법안이 제대로 마련되어 있지 않아 피해자가 신고해도 실제 처벌이 이행되는 비율은 얼마 되지 않는다고 합니다. 데이트 폭력 처벌에 대한 법안을 지금보다 강화하여 현 문제를 개선해야 한다고 생각합니다.

39 [담화 전후의 내용 고르기]

정답 ② 데이트 폭력으로 인한 피해가 늘고 있다.

해설 들려주는 대화의 이전 내용을 물어볼 때는 시작 부분을 주의 깊게 들어야 합니다. '이처럼'은 앞에서 한 말을 요약하는 표현입니다. '데이트 폭력 피해 사례가 꾸준히 증가'한다는 내용이 앞에 올 것입니다.

40 [일치하는 내용 고르기]

정답 ① 데이트 폭력 관련 법안이 미비하다.

해설 '법안이 제대로 마련되어 있지 않아'는 '데이트 폭력 관련 법안이 미비하다'는 것을 의미합니다.

　• 미비하다: 완전하게 다 갖추어져 있지 못하다.

[41~42]

> **여자:** 놀이 기구 '롤러코스터'는 레일 위를 아주 빨리 달리거나 360도 회전하도록 만들어졌습니다. 사람들은 360도 돌아가는 이 기구에서 어떻게 떨어지지 않을 수 있을까요? 그것은 바로 원의 중심으로 향하는 힘인 '구심력'과 원의 중심에서 멀어지려고 하는 힘인 '원심력'이 힘의 평형을 이루기 때문입니다. 스피드 스케이팅에서도 두 힘의 원리를 살펴볼 수 있습니다. 스피드 스케이팅 선수들은 코너를 돌 때 몸을 옆으로 기울입니다. 몸을 기울인 상태로 곡선을 도는 자세는 원심력을 극복하고 구심력을 증가시키기 때문에 넘어지지 않고 속도를 낼 수 있게 되는 것입니다.

41 [중심 내용 고르기]

정답 ④ 물체는 회전 운동을 할 때 힘의 평형을 이룬다.

해설 여자는 '롤러코스터', '스피드 스케이팅 선수'와 같이 원 모양으로 회전할 때, '구심력'과 '원심력' 두 힘이 평형을 이룬다고 했습니다.

42 [일치하는 내용 고르기]

정답 ③ 롤러코스터는 힘의 원리가 반영된 놀이 기구이다.

해설 360도 돌아가는 '롤러코스터'에서 사람들이 떨어지지 않는 이유는 롤러코스터가 '구심력'과 '원심력'이 '힘의 평형'을 이루는 '원리'가 반영되어 만들어진 놀이 기구이기 때문입니다.

[43~44]

> **남자:** 인도네시아의 숲속에서 볼 수 있는 이 커다란 식물의 이름은 '라플레시아'이다. 라플레시아는 꽃의 지름이 무려 1m가 넘는 식물로 꽃이 피는 데만 한 달 이상의 시간이 걸린다. 라플레시아의 또 다른 특징으로는 고약한 냄새를 꼽을 수 있다. 냄새가 심하여 '시체꽃'이라고도 불리는데 어째서 다른 꽃들과 달리 향기가 아닌 고기가 썩은 것 같은 악취를 풍기는 것일까? 이는 라플레시아의 꽃가루를 옮겨 줄 파리를 유인하기 위해서다. 꽃의 색깔 역시 파리들이 좋아하는 자줏빛을 띠고 있다. 냄새와 색에 매료되어 찾아온 파리가 라플레시아의 수술에 앉으면 파리의 발에 꽃가루가 붙게 되고 파리는 이동하며 꽃가루를 암술에 옮긴다. 이렇게 수정이 이루어지고 나면 마침내 라플레시아는 냄새를 풍기며 썩어 버린다.

43 [화제 고르기]

정답 ① 꽃의 수정 방법

해설 '라플레시아'는 '악취'와 '꽃의 색깔'로 파리를 유인하여 꽃가루를 '암술에 옮'깁니다. 남자는 꽃의 수정 방법에 대해 설명하고 있습니다.

44 [일치하는 내용 고르기]

정답 ② 꽃에 파리를 유인하기 위해서

해설 '라플레시아는 꽃가루를 옮겨 줄 파리를 유인하기 위해서' '고기가 썩은 것 같은 악취'를 풍깁니다.

> **여자:** 한 교육 기관에서 아침 식사와 학습 능력의 상관성을 연구한 결과, 아침을 먹은 수험생들은 시험에서 실수가 적었던 반면, 공복인 수험생들은 시험에 대한 집중도 낮았고 쉬운 문제에서 실수도 많았다고 합니다. 이러한 연구 결과에 따라 최근 아침을 챙겨 먹는 수험생들이 늘었는데요. 수험생뿐 아니라 최근 들어 아침 대용 식품을 찾는 직장인도 점점 늘고 있습니다. 하지만 공복에 모든 음식이 다 좋은 것은 아닙니다. '감자'는 녹말 성분이 위를 보호해 주고, 위궤양 예방에도 도움을 줄 뿐 아니라 스트레스와 피로를 줄여 줘서 공복에 좋습니다만, 빈속에 마시는 '우유'는 칼슘과 카세인이라는 단백질이 위산 분비를 촉진하는 역할을 합니다. 결과적으로 위벽을 자극해 복통이나 설사를 유발할 수 있으니 주의해야 합니다.

45 [일치하는 내용 고르기]

정답 ④ 공복에 먹으면 이로운 음식도 있고 해로운 음식도 있다.

해설 '감자'는 공복에 좋지만, '우유'는 공복에 좋지 않으니 주의해야 합니다. 선택지의 '이롭다'는 '도움이나 이익이 되다'라는 긍정적인 뜻이며, '해롭다'는 '손상·피해를 입히다'라는 부정적인 뜻을 가지고 있습니다.

46 [화자의 태도나 말하는 방식 고르기]

정답 ① 예시와 근거를 통해 정보를 전달하고 있다.

해설 여자는 '감자'의 '녹말'과 '우유'의 '칼슘과 카세인'을 예시이자 근거로 들어 공복과 관련된 정보를 전달하고 있습니다.

> **여자:** 1인 가구가 전체 인구의 30%에 육박했다는 통계청 발표에 1인은 '가구'가 아니라고 말하는 사람들이 있다고 하던데요. 어떻게 생각하시나요?
>
> **남자:** 네, 사회학에서는 가족을 '사회적 집단'으로 분류합니다. 집단이 되려면 2인 이상의 구성원이 있어야 하지요. 이러한 논리로 봤을 때 1인을 가구로 표현할 수 없다는 주장이 틀린 것만은 아닙니다. 하지만 사회 현상을 개념적으로만 접근할 수는 없습니다. 1인 가구가 증가하면서 의식주 문화가 바뀌었고, 경제적 소비 주체인 이들을 겨냥한 각종 서비스는 발 빠르게 변화하고 있습니다. 하지만 사회적 제도는 여전히 기존 가족 개념만을 고수한 탓인지 변화의 흐름을 전혀 따라가지 못하고 있습니다. 각 지방자치단체는 연령대별 1인 가구를 위한 제도를 보완해 가야 합니다. 무엇보다 독거 노인을 위한 사회 안전망 확충이 시급하니 이들을 위한 구체적인 제도 개선도 이루어져야 할 것입니다.

47 [일치하는 내용 고르기]

정답 ① 서비스 시장은 소비 주체에 따라 바뀌고 있다.

해설 '1인 가구가 증가하면서' '경제적 소비 주체'가 달라졌고, '이들을 겨냥한 각종 서비스'도 '변화하고' 있습니다.

48 [화자의 태도나 말하는 방식 고르기]

정답 ④ 제도 시행의 미흡함을 지적하며 제도 개선을 촉구하고 있다.

해설 남자는 '사회 현상'이 달라졌지만 '사회적 제도'는 '변화의 흐름을 전혀 따라가지 못하고 있다'며, '구체적인 제도 개선'이 필요하다는 주장을 하고 있습니다.

> **여자:** 국제 우주 정거장과 우주 쓰레기가 부딪쳐 재앙이 일어난 내용의 영화가 화제가 되고 있습니다. 여기서 말하는 우주 쓰레기는 고장이 났거나 수명이 다한 인공위성끼리 부딪쳐 만들어진 파편들인데, 실제로 대량의 우주 쓰레기가 지구 주위를 빙글빙글 돌고 있습니다. 대량의 쓰레기가 만들어진 건 각국에서 나중에 일어날 일은 생각하지 않고 여러 목적으로 인공위성을 쏘아 올렸기 때문인데요. 눈앞의 이익과 편리함만을 추구한 결과라고 볼 수 있습니다. 현재 각국은 이 문제를 해결하기 위해 다양한 연구를 하고 있습니다. 특히 이제는 경쟁적으로 인공위성을 발사하기만 할 것이 아니라 지구의 미래를 위해 협력하여 우주 쓰레기를 처치할 방법을 찾아내야 합니다. 그렇지 않으면 영화 속 장면처럼 재앙이 일어날지도 모르니까요.

49 [일치하는 내용 고르기]

정답 ① 다양한 이유로 많은 인공위성이 발사됐다.

해설 '각국에서' '여러 목적으로 인공위성을 쏘아 올'려 대량의 쓰레기를 만들었습니다.

50 [화자의 태도나 말하는 방식 고르기]

정답 ④ 우주 쓰레기 문제에 대한 해결책을 촉구하고 있다.

해설 여자는 '국제 우주 정거장과 우주 쓰레기가 부딪쳐 재앙이 일어'나는 영화 속 장면이 실제로 일어날 수 있다며, '지구의 미래를 위해 협력하여 우주 쓰레기를 처치할 방법을 찾아내야 한다'는 주장을 하고 있습니다.

51 [실용문의 맥락에 맞게 문장 완성하기]

모범 답안

㉠: 본 적이 없었어요 / 구경한 적이 없었어요

㉡: 보러 가고 싶어요 / 구경하러 가고 싶어요

52 [설명문의 맥락에 맞게 문장 완성하기]

모범 답안

㉠: 배우기가 쉽지 않아서 / 배우기가 어려워서

㉡: 한글 만드는 일을 포기하지 않았다 / 한글 만드는 일을 계속했다

53 [표 또는 그래프 분석하기]

모범 답안

> 인주시 인구 연구소에서 인주시의 인구 변화에 대해 조사한 결과, 인주시의 인구는 2010년 20만 명에서 2020년 10만 명으로 50% 정도 감소한 것으로 나타났다. 인구 감소의 주요 원인으로는 직업이 44.4%로 가장 많았고, 주택이 30.3%로 그 뒤를 이었으며, 교육과 기타가 각각 15.3%와 10%로 나타났다. 인구 감소를 줄이기 위한 대책으로는 새로운 일자리 제공이 가장 시급하며, 주거 시설 공급과 교육 기관 증설 및 교사 증원도 필요하다고 했다. 또한 만약 이러한 대책을 지금 당장 시행하지 않는다면, 인주시의 인구는 지속적으로 감소할 것이라 전망했다.

모범 답안

　사회가　변화하고　인구가　증가하면서　사회적　관계는　더　복잡하고　다양해졌다.　그　가운데　원만한　인간관계의　유지를　위해　우리에게는　공감　능력이　꼭　필요하다.

　먼저　공감　능력이　중요해진　이유는　앞서　말했듯이　사회적　관계가　복잡해졌기　때문이다.　과거보다　많은　갈등이　생겨나고,　그에　따라서　서로를　이해하고　배려해야　하는　상황이　늘어난　것이다.

　그런데　사람들에게　이처럼　중요한　공감　능력이　부족하다면　사회적으로　어떠한　문제가　발생할까?　공감　능력이　부족한　사람은　타인의　감정을　이해하지　못하기　때문에,　자신만의　기준을　가지고　사람을　대하는　경우가　많다.　또　자신의　생각과　다른　의견에　비난을　가하거나,　사람들이　혐오감을　느끼는　행동을　하기도　한다.　학교　폭력,　환경오염,　노인　학대,　지역　감정　등이　바로　이러한　공감　능력이　부족해서　발생하는　예이다.

　따라서　오늘날　사회에서는　공감　능력을　키우는　것이　무엇보다　중요하며,　이를　위해　다음과　같은　노력이　필요하다.　우선　자신의　감정은　잠시　뒤로　하고　상대방의　감정을　느껴　보려고　노력해야　한다.　상대방의　감정을　충분히　파악했다면　다음으로　그　감정을　있는　그대로　인정하고　그　사람이　느꼈을　마음에　대해　진심　어린　말을　전해야　한다.　특히　상대방이　상처받은　것이　있다면,　상대를　위로하는　것이　중요하다.　이러한　교육을　통해　사회　구성원들의　공감　능력이　향상된다면　크고　작은　사회　문제를　해결하는　데　도움이　될　것이다.

01	02	03	04	05	06	07	08	09	10
③	③	④	④	③	①	④	①	①	①
11	**12**	**13**	**14**	**15**	**16**	**17**	**18**	**19**	**20**
④	④	①	④	②	④	③	④	③	③
21	**22**	**23**	**24**	**25**	**26**	**27**	**28**	**29**	**30**
②	③	①	④	①	④	③	①	②	③
31	**32**	**33**	**34**	**35**	**36**	**37**	**38**	**39**	**40**
②	③	④	④	③	④	②	③	②	③
41	**42**	**43**	**44**	**45**	**46**	**47**	**48**	**49**	**50**
④	②	③	②	④	③	④	②	①	④

01 [빈칸에 알맞은 말 고르기(문법)]

정답 ③ 연습할수록

해설 '-(으)ㄹ수록'은 앞의 말이 나타내는 정도가 심해지면 뒤의 말이 나타내는 내용의 정도도 그에 따라 변함을 나타내는 표현입니다.

02 [빈칸에 알맞은 말 고르기(문법)]

정답 ③ 합격하면 좋겠다

해설 '-(으)면 좋겠다'는 말하는 사람의 소망이나 바람을 나타내는 표현입니다.

03 [의미가 비슷한 말 고르기]

정답 ④ 없을 것 같아서

해설 '-(으)ㄹ까 봐', '-(으)ㄹ 것 같아서'는 모두 어떤 일에 대한 걱정이나 추측을 나타내는 표현입니다. 비슷한 문법으로는 '-(으)ㄹ지도 몰라서'가 있습니다.

04 [의미가 비슷한 말 고르기]

정답 ④ 하기 나름이다

해설 '~에 달려 있다', '-기 나름이다'는 모두 어떤 일을 하는 방식에 따라 결과가 달라짐을 나타내는 표현입니다.

05 [화제 고르기]

정답 ③ 치약

해설 '튼튼한(튼튼하다) 잇몸'은 '치약'과 관련이 있습니다. '냄새, 상쾌함'만 보고 '① 세제'를 정답으로 고르지 않도록 주의합니다.

06 [화제 고르기]

정답 ① 학원

해설 '실력, 수업'은 '학원'과 관련이 있습니다. '미래와 꿈'만 보고 '② 은행'이나 '④ 병원'을 정답으로 고르지 않도록 주의합니다.

07 [화제 고르기]

정답 ④ 전기 절약

해설 '플러그'를 생각 없이 꽂으면 안 되는 이유, '빨래는 모아서 한 번에' 해야 하는 이유, '실내 적정 온도 유지'를 해야 하는 이유는 모두 '전기'를 '절약'하기 위해서입니다. '빨래'만 보고 '② 위생 교육'을 정답으로 고르지 않도록 주의합니다.

08 [화제 고르기]

정답 ① 대중 교통 예절

해설 '휴대전화 ⋯→ 진동', '전화할 때 ⋯→ 작은 소리로 짧게', '반려동물 ⋯→ 박스에 넣고 이동'은 모두 '대중 교통'을 이용할 때 지켜야 하는 '예절'과 관련이 있습니다.

09 [안내문과 일치하는 내용 고르기]

정답 ① 월요일은 전시회 관람을 할 수 없다.

해설 '휴관'은 미술관, 영화관, 박물관 등이 쉰다는 뜻입니다. 휴관을 하면 관람을 할 수 없습니다.

10 [도표와 일치하는 내용 고르기]

정답 ① 패션 의류를 받고 싶어 하는 사람이 전체의 반을 넘는다.

해설 그래프를 보면 '패션 의류'를 선물로 받고 싶다고 한 사람이 52%로 50%인 '(절)반'을 넘습니다.

11 [글과 일치하는 내용 고르기]

정답 ④ 박 씨의 전화로 경찰이 현장에 출동했다.

해설 '박 씨가 112에 신고하여 경찰이 출동했다'고 했습니다. '112'는 경찰에게 신고를 할 때 누르는 전화번호입니다.

12 [글과 일치하는 내용 고르기]

정답 ④ 면역력에 대한 관심이 증가하면서 토종닭도 많이 팔리고 있다.

해설 '소비가 늘고 있다'는 '많이 팔리고 있다'는 뜻입니다.

13 [알맞은 순서로 배열한 것 고르기]

정답 ① (나) – (라) – (가) – (다)

해설 문장의 순서를 알 수 있는 키워드를 중심으로 흐름을 파악합니다. 선택지를 보면 (나)와 (라) 중 하나가 가장 앞에 온다는 것을 알 수 있습니다.

(나) '요즘, 요새, 최근'은 주로 글의 처음에 나오며, 현상이나 주제를 설명할 때 사용됩니다.

⇨ (라) '-기 때문이다' 앞에는 '원인'에 대해 설명하는 문장이 옵니다.

⇨ (가) '또한'은 추가되는 내용이 있을 때 사용합니다.

⇨ (다) '이처럼 -(으)ㄹ 것이다'는 전체의 내용을 정리하고 미래를 전망할 때 쓰는 표현입니다.

---

14 [알맞은 순서로 배열한 것 고르기]

정답 ④ (다) – (라) – (가) – (나)

해설 사건이 일어난 순서대로 흐름을 파악해야 합니다. 선택지를 보면 (라)와 (다) 중 하나가 가장 앞에 온다는 것을 알 수 있습니다.

(다) 늦게 일어났고 시간이 없어서 가방을 안 가지고 나왔습니다.

⇨ (라) 밖에 있는데 나를 부르는 소리가 들렸습니다.

⇨ (가) 소리가 나는 곳을 보았더니 같은 방 친구가 내 가방을 들고 있었습니다.

⇨ (나) 그래서 나는 고맙다고 생각했습니다.

---

15 [알맞은 순서로 배열한 것 고르기]

정답 ② (가) – (라) – (나) – (다)

해설 문장의 순서를 알 수 있는 키워드와 논리 구조를 중심으로 흐름을 파악해야 합니다.

(가) '최근, 요새, 요즘'은 주로 글의 처음에 나오며, 현상이나 주제를 설명할 때 사용됩니다.

⇨ (라) '-기 때문이다' 앞에는 '원인'에 대해 설명하는 문장이 옵니다. (라)는 (가)에 나온 '혼자 사는 사람이 식물을 기르는 것'의 원인을 설명하고 있습니다.

⇨ (나) '그리고'는 추가되는 내용이 있을 때 사용합니다. (나)는 (라)에 나온 '식물을 기르는 이유'에 추가되는 내용입니다.

⇨ (다) '실제로'는 앞서 나온 내용을 증명하거나 뒷받침할 때 사용됩니다. (다)는 (나)의 '외로움을 느끼지 않는다'는 내용을 '심리적 안정 효과'라는 말로 뒷받침합니다.

---

16 [빈칸에 알맞은 말 고르기(맥락)]

정답 ④ 체중 감량을 위해 식단을 조절하는

해설 '살을 빼는 데도 효과가 있는'과 '폭식을 하지 않게 된다'는 내용으로 보아, 체중 감량을 위해 음식의 양과 종류를 조절한다는 말이 빈칸에 들어가야 합니다.

17 [빈칸에 알맞은 말 고르기(맥락)]

정답 ③ 시험을 망치고 나서

해설 '소 잃고 외양간 고친다'는 '이미 실패한 뒤에 후회해도 소용이 없다'는 뜻입니다. 시험 준비를 안 해서 시험을 못 본 후 그때서야 시험공부를 하는 것도 아무 소용이 없습니다. 시험을 못 봤다는 말이 빈칸에 들어가야 합니다.

18 [빈칸에 알맞은 말 고르기(맥락)]

정답 ④ 자신의 느낌이나 감정을 살리기 위해

해설 빈칸 앞에 있는 '그래서'로 앞 문장이 원인이나 이유임을 알 수 있습니다. 이모티콘을 사용하는 이유는 '오해' 없이 자신의 기분이나 감정을 잘 보여주기 위해서라는 말이 빈칸에 들어가야 합니다.

19 [빈칸에 알맞은 말 고르기(맥락)]

정답 ③ 그래서

해설 빈칸 앞에는 '멀미'가 '발생'하는 이유가 나오고, 빈칸 뒤에는 '멀미를 가라앉히려면' 해야 하는 행동이 나옵니다. 앞 내용이 뒤 내용의 원인, 근거, 조건 등이 될 때 쓰는 말인 '그래서'가 빈칸에 들어가야 합니다.

20 [긴 글 읽고 주제 찾기]

정답 ③ 시각 정보와 평형 정보를 같게 하면 멀미가 진정된다.

해설 눈에 보이는 '시각 정보'와 귀에서 느끼는 '평형 정보'의 차이가 멀미의 원인입니다. '창밖의 풍경을 보며' 두 정보를 '일치'하게 만들면 멀미를 진정시킬 수 있습니다.

21 [빈칸에 알맞은 말 고르기(맥락)]

정답 ② 눈코 뜰 새 없도록

해설 빈칸 뒤에 '바쁘게'가 있습니다. 매우 바쁜 상황을 나타내는 표현이 빈칸에 들어가야 합니다.

- 눈코 뜰 새(= 사이)가 없다: 매우 바쁘다.
- 코가 납작해지다: 얼굴을 들지 못할 만큼 몹시 창피해지거나 기가 죽다.
- 입에 침이 마르다: 남을 아주 좋게 말하다.
- 귀에 못이 박히다: 같은 말을 많이 반복하여 들어서 지겹다.

22 [글과 일치하는 내용 고르기]

정답 ③ 노인들의 행복한 삶을 위한 대책이 필요하다.

해설 노인들의 '제한된 여가 활동'이 가져오는 문제점을 해결하기 위해 '문화 복지' 혜택의 '폭을 넓혀' '행복한 삶을 보낼 수 있도록' 해야 한다고 했습니다. 폭을 넓힌다는 것은 다양한 대책을 찾는다는 뜻입니다.

23 [인물의 태도나 심정 고르기]

정답 ① 답답하다

해설 자신의 생각대로 되지 않아 다른 사람들의 '눈치'를 볼 정도로 스스로 '한심'하다는 생각을 하고 있습니다.

24 [글과 일치하는 내용 고르기]

정답 ④ 내가 일하는 속도가 느린 것에 대해 아무도 불평하지 않았다.

해설 '손이 느리다'는 일하는 속도가 느리다는 뜻이고, '동료 직원'들이 '짜증'이나 '화'를 내지 '않으셨다'는 것은 불평하지 않았다는 의미입니다.

25 [신문 기사 읽고 주제 설명하기]

정답 ① 올 여름 장마가 길어져서 필요한 전력이 작년보다 감소하였다.

해설 '수요'는 '요구나 필요'와 같은 의미이며, '뚝'은 어떤 것이 많이 떨어지거나 감소하는 모양을 나타냅니다.

26 [신문 기사 읽고 주제 설명하기]

정답 ④ 건설업종에서 최우수 등급을 받은 한국건설이 가장 발전한 기업으로 올라섰다.

해설 '성장 최고'는 '가장 발전한'으로 바꿔 쓸 수 있습니다. '우뚝'은 높이 올라선 모양을 나타냅니다.

27 [신문 기사 읽고 주제 설명하기]

정답 ③ 사업주와 근로자의 의견이 달라 고용보험 확대가 어려울 것이다.

해설 '경영계'는 '사업주'로 '노동계'는 '근로자'로 바꿔 쓸 수 있습니다. '입장 차이'는 서로 의견이 다르다는 의미입니다. '진통'은 아이를 낳을 때 반복되는 배의 고통을 의미하지만 여기서는 어떤 과정에서 생기는 고통이나 어려움을 나타냅니다.

28 [빈칸에 알맞은 말 고르기(맥락)]

정답 ① 마감 시간에 맞추는 것이

해설 빈칸 뒤에 '아니라'가 있으므로 앞뒤의 내용이 반대가 된다는 것을 알 수 있습니다. 따라서 '미리 일을 끝내다'와 반대되는 말인 '정해진 기한의 끝에 맞추다'라는 말이 빈칸에 들어가야 합니다.

29 [빈칸에 알맞은 말 고르기(맥락)]

정답 ② 가장 차이가 많은 것은

해설 빈칸 앞에 '그중'은 '조건들 중에서'입니다. '키가 크는 데 가장 중요'한 '조건'은 '영양 상태'라고 했습니다. '과거와 현재를 비교'하면 영양 상태에서 가장 차이가 난다는 말이 빈칸에 들어가야 합니다.

30 [빈칸에 알맞은 말 고르기(맥락)]

정답 ③ 시간제, 요일제 근무를 하거나

해설 빈칸 앞에 '대신'이 있으므로 앞뒤 내용이 대조적이라는 것을 알 수 있습니다. '주5일 근무'와 대조적인 말은 '시간제, 요일제 근무'입니다.

31 [빈칸에 알맞은 말 고르기(맥락)]

정답 ② 업계의 친환경 방안이 지속된다면

해설 첫 문장이 중심 내용이고 뒤의 내용은 예시입니다. 빈칸 앞에 '이렇게'가 있으므로 빈칸에 들어갈 말이 빈칸 앞의 내용과 같음을 알 수 있습니다. 따라서 '음료 업계'의 '친환경' 실천에 대한 말이 빈칸에 들어가야 합니다.

32 [글과 일치하는 내용 고르기]

정답 ③ 대기층 에너지 방출이 줄어들면 지구 기온이 올라간다.

해설 '대기'를 통해 '방출'되는 '에너지'가 '감소'하면 '지구의 기온'이 '상승'한다고 했습니다. '감소하다'는 줄어든다는 뜻이고, '상승하다'는 올라간다는 뜻입니다.

33 [글과 일치하는 내용 고르기]

정답 ④ 고령층이 많은 곳과 농촌에 이동식 점포가 많아질 것이다.

해설 '고령층 중심'은 고령층이 많은 곳을 의미하고, '점포 확대'는 점포가 많아진다는 뜻입니다.

34 [글과 일치하는 내용 고르기]

정답 ④ 민화는 서민들의 생활 속에서 장식용으로 사용되었다.

해설 '민화'는 '서민층 사이에서 유행'한 것으로 '장식' 등의 목적을 위해 그린 그림입니다.

35 [긴 글 읽고 주제 찾기]

정답 ③ 사물인터넷 보안 유지에 대한 방법이 마련되어야 한다.

해설 '하지만'이나 '즉' 뒤에 있는 문장이 중심 내용입니다. 특히, 문단 중간이나 마지막에 중심 내용이 있을 경우 접속사를 주의 깊게 보아야 합니다. '사물인터넷'은 '해킹의 대상'이 되어 '보안'에 문제가 생길 수도 있습니다. 보안을 유지할 수 있는 '대책이 필요'합니다.

36 [긴 글 읽고 주제 찾기]

정답 ④ 뇌의 건강과 발달을 위해서는 좌뇌와 우뇌를 모두 자극해야 한다.

해설 첫 번째 문장이 중심 내용이고 '이와 같이'가 있는 마지막 문장에서 중심 내용을 다시 한번 강조하고 있습니다. '좌뇌와 우뇌'를 함께 골고루 '자극'해야 한다는 내용입니다.

37 [긴 글 읽고 주제 찾기]

정답 ② 생물들의 공생 관계는 다양한 형태로 나타난다.

해설 '하지만'을 사용하여 반대되는 내용을 제시하는 문장이 중심 내용입니다. 사람들은 '공생'을 '서로 도움을 주는 관계'라고만 생각하지만, 생물들의 공생 관계는 '서로 도움이 되는 관계', '한쪽만 이익을 보고 다른 한쪽은 손해를 보는 관계' 등 다양한 형태로 나타난다는 내용입니다.

38 [긴 글 읽고 주제 찾기]

정답 ③ 과일의 당도를 올리고 싶으면 적당한 저온으로 보관해야 한다.

해설 두 번째 문장과 '그러나'를 사용한 마지막 문장이 중심 내용입니다. '과일'의 '당도'는 '온도에 따라 차이'가 나는데, '10℃ 전후'의 적당한 저온에 '보관하는 것이 좋다'는 내용입니다.

39 [문장이 들어갈 위치 고르기]

정답 ② ㉡

해설 〈보기〉의 '따라서'는 앞 내용이 뒤 내용의 원인, 근거, 조건 등이 될 때 씁니다. '더 많은, 살아있는 바이러스의 채집이 가능해진' 이유는 '입자가 용액에 부딪히며 받는 충격이 적기 때문입니다.

40 [문장이 들어갈 위치 고르기]

정답 ③ ㉢

해설 '세계자연기금'의 설립 '목적'을 설명한 후 목적을 이루기 위한 구체적인 활동들이 나옵니다. 〈보기〉의 '활동'과 ㉢ 뒤의 활동을 '그리고'로 이어주며 나열하고 있습니다. 〈보기〉의 '이를 위해'는 '이 목적을 이루기 위해'라는 뜻입니다.

41 [문장이 들어갈 위치 고르기]

정답 ④ ㉣

해설 〈보기〉에서 김중미 작가의 '책'은 우리를 '깨닫게 해 준다'고 했습니다. 고민할 것을 알려 주고 할 수 있는 것을 깨닫게 해 준다는 내용 뒤에는 '바라볼 줄 알게 되다'와 '바꿔 나갈 수 있게 되다'가 와야 합니다. 그 결과 우리는 '타인의 고통과 상처를 바라볼 줄 알게 되고', '세상을 바꿔나갈 수 있게 되는' 것입니다.

42 [인물의 태도나 심정 고르기]

정답 ② 미안스럽다

해설 '말끝을 흐리다'는 분명하게 이야기하지 못한다는 뜻입니다. 어머니가 분명하게 이야기하지 못한 이유는 '시어머니로부터' 딸인 '나를 감쌀 용기'가 없어서 '편을 들어 주지' 못한 것에 대하여 미안한 심정을 가지고 있기 때문입니다.

43 [글과 일치하는 내용 고르기]

정답 ③ 할머니는 아들을 잃은 후부터 어머니와 나를 싫어하셨다.

해설 '아버지가 돌아가시고'부터 '할머니는 어머니'와 '어머니'를 '닮은' '나'를 모두 '싫어하셨다'고 했습니다.

44 [빈칸에 알맞은 말 고르기(맥락)]

정답 ② 남들과 똑같은 길을 걷지 않고

해설 빈칸 앞에 '그러나'가 있으므로 빈칸 앞의 문장인 '대부분' '사람들'의 '생각'과 반대되는 내용이 이어져야 알맞습니다. 빈칸 뒤의 '남다른'의 뜻인 남들과 똑같지 않다는 말이 빈칸에 들어가야 합니다.

45 [긴 글 읽고 주제 찾기]

정답 ④ 자신만의 재능과 가치를 찾으면 부와 성공을 이룰 수 있다.

해설 '즉'을 사용한 마지막 문장이 중심 내용입니다. '나만의' '전략'과 '실력'을 가지고 '가치'를 만드는 것이 '부와 성공'으로 가는 길이라고 했습니다. 이 글에서 '실력'은 재능과 비슷한 표현으로 볼 수 있고, 빨리 가는 길이라는 뜻의 '지름길'은 '빠르게 이룰 수 있음'을 나타냅니다.

46 [필자의 태도 고르기]

정답 ③ 환경과 발전을 균형 있게 고려한 정책의 필요성을 촉구하고 있다.

해설 '하지만'을 사용하여 반대되는 내용을 제시하는 문장과 마지막 문장이 중심 내용입니다. '녹색보다 성장에 방점을 찍은 과거의 과오를 재현할 우려가 남아 있고', '정책 입안을 담당하는 이들의 심사숙고가 필요하다'는 것은 '성장'만 강조했던 예전의 실수를 되풀이하지 않기 위해 정책을 만드는 사람들이 깊이 생각해야 한다는 뜻입니다. 즉, 글쓴이는 균형 있는 정책이 필요함을 촉구하고 있습니다.

47 [글과 일치하는 내용 고르기]

정답 ④ 녹색 성장은 발전만을 중요하게 생각하면 성공할 수 없다.

'녹색'은 '환경'을 의미하고, '성장'은 '발전'을 의미합니다. '녹색 성장'은 환경과 발전을 모두 중요하게 생각해야 성공할 수 있습니다.

48　[필자의 의도나 목적 고르기]

정답　② 변화하는 환경에 따른 제도의 문제점을 지적하기 위해서

해설　'최저 임금 제도'는 여러 가지 면에서 긍정적인 제도였는데 변화하는 환경에 따라 바뀌지 않고 있기 때문에 여러 문제가 발생하고 '소상공인이나 근로자에게 불이익'을 줄 수 있다고 지적하기 위해 쓴 글입니다.

49　[빈칸에 알맞은 말 고르기(맥락)]

정답　① 수시로 바뀌는

해설　빈칸 뒤에 '~에 맞춰 변화에 적응하다'가 있으므로 빈칸에 '변화'와 대응하는 말이 들어가면 알맞습니다. '수시로'는 '아무 때나 자주'라는 뜻이고, '바뀌다'는 '변화'에 대응하는 말입니다. 자주 빠르게 바뀌는 사회나 환경 속에서 제도도 함께 변화해야 한다는 말로 이어져야 합니다.

50　[글과 일치하는 내용 고르기]

정답　④ 최저 임금 제도의 임금 인상은 소상공인들을 힘들게 만든다.

해설　'소상공인'은 작은 규모의 기업 중 상시 근로자가 10명 미만인 사업자를 의미합니다. '임금이 인상되면 소상공인은 종업원을 줄일 수밖에 없고'라는 말은 최저 임금이 오르면 사업자의 입장에서는 지출이 많아지는 것이므로 일하는 사람을 많이 뽑을 수 없어 힘들어진다는 뜻입니다.

제2회 한국어능력시험

1교시 듣기 (01번~50번)

01	02	03	04	05	06	07	08	09	10
①	②	③	④	②	③	②	②	②	②
11	**12**	**13**	**14**	**15**	**16**	**17**	**18**	**19**	**20**
③	③	②	①	②	④	①	①	④	③
21	**22**	**23**	**24**	**25**	**26**	**27**	**28**	**29**	**30**
④	②	④	③	①	①	③	④	③	①
31	**32**	**33**	**34**	**35**	**36**	**37**	**38**	**39**	**40**
②	④	①	②	④	③	④	④	①	④
41	**42**	**43**	**44**	**45**	**46**	**47**	**48**	**49**	**50**
④	④	③	③	③	③	①	④	②	①

01 [일치하는 그림 고르기]

> **여자:** 민수야, 왜 안 와?
> **남자:** 어, 미안해. 지금 자전거가 고장이 나서 고치고 있어.
> **여자:** 그래? 오래 걸릴 것 같아?

정답 ①

해설 여자는 자전거를 '고치는' 남자를 기다리고 있습니다.

02 [일치하는 그림 고르기]

> **남자:** 실례지만 주민 센터가 어디에 있어요? 버스를 타야 돼요?
> **여자:** 아니요, 오른쪽으로 조금만 가세요. 바로 저기예요.
> **남자:** 네, 감사합니다.

정답 ②

해설 길을 묻는 사람과 대답하는 사람의 대화입니다. 남자는 '주민 센터'가 '바로 저기' 보이는 장소에서 길을 묻고 있습니다.

03 [일치하는 도표 고르기]

> **남자:** 10대 청소년들의 하루 평균 스마트폰 사용 시간이 계속해서 증가하고 있습니다. 2020년 2.3시간, 2021년 2.8시간, 2022년 3.5시간, 2023년은 5.7시간까지 늘어났습니다. 또한 스마트폰 때문에 부모와 갈등을 겪는 횟수는 '주 1회'가 가장 많았고, '주 2회', '주 3회 이상'이 그 뒤를 이었습니다.

정답 ③

해설 10대 청소년의 '하루 평균 스마트폰 사용 시간'은 2021년부터 계속 증가한 것으로 나타났습니다. '스마트폰으로 인한 부모와의 갈등 횟수'는 주 1회가 가장 많았으며, 주 2회, 주 3회가 차례로 그 뒤를 이었습니다.

04 [이어지는 말 고르기]

> **여자:** 사장님, 식당에 손님이 점점 많아지는 것 같아요.
> **남자:** 네, 그래요. 새로 온 주방장의 실력 덕분에 그런 것 같네요.
> **여자:** _____

정답 ④ 맛있는 음식을 싫어하는 사람은 없으니까요.

해설 마지막 말을 잘 들어야 합니다. 남자가 '새로 온 주방장의 실력'을 손님이 많아진 원인으로 들고 있습니다. 그 말에 동의하거나 반대하는 대답이 이어져야 합니다. 여자는 '(으)-니까'로 이유를 덧붙이며 동의할 수 있습니다.

05 [이어지는 말 고르기]

> **남자:** 선배님, 졸업하면 뭘 하려고 해요?
> **여자:** 음, 글쎄요. 적성에 맞는 일을 찾아봐야죠.
> **남자:** _____

정답 ② 저도 미리 생각해 봐야겠어요.

해설 졸업 후 진로 고민에 대한 대화입니다. 여자의 졸업 후 계획을 들은 남자의 대답이 이어져야 합니다. 남자는 '-겠-'을 사용하여 자신도 미리 계획을 세워야겠다는 본인의 의지를 나타낼 수 있습니다.

06 [이어지는 말 고르기]

> **남자:** 배부르게 잘 먹었다. 역시 이 집 음식 정말 맛있네.
> **여자:** 잘 먹었다니 나도 기분이 좋네. 디저트는 네가 살 거지?
> **남자:** _____

정답 ③ 커피나 아이스크림 중에 어떤 게 좋아?

해설 '디저트를 살 거냐'는 여자의 질문에 남자의 대답이 이어져야 합니다. '~ 중에 어떤 게 좋아?'로 여자에게 사 줄 디저트를 물어볼 수 있습니다.

07 [이어지는 말 고르기]

> **남자:** 부장님, 어제 제게 시키신 일은 내일 마무리가 될 것 같습니다.
> **여자:** 음, 조금 급한 일인데 오늘까지 끝내기는 힘들까요?
> **남자:** _____

정답 ② 그럼 오늘 자정까지 이메일로 드리겠습니다.

해설 여자는 남자에게 시킨 업무가 '오늘까지' 가능한지 확인하고 있습니다. 기한을 지킬 수 있는지에 대한 남자의 대답이 이어져야 합니다.
  • 자정: 밤 열두 시.

08 [이어지는 말 고르기]

> **여자:** 영화 '한라산'에 대한 관람객들의 반응은 어땠어요?
> **남자:** 재미있었다는 반응이 대부분이었지만 음악이 내용과 안 어울린다는 의견도 있더라고요.
> **여자:** _____

정답 ② 음악에 신경을 더 썼다면 좋았을 텐데요.

해설 영화가 어땠는지 묻는 여자의 질문에 남자는 '음악이 내용과 안 어울린다는 의견'이 있었다고 대답했습니다. '-었을 텐데'로 일어난 일에 대한 후회와 아쉬움을 표현하는 여자의 말이 이어질 수 있습니다.

09 [알맞은 행동 고르기]

> **여자:** 서울미술관에서 신인 작가 전시회를 한다고 하던데 거기 가는 게 어때?
> **남자:** 그래? 안 그래도 요즘 문화생활을 잘 못 했는데 너무 좋다. 기대돼!
> **여자:** 그럼 내가 표를 인터넷으로 예매할게. 너는 미술관 근처 식당을 알아봐 줘.
> **남자:** 그래, 알겠어.

정답 ② 전시회 티켓을 예매한다.

해설 대화를 들으며 상황을 파악해야 합니다. 남자와 여자는 미술관에서 전시회를 보기로 약속했습니다. 여자는 '표(= 티켓)'를 인터넷으로 예매'하고 남자는 '미술관 근처 식당'을 알아볼 것입니다.

10 [알맞은 행동 고르기]

> **여자:** 대표님, 고객들을 대상으로 이번 신제품에 관한 설문조사를 진행해 봤는데요. 이전 제품보다 좋지만 사용 방법을 이해하기 어렵다는 의견들이 제법 나왔습니다.
> **남자:** 그래요? 이전 제품에서 기능을 보완한 것이 이번 신제품의 주된 특징인데 새로운 조치가 필요하겠는데요?
> **여자:** 네. 새로운 제품 기능 설명서만 제공된 상태인데, QR코드를 첨부하여 영상으로 안내하면 어떨까 싶습니다. 영상 제작하여 다시 보고드리겠습니다.
> **남자:** 네, 그렇게 하세요.

정답 ② 제품 사용 영상을 만든다.

해설 '신제품'의 '사용 방법을 이해하기' 쉽도록 여자는 '영상을 제작'한 후 대표에게 '다시 보고드리겠'다고 했습니다.

11 [알맞은 행동 고르기]

> **여자:** 여보세요, 40분 전에 음식 주문한 사람인데요. 아직도 음식이 안 왔어요.
> **남자:** 네? (당황한 목소리로) 잠깐만요. 주소가 어떻게 되시죠?
> **여자:** 제주아파트 101동 202호요.
> **남자:** 죄송합니다. 배달이 많이 밀려서요. 대신 서비스로 음식을 하나 더 드릴 테니 말씀해 주세요.

정답 ③ 주문 가능 음식을 찾아본다.

해설 음식을 주문한 지 40분이 지났지만 음식이 안 와서 여자가 전화를 걸었습니다. 남자는 죄송하다는 의미로 '서비스 음식' 하나를 제공하려 합니다. 여자는 서비스로 주문할 음식을 찾을 것입니다.

12 [알맞은 행동 고르기]

> **여자:** 무료라서 좋지만 요즘 너무 바쁜데 자꾸 회사에서 건강검진을 받으라고 하네.
> **남자:** 전염이 되는 병이 있는데 모를 수도 있고 해서 직원들 복지 혜택으로 받게 하는 걸로 알고 있어.
> **여자:** 아, 그런 뜻이 있는 거였구나. 그럼 회사 근처 어디에서 하는지 알아봐야겠다.
> **남자:** 그러는 게 좋아. 직장 건강검진 대상자가 안 받으면 사업주와 근로자가 모두 벌금을 낼 수도 있대.

정답 ③ 회사 근처 병원을 찾아본다.

해설 남자는 여자에게 건강검진을 받아야 하는 이유('전염이 되는 병' 확인, '직원들 복지 혜택', '사업주와 근로자 벌금' 예방)를 설명했습니다. 여자는 남자의 설명을 듣고 '회사 근처 어디에서 하는지 알아봐야겠다'고 대답했습니다.

13 [일치하는 내용 고르기]

> **여자:** 민수 씨, 오늘 퇴근하고 뭐 해요?
> **남자:** 글쎄요. 약속이 없어서 집에 갈 것 같은데요?
> **여자:** 그래요? 회사 앞에 새로 국숫집이 생겼던데 맛있대요. 같이 저녁 먹을래요?
> **남자:** 좋아요. 제가 제일 좋아하는 음식이 국수인데 마침 잘됐네요.

정답 ② 남자는 퇴근 후 집에 가려고 했었다.

해설 내용을 들으며 선택지와 비교해야 합니다. 여자는 남자에게 '-을래요?'를 사용하여 퇴근 후 국수를 먹자고 제안하고 있습니다. 남자는 퇴근 후 '약속이 없어 집에 가려고' 했지만 제일 좋아하는 음식이 국수이기도 하고 해서 같이 가기로 했습니다.

14 [일치하는 내용 고르기]

> **여자:** 한국대학교 재학생 여러분께 안내 말씀드리겠습니다. 오늘 오후 한 시부터 세 시까지 외국인 유학생을 대상으로 한국어 특강이 열릴 예정입니다. 장소는 국제관 3층이며, 한국어 듣기, 읽기, 쓰기 공부하는 방법을 알려 드립니다. 한국어능력시험에 관한 정보도 제공해 드리니 많은 참여 부탁드립니다. 감사합니다.

정답 ① 특강은 두 시간 동안 진행된다.

해설 '한국어 듣기, 읽기, 쓰기 공부하는 방법'에 대한 오늘 특강은 한국대학교에 재학 중인 외국인 유학생을 대상으로 '오후 한 시부터 세 시까지' 두 시간 동안 진행됩니다.

15 [일치하는 내용 고르기]

> **남자:** 휴일인 오늘, 오전부터 서울에는 세찬 비가 쏟아졌는데요. 지금은 빗줄기가 약해지며 잠시 소강상태에 접어들었지만, 오후 세 시경 다시 거세질 예정입니다. 내일 출근길에는 수도권을 중심으로 또 한차례 강한 비가 쏟아지겠습니다. 출근길 교통 혼잡은 물론 침수 피해까지 우려되는 만큼 대비를 잘해 주셔야겠습니다.

정답 ② 출근길에 비 피해가 없도록 조심해야 한다.

해설 빗줄기는 '오후 세 시경 다시 거세질 예정'이며, '내일 출근길에는 강한 비가 쏟아'질 것이니 '대비를 잘 해'야 한다고 당부했습니다.

16 [일치하는 내용 고르기]

> **여자:** 교수님, 요즘 맨발 걷기 열풍이 불고 있는데요. 맨발 걷기 효과에 대해 말씀해 주시겠습니까?
> **남자:** 네, 말초 신경이 모여 있는 발바닥을 자극하면 혈액순환이 원활해지고 면역기능이 강화되어 비만을 예방할 수 있고 피부 미용 등에도 도움이 됩니다. 하지만 처음부터 너무 자극이 심하면 발에 무리가 따르므로 초보자 코스부터 차근차근 시작하는 것이 좋습니다.

정답 ④ 사람들이 최근 맨발 걷기에 큰 관심을 보이고 있다.

해설 맨발 걷기 '열풍이 불'었다는 말은 사람들이 맨발로 걷는 것에 '큰 관심을 보'인다는 뜻입니다.

17 [중심 생각 고르기]

> **여자:** 여보, 매트리스 봐 놓은 게 있는데 온라인으로 주문해 줄래요?
> **남자:** 직접 보고 사는 게 좋지 않을까요?
> **여자:** 전문가가 추천한 거예요. 사용 후기도 정말 좋고요. 그리고 그 무거운 걸 어떻게 직접 들고 오게요?
> **남자:** 그래도 직접 누워 보고 편한지 확인한 후에 사야지요.

정답 ① 매트리스는 직접 본 후에 사는 게 좋다.

해설 남자는 '직접'이라는 표현을 반복적으로 사용합니다. 직접 보고, 직접 누워 보고 확인한 후에 사는 것을 선호합니다.

18 [중심 생각 고르기]

> **남자:** 요즘 너무 배달 음식만 시켜 먹는 거 아니야?
> **여자:** 왜? 간편하고 좋지 않아? 일하다 보면 끼니를 놓칠 때가 있는데 그것보다는 뭐든 챙겨 먹는 게 좋을 것 같아서 시켜 먹는 거거든.
> **남자:** 그건 그렇지만 계속 사 먹는 건 건강에 별로 좋지 않지. 조금 여유가 있을 때 요리를 해서 냉장고에 넣어 두는 게 좋지 않을까?

정답 ① 배달 음식보다 만들어 먹는 것이 낫다.

해설 일치하는 내용과 중심 생각을 구분해야 합니다. '끼니를 거르는 것'이 좋지 않다는 여자의 생각에 남자가 동의하는 것은 맞지만, 그것이 남자의 중심 생각은 아닙니다. '배달 음식'보다 '요리'해서 먹는 것이 좋다는 게 남자의 중심 생각입니다.

19 [중심 생각 고르기]

> **여자:** 심야인 0시부터 오전 6시까지 인터넷 게임 이용을 금지하는 법안에 대해 알아요?
> **남자:** 네, 알아요. 자율성 없는 그런 강제적인 방법은 또 다른 문제만 낳을 것 같아요.
> **여자:** 왜요? 게임 중독에 걸린 청소년이 많아서 추진한다고 하던데요.
> **남자:** 글쎄요. 청소년들이 부모님 계정을 도용할 수도 있고 '게임'은 '나쁜 것'이라는 잘못된 생각을 갖게 될 수도 있을 것 같아요.

정답 ④ 청소년 스스로가 판단할 수 있게 해야 한다.

해설 남자는 '게임' 자체를 평가하기보다 청소년을 지도하는 방법에 집중하고 있습니다. 특히 '인터넷 게임 이용을 금지하는 법안'은 '자율성 없는 강제적인 방법'이라고 했는데, 이는 청소년이 '스스로 판단할 수 있게 해야 한다'는 뜻입니다.

20 [중심 생각 고르기]

> **여자:** 면접시험을 준비할 때 신경을 써야 하는 것에는 무엇이 있을까요?
> **남자:** 우선, 자기가 면접을 보는 곳이 어떤 곳인지를 꼭 알아야 합니다. 그러면 면접을 보는 사람들이 무엇을 중요하게 생각하는지를 알게 될 것입니다. 그리고 자신의 목표와 성취동기를 담은 예상 대답을 준비하여 꾸준히 연습해야 합니다.

정답 ③ 면접시험은 면접하는 곳의 정보가 중요하다.

해설 남자는 '면접을 보는 곳이 어떤 곳인지를 꼭 알아야' 한다고 했습니다. '면접을 보는 곳이 어떤 곳인지'라는 말은 '③ 면접하는 곳의 정보'라는 말로 바꿀 수 있습니다.

[21~22]

> **남자:** 다양한 경험을 위해 방학 때 해외로 배낭여행을 가는 대학생들이 부쩍 늘어난 것 같아요.
> **여자:** 맞아요. 그런 경험이 직장을 구할 때도 도움이 된다고 하더라고요. 제가 아는 학생도 그곳의 경험을 바탕으로 자신의 적성에 맞는 직장을 찾았다고 했거든요.
> **남자:** 제가 학교 다닐 때는 해외로 여행 가는 건 꿈도 못 꿨는데…. 그런 점에서 배낭여행의 경험을 공유하는 이벤트를 열면 다른 학생들에게도 도움이 될 듯해요.
> **여자:** 우와, 좋은 생각이네요. 그럼 이벤트 내용, 방식 등에 대해 한번 생각해 볼까요?

21 [중심 생각 고르기]
정답 ④ 배낭여행을 통한 경험이 다른 이들에게 도움이 된다.

해설 남자는 '배낭여행의 경험을 공유'하는 것이 '다른 학생들에게도 도움이 될 거'라고 했습니다. '② 적성을 찾을 수 있다'는 것은 남자가 아닌 여자가 한 말입니다. 남자와 여자의 말을 구분하여 들어야 합니다.

22 [일치하는 내용 고르기]
정답 ② 남자는 배낭여행을 한 경험이 없다.

해설 '해외로 여행 가는 것은 꿈도 못 꿨는데…'는 남자가 해외여행을 갈 수 없었음을 강조한 것입니다.

> **남자:** 여보세요. 거기 주민 센터지요? 우유팩을 모아 놨는데 가지고 가면 되나요?
>
> **여자:** 아, 네. 우유팩은 깨끗한 상태인가요?
>
> **남자:** 네, 물에 헹군 후 꼼꼼하게 말려 두었어요. 휴지로 교환할 수 있다고 들었는데 맞나요?
>
> **여자:** 네, 맞아요. 부피가 작게 접은 후 묶어서 가지고 와 주세요. 우유팩 1.5kg당 휴지 1개로 교환해 드려요. 폐건전지나 빈 병도 생활용품으로 바꿔 드리고 있으니 집에 있으면 같이 가지고 오세요.

23 [담화 상황 고르기]

정답 ④ 우유팩을 휴지로 교환하는 방법을 문의하고 있다.

해설 남자는 주민 센터에 전화하여 여자에게 '우유팩을 휴지로 교환할 수 있'는 방법을 물어보고 있습니다.

24 [일치하는 내용 고르기]

정답 ③ 폐건전지나 빈 병도 생활용품으로 바꿀 수 있다.

해설 여자는 '폐건전지나 빈 병도 생활용품으로' 바꿀 수 있다고 설명했습니다.

[25~26]

> **여자:** 오늘은 점자 동화책을 출판한 대학생들을 만나러 왔습니다. 어떻게 이런 기획을 하게 되셨습니까?
>
> **남자:** 교내 게시판에서 우연히 '소외 계층 이해하기 세미나'를 보고 신청을 했다가 '시각 장애 체험'을 하게 되었습니다. 그때 시각 장애인의 어려움과 불편함을 알게 됐고, 특히 제 취미가 독서라 그런지 '어릴 때부터 책을 읽을 수 없다면?'이라는 생각이 들자 마음이 아프더라고요. 그렇게 시각 장애 아이들도 책을 읽을 수 있도록 점자 동화책을 만들면 좋겠다는 생각에 이런 기획을 하게 되었습니다. 아이들뿐만 아니라 시각 장애를 가진 부모님들도 어린 자녀들에게 동화책을 읽어줄 수 있게 되어 기쁩니다.

25 [중심 생각 고르기]

정답 ① 시각 장애가 있어도 독서를 할 수 있다.

해설 여자가 점자 동화책의 출판 기획 의도를 묻자, 남자는 '시각 장애 아이들도 책을 읽을 수 있'게 하려는 것에 목적이 있다고 답했습니다. '-도록'은 앞말이 뒷말에 대한 목적이 됨을 나타냅니다.

• 기획: 행사나 일 등의 절차와 내용을 미리 자세하게 계획함.

26 [일치하는 내용 고르기]

정답 ① 남자는 대학교에 다니고 있다.

해설 여자는 남자를 '점자 동화책을 출판한 대학생'이라고 소개했습니다.

[27~28]

> **남자:** 여보, 이제 우리 아이도 영어 유치원에 보내야 하지 않을까 싶어.
>
> **여자:** (놀라며) 응? 영어 유치원? 아직 한글도 잘 모르는 애를 영어 유치원에 보내자고?
>
> **남자:** 요즘 초등학교 들어가기 전에 영어 다 배우고 입학시킨다더라. 초등학교에서 영어 잘하는 애들 대부분이 영어 유치원 출신이래.
>
> **여자:** 모국어를 잘해야 외국어도 잘할 수 있는 거 아니겠어? 너무 욕심부리지 말고 아이의 발달 과정에 맞게 일반 유치원에 보내자. 비용도 훨씬 합리적이잖아.

27 [화자의 의도나 목적 고르기]

정답 ③ 아이를 영어 유치원에 입학시키려고

해설 남자는 여자에게 '우리 아이도 영어 유치원에 보내야 하지 않겠냐고 여자에게 제안했습니다. 요즘은 초등학교에 들어가기 전에 영어를 배우고 입학을 시킨다고 들었기 때문입니다.

28 [일치하는 내용 고르기]

정답 ④ 일반 유치원은 영어 유치원보다 저렴하다.

해설 일반 유치원의 '비용'이 '훨씬 합리적'이라는 여자의 말을 통해 일반 유치원이 영어 유치원보다 저렴한 편임을 알 수 있습니다.

[29~30]

> **남자:** 이 직업에 관심을 갖는 사람이 많아졌는데 그 이유가 뭐라고 생각하십니까?
>
> **여자:** 우리가 실생활에서 자주 접하는 소품들이 TV에 나오면 소비자들은 흥미를 느낍니다. 드라마나 영화를 보는 시청자들은 잠재적 소비자입니다. 드라마의 내용과 잘 어울리는 소품이 나오면 상품 판매가 증가할 뿐만 아니라 하나의 유행으로 자리를 잡게 되지요. 또한 그렇게 히트를 치면 고수익을 얻을 수도 있고요. 아이디어만 있으면 누구나 시작할 수 있어서 인기가 올라가고 있는 것 같습니다.
>
> **남자:** 이 직업만의 매력을 꼽으라면 어떤 것이 있을까요?
>
> **여자:** 항상 새로운 상황에 신선한 아이디어가 필요한 일이라 싫증을 낼 틈이 없다는 게 매력인 것 같아요.

29 [담화 참여자 고르기]

정답 ③ 방송 프로그램에 광고를 넣는 사람

해설 'TV', '소비자', '상품 판매', '고수익' 등의 어휘로 여자가 '광고를 넣는 사람'임을 유추할 수 있습니다.

30 [일치하는 내용 고르기]

정답 ① 이 직업은 대중에게 인기가 있다.

해설 '이 직업에 관심을 갖는 사람이 많아졌다'고 했습니다.

[31~32]

> **여자:** 저는 '기여 입학 제도'의 본래 취지에는 찬성합니다. 부의 재분배가 이를 통해 가능하기 때문이지요.
>
> **남자:** 하지만 대학에 기부금을 내고 입학하는 '기여 입학 제도'는 부모님의 경제적 능력을 바탕에 둔 학생들만 혜택을 보는 것 아닐까요?
>
> **여자:** '기여 입학 제도'를 통해 대학의 자금이 늘어난다면 학생들에게 그 혜택이 돌아가는 부분도 간과해서는 안 될 것입니다.
>
> **남자:** 음, 글쎄요. 해당 제도를 통해 입학하고 싶은 학교와 그렇지 않은 학교가 나뉘게 될 텐데, 그건 교육의 불평등과 차별을 가지고 올 겁니다.

31 [중심 생각 고르기]

정답 ② 이 제도는 불평등을 심화시킬 것이다.

해설 남자는 '기여 입학 제도'에 부정적인 입장이며, '교육의 불평등과 차별을 가지고 올 것'이라고 전망하고 있습니다.

32 [화자의 태도나 말하는 방식 고르기]

정답 ④ 해당 제도의 문제점을 들며 상대의 주장에 반박하고 있다.

해설 남자는 접속사 '하지만'을 사용하여 여자가 주장하는 '기여 입학 제도'의 장점에 전적으로 반대하여 말하고 있습니다.

[33~34]

> **여자:** 최근 불특정 다수에게 특별한 동기 없이 칼을 휘두르는 사고가 증가하고 있습니다. 일면식도 없는 피해자를 강간 폭행해 살인까지 이어지고 있는데요. 그동안은 이러한 사건이 발생하는 것이 가해자의 정신질환이나 심신 미약 때문이라 보고되어 왔지만 꼭 그런 것만은 아닙니다. 최근 통계에 따르면 정신 병력이 전혀 없는 사람이 사회적 불만과 내적 분노가 터져 범죄를 저지르는 경우도 많은 것으로 나타났습니다. 앞으로는 이러한 논의가 활발히 이루어져 불만과 분노가 건강한 방법으로 표출될 수 있는 사회가 되길 바랍니다.

33 [화제 고르기]

정답 ① 이상 동기 범죄

해설 '특별한 동기 없이 칼을 휘두르는 사고'나 '일면식도 없는 피해자를 강간 폭행해 살인'하는 것은 우리가 원래 알고 있던 것과는 다른 형태의 범죄입니다.

- 이상: ① 정상적인 것과 다름. ② 원래 알고 있던 것과 달리 별나거나 색다름.
- 동기: 어떤 일이나 행동을 하게 되는 원인이나 기회.

34 [일치하는 내용 고르기]

정답 ② 내면에 있는 분노가 범죄로 이어지는 경우가 있다.

해설 지금까지는 '가해자의 정신질환이나 심신 미약'이 범죄 발생 원인으로 보고되었으나, 최근 '사회적 불만, 내적 분노'가 주된 원인으로 지적되고 있습니다. '내적'은 '내면'으로 바꿔 말할 수 있습니다.

- 내적: 겉으로 보이지 않는 내부적인 것.
- 내면: 정신이나 마음에 의한 것.

[35~36]

> **남자:** 패기와 열정이 있는 젊은이는 아름답다고 했습니다. 1차 서류심사, 2차 필기시험, 3차 면접시험을 통과하고 최종 합격하여 이 자리까지 오신 여러분, 환영합니다. 성공의 기회는 항상 준비된 사람에게만 보인다고 합니다. 한 역사학자도 말했지요. '필연은 우연의 옷을 입고 나타난다.' 우연처럼 온 기회를 얻기 위해서는 준비된 자세가 필요하다는 것입니다. 그렇지 않은 사람들에게는 우연히 성공한 것으로 보일 것입니다. 그러나 우리 회사에서는 근무 시간 이외에도 여러분이 스스로 자기 계발을 할 수 있도록 다양한 무료 프로그램을 운영하고 있습니다. 이제부터 우리 '(주)희망 일터'에서 여러분의 재능도 함께 갈고닦으시길 바랍니다.

35 [담화 상황 고르기]

정답 ④ 회사가 바라는 인재상을 설명하고 있다.

해설 남자는 회사에 '최종 합격'한 사람들을 환영하며 '기회를 얻기 위해서는 준비된 자세가 필요'하니 평소에도 '재능을 갈고닦길' 바란다고 했습니다.

36 [일치하는 내용 고르기]

정답 ③ 이 회사는 자기 계발을 적극 권장하고 있다.

해설 이 회사는 직원들이 '자기 계발을 할 수 있도록 다양한 무료 프로그램을 운영'하고 있습니다.

> **남자:** 최근에 스토리텔링 열풍이 불면서 자기소개서에도 이를 적용한 글쓰기가 각광을 받고 있는데요. 스토리텔링 글쓰기에서 중요한 것은 무엇입니까?
>
> **여자:** 제게 지도를 받으러 온 구직자들에게도 항상 강조하는 말인데요. 우선 스토리텔링에 대해 정확하게 이해한 후에 쓰는 것이 중요합니다. 간혹 스토리텔링을 음식에 비유하는 사람들이 있는데 이는 잘못된 것입니다. 스토리텔링은 음식이 아니라 음식을 맛있게 만드는 양념이라고 생각합니다. 또한 자신의 특징을 부각하는 목적으로 사용해야지 너무 과하면 조미료만 들어간 음식이 될 수도 있습니다. 즉, 재미있는 이야기라는 형식에 자기를 소개하는 내용을 정확히 담아야 인사담당자의 흥미를 유발할 수도 있고 다른 지원자들과 차별화가 될 수도 있겠지요.

37 [중심 생각 고르기]

정답 ④ 스토리텔링을 적절하게 사용하면 좋은 자기소개서를 쓸 수 있다.

해설 여자는 '스토리텔링 글쓰기'의 특징과 이를 활용한 '자기소개서 작성 방법'을 설명하고 있습니다. '자신의 특징을 부각하는 목적으로' '너무 과하'지 않게 사용하라고 주의를 주었습니다.

38 [일치하는 내용 고르기]

정답 ④ 인사담당자는 개성 있고 흥미로운 자기소개서에 끌린다.

해설 '스토리텔링 글쓰기'는 '어떤 사실을 재미있는 이야기 형식'으로 바꾸는 데 사용됩니다. 이는 '인사담당자의 흥미를 유발'하여 끌리는 자기소개서가 되게 만들 것입니다.

> **여자:** 이와 같이 하루 한 끼 식사도 어려운 많은 예술가가 예술 활동에 전념할 수 있게 공적 지원이 필요하다는 의견이 최근 화제가 되고 있는데요. 어떻게 생각하시나요?
>
> **남자:** 최근 젊은 예술가들을 중심으로 예술인 복지와 작가 보수에 관한 문제를 국가 차원에서 나서서 진행해야 한다는 의견을 저도 들었습니다. 하지만 무턱대고 예산을 투입할 것이 아니라 대중의 보편적인 이해와 공공기관의 적극적이고 다각적인 지원이 뒷받침되려면 적지 않은 시간이 필요할 것으로 보입니다. 또한 많은 사람이 지적한 것처럼 지원금을 신청하는 절차 또한 예술가의 의도를 방해하지 않는 선에서 시간을 두고 논의를 이어갔으면 좋겠습니다.

39 [담화 전후의 내용 고르기]

정답 ① 생계가 어려운 예술가가 많이 있다.

해설 '이와 같이'는 앞의 상황이나 행동이 뒤의 내용과 이어짐을 나타냅니다. '하루 한 끼 식사도 어려운' 상황일 정도로 생계를 유지하기가 어려운 예술가들이 있다는 내용이 앞에 올 것입니다.

- 끼: 아침밥, 점심밥, 저녁밥과 같이 매일 일정하게 정해진 시간에 먹는 밥. 또는 밥을 먹는 횟수를 세는 단위.
- 생계: 살림을 꾸리고 살아가는 방법이나 형편.

40 [일치하는 내용 고르기]

정답 ④ 남자는 시간을 두고 제도를 개선해야 한다고 생각한다.

해설 남자는 '시간'을 반복적으로 언급하며 '무턱대고 예산을 투입'하는 것을 경계합니다. 그래서 '많은 사람이 지적한 것처럼 시간을 두고 논의를 이어가'길 바라고 있습니다.

[41~42]

> **여자:** 사람의 마음을 움직이기 위해서는 말을 잘하는 것, 표현을 잘하는 것도 중요하지만 사실 그것보다 더 중요한 것이 있다고 합니다. 바로 목소리입니다. 커피 광고를 할 때는 목소리가 좋은 배우를 쓰는 것이 바로 그 예입니다. 보이스 컨설턴트로도 활약 중인 성우 김연아 교수는 우리의 목소리에도 인상이 있다고 말합니다. 인상은 얼굴의 생김새나 표정에서 느껴지는 것인데, 보다 근본적으로는 마음에서 시작된다고 볼 수 있습니다. 그래서 그녀는 학생들에게 고통을 이겨내고 마음을 잘 다스리는 사람만이 발효 음식과 같은 깊은 맛의 목소리를 낼 수 있다고 가르칩니다.

41 [중심 내용 고르기]

정답 ④ 마음가짐이 바르면 좋은 인상을 주는 목소리를 낼 수 있다.

해설 중심 내용에는 키워드가 포함됩니다. 여자는 '마음', '목소리', '인상'을 반복하며 '마음을 잘 다스리는' 것이 중요하다고 했습니다.

42 [일치하는 내용 고르기]

정답 ④ 보이스 컨설턴트인 김 교수의 또 다른 직업은 성우이다.

해설 여자는 성우 김연아 교수가 '보이스 컨설턴트로도 활약 중'이라고 했습니다.

[43~44]

> **남자:** 인간은 음악 소리에 반응하는 뇌 구조를 가지고 태어난다. 이 능력은 뇌에 골고루 퍼져 있기 때문에 신체나 정신에 이상이 있더라도 손상되지 않고 남아 있는 경우가 대부분이다. 우리가 가지고 있는 이러한 능력을 이용해 기억을 다시 되살리고 자의식을 찾는 치료 방법이 바로 음악 치료이다. 한 다큐멘터리 방송에서는 음악 치료의 효과를 보여주기도 했다. 한 연구소와 함께 98개의 양로원을 대상으로 "음악과 기억"이라는 프로그램을 수행했는데 6개월 이후의 결과는 놀라웠다. 음악 치료를 병행한 그룹에서는 치매 증세가 줄어든 환자의 비율이 51%에서 57%로 증가한 반면, 음악 치료를 하지 않은 그룹은 변화가 없었던 것이다.

43 [화제 고르기]

정답 ③ 치매 환자에게 도움이 되는 음악 치료

해설 남자는 '음악 치료'가 무엇인지 설명한 후 '음악 치료를 병행한 그룹에서 치매 증세가 줄어'들었다는 연구 결과를 제시하고 있습니다.

44 [일치하는 내용 고르기]

정답 ③ 뇌의 여러 부분에서 반응하기 때문에

해설 '음악 소리에 반응하는 능력'은 '뇌에 골고루 퍼져 있기 때문'에 '신체나 정신에 이상이 있더라도' 노래를 기억할 수 있습니다.

[45~46]

> **여자:** 건강 상태를 판별해 볼 수 있는 것 중 하나가 바로 '혀'입니다. 혀의 색깔이나 굳기, 통증 등을 통해 몸의 건강 상태를 스스로 판단할 수 있는데요. 가장 흔한 혀의 이상 증상은 설태입니다. 설태란 혀의 윗면에 회백색의 이끼와 같은 이물질이 생기는 것으로 대부분 음식물 찌꺼기나 점액 같은 것들이 붙어 굳은 것입니다. 높은 열이 나는 병이나 위장병, 구내염 등으로 생기지만 회복되면 곧 없어집니다. 그러나 갈색 또는 암갈색의 이끼 같은 것이 달라붙어 있을 경우에는 위염일 가능성이 높기 때문에 가까운 병원을 찾아 정밀 진단을 받아 보는 것이 필요합니다. 평소 양치질을 할 때 치아만 닦지 말고 반드시 혓바닥과 함께 혀의 안쪽까지 구석구석 닦아 주며 관찰하는 것이 건강을 지키는 데 도움이 될 것입니다.

45 [일치하는 내용 고르기]

정답 ③ 설태의 색깔로 이상이 있는 신체 기관을 알 수 있다.

해설 '회백색'의 설태는 위장병이나 구내염을, '갈색 또는 암갈색'의 설태는 위장 이상을 의미합니다. 즉, 설태가 회백색이면 위장 (위와 창자)이나 입에, 갈색이나 암갈색이면 위에 이상이 있는 것입니다.

46 [화자의 태도나 말하는 방식 고르기]

정답 ③ 문제 사례와 함께 바른 생활 습관을 제시하고 있다.

해설 여자는 설태가 '갈색 또는 암갈색'이면 위장에 이상이 있다는 신호이므로 '병원을 찾아 정밀 진단을 받아 보는 것이 필요하다'는 사례와 함께 '평소 양치질을 할 때 혀를 구석구석 관찰하라'며 안내하고 있습니다.

[47~48]

> **여자:** 든든하게 식사를 마치고 운동을 하는 것과 빈속에 운동하고 에너지를 보충하는 것 중에 어느 쪽을 효과적인 것으로 봐야 할까요?
>
> **남자:** 둘 다 좋은 상태라고 볼 수 없습니다. 운동을 시작하기 전에 음식으로 위를 가득 채우는 것은 피해야 합니다. 위에 부담이 되기 때문이죠. 그렇다고 운동 전에 식사를 거르는 것도 좋지 않습니다. 허기를 달래는 정도로 음식을 섭취한 후 공복감을 크게 느끼지 않는 상태로 운동하는 것이 가장 좋습니다. 운동 전에 지방이나 단백질이 너무 많은 음식을 섭취하면 소화 속도가 상대적으로 느려지니 지방과 단백질보다 탄수화물의 비율을 높여서 먹는 것이 좋고요. 하지만 초콜릿이나 사탕에 든 당분같이 당도가 너무 높은 탄수화물은 설사와 같은 증상을 유발할 수 있으니 피하는 것이 좋습니다.

47 [일치하는 내용 고르기]

정답 ① 운동 전 공복 상태는 피해야 한다

해설 든든하게 식사를 하고 운동을 하는 것과 '빈속에 운동'을 하는 것 '둘 다 좋은 상태라고 볼 수 없습니다'. 선택지의 '공복'은 '빈속'과 같은 뜻입니다.

48 [화자의 태도나 말하는 방식 고르기]

정답 ④ 운동 전 권장하는 식사법과 영양소를 설명하고 있다.

해설 '남자는 '허기를 달래는 정도로'만 섭취할 것, '탄수화물의 비율을 높여서 먹을 것', '당도가 너무 높은 탄수화물(음식)은 피할 것' 등 운동 전 식사법과 그때 섭취하면 좋은 영양소에 대하여 설명하고 있습니다.

[49~50]

> **남자:** 서울 청계천 근처를 지나가 보신 분은 아실 겁니다. 광통교에서 광교 방향으로 가다 보면 장통교에 이르기 전 '정조 대왕 능행 반차도'라는 벽화가 있는데 이는 조선 정조 대왕이 어머니를 모시고 아버지의 묘소에 참배를 하러 간 8일간의 기록을 그린 것입니다. 여기서 놀라운 것은 임금이 타야 하는 가마에 임금이 타지 않고 어머니가 탄 가마를 뒤에서 호위하며 가는 것으로 묘사하고 있다는 점입니다. 하지만 그 시대에는 임금의 안위를 위해 임금의 모습을 절대 그리지 않는 관습이 있었기에 지금은 안장을 얹은 말만 확인할 수 있습니다. 그럼에도 불구하고 이 그림을 보면 당시의 군사체계, 신분체계, 복식 등 다양한 것을 알 수 있어서, 오늘날 역사 연구에 매우 귀중한 사료로 인정받고 있습니다.

49 [일치하는 내용 고르기]

정답 ② 이 그림에는 다양한 사람이 등장한다.

해설 '이 그림을 보면 당시의 군사체계, 신분체계, 복식 등 다양한 것을 알 수 있'다는 말에서 그림에 다양한 모습의 사람이 나오는 것을 알 수 있습니다.

50　[화자의 태도나 말하는 방식 고르기]

정답　① 기록물의 가치에 대해 높이 평가하고 있다.

해설　남자는 '역사 연구에 매우 귀중한 사료로 인정받고 있'다며 이 그림의 가치를 높이 평가하고 있습니다.

　　• 귀중하다: 귀하고 중요하다.

51 [실용문의 맥락에 맞게 문장 완성하기]

모범 답안

㉠: 소개할 수도 있어요 / 보여 줄 수도 있어요

㉡: 한 적도 있어요 / 열기도 했어요

52 [설명문의 맥락에 맞게 문장 완성하기]

모범 답안

㉠: 방문을 닫기 때문에 / 방문을 닫아 두기 때문에

㉡: 는 단점이 있다

53 [표 또는 그래프 분석하기]

모범 답안

통	계	청	에	서		20	~	40	대		50	0	명	을		대	상	으	로			'	기	부		
경	험	'	에		대	해		조	사	하	였	다	.		그		결	과		'	기	부	한		경	
험	이		있	다	'	는		응	답	이		20	11	년		36	.4	%	에	서		20	15	년		
29	.9	%	,		20	21	년		21	.6	%	로		감	소	한		것	으	로		나	타	났	다	.
'	기	부	를		하	지		않	는		이	유	'	는		'	경	제	적		여	유	가			
없	어	서	'	가		46	%	로		가	장		많	았	으	며	,		'	기	부	에		관	심	
이		없	어	서	'	가		35	%	,		'	기	부		방	법	을		몰	라	서	'	가		
19	%	로		뒤	를		이	었	다	.		끝	으	로		'	기	부		문	화		활	성	화	
방	안	'	에		대	해	서	는		사	람	들	이		기	부	에		관	심	을		지	닐		
수		있	도	록		홍	보	를		확	대	하	고		다	양	한		형	식	의		기	부		
방	법	을		개	발	해	야		한	다	고		응	답	하	였	다	.								

(우측 표시: 100 / 200 / 300)

모범 답안

　　이상 기후로 발생하는 문제는 여러 나라에서 볼 수 있다. 우선 북극과 남극에서는 빙하가 녹으면서 생태계가 파괴되고 있다. 이로 인해 해수면이 상승하여 섬이나 해안 도시는 가라앉기도 한다. 폭염으로 산불이 나는 곳도 있고 사막화가 진행되거나 지하수가 말라서 물 부족 현상이 일어나기도 한다. 극단적인 폭풍이나 폭우, 홍수나 가뭄, 한파나 폭설도 모두 이상 기후 현상이다.

　　그렇다면 이상 기후를 일으키는 원인은 무엇일까? 이상 기후는 대개 지구 온난화 때문에 발생하는데, 이는 인간의 활동으로 만들어지는 온실가스와 관련이 있다. 구체적으로는 산업화 이후 공장, 발전소, 자동차 등에서 나오는 이산화탄소 배출량이 증가했기 때문인데, 그와 동시에 무분별한 토지 개발과 산림 파괴로 이산화탄소의 농도가 높아진 것도 원인으로 볼 수 있다. 또 농업 및 목축업 활동의 폐기물 처리 과정에서 발생하는 오염 물질과 음식물 쓰레기 및 가전제품에서 나오는 유해 물질도 지구 온난화의 원인이 된다.

　　이러한 기후 위기에 대응하기 위한 방법으로 각 가정에서 실천할 수 있는 일은 사용하지 않는 전등 끄기, 난방 온도 낮추기, 가까운 거리는 걷거나 자전거 타기, 일회용품 사용 줄이기, 쓰레기 분리배출하기 등이 있다. 사회적으로는 숲 가꾸기, 재생 에너지 확대 및 친환경 제품 개발하기 그리고 기후 변화에 대한 지속적 관심을 촉구하는 캠페인 벌이기 등이 있다.

• 목축업: 소, 양, 말, 돼지와 같은 가축을 기르는 산업이나 직업.

01	02	03	04	05	06	07	08	09	10
①	①	③	③	①	②	③	②	④	③
11	**12**	**13**	**14**	**15**	**16**	**17**	**18**	**19**	**20**
④	②	①	②	③	④	②	②	①	③
21	**22**	**23**	**24**	**25**	**26**	**27**	**28**	**29**	**30**
①	①	②	①	③	①	④	③	①	③
31	**32**	**33**	**34**	**35**	**36**	**37**	**38**	**39**	**40**
①	③	①	②	④	④	④	①	④	②
41	**42**	**43**	**44**	**45**	**46**	**47**	**48**	**49**	**50**
④	①	④	④	②	④	②	④	①	④

01 [빈칸에 알맞은 말 고르기(문법)]

정답 ① 만나든지

해설 '-든지'는 여러 가지 중에서 어느 것을 선택하거나, 그 어느 것을 선택해도 상관이 없음을 나타내는 표현입니다.

02 [빈칸에 알맞은 말 고르기(문법)]

정답 ① 조심하도록 했다

해설 '-도록 하다'는 다른 사람에게 어떤 일을 당부하거나 시킴을 나타내는 표현입니다.

03 [의미가 비슷한 말 고르기]

정답 ③ 오는 탓에

해설 '-는 바람에', '-는 탓에'는 모두 앞의 말이 뒤의 말의 원인이나 이유가 됨을 나타내는 표현입니다. 주로 앞의 말이 부정적인 영향을 미치는 상황에서 씁니다. 비슷한 문법으로는 '-는 통에'가 있습니다.

04 [의미가 비슷한 말 고르기]

정답 ③ 미안할 따름이다

해설 '-(으)ㄹ 뿐이다', '-(으)ㄹ 따름이다'는 앞의 말 이외에 다른 선택지가 없음을 나타내는 표현입니다.

05 [화제 고르기]

정답 ① 세탁기

해설 '상하좌우' 모든 방향에 '회전'을 하는 '날개'가 있고 '깨끗함'을 남겨 주는 것은 '세탁기'입니다.

06 [화제 고르기]

정답 ② 우체국

해설 국내, 국외 모두 상관없이 '손 글씨'를 '전달해(전달하다)' 주는 곳은 '우체국'입니다.

07 [화제 고르기]

정답 ③ 후원 안내

해설 '나눔'은 더 아름다운 세상을 만든다고 했으니까 누군가를 도와주는 '후원'과 관련이 있습니다. '사회'를 '변화'하게 하는 '씨 앗'을 심는다는 것은 은유적 표현입니다.

08 [화제 고르기]

정답 ② 사용 설명

해설 '모델명'을 찾아서 입력하고 '다운로드'받는 것은 제품 '사용'을 위한 일입니다. '모델'을 보고 '① 제품 소개'나 '④ 판매 방법' 을 정답으로 고르지 않도록 주의합니다.

09 [안내문과 일치하는 내용 고르기]

정답 ④ 감상문은 정해진 도서 중에서 읽고 써야 한다.

해설 '선정 도서 중 한 권을 읽고'는 정해진 도서를 읽고 쓰라는 뜻입니다. 안내문은 자주 출제되는 글이므로 '게시, 개별 통보' 등 의 표현을 익혀두면 좋습니다.

10 [도표와 일치하는 내용 고르기]

정답 ③ 교양 상식 습득이 목적인 사람보다 지식 정보 획득이 목적인 사람이 많다.

해설 그래프를 보면 독서 목적이 '교양 상식 습득'에 있다고 응답한 비율이 22%이므로 '지식 정보 획득'이라고 응답한 45%보다 낮은 것을 알 수 있습니다.

11 [글과 일치하는 내용 고르기]

정답 ④ 전통 국악의 새로운 모습을 볼 수 있을 것이다.

해설 '새로운 무대를 보여 줄 예정'이라고 했습니다.

12 [글과 일치하는 내용 고르기]

정답 ② 모기는 온도의 차이를 느낀다.

해설 모기가 '열을 느끼는 감각 기관이 발달'해서 '열이 많은 사람을 잘 문다'는 것은 모기가 '온도의 차이를 느낀다'는 뜻입니다.

13 [알맞은 순서로 배열한 것 고르기]

정답 ① (다) - (나) - (가) - (라)

해설 전체 내용을 포함하는 일반적인 내용을 찾아야 합니다. 선택지를 보면 (다)와 (가) 중 하나가 가장 앞에 온다는 것을 알 수 있습니다.

> (다) '흔히/보통/일반적으로 - ㄴ/는다고 알고 있다'는 주로 글의 처음에 나오며, 많은 사람이 알고 있거나 보편적이 라 생각하는 사실을 설명할 때 사용됩니다.
> ⇨ (나) '하지만', '오히려'는 앞 문장에 대한 예외가 있음을 표현할 때 사용됩니다.
> ⇨ (가) '그것'은 앞에서 이미 이야기한 대상을 가리킵니다. (가)의 '그것'은 (나)에 나온 '많이 팔리는 물건' 대신 쓰인 말입니다.
> ⇨ (라) '-아/어서'는 이유나 근거를 말할 때 사용합니다. (라)는 (가)와 (나)에 나온 '넥타이가 많이 팔리는 이유에 대 해 설명하고 있습니다.

14 [알맞은 순서로 배열한 것 고르기]

정답 ② (나) - (가) - (다) - (라)

해설 문형을 중심으로 글의 흐름을 파악할 수 있습니다. 선택지를 보면 (나)와 (라) 중 하나가 가장 앞에 온다는 것을 알 수 있습니다. (라)의 '이러한'은 앞에 어떤 내용이 있고 그 다음에 쓸 수 있는 표현입니다.

(나) '~이/가 ~이/가(은/는) ~이다.' 같은 문형은 주로 글의 처음에 나오며, 글의 핵심어를 전달할 때 사용됩니다.

⇨ (가) (나)의 '즐겨 먹는'과 대비되는 내용('하지만 ~ 먹지 않는다')이 오는 게 자연스럽습니다.

⇨ (다) '-기 때문이다.' 앞에는 '원인'에 대해 설명하는 문장이 옵니다. (가)에 나온 '미역을 먹지 않는 이유'에 대해 설명하고 있습니다.

⇨ (라) '이러한 ~은 ~이다.' 같은 문형은 주로 글의 끝에 옵니다. 앞에서 이야기한 것을 부연(= 추가 설명)해 주는 표현입니다.

---

15 [알맞은 순서로 배열한 것 고르기]

정답 ③ (라) – (다) – (가) – (나)

해설 선택지를 보면 (나)와 (라) 중 하나가 가장 앞에 온다는 것을 알 수 있습니다. (나)의 '이외에도'는 앞에 어떤 내용이 있고 그 다음에 쓸 수 있는 표현입니다.

(라) 초콜릿이나 사탕은 치아 건강에 안 좋습니다.

⇨ (다) 치아 건강에 안 좋은 것이 또 있습니다.

⇨ (가) '설탕 폭탄' 팝콘이 그중(= 치아 건강에 안 좋은 것 중) 하나입니다.

⇨ (나) 초콜릿, 사탕, 팝콘 이외에도 치아에 안 좋은 것이 많이 있으니 주의해서 먹어야 합니다.

---

16 [빈칸에 알맞은 말 고르기(맥락)]

정답 ④ 어린이들의 개성과 상상이 녹아 있는

해설 빈칸이 포함된 문장은 아이들의 눈높이에 맞춘 공연에 대한 내용이고, 빈칸 뒤 문장은 어른의 눈높이에 맞춘 공연에 대한 내용입니다. 빈칸 뒤에 나온 '창의적'과 관련 있는 '개성과 상상(력)'이라는 말이 빈칸에 들어가야 합니다. '아이들'의 다른 표현인 '어린이'도 나와 있습니다.

17 [빈칸에 알맞은 말 고르기(맥락)]

정답 ② 체계적이고 구체적인

해설 진료 과목이 다양하면 각각의 질병에 따라 진료를 받을 수 있습니다. 그러므로 '체계적이고 구체적인' 진료를 받을 수 있다는 말이 빈칸에 들어가야 합니다.

18 [빈칸에 알맞은 말 고르기(맥락)]

정답 ② 마무리 짓지 못한다는

해설 '작심삼일'은 결심을 하고 어떤 행동을 해도 3일 이상 지속하기가 어렵다는 뜻입니다. 빈칸 뒤의 내용을 보면 어떤 일을 중도에 포기해서 원하는 목표를 이루지 못 한다는 의미임을 알 수 있습니다. '마무리 짓다'는 '끝내다'와 같은 뜻입니다.

19 [빈칸에 알맞은 말 고르기(맥락)]

정답 ① 물론

해설 빈칸 뒤의 '태양과 같은 자연 빛'은 인공 조명과 대조되는 말이므로 당연히 빛 공해에 포함되지 않습니다. 뒤 문장의 인공 조명에 포함되는 예시를 통해서도 알 수 있습니다. 그러므로 빈칸에는 '당연하다'는 뜻을 가진 '물론'이 들어가야 합니다.

20 [긴 글 읽고 주제 찾기]

정답 ③ 지나친 조명 사용은 사람에게 부정적인 영향을 준다.

해설 '건강과 생활에 방해가 될 뿐만 아니라 환경에도 피해를 줄 수 있다.'에서 빛 공해가 부정적인 영향을 준다는 이 글의 주제를 알 수 있습니다.

21 [빈칸에 알맞은 말 고르기(맥락)]

정답 ① 날개 돋치게

해설 빈칸 뒤에 '팔리고'와 '인기 있는'이 있습니다. 상품이 인기가 많아 날개가 생겨난 것처럼 빠른 속도로 팔려 나간다는 표현이 빈칸에 들어가야 합니다.

- 날개(가) 돋치다: ① 상품이 빠른 속도로 팔려 나가다. ② 의기가 치솟다. ③ 소문 같은 것이 먼 데까지 빨리 퍼져 가다.
  ④ 돈 같은 것이 빨리 불어나다.
  ※ '돋치다'는 '어떤 것이 속에서 생겨 겉으로 나오다.'라는 뜻으로 '가시가 돋치다.', '날개가 돋치다.' 등의 형태로 쓰입니다.
- 입이 가볍다: 말이 많고 비밀을 잘 지키지 않는다.
- 어깨가 무겁다: 힘겹고 중대한 일을 맡아 책임감을 느끼고 마음의 부담이 크다.
- 고개를 숙이다: ① 존경하는 마음을 가지다. ② 자존심을 버리고 누군가에게 항복하거나 굴복하다.

22 [글과 일치하는 내용 고르기]

정답 ① 식물을 기르면 정서적인 도움을 받는다.

해설 반려 식물은 '정서적으로 의지'가 되고 '정신 건강에 도움이 된다'고 했습니다.

23 [인물의 태도나 심정 고르기]

정답 ② 후회스럽다

해설 '왜 더 일찍 해드리지 못했나.'에서 글쓴이가 후회하고 있음을 알 수 있습니다.

24 [글과 일치하는 내용 고르기]

정답 ① 어머니는 고생을 많이 하셔서 손톱이 많이 상했다.

해설 어머니는 '생계를 위해 아플 틈도 없이 사셨'고 '손톱이 검푸르게 갈라져' 있다고 했습니다. 열심히 사시느라 고생을 했고 그래서 손톱이 상하셨다는 의미입니다.

25 [신문 기사 읽고 주제 설명하기]

정답 ③ '복수 정답' 처리를 두고 수험생들 사이에서 논란이 일어나고 있다.

해설 '갑론을박'은 '논란(이 일어나다)'로 바꿔 쓸 수 있습니다.

26 [신문 기사 읽고 주제 설명하기]

정답 ① 내년에 '9월 학기제'를 도입할지 아직 결정하지 못했다.

해설 '보류'는 '결정하지 못했다'로 바꿔 쓸 수 있습니다.

27 [신문 기사 읽고 주제 설명하기]

정답 ④ 비가 내린 후 대구를 제외한 지역은 기온이 내려갈 전망이다.

해설 '장대비'는 장대처럼 굵고 세차게 내리는 비라는 뜻이고, '폭염'은 아주 심한 더위라는 뜻입니다. '한풀 꺾이다'는 기세나 기운이 어느 정도 내려갔다는 의미인데, 여기서는 '폭염'과 함께 쓰여 온도가 내려갔음을 나타냅니다.

28 [빈칸에 알맞은 말 고르기(맥락)]

정답 ③ 글쓰기를 병행하는

해설 빈칸 앞에는 '취미'가 '독서라고 대답'하는 사람이 많지만 그중 빈칸 안에 들어가는 일을 하는 사람은 '별로 없다'는 내용이 나옵니다. 빈칸 뒤에 '쓰기를 어려워하'기 때문이라는 말이 나오므로 빈칸이 독서와 글쓰기를 같이 하는 사람이 적다는 내용으로 이어져야 함을 알 수 있습니다.

　　• 병행: 둘 이상의 일을 한꺼번에 같이 진행함.

29 [빈칸에 알맞은 말 고르기(맥락)]

정답 ① 크고 작음을 나타낼 때

해설 빈칸 뒤에 '작은 소리', '시끄러운 음악', '소음'이라는 말로 소리의 '크기'를 나누는 내용이 나옵니다. 즉, 소리의 크고 작음을 나타낸다는 말로 빈칸이 이어져야 합니다.

30 [빈칸에 알맞은 말 고르기(맥락)]

정답 ③ 정서적 안정감을 제공한다는

해설 빈칸 앞에 '안정도 향상', '줄어든 우울감'이라는 말이 나오므로 곤충의 소리가 안정감을 제공한다는 말이 빈칸에 들어가야 합니다.

31 [빈칸에 알맞은 말 고르기(맥락)]

정답 ① 여름에도 감기 환자가 있다는 것은

해설 빈칸 앞에 '일반적으로' 또는 '대부분' 같은 표현이 오면 그 뒤에 '그러나/하지만'과 같은 반대의 표현이 나오고 반대되는 내용이 이어지는 경우가 많습니다. 사람들은 '일반적으로' 추우면 감기에 걸린다고 생각합니다. 그런데 사실은 춥지 않은 여름에 감기에 걸리기도 한다는 말이 빈칸에 들어가야 합니다.

32 [글과 일치하는 내용 고르기]

정답 ③ 함께 먹으면 좋은 음식이 있고 안 좋은 음식이 있다.

해설 함께 먹으면 '약'이 되는 음식은 '건강에 이로운' 음식이고, 함께 먹으면 '독'이 되는 음식은 다른 음식의 '영양분을 파괴'해서 '궁합이 맞지 않는 음식'입니다.

33 [글과 일치하는 내용 고르기]

정답 ① 상품권 지급 사업은 노인과 지역 경제를 위해 마련되었다.

해설 '상품권을 지급'한 것은 '노인들의 생활을 보조하고 지역 경제를 활성화하기' 위한 것이었다고 했습니다.

34 [글과 일치하는 내용 고르기]

정답 ② 장영실은 세상에 없던 다양한 과학 기구들을 발명했다.

해설 '장영실'은 '물시계, 해시계, 측우기' 등 다양한 과학 기구를 발명하여 '과학적 업적'을 남겼습니다.

35 [긴 글 읽고 주제 찾기]

정답 ④ 국가는 세금 납부 기준을 세워 세금을 징수한다.

해설 '이것이 −라고 할 수 있다'는 문형을 사용한 문장이 중심 내용입니다. 국가는 '고소득층, 사치품, 고가품'에는 '높은 세율'을 적용하고, '저소득층, 필수품'에는 '낮은 세율'을 적용합니다. 이렇게 국가가 기준을 세워 세금을 징수하는 것이 '공평한 원칙'이라는 내용입니다.

36 [긴 글 읽고 주제 찾기]

정답 ④ 경제적 이익을 위해 자국의 문화재를 세계유산으로 등록하려는 나라가 있다.

해설 자주 반복되는 단어인 '세계유산'이 중심 소재입니다. 어떤 나라의 문화재가 '가치가 있다고 인정'받아 '세계유산'으로 지정되면, 그 나라는 '관광객'이 늘고 '국제적인 지원'을 받는 경제적 이익을 누릴 수 있습니다. 그래서 자국의 '문화재를 세계유산으로 등록시키려고 노력'하는 나라가 많다는 내용입니다.

37 [긴 글 읽고 주제 찾기]

정답 ④ 여러 신체 기관을 함께 사용하여 감각을 느끼게 된다.

해설 '이를 통해 ~ 알 수 있다'는 문형을 사용한 문장이 중심 내용이고, '이를 통해'가 나온 앞부분은 세부 내용으로 나온 예시입니다. 인간은 '감각을 느낄 때 두 부분 이상'의 여러 신체 기관을 함께 사용합니다. 이것을 '코를 막고 음료수를 마셔 보는 실험'에서 알 수 있다는 내용입니다.

38 [긴 글 읽고 주제 찾기]

정답 ① 생산자가 앞장서서 노력해야 문제가 개선된다.

해설 '~이/가 −어야 −(으)ㄹ 것이다'가 사용된 문장이 중심 내용입니다. 법과 제도를 강화하는 것 외에도 '생산자 스스로' 앞장서서 노력해야 '식자재 위생 문제'가 개선될 것이라는 내용입니다.

39 [문장이 들어갈 위치 고르기]

정답 ④ ㉣

해설 '경기가 침체'하는 '불경기'에 '유독 판매량이 급증'하는 물건이 있습니다. '이러한 현상'에 대한 '심리학 연구자'의 '분석'을 '경제 전문가'들은 '근거가 없는' 것이라고 주장합니다. 〈보기〉의 '한편'은 뒤 내용이 앞 내용과 다를 때 쓰고, '이러한 분석'은 '심리학 연구자들의 분석'을 뜻합니다.

40 [문장이 들어갈 위치 고르기]

정답 ② ㉡

해설 '공공시설 이용요금 즉시 감면 서비스'가 시작되어 '해당자'는 '본인'이 동의하면 '즉시 감면'을 받고 '공공시설을 무료로 이용'하게 되었습니다. 〈보기〉의 '이에 따라'는 '즉시 감면 처리하기로 한 것에 따라'라는 뜻입니다.

41 [문장이 들어갈 위치 고르기]

정답 ④ ㉣

해설 고양이가 높은 곳에서 떨어져도 다치지 않은 사례를 말한 후 마지막 문장에서 그 원인을 말했습니다. 〈보기〉의 '그래서'는 앞 내용이 뒤 내용의 이유, 원인, 근거, 조건 등이 될 때 씁니다. '고양이'가 '높은 곳에서 떨어져도 다치지 않는' 이유는 '몸을 잘 구부리고 떨어질 때 몸을 낙하산처럼 펼 수 있기 때문'입니다.

42 [인물의 태도나 심정 고르기]

정답 ① 안타까운 마음

해설 '아내'가 '화장터'에서 '영우'의 사진을 손으로 매만진 이유는 '다시는 안아볼 수도, 만져볼 수도 없'는, 안타까운 심정이기 때문입니다.

43 [글과 일치하는 내용 고르기]

정답 ④ 영우의 일에 대한 주변 사람들의 시선은 시간이 흐르며 변했다.

해설 '처음에는' 안타깝게 보던 이웃이 '불행에 감염되기라도 할 듯 피하고 수군'댔다는 것에서 시간이 흐르며 주변 사람들의 시선이나 행동이 달라졌음을 알 수 있습니다.

44 [빈칸에 알맞은 말 고르기(맥락)]

정답 ④ 사회제도의 문제점을 고쳐서 고령화 사회를 준비해야 한다.

해설 '그러므로'를 사용한 마지막 문장이 중심 문장입니다. '대비하다'는 '준비하다'와 비슷한 표현이며 '변화와 수정이 필요하다'는 '고치다'의 다른 표현입니다.

45 [긴 글 읽고 주제 찾기]

정답 ② 부양해야 하는 사람들이 많아진다는

해설 빈칸 뒤의 '젊은 사람들'이 '부담해야 하는 세금이 증가'한다는 것은 그만큼 부양해야 하는 사람이 많아질 것이기 때문입니다.

46 [필자의 태도 고르기]

정답 ④ 다양한 의견을 모은 유의미한 법률 제정의 필요성을 주장하고 있다.

해설 '따라서'를 사용한 마지막 문장이 중심 내용입니다. 교육부에서 '학생, 학부모, 교원들'의 다양한 의견을 모아 '현실적으로 교원을 지킬 수 있는' 의미 있는 법률을 제정해야 한다는 주장을 하고 있습니다.

47 [글과 일치하는 내용 고르기]

정답 ② 교권을 침해한 학생을 처벌할 수 있는 규정이 없다.

해설 학생이 '문제 행동'을 하여 '교권을 침해'해도 '제제나 조치를 취할 수 있는 방법이 없'습니다.

48 [필자의 의도나 목적 고르기]

정답 ④ 정비된 정책에 대한 보완의 필요성을 주장하려고

해설 '그러나' 뒤에 있는 내용이 중심 생각입니다. '새롭게 정비'한 '저출산 정책'이 '고무적'이기는 하지만, '정책 수요자의 관점에서 보면' 부족한 부분도 있기 때문에 보완이 필요함을 주장하기 위해 쓴 글입니다.
  • 고무적: 무엇을 하고자 하는 마음이 생기거나 어떤 일이 일어나도록 자극하는 것.

49 [빈칸에 알맞은 말 고르기(맥락)]

정답 ① 한 세대 이상을 내다보는

해설 빈칸 뒤에 '장기적'이 있으므로 빈칸에는 '오랜 기간'과 관련된 말이 들어가야 합니다.
  • 한 세대: 부모가 속한 시대와 그 자녀가 속한 시대의 차이인 약 30년 정도 되는 기간.

50 [글과 일치하는 내용 고르기]

정답 ④ 정부의 전략에 국민 모두 힘을 더해야 삶의 질이 변할 것이다.

해설 '제도가 제대로 실현될 수 있도록 기업과 국민이 함께 사회적 분위기를 만들어가야' '삶의 질을 높일 수 있을 것'이라고 했습니다.

한국어능력시험 답안지

TOPIK II
1 교시(듣기)

성 명
(Name)

| 한 국 어 (Korean) | |
| 영 어 (English) | |

수 험 번 호

8

문제지 유형(Type)

홀수형 (Odd number type) ○

짝수형 (Even number type) ○

※ 결시자의 영어 성명 및 수험번호 기재 후 표기

결 시 확인란 ○

※ 위 사항을 지키지 않아 발생하는 불이익은 응시자에게 있습니다.

※ 감독관 확인

본인 확인 및 수험번호 표기가 정확한지 확인

(인)

번호	답 란			
1	①	②	③	④
2	①	②	③	④
3	①	②	③	④
4	①	②	③	④
5	①	②	③	④
6	①	②	③	④
7	①	②	③	④
8	①	②	③	④
9	①	②	③	④
10	①	②	③	④
11	①	②	③	④
12	①	②	③	④
13	①	②	③	④
14	①	②	③	④
15	①	②	③	④
16	①	②	③	④
17	①	②	③	④
18	①	②	③	④
19	①	②	③	④
20	①	②	③	④

번호	답 란			
21	①	②	③	④
22	①	②	③	④
23	①	②	③	④
24	①	②	③	④
25	①	②	③	④
26	①	②	③	④
27	①	②	③	④
28	①	②	③	④
29	①	②	③	④
30	①	②	③	④
31	①	②	③	④
32	①	②	③	④
33	①	②	③	④
34	①	②	③	④
35	①	②	③	④
36	①	②	③	④
37	①	②	③	④
38	①	②	③	④
39	①	②	③	④
40	①	②	③	④

번호	답 란			
41	①	②	③	④
42	①	②	③	④
43	①	②	③	④
44	①	②	③	④
45	①	②	③	④
46	①	②	③	④
47	①	②	③	④
48	①	②	③	④
49	①	②	③	④
50	①	②	③	④

※ 이 답안지는 연습용입니다.

한국어능력시험 답안지
TOPIK II
2 교시(읽기)

| 성 명 (Name) | 한 국 어 (Korean) | |
| | 영 어 (English) | |

수험번호

8 ●

문제지 유형(Type)	
홀수형 (Odd number type)	○
짝수형 (Even number type)	○

※ 결시 확인란 | 결시자의 영어 성명 및 수험번호 기재 후 표기 | ○

※ 위 사항을 지키지 않아 발생하는 불이익은 응시자에게 있습니다.

※ 감독관 확인 | 본인 확인 및 수험번호 표기가 정확한지 확인 | (인)

번호	답 란			
1	①	②	③	④
2	①	②	③	④
3	①	②	③	④
4	①	②	③	④
5	①	②	③	④
6	①	②	③	④
7	①	②	③	④
8	①	②	③	④
9	①	②	③	④
10	①	②	③	④
11	①	②	③	④
12	①	②	③	④
13	①	②	③	④
14	①	②	③	④
15	①	②	③	④
16	①	②	③	④
17	①	②	③	④
18	①	②	③	④
19	①	②	③	④
20	①	②	③	④

번호	답 란			
21	①	②	③	④
22	①	②	③	④
23	①	②	③	④
24	①	②	③	④
25	①	②	③	④
26	①	②	③	④
27	①	②	③	④
28	①	②	③	④
29	①	②	③	④
30	①	②	③	④
31	①	②	③	④
32	①	②	③	④
33	①	②	③	④
34	①	②	③	④
35	①	②	③	④
36	①	②	③	④
37	①	②	③	④
38	①	②	③	④
39	①	②	③	④
40	①	②	③	④

번호	답 란			
41	①	②	③	④
42	①	②	③	④
43	①	②	③	④
44	①	②	③	④
45	①	②	③	④
46	①	②	③	④
47	①	②	③	④
48	①	②	③	④
49	①	②	③	④
50	①	②	③	④

한국어능력시험 답안지

TOPIK II
1교시(쓰기)

성 명 (Name)	한 국 어 (Korean)	
	영 어 (English)	

수 험 번 호

8

문제지 유형(Type)

홀수형 (Odd number type)	○
짝수형 (Even number type)	○

※ 결 시 확인란
결시자의 영어 성명 및 수험번호 기재 후 표기

○

※ 위 사항을 지키지 않아 발생하는 불이익은 응시자에게 있습니다.

※ 감독관 확 인
본인 확인 및 수험번호 표기가 정확한지 확인

(인)

주관식 답안은 정해진 답란을 벗어나거나 답란을 바꿔서 쓸 경우 점수를 받을 수 없습니다.
(Answers written outside the box or in the wrong box will not be graded.)

51	㉠
	㉡

52	㉠
	㉡

53	(Please write your answer below ; your answer must be between 200 and 300 letters including spaces.) 아래 빈칸에 200자에서 300자 이내로 작문하십시오(띄어쓰기 포함).

50
100
150
200
250
300

※ 54번은 뒷면에 작성하십시오(Please write your answer for question number 54 at the back).

주관식 답란 (Answer sheet for composition)

아래 빈칸에 600자에서 700자 이내로 작문하십시오(띄어쓰기 포함).
(Please write your answer below ; your answer must be between 600 and 700 letters including spaces.)

50

100

150

200

250

300

350

400

450

500

550

600

650

700

※ 주어진 답란의 방향을 바꿔서 답안을 쓰면 '0'점 처리됩니다.
　(Please do not turn the answer sheet horizontally. No points will be given.)

좋은 책을 만드는 길, 독자님과 함께하겠습니다.

2024 한국어능력시험 TOPIK II 기출 유형 문제집

개정1판2쇄 발행	2024년 09월 20일(인쇄 2024년 07월 18일)
초 판 발 행	2023년 01월 05일(인쇄 2022년 10월 04일)
발 행 인	박영일
책 임 편 집	이해욱
저 자	유종원 · 우연희
편 집 진 행	구설희 · 이영주 · 곽주영
표지디자인	조혜령
편집디자인	홍영란 · 채현주
그 림	전성연
발 행 처	(주)시대고시기획
출 판 등 록	제10-1521호
주 소	서울시 마포구 큰우물로 75 [도화동 538 성지 B/D] 9F
전 화	1600-3600
팩 스	02-701-8823
홈 페 이 지	www.sdedu.co.kr
I S B N	979-11-383-4694-8(13710)
정 가	18,000원

TOPIK No. 1

한국어능력시험(TOPIK)의 지침서

기초부터 차근차근 공부하고 싶어요.

짧은 시간 동안 핵심만 볼래요.

실전 연습을 하고 싶어요.

문제풀이 연습을 하고 싶어요.

영역별로 꼼꼼하게 공부하고 싶어요.

한국어 어휘 공부를 하고 싶어요.

한국어 문법 공부를 하고 싶어요.

※ 도서의 이미지 및 구성은 변경될 수 있습니다.

한국어능력시험

TOPIK II
기출 유형
문제집

정답 및 해설

한국어능력시험

- 한국어 선생님과 함께하는
  TOPIK 한국어 문법 Ⅰ·Ⅱ

- 체계적으로 익히는
  쏙쏙 TOPIK 한국어 어휘 초급·중급·고급

- 영역별 무료 동영상 강의로 공부하는
  TOPIK Ⅰ·Ⅱ 한 번에 통과하기, 실전 모의고사, 쓰기, 읽기 전략·쓰기 유형·말하기 표현 마스터, 기출 유형 문제집

- 저자만의 특별한 공식 풀이법으로 공부하는
  TOPIK Ⅰ·Ⅱ 단기완성

- 법무부 공인 교재를 완벽 반영한
  사회통합프로그램 사전평가 단기완성, 종합평가 한 권으로 끝내기
  사회통합프로그램 사전평가·중간평가·종합평가 실전 모의고사

- 귀화 면접심사와 사회통합프로그램 구술시험의 완벽 대비를 위한
  귀화 면접심사 & 사회통합프로그램 구술시험

※ 도서의 이미지 및 구성은 변경될 수 있습니다.

사회통합프로그램 시리즈로
사전평가부터 귀화 면접심사까지

완벽 대비!

YouTube 저자 직강

사전평가 단기완성

한국어와 한국 문화가 낯선 수험생을 위한 맞춤 교재!

YouTube 무료 강의

사전평가 · 중간평가 · 종합평가 실전 모의고사

최신 평가 유형을 반영한 실전 모의고사로 실전 감각 기르기!

YouTube 무료 강의

종합평가 한 권으로 끝내기

핵심 이론부터 실전 모의고사까지 단 한 권이면 종합평가 준비 완료!

듣기 파일 무료 제공

귀화 면접심사 & 사회통합프로그램 구술시험

면접심사 & 구술시험 빈출 질문과 최신 기출문제로 집중 구성!

※ 도서의 이미지 및 구성은 변경될 수 있습니다.

사회통합프로그램 STUDY 바로가기

사회통합프로그램 도서와 YouTube '사회통합프로그램 STUDY' 무료 강의로 더 쉽고 재미있게 사회통합프로그램 평가를 준비해 보세요!